U0126695

佛性偏覺與佛性圓覺：佛教判教的對話詮釋二續

吳汝鈞等著

臺灣學生書局印行

序

這是我替國立中央大學中文研究所與哲學研究所開講的「佛教的當代判釋的對話詮釋二續」亦即是最後一講的記錄。前兩講是有關自我設準問題和印度佛學，包括原始佛教、說一切有部、經量部、中觀學、唯識學及瑜伽行中觀學派。這一講則聚焦在佛性的問題上，以中國佛學為主。這佛性的問題，大分為偏覺與圓覺。偏覺是關乎少數人的覺悟，其境界是崇高。圓覺則強調全體人或眾生的覺悟，其特點是廣大。這崇高與廣大可以說是大乘佛學所追求的宗教目標。

佛教特別是佛學作為一套宗教理論，佛性問題是非要探討不可的。因為佛教以求覺悟、得解脫為它的宗教理想；這理想的證成，有賴一個覺悟主體的不斷努力，對自身有清楚明晰的自覺與認同，以智慧認識終極真理，然後實踐不懈。這智慧在佛教來說是般若智。要證成空的終極真理，必須依靠這般若智的發用才行。而般若智正是由佛性發出來的。印度佛教把重點放在作為對象（泛說的對象）的空與有方面，對作為覺悟的主體的佛性，則有所忽略。雖然有一些經與論如《大般涅槃經》、《勝鬘夫人經》、《如來藏經》、《佛性論》、《寶性論》等提及佛性及相當於佛性的如來藏自性清淨心，但說得不夠深入，特別是在佛性的實踐問題上，欠缺具體性與生命存在的感受。這方面的問題，要到中國佛教的天台宗、華嚴宗與禪宗，才被正視起來，作為一個核心觀念來處理。在充實飽滿的義理下，天台宗與華嚴宗分別發展出圓教的模型，雖然雙方對「圓」一觀念的了解，並不相同。但既然到了圓教，在義理上已無再進的空間，於是禪宗把關心點放在實踐修行上，由慧能開拓，而結五家的果實。這本小書便是專門探討佛性的問題，把它放在現代的脈絡下來處理。下面我們回轉到課程方面的問題。

參與聽講與討論的同學，包括中央大學中文研究所和哲學研究所的研究生。亦有來自其他大學的研究生，主要是玄奘大學和市立臺北師範大學。負責整理逐字稿的同學如下：瞿愼思負責緒論和第二章的華嚴學，吳嘉明負責第三章的早期禪和北宗禪，廖鈺婷負責第四章的天台學，林美惠負責第五章的南宗禪，以慧能、馬祖和臨濟為主。他們先以我的《佛教的當代判釋》一書為藍本，選取有關的部分，整理成一報告，逐一宣講，我則一一提出回應，這包括補充、修正、提問題諸方面，佔整本書的絕大部分。在逐字稿方面，我仔細審看，有關第一章的如來藏自性清淨心的部分做得欠佳，不能採用，我改以《佛教的當代判釋》一書的相應部分來代替。這對全書的內容未有構成顯著的影響。

在這裏，我想鄭重提醒，這本書只是一部講課的對話記錄而已，不是學術性格的著書，希望讀者不要有太高的期待。我寫書一向都循著兩個標的，一是學術性，一是思想性和通俗性。其中有些是兼顧這兩者的，有些則以思想性和通俗性為主，少涉及學術性，特別是文獻學方面的問題。多年前寫過《金剛經哲學的通俗詮釋》，便是屬於這後一種。這本《佛性偏覺與佛性圓覺》也是這樣的模式，一切都以拙著《佛教的當代判釋》為據。另外，我想就這本講佛性的觀念的著書的內容說一下，那就是講佛性的問題是比較難下筆的。印度佛學與中國佛學都講般若學、中觀學和唯識學；這幾方學問都有較強的分析性，了解起來不算太艱難。佛性問題則包含很多辯證的、弔詭的觀點或理論，不易明白。你得花很多時間與精力去反省、體驗，才能摸索到一些。像天台宗所提出的「一念無明法性心」，便教你消耗很多精力來索解了。因此，這本對佛性問題的對話詮釋，比起前兩本《佛教的當代判釋的對話詮釋》和《空宗與有宗：佛教判教的對話詮釋初續》，便較難理解了。便是因為這樣，同學做逐字稿做得很辛苦，我也一改再改，改了三次，才稍微放心。

最後，一如以往，我要向中央大學有關方面特別是楊祖漢教授考慮到我的健康問題，不需我老遠從臺北跑到中壢校園上課，而讓聽課的同學來中央研究院中國文哲研究所上課。由於我住在中研院附近，故三學點的課講足四個小時，還勉強能夠撐得住。

說到楊祖漢，在這裏不能自禁地多說幾句。很多年前，有一天，我和他談到唐君毅先生有非常深厚的佛學學養。我更強調唐先生對整個中國哲學的理解，把握得很緊，既廣且深。他的六巨冊《中國哲學原論》（導論篇、原性篇、原道篇三冊、原教篇）是中國哲學研究的大寶山，但唐先生的行文冗長，系統性和概念性不夠嚴整、清晰，讓很多朋友讀得很辛苦，甚至有入寶山而空手歸之感。真是可惜。我提到應該有人把這鉅著《原論》，以明確而流暢的行文重寫，把一些重複的部分刪去。這是非常有意義和值得做的事，裨益後之來者，功德無量。楊老兄表示同意我的看法，並說他有意挑起這份重擔來做。我當下雀躍不已，表示他是挑起這份重擔的最佳人選，也表示為他隨喜之意。後來聽說他當了中央大學中文系系主任，最近他又當上文學院長。他已是儒學研究中心的主持人，又兼顧每週的讀書會。又想到他家在臺北，到大學往返需時，便擔憂起來。本來投身大學行政是外王之事，正是傳統儒學所缺乏的，何來擔憂呢？我是擔心他那麼忙，挪不出時間來重寫《中國哲學原論》的艱巨工作啊。不過，我想楊老兄自己已有了恰當的安排，決不會讓關心中國哲學的研究的朋友失望。

寫到這裏，我想已經夠了。是為序。

吳汝鈞
2014 年 5 月 12 日
於京都旅次

佛性偏覺與佛性圓覺：佛教判教的對話詮釋二續

目　次

緒論：佛性的基本問題

吳汝鈞：這次的課程主要集中在佛性的問題上，尤其在中國佛學裏，佛性是最重要的問題。佛性是一個最重要的觀念。這跟空宗與有宗不一樣，這兩個宗派，思想涉及的問題比較多，涵蓋的層面比較廣。這一次講佛性，比較純粹、專門，可它所涉及的問題也比較深奧。有些問題現在還是沒有定案，還在研究中。

佛性問題有兩種講法，基本上是從修行、實踐或工夫論的脈絡來看。在修行、工夫論這問題裏面，我們可再細分為兩種情況，一種是佛性偏覺，另一種是佛性圓覺。「覺」是覺悟，「偏」是不完整，偏重於某一部分，這是偏覺。因為它涉及範圍不夠周延，所以說為偏。這不是一種估值的名相，不是價值高下的區分，只是把「偏覺」與「圓覺」做一對比。偏不是周延完滿地概括所有的範圍。圓覺的覺悟型態是一種完滿的覺悟。總括來說，就印度佛學與中國佛學這兩支佛學的傳統而言，講到覺悟、佛性的問題，有兩種方式，一種是偏覺，一種是圓覺。兩者各是甚麼意思，在這裏不討論，在同學做報告的時候就會有所涉及，我們到那時會詳細處理這些問題。

從思路來講，覺悟屬於偏的型態，只強調某一部分來講覺悟，這是偏覺。覺悟的主體是佛性，或者是如來藏自性清淨心，或者是清淨心、菩提心，還有達摩所講的真性，這一大堆觀念都可以概括在佛性偏覺這個範圍以內。再來提到的佛性圓覺可以說有兩個型態或系統。一個系統是天台的，另一系統是禪的，是慧能禪的系統。不是神秀的北宗禪，而是南宗禪，由慧能開創。這兩宗的禪學，都有代表性的偈頌。《六祖壇經》裏面便有兩首代表南北宗的偈頌如下：

神秀：身是菩提樹，心如明鏡台。時時勤拂拭，莫使惹塵埃。

慧能：菩提本無樹，明鏡亦非台。本來無一物，何處惹塵埃？

這是禪宗裏講的典型的思考型態。因為思考不一樣，所以採取的實踐方法也不一樣。在我的《佛教的當代判釋》第十三章的佛性圓覺中主要是包括天台宗的圓覺與慧能禪的圓覺。天台方面是第一節到第四節，不要小看這四節，了解起來並不簡單。第五節到最後，提到慧能禪，所以這裏面分成三部分來討論。第一部分是如來藏思想、華嚴宗和北宗禪，第二部分是天台宗，第三部分是南宗禪。

關於佛性問題的概略，可提出一個基本問題，在這裏提出佛性的意義，與它是在甚麼脈絡下被提出。What is the meaning of Buddha nature and in what context was the problem of Buddha nature raised? 我們從佛教最初開始所注意的問題講起。佛教是釋迦牟尼創立的，它有一個流傳的傳統，有很多不同的階段。在釋迦牟尼的年代，我們通常把它說成為原始佛教。再下來是小乘部派佛教；佛陀去世以後，佛教就有分派的跡象。

首先分出的是小乘佛教，主要有兩個系統，一個系統是「說一切有部」（Sarvāsti-vāda），sarva 是一切，asti 是存在或是有，

vāda 是學說或派別；這學派強調所有的東西都有它的存在性與實在性。「說一切有部」的看法，一般哲學在開始的階段都是這麼說的。書、背包、茶壺、手錶、眼鏡等等，所有一切都是有，有它的存在性，不是虛妄的。在哲學上就是實在論，認為一切都有實在性，這是哲學思考最原初的一種說法，也是最素樸的一種說法，最接近常識。如果沒有經過深密的反省工夫，通常都會以為你所見到、聽到或接觸到的，都有它的實在性。這是說一切有部。另外一個學派就是「經量部」（Sautrāntika），文獻比較少。這兩個派別都是小乘的系統。他們認為一切東西都有實在性，有存在性。

再進一步發展就到大乘佛教，它有幾個學派（學說）。其中主要是兩個大的派別，一個是空宗，一個是有宗。空宗主要是指般若思想與中觀學（Mādhyamika）。這兩個派別合起來，我們叫做空宗，強調空作為終極真理。另外一個學派是有宗，就是唯識學（Vijñāna-vāda）。它的重點與空宗剛好相反，它是講有，不是講空。它講的有是從緣起來講，就是事物之所以成為有的狀態，讓我們可以看到，或是讓我們應用，這就是有，它不是自己有實在性，而是緣起而有，是種種不同因素配合、聚合在一起而成為有。譬如說，我們看到樹，有樹葉，這樹是一個有，是存在的東西。可是它的有，不是因為有自己的獨立存在性，而是由不同的因素構成的。這些因素可以經過分析，以樹木作為例子來看，它的組成部分，或是讓它存在的基礎，到底是那些因素呢？這些因素有兩層，一層是主要因素，另外的是輔助的因素，就是因與緣。以樹木來講，種子是因；陽光、空氣、水分、空間、土壤與養分等等，是緣。因與緣合成的結果，樹就能夠從種子開始向上成長，發芽，長莖，開枝散葉，開花，成為很標準的植物。唯識學講的有，是從因緣而生起的有。是從這角度來講，並不是有就是有。像上帝創生萬物不需要因緣，祂只要講「Let there be light.」，說有就是有，世界就從黑暗變成光明，佛學不講這一套。

不管是空宗或是有宗，都是把注意焦點聚在外面對象這方面。空宗所講的空是種種的存在沒有獨立不變的自性，或是獨立自在性，就是空。有宗是把焦點從事物的空的本質轉移到現象性，亦即是事物的外表、形狀、作用種種。不管說事物是空也好，事物是緣起而有也好，基本上這兩種考量的方式都是從外部對象來講。覺悟也是偏重於外面的東西。如果你能瞭解事物成立的因素，你就知道事物有種種不同的條件，由因緣而生（pratītyasamutpāda），因此它們就沒有獨立自在性，或者是自性，就是空（śūnya, śūnyatā）。空宗著眼於事物的本質，有宗著重事物有的狀態或是事物的現象性格。空有本是相通的。有人把佛教分成空、有兩宗，好像把這兩宗看成相對反的學問，不能融合，其實這不對，佛教不是這意思。空跟有可以融合，在印度佛教裏就有這種講法。

不管空宗或是有宗，注意的焦點與關心的面向，都是在對象方面。對象通常指客體或是客體性。空宗與有宗注意的焦點都在對象那方面。如果你能夠對外在事物有深奧的、本質的瞭解，你就知道這些東西是沒有自性的，是種種不同因緣聚合而成。你如果瞭解它們的空性、緣起性，就不會對它們產生種種執著。執著是主觀的妄情、妄見。如果你在見解上不產生種種執著，心靈在一種清明的狀態，不是無知的狀態，沒有顛倒見，就沒有煩惱，就不會有顛倒的行為。超越這些顛倒的行為，你就瞭解並進一步實踐空，實踐了終極真理，在這脈絡下來講你就覺悟了。沒有顛倒行為，虛懷若谷，有智慧的睿見、洞見，就是空。當你知道事物是依託因、緣而有，就不會對事物產生種種的顛倒見解，也就不會有顛倒的行為。如果人在行為上做得很正確，沒有顛倒的因素，那你就沒有煩惱，煩惱是由顛倒行為與顛倒見解而來。沒有煩惱之後，你就覺悟了，並且得到解脫。說這道理很簡單也可以，概括性很大也可以。整個宇宙都是這樣，連我們的生命存在也是這樣。

對佛性的瞭解，在大乘佛教裏，不是只有一種瞭解，而是有好幾種瞭解。天台宗的說法，在書裏說為中道佛性。天台對佛性有一種充滿洞見的瞭解。在天台宗產生以前，特別在印度那方面，也有不同學派對佛性有不同瞭解。譬如說，如來藏系統，他們就是把佛性就如來藏自性清淨心來講，這問題是蠻複雜的。佛性這觀念不限於某一宗派，是很多大乘佛教的宗派都講到的重要觀念。其中華嚴宗、禪宗、天台宗都講，哪一方面講得比較完滿呢？把佛性的充實飽滿的內涵講出來，不光是講，還有實踐的工夫，有人提出天台宗在這方面做得最好。牟宗三先生就是這樣看，《佛性與般若》這本書就是講這問題。佛性是一個共通的概念，很多學派都講，但是講法不一樣。像禪宗裏面，北宗與南宗就有不同的講法，也不是對立。南宗慧能講佛性，就是頓悟；神秀講漸悟，這是實踐覺悟、佛性的取徑不一樣。你也不能說佛性有兩種，佛性只有一種，可是對佛性的瞭解不同，就可以有多種講法。如果相異的地方太大，我們才會說分派。在禪來講，北宗禪與南宗禪很明顯是不同的兩派。不同的地方主要是在實踐、工夫論這方面，一邊講漸教，一邊講頓教。

在思想史方面，釋迦牟尼沒有講過一切眾生皆有佛性。但是我們可以從《阿含經》裏看到那些說法的思想，是可以包容一切眾生皆有佛性的主張，雖然佛陀那時候沒有提這句話。那時候佛性作為修行上關鍵性的觀念還沒有出現，要到大乘佛教出現，這佛性的重要性才明顯，才受到大家注意。我們看宗教思想，不能只看某個階段是如何，它是有一個發展歷程，這發展歷程可以穿越很多世代。譬如說，孔夫子提出儒家思想，一直到現在還是有很多人在講儒家思想。先秦有孔孟的儒家思想，宋明有宋明的儒家思想，到了當代又有當代新儒家的思想。如果我們說到儒家思想，就必須說明是哪一個時代的儒家思想。雖然我們用儒家來概括它們，可是這不表示它們完全一樣。我們可以說，在大方向發展人文精神，強調道德理性、道德自覺，說人的心靈可以是無限的，儒家是可以融合在一起的。可是在某一些特別的問題，不同階段的儒家思想有不同的講法。甚至在同一個階段裏都有不同的講法。舉一個最明顯的例子，你們在中學時期念的先秦儒家，孔子以後分成孟子派別與荀子派別，這兩個講的學說差得很遠。孟子那套儒家思想可以說是一種理想主義，講道德理性，荀子的儒家不是理想主義，他主張的是經驗主義。理想主義跟經驗主義在哲學上不是在同一層次，差別很大。這就是問題的關鍵，我們談這學問要考慮是從哪一個脈絡或典型來講。你在不同脈絡就有不同的講法。你參考不同的文獻也有不同的講法。孟子與荀子對性的了解就很不一樣。性善與性惡哪個是對的？問題在於他們講的性，層次不一樣。這就是脈絡不一樣。孟子的性是講人與禽獸分別的地方，「人之所以異於禽獸者幾希」。荀子講的性，不是道德理性，也不是禽獸的性，而是一種自然主義的表現。譬如說，人餓了會找東西吃，冷了就多穿衣服，疲累就去睡覺。這些都是人做為一種動物本來就有的情況，其他動物也有這種情況。在這裏很難講人性、道德理性，或是孟子講的四端（惻隱之心、羞惡之心、是非之心、辭讓之心）。荀子所講的性，是自然的一種性。所謂自然就是人在自然界作為一種生物、動物，他有一些本來就是這樣的一些習慣或是一種傾向。這無所謂善或惡，要生存就一定要這樣做，這裏面沒有善惡之分。可是如果你存有一種不軌或是自私的心態，做出一些損人利己的事情，把自己的快樂建築在別人的痛苦上，這種性就是惡的。因為這是不守本分，會產生爭鬥，社會就會產生動亂。荀子講性，講到這程度，才是惡。如果大家不守本分地做人，爭鬥就會出現，就有死傷，這樣就不好，社會就亂了。荀子是從社會爭鬥的角度，來講性惡。他不是一開始就講性惡。他一開始是從人的自然傾向這脈絡來講性，這是求生的一種本能。一般人以為荀子講的性是動物性，孟子講的是人性，不是那麼簡單。荀子也不會蠢到認為人就是性惡，整本《荀子》找不到這種看法。他只是說人不守本分，侵犯別人的利益以擴張自己的地盤，他人認為不公平，對於這種不守本分的事情而產生抵抗，繼而產生社會動亂。這不是政治問題，是一般生活的問題。性惡是在這裏講的。

不管是空宗講諸法空，或是有宗講緣起而有，這兩種講法有共通的方向，或說焦點聚合在某一定點，這定點是客體這方面的對象。諸法沒有自性是空；諸法是因緣而合，不是一無所有，這是有，這沒有爭執或矛盾。可是，我們可以進一步來看，不但沒有矛盾，而都是屬於客體方面，不是屬於自我方面。可是一個人進行一種宗教修行，或者是進行道德上的教化，宗教上的轉化，那是自我主體的事情。我們要成覺悟而得解脫，要實踐宗教的理想，著力的重點應該在我們自我內部，外部沒那麼重要。重點應該放在自己身上。所以空宗與有宗所講的那套說法，空與有，在字面上相反，可是從整體、人的存在生活那種大環境來講，空或有，都是偏向客體方面的面向，可是道德上的教化與宗教上的轉化關連著人的心靈狀態，或是精神狀態不斷提升，而不是下沉。提升是主體在提升，是自我提升，不是事物的提升。所以我們可以在這裏講，不管是道德也好，宗教也好，這些實踐都是以主體性為核心，不是以客體性為核心。

這裏面可以提出一個關鍵想法，去體證作為真理的空或是作為真理的有，那個行動的主體，就是自我、主體性。不管講空或有，你都不能離開主體性的自我提升，自我轉化。一定要有這種提升、轉化，覺悟才可能。覺悟不是一種外在的經驗，是一種生命存在的自我體驗。這問題一定要扣得很緊來處理，不能忽略。所以這是空宗與有宗講得不完整的地方，沒有把著力點放在主體性這方面，都是向外面看，向客體方面看。可是客體那方面，沒有所謂覺悟或解脫可言。覺悟或是解脫的人是我們的主體。所以，解脫、覺悟的主體性出來了，就是佛性，就是成佛的可能性。潛能、成佛可能的基礎或是康德哲學講的超越的根據（transcendental ground）。這問題康德也碰到，他講超越的根據，從知識方面講，從道德方面也講。知識方面講理論理性與範疇，道德方面講實踐理性。佛性是一種成佛的潛能。我們要把這種潛能展現出來，成為一種現實，涉及佛性的實現（realization of Buddha Nature）的大問題。

佛性的觀念讓大乘佛教關注的焦點，從客體性轉到主體性。佛性就是成佛的根據，在這種脈絡下提出來的。它的重要性很明顯，不論是儒家、佛教、道家都是要成就人格理想。儒家的人格理想講聖人、君子；佛家講佛、菩薩；道家講至人、聖人、真人。所有的人格理想，都是一種主體性的開顯。相應佛教講的佛性，儒家講惻隱之心、不忍人之心，道家講道心。這三個大的宗派的講法，在大方向上都是一樣，可是具體怎麼做？實踐怎麼進行？則各有各的講法。佛性是甚麼意思，佛性是在甚麼脈絡下提出的？如何證成佛性？這樣才能清楚交代佛教的覺悟、解脫的宗教目標。以下我們會分別在佛性偏覺與佛性圓覺環繞著有關的、有代表性的經與論來說明佛性的問題，由印度佛教講到中國佛教，而且以後者為主。

第一章　佛性偏覺

到此為止，我們一直都在探討印度佛學，包括佛陀教法、原始佛教、說一切有部、經量部、般若思想、中觀學、唯識學、挾相立量、瑜伽行中觀學。下面論佛性偏覺，則除了處理印度佛學的如來藏思想外，還涉及佛性問題，由這佛性問題會轉到中國佛學方面來。中國佛學的佛性思想，自然是以天台學、華嚴學與禪學為主。其中一部分將收在佛性偏覺中說。佛性偏覺指強調佛性或如來藏自性清淨心的思想。這種思想透過超越的分解（transzendentale Analyse）的方式，建立佛性（buddhatā, buddhatva）或如來藏心（tathāgatagarbha-citta），作為成佛得覺悟的超越依據。[1]人人都具足這佛性或如來藏心；即是，這佛性或如來藏心是一普遍物（universal，「物」取寬泛義）。但由於大多數的人被後天的、經驗的客塵所掩蓋，不能表現它的明覺而已。[2]修行者只要覺識、省察到這種超越的、清淨的心能或主體，保住它的明覺，不讓它迷失，另方面把生命上的雜染、不淨的客塵掃除開來，像菩提達摩在

1　這如來藏心的全名是「如來藏自性清淨心」（tathāgatagarbha-prakṛti-pariśuddha-citta）。

2　這明覺或明覺主體相應於我所提出的宗教現象學意義的自我設準中的本質明覺我。

其《二入四行》中所說的捨妄歸真，便能使這佛性或如來藏心重顯它的明覺，最後開悟而成佛。這佛性偏覺有很廣的概括性，包括如來藏思想、華嚴宗思想、早期禪、北宗禪、神會禪。以下我們分述這些思想與禪法，看它們如何闡述與發揮如來藏與佛性觀念。不過，我在這裏先要交代所謂超越的分解的哲學、形而上學的意涵。

一、超越的分解

在形而上學方面，有所謂「超越」（Transzendenz）和「內在」（Immanenz）兩個意思相對反的範疇。所謂內在通常指現象性格、經驗性格、個體性格和存在於時空中或時空性格的東西，我們在日常生活中所碰到的東西，都是內在性格的。超越則是對內在的超越，越過現象的、經驗的、個體的和時空的質體而有其存在性。超越的東西不是內在的東西，這沒有問題，起碼在我們一般的理解層面是如此，或者說，邏輯地是如此。但我們並不是存在於只有邏輯的世界中，很多時我們會越過邏輯的層面或範圍，去探索一些超邏輯的弔詭的生命現象，去鑽研那些較邏輯的真理更為深入的，或更具本質性的真理（Wahrheit），這便是辯證的真理（dialektische Wahrheit）。這種真理不是分解的、分析的性格，而是綜合的性格；所綜合的正是在分解的兩端的相互矛盾的質體或體性。

超越的分解是很順適的，我們的理性（Vernunft）通常便是走這條思路，沿著這條道路或導向向前發展。不管是經驗主義抑是理性主義，都屬這種沒有矛盾的思維方式。自康德（I. Kant）的《純粹理性批判》（*Kritik der reinen Vernunft*）出現，提出先驗綜合判斷的可能性，超越的綜合的思維形態才成為問題。康德在這個問題上，基本上是就範疇（Kategorie）來說。到了黑格爾（G.W.F. Hegel）則明顯地提出辯證法，以「反」來說辯證，認為反或矛盾是深化真理的一個必須經過的歷程，這便類似般若思想中的「即非」思考：要確認一個質體的真實狀態，需要否定它的自性（svabhāva），排除它的實體主義（自性是一種實體）的可能性，以取得對質體的終極真理的認知。如對於般若波羅蜜多或世界，需要否定它們的自性，再加以肯定，才能確認它們是無自性亦即是勝義諦的般若波羅蜜多或世界。這即非可被視為相應於反的思維方式，最後確認終極真理，便是綜合，便是辯證法的合。

在黑格爾的辯證法中，正和反都是分解性格，但正和反合起來，而成一綜合，便有辯證的意味了。康德在判斷方面說分解，又說綜合，最後變成既是分解又是綜合的先驗綜合判斷，也有辯證的意味。分解是形式的、邏輯性的，是先驗的（a priori），是理性的；綜合則是反邏輯、超理性的結合，是矛盾的雙方的直接合在一起。我們說綜合，通常是在經驗的層次中說，因而有經驗的綜合的思考，這沒有問題。例如說「這雙皮鞋是黑色的」，皮鞋是經驗的東西，黑則是感覺的、經驗性格的，雙方所成的「這雙皮鞋是黑色的」是一經驗的命題。但康德卻把先驗的性格和綜合的東西合起來，而成一先驗綜合命題，如因果命題，便成先驗綜合判斷，這便有問題，起碼是邏輯上的矛盾問題。康德要建立另外一種命題，是既是先驗又是綜合的先驗綜合命題，用來說範疇，說一切知識（先驗知識與綜合知識）的可能性、基礎。於是爭論便開始了。

我基本上接受康德的說法，認為終極真理應該是既先驗又是綜合的；我也認受黑格爾的辯證法，認為我們需要透過辯證歷程，才能達致更高的真理境界，但我認為光是辯證法還是不夠，正、反、合之後，還需有超越，才是圓滿。佛教中觀學的龍樹（Nāgārjuna）的四句法（catuṣkoṭi）曾把到真理（終極真理）的歷程分成四個步驟：肯定、否定、綜合、超越。其中的肯定、否定、綜合相應於辯證法的正、反、合，合或綜合之後，還需有超越這一步，真理的大門才真正敞開。[3]不過，我在這裏並不想細論辯證法或四句的問題，我只是要透過以上的闡述，來探究在形而上學的脈絡下的超越的分解的問題。在哲學上，特別是在形而上學方面，我們通常會把存在（廣義的存在）分為超越的存在與經驗的存在，這兩者與我在上面說的「超越」與「內在」兩個概念相應。佛教也有世間與出世間的區別，大略而言，世間是經驗的，出世間則是超越的；它還說世出世間，表示世間與出世間的綜合，是內在與超越的合一。哲學與宗教需要到這個階段、境界，才算完美。

回到佛學方面，所謂超越的分解，是在形而上學特別是存有論方面確認一個終極的原理，它與存在世界有某種程度上的關連，但畢竟是超越性格，與經驗性的、內在性的事物在存在上與價值上有間隙。便是由於這種價值上的間隙，終極的原理不能直線地、垂直地與這些經驗的、內在的事物分享它自身的價值，因此需在實踐上作工夫，讓這阻隔雙方關係的間隙消除，俾超越者與經驗性能夠連繫起來，甚至結合在一起。這在西方的哲學與宗教來說，是結合本體與現象，道成肉身；在東方方面則是天人合一，或與天地精神相往來。即是說，作為價值之源的終極真理、原理，不管它是主體性

---

3 關於四句否定，參閱拙文〈印度中觀學的四句邏輯〉，拙著《印度佛學研究》（臺北：臺灣學生書局，1995），頁 141-175。

抑是客體性，在價值上與現實的經驗存在有一種本原的、原始的隔離。不過，這種在價值上的本原的隔離並不是必然的、無法突破的。我們可以通過工夫實踐或某種神秘經驗（mystische Erfahrung）與終極原理相遇合、相契接，俾能提升我們的生命價值與境界。這樣的超越性格的原理與經驗性格的存在、質體在存在特別是在價值上的區別、分離狀態，便是所謂超越的分解。在佛教，與經驗世界或世間法有超越的分解關係的，有如來藏思想的如來藏自性清淨心，《大乘起信論》的眾生心或心真如、華嚴宗的法界性起心、達摩與早期禪的真性真心、神會禪的靈知真性與北宗禪的菩提明鏡心。特別是神秀的北宗禪以菩提樹和明鏡臺說超越的心，以塵埃說世間法，要前者遠離後者，其中的超越的分解的意味，至為明顯。

在超越的分解這個總脈絡下，作為終極原理的覺悟成佛的基礎的如來藏心、真性真心、佛性要能有所作為，悟入真理而得解脫，勢必要和世間法保持一段距離；即使最後覺悟而成佛，也是和九界眾生劃清界線而成佛，甚至捨九界眾生而成佛，如天台宗人批評華嚴宗人「緣理斷九」，斷除九界眾生而獨自緣入、體證真理。這樣的覺悟，便成偏覺：偏離九界眾生而成佛，而不是與九界眾生成為一體而覺悟成佛的圓覺。即使確認一切眾生都具有這如來藏心、真性真心、佛性，情形還是這樣。

二、關於佛性偏覺

對於上面所述具有超越的分解這種導向的佛教思想所提出的覺悟成佛的方式，我以「佛性偏覺」來概括，來突顯它的性格（characterize），其理據是以下兩點。一是佛性是佛教中挺重要的觀念，其重要性不低於空、中道、涅槃等；在中國佛教來說，佛性可說是最具關鍵性的觀念。天台宗智顗大師的判教，便是以有關的思想有無佛性觀為主要線索來進行。在他所判的四教（藏教、通教、別教、圓教）中，藏教與通教是不說佛性的，別教與圓教則盛談及發揮佛性的義理。他認為，佛性是我們覺悟成佛的超越潛能，必須開顯它，覺悟成佛的理想才能說。任何佛教派系的思想，在義理上與實踐上，必須涉及佛性的問題，才能周延。如上面提過，他曾強調，佛教的全部思想，最大的區別在於有說佛性與沒有說佛性：「大小通有十二部，但有佛性無佛性之異耳」。[4]二是智顗以發揚佛性、如來藏（佛性即是如來藏，如來藏是成就如來（tathāgata）人格的寶藏）思想的教法為別教，其「別」有多個意思，而偏覺的意味亦在這些意思中顯現出來：

i). 隔絕九界眾生而成佛。佛教以眾生所生存的、存在的界域有十個層面（十界）：佛、菩薩、緣覺、聲聞、天、人、阿修羅、畜牲、餓鬼、地獄。智顗以為，在經方面以《華嚴經》為代表的思想盡情喧染佛陀成道後所投射而成的世界亦即法界（dharmadhātu）的崇高璀璨，只有佛能理解、領會，其他九界眾生則茫然無所知。這是佛「別」於九界眾生之意。依於此，偏覺的意義便突顯出來。華嚴法界崇高，難以湊泊，只有佛能體證，九界眾生無緣接觸、理解。因此，在對於華嚴法界的體證而得覺悟上來說，只有華嚴中人能做到，九界眾生不能做到，這便是偏覺，覺悟是偏於華嚴方面也。

ii). 天台智顗以發揚佛性、如來藏思想的教法為別教。這「別」

4 智顗著《法華玄義》卷 10，《大正藏》33・803 下。

有隔別、歷別之意。即是，不是圓頓地、一剎那地體證存在世界的事物的空的本性，而得覺悟成佛。卻是要經歷階段；這是從時間說；同時在同一時間也只能對部分的、偏頗的存在的本性有所體證，不能一下子、當下便能體證一切存在、一切法的本性，這是從空間說。因此，以佛性、如來藏為本而得的覺悟，不是圓滿的覺悟、圓覺，而是偏頗的覺悟、偏覺。[5]

有一點我很想指出：印度佛教在論及佛性或如來藏的問題時有很強的分解意味。即是，它把佛性、如來藏與一切法、一切東西劃分得很清楚：前者是超越的、清淨的，與染汙的世間法有一定程度的隔離。後者則是經驗的、不淨的，對人的覺悟、得解脫而成佛，有一定程度的障礙。而中國佛教的佛性、如來藏思想則未有把超越的佛性、如來藏和經驗世界區分得那麼清楚，雙方的界線比較模糊。[6]關於這點，我謹在這裏舉一些文獻來例示一下。限於篇幅，在印度佛學方面我只選取《勝鬘經》、《寶性論》與《佛性論》三部經論來說。至於一直為學界所重視的《大乘起信論》，由於討論

5　要注意這裏所說對於部分的、偏頗或偏歸一邊的覺悟，並不是指一切存在、一切法的本性、空的真理可以切割成部分，而偏覺是指對真理的一部分覺悟，不是完全覺悟。這是由於真理是一個整一體，不能被分割成部分，因而逐一部分去覺悟。此中的意思毋寧是，偏覺不能就存在世界的整一體去覺悟真理，而只能從世界被切割成部分而漸次地、一部分一部分地去覺悟。這種覺悟是偏覺，不是下面要論述的圓覺。這種偏覺顯然有分裂世界、法界之嫌。

6　例如天台宗智顗在其《法華玄義》中把煩惱與菩提、生死與涅槃等同起來，在印度佛學中便非常少見，只有少數文獻如《維摩經》（*Vimalakīrtinirdeśa-sūtra*）是例外，它強調淫怒癡即是解脫。

已多，在這裏也就不提了。在超越的、清淨的佛性與經驗的、不淨的東西被分隔開來的義理脈絡下，所謂覺悟便只能就對於佛性的明覺說，覺悟不能同時兼及於佛性之外的種種世間事物。人只集中於對自身所本具的佛性覺悟，不能對於其他東西的本性（空、緣起的本性）覺悟，這便有所偏，偏於佛性也。[7]這便是佛性偏覺。這種意義下的佛性，作為覺悟者與被覺悟者（兩者其實是在內容上同一的東西），便很像我所提的現象學中而有宗教義的自我設準中的本質明覺我。

《勝鬘經》的關聯到佛性或如來藏問題的最重要觀點，是提出兩種如來藏：空如來藏與不空如來藏。空如來藏（tathāgatagarbha-śūnyatā）表示如來藏的本性是空，而不是一形而上的實體（Substance）。不空如來藏（tathāgatagarbha-aśūnyatā）並不表示與空如來藏相矛盾，而是強調如來藏具有種種功德（guṇa）以教化、轉化眾生。這「功德」觀念在該經典中非常重要，被高調地作為方便法門提出來。其中有如下的說法：

> 為攝受正法，捨三種分。何等為三？謂：身、命、財。

這是說，為了受納得正確的教法，我們要犧牲（捨）三種一般人認為是寶貴的東西：身、命、財。捨身方面是：

---

7 對於佛性覺悟，是覺悟到它是一超越性格的能動的主體，對於其他東西的本性覺悟，是覺悟到它們的法性（dharmatā, dharmatva）、空性（śūnyatā）、緣起（pratītyasamutpāda）的本質。

> 生死後際等，離老病死，得不壞常住、無有變易、不可思議功德如來法身。

捨身即是要超越、克服我們的物理軀體上的老病死諸種現象，這些東西都是有為法、有生有滅。我們不要癡戀自己的物理軀體，要達致具有常住性、不變性和殊勝功德的精神的法身（dharma-kāya）。捨命方面是：

> 生死後際等，畢竟離死，得無邊、常住、不可思議功德，通達一切甚深佛法。

捨命像捨身那樣，要突破物理軀體的限制，了悟佛教的真理，貫穿到它的根深蒂固之處。捨財方面是：

> 生死後際等，得不共一切眾生，無盡無減，畢竟常住、不可思議，具足功德，得一切眾生殊勝供養。[8]

捨財也是一樣，不貪著錢財，要努力修行，獲致不與一切眾生相共有的殊勝之點，最後必能得眾生的供養，維持生活所需。錢財再多也沒有用。最後一段文字特別提到，在物理軀體或色身之外，所謂「生死後際」，得到與一切眾生不共同分享的功德。這是哪一種功德呢？經中沒有明說，但既然不共於眾生，這功德必定有特殊的性格、功能，對覺悟成佛的理想有密切的關連。這裏頗有「偏」的意

8　以上三段《勝鬘經》的引文，見《大正藏》12・218下-219上。

味，在覺悟成佛方面有所偏，偏於修行人自己一邊，這便是偏覺。

至於其他兩論，《寶性論》強調一切眾生都具足如來藏、佛性，它是本來清淨；要得覺悟，只需恢復它的本性便可。這部文獻也提及《勝鬘經》所闡發的如來藏的空性與不空性，並明顯地以功德來解讀不空。對於功德問題，在佛教論典之中，這部文獻提得最頻，也最著力於功德的宗教功能。這點可以說是《寶性論》的一種特色。《佛性論》則強調佛性本來清淨，不為不淨法所汙染；又明確地說不空如來藏中的「不空」是具足功德義，並說法身（dharma-kāya）與應身（nirmāṇa-kāya）各有四種功德。又此論傳為世親（Vasubandhu）所作，不管作者問題是否如此，此論實質上展示了某種程度的唯識學（Vijñāna-vāda）的內容，如論三性，說唯識智，在心識方面區分心（六識心）、意（阿陀那識）、識（阿梨耶識）。由於此論說及心、意、識的區分，若視之為唯識學文獻，則應是在較後期成立者。

以上所述，是印度佛學中強調佛性或如來藏心的佛性偏覺的義理形態。這種義理形態傳到中國，受到高度的重視，特別是在禪學的發展方面。禪學由菩提達摩（Bodhidharma）開始到五祖弘忍，及弘忍以後由神秀所開拓出來的北宗禪，都屬於這種義理形態的佛教教法。它的特徵在於先透過一種超越的分解的方式以建立一清淨的真心真性，作為我們的成佛的超越基礎（transzendentaler Grund）。由於種種後天的、經驗的、無明的因素所障礙，致我們不能覺悟和顯現這種清淨的真心真性，而沈淪於塵俗的凡夫層面。我們要做的，主要是如何追蹤到、察識（逆向的察識）到這種先驗的（a priori）真心真性，而當下予以把捉，把它擴充開來，實現出來，最後便能覺悟而成佛。上面只省略地闡述了印度方面的佛性或如來藏思想，至於後來的達摩禪與北宗禪的有關說法，則留待後面專節中探討。在這裏我想就佛性偏覺的義理形態作關聯著判教的一點提示：華嚴宗法藏的判教中的大乘終教，便屬這種佛性偏覺的思想模式；就緣起的觀點來說，真如緣起是這種模式；法藏自己所提的法界緣起，則不屬這種思維形態，而接近下來要探討的佛性圓覺的形態。[9]至於以達摩為代表的早期禪和以神秀為代表的北宗禪，如上面所說，與佛性偏覺在思維導向上有密切的關連，但法藏未加留意。以下我要分節探討佛性偏覺這一導向所能概括的各派思想。

三、如來藏系的自性清淨心

首先我們看如來藏系統所說的自性清淨心（prakṛti-pariśuddha-citta）的清淨覺悟成佛的思想。這個思想體系概括多部經典與論典。經典方面有最受注意的《勝鬘夫人經》（《勝鬘師子吼一乘大方廣方便經》*Śrīmālādevīsiṃhanāda-sūtra, “Lha-mo dpal-phreṅ-gi seṅ-geḥi sgra” shes-bya-ba theg-pa chen-poḥi mdo*）、《如來藏經》（*Tathāgatagarbha-sūtra, Rgya gar skad du / Ārya-tathāgatagarbha-nāma-mahāyāna-sūtra / Bod skad du / Ḥphags pa de bshin gśegs paḥi sñiṅ po shes bya ba theg pa chen poḥi mdo*）、《大般涅槃經》（*Mahāparinirvāṇa-sūtra, Yons-su mya-ṅan-las-ḥdas-pa chen-poḥi mdo*）、《無上依經》（*Anuttarāśraya-sūtra*）、《央掘摩羅經》、《楞伽經》（*Laṅkāvatāra-sūtra*）。論典方面則有《大乘莊嚴經論》

9　實際上，華嚴宗的圓教在某種內容來說，也可與佛性圓覺相通。關於這點，下面會有交代。

（*Mahāyānasūtrālaṃkāra*）、《佛性論》（*Buddhatā-sūtra*）、《究竟一乘寶性論》（*Ratnagotravibhāga-mahāyānottaratantra-śāstra, Theg-pa chen-po rgyu bla-maḥi bstan-bcos (rnam-par bśad-pa)*）、《大乘起信論》。另外，有些學者也把《華嚴經》（*Buddhāvataṃsaka-nāma-mahāvaipulya-sūtra, Saṅs-rgyas phal-po-che shes-bya-ba śin-tu rgyas-pa chen-poḥi mdo*）、《大寶積經》（*Mahāratnakūṭa-sūtra, Dkon-mchog brtsegs-pa chen-poḥi chos-kyi rnam-graṅs leḥu stoṅ-phrag-brgya-pa*）、《不增不減經》（*Anūnatvāpūrṇatvanirdeśa-parivarta*）、《大乘法界無差別論》（*Dharmadhātvaviśeṣa-śāstra*）等列入如來藏系統中。

如來藏既是自性清淨心，則當我們說起自性清淨心，便是指這如來藏而言；即使其他東西有清淨性與心靈義，也不會混淆過來。從文獻學（philology）特別是字源方面來看，我們可以把 tathāgatagarbha 拆分為 tathā-āgata-garbha。tathā 是如是這樣，真理如是的意思，亦即是真如。āgata 即是來到之意。gata 是梵文動詞語根 gam 的過去分詞，是去之意，在這分詞前加 ā，是與 gata 相反的來或 come 之意，來的梵文動詞語根正是 ā-gam。至於 garbha 則指胎，這胎可以生長出豐富的東西來。所有這些部分連在一起，其意是：人證得菩提智（bodhi）、領悟到空（śūnyatā）的真理，可以說是從真理而來，以真理作為他的本質。而胎這個藏（寶藏），是可以產生如來的。於是，如來藏是指成就如來的人格的寶藏。也可以說，如來藏是成就如來人格的潛能。因而在大乘佛教文獻中有「佛性隱是如來藏，顯是法身」的說法。「法身」（dharma-kāya）指由佛性顯現自己而成的精神性的主體。法身的潛隱狀態，即是如來藏。這樣說如來藏，好像以它具有體性的意味，好像可以通到形而上的實體方面去，其實不然。如來藏有很強的精神的意義，但畢竟不是精神實體，不是實體主義的路向，而是非實體主義的路向。

以下我要集中探討如來藏思想的成立的意義，這有三點可說。第一，如來藏是覺悟成佛的寶藏，是成佛的潛能。在這個意義下，確定如來藏是成佛的潛能，可以替眾生的成佛理想確立一種形而上的超越依據。如來藏不是經驗界的東西，經驗界的東西有相對性、時間性和空間性；它作為一種覺悟成佛的潛能，內在於眾生之中，這自然不表示眾生已經得到覺悟，證得佛果。這內在性只表示眾生有成佛的可能、機會，他還是要不斷修行，累積功德（guṇa），這不必只是一生的事，卻是要累世修行，甚至歷劫（kalpa）修行，才能讓如來藏發出火花，燃燒起來，最後放大光明，證得佛果。第二，如來藏是一種潛在的主體性，是佛性、真心、清淨心。所謂主體性（Subjektivität），是從超越性格方面說。通常我們說主體性，是經驗性的主體性（empirische Subjektivität），這是一種主體的心理狀態，它的功能是感覺，概括一切喜怒哀樂愛惡欲等感受能力，其作用有時空性。超越的主體性（transzendentale Subjektivität）則超越時空性，恆時在動感之中，沒有止息之時，只有顯現不顯現之別。第三，如來藏作為主體性，是最後的實在，處於最基要的層次，不能被還原為比它更為根本的東西。這點很容易使人將這如來藏與婆羅門教（Brahmanism）所提的梵（Brahman）和我（ātman）混淆起來，以為雙方是同一東西。實在說來，雙方有非常明顯的差別。如來藏是最高的真實（highest reality），但不是實體（Substance），不是那具有常住不變義的自性（svabhāva）。它不是實體主義（substantialism）的導向，而是非實體主義（non-substantialism）的導向。老子所說的道、儒家所說的天道、天理、天命都是實體形態，基督教的上帝和柏拉圖（Plato）的理型（Idea）都是實體。作為主體性、終極主體性的如來藏不是實體，但卻是實在，而且是最高的實在。這實在是真實不虛妄的意味，不是實在論（realism）所說的客觀實在。如來藏不是如一般所說的實體那樣，埋藏在現象的背後，作為一種基體（substratum）來支持它們，呈現寂靜的狀態。它毋寧是一充滿動感（Dynamik）的主體性，其本性、本質仍是空的主體性。

關於這點，我想在這裏多說幾句，澄清一些似是而非的論點。如來藏既是成佛、成如來的潛能，而覺悟成佛是心的活動結果，因為心能活動，能發動行為，使人捨染成淨，故如來藏是心能，是活動狀態的主體性。嚴格地說，它不具有體性，更不是形而上的實體。它是活動，而不是存有。如來藏是絕對性格，超越一切相對的、比較的考量，是敻然獨立的。它與佛陀與原始佛教所說的「無我」（anātman）思想並不矛盾。「無我」的我是個別自我、個體生命，是私欲、私念、煩惱的載體。人有自我意識，也有自我的潛在意識，這便是唯識學所說的末那識（mano-vijñāna）。這種自我意識會讓人生起虛妄的想法，而貪著自我，排拒非我，或貪著自我所有的東西，排斥非我所有的東西，而使世界分裂。如來藏不是這「無我」的我，卻是證取無我真理的主體性。它能起用，發而為智慧（buddhi），照見生命中的無我性格。這個體證無我真理的如來藏，有時亦確被說為我義。但這是另一層次的我，是超越我、法的相對性的絕對的大我。傳為無著（Asaṅga）所著的《大乘莊嚴經論》（*Mahāyānasūtrālaṃkāra*）說：

第六類沒有合適的命名，姑稱為「灰暗」類，以其對主體性的內涵採取不很「光明」的理解，且對勝物的技藝之道很不強調。含有兩型：

第十六型：「我」是受限的和有限的。下含三個次型。

第十七型：「我」是個自我疑問。

序論至此為止，接下來的十七章將對這十七型莊學主體論解說，摘述各家學者的論據，回歸《莊子》查看相應的原文，闡發哲學意義，比較中西哲學理論，記錄相關批評意見，與提出我自己的心得。在此之後的最後兩章是解釋學者歧見的根源有些來自莊子本身的矛盾性或模糊性，再以不取消這些矛盾或模糊為前提，提出統合諸說的可能性。

本書對《莊子》原文之引用，來自王孝魚點校之郭慶藩《莊子集釋》和王叔岷《莊子校詮》兩書，這兩書俱未臻理想。王孝魚的點校本現已由蔣門馬揭發「底本的原底本存在先天缺陷」、「名義上的主校本名存實亡」、「事實上的主校本後天不足」等五種缺陷（2012），王叔岷乃訓詁校讎大家，其《莊子校詮》以《續古逸叢書》影南北宋刊本為底本（1988: 序論 13），而校對未精，手民植字之誤，間或有之[15]。由於還有存世的宋刊《莊子》未曾用於校勘，在更理想的《莊子》集校本問世以前[16]，吾人乃兼用王孝魚和王叔岷這兩個當今最受重視的本子，註明出處時，分別以「郭」和「王」表示二書頁碼，以便覆查。兩本的文字微有異同，則不計較。

先秦古書需要訓詁和校讎，否則今人不易讀懂。學者對莊子的詮釋差異，經常是出自所好注疏之不同。現代集註中，陳鼓應《莊子今注今譯》出版較早，迭經增修，多年以來是讀者的首選，而在闡揚欣賞上，王邦雄講讀老莊有年，去年出版的《莊子內七篇、外秋水、雜天下的現代解讀》是大病之餘生死以之之作，二書皆折衷羣註，玩索文義，而於莊子原文的理解，與本書頗為不合。我對莊子原文的理解，大體依循王叔岷《莊子校詮》，王書有其他集註所不可及的優點：釋虛詞、明假借、與徵引其他道家書籍的類似文句互證。虛詞不識，假借不通，則或拘於原字而多方曲說，或僅識舊詛而訓解舛誤，先秦古文乃處處不可解。藉由莊子與其他道家典籍互證，則道家的通義共法得明且彰，而莊子的意思便也隨而確定。

為方便讀者明瞭我對莊子文句意義的理解為何，我引用莊子原文之際，隨文插入小字註釋。字詞的註釋大多採自王叔岷《莊子校詮》，亦有少數得自於其他註疏、教育部「國語辭典」網路版、「漢典」網路版、與各辭書，這些比較不涉及個人色彩，為了閱讀輕便，是以不註明來源。但是整句或小段的意義各家理解經常不同，影響思想詮釋很大，所以採擇時會寫出注解者姓名，以明我申論之所本。

各型學者名錄（共一四六人、組）

括弧內的學者是他們的解說有部分屬於該型，但整體而言屬於另一型。

第一型	（唐君毅）	（徐復觀）	牟宗三	葉維廉	陳榮華
	黃漢青	A. C. Graham	Alan D. Fox	Kathleen Marie Higgins	Paul Kjellberg
	Günter Wohlfart	Paul Contino			
第二型之一	崔大華	Harold D. Roth	楊國榮		
之二（同第十型之五）					
之三	Livia Kohn	Daniel Coyle	Eun-Kyung Shin	商戈令	王志楣
	蕭振邦	王威威	David Machek	（池田知久）	
之四	Robert E. Allinson	Hyun Höchsmann			
之五	侯潔之				
之六	施友忠	劉若愚	Judith Berling		

第三型	徐復觀	沈清松	時曉麗	洪嘉琳	郭齊勇
	池田知久	曾春海	鄧聯合	蕭裕民	
第四型	Herbert A. Giles	林語堂	侯外廬等	王昌祉	羅光
	趙雅博	關永中	郝長墀		
第五型	劉咸炘	李杜	項退結	葉海煙	楊儒賓
	Mark A. Berkson	賴錫三	陳鼓應	龐安安	鍾振宇
	林明照	Fabian Heubel			
第六型	錢穆	Donald J. Munro	吳怡	王煜	錢新祖
	杜保瑞	王博	Hans-Georg Moeller	Thomas Michael	Steven Burik
	鄭開	夏可君	奚密		
第七型之一	楊文會	章炳麟	邱棨鐊		
之二	Aubrey Moore	吳康	程兆熊	方東美	沈善宏
	胡楚生	勞思光	蒙培元	許宗興	陳清春
第八型之一	李日章	陳冠學	韋政通	劉光義	傅佩榮
	Michael J. Puett	陳靜			
之二	劉小楓				
之三	詹康				

第九型	林鎮國	Eske Møllgaard	包兆會	吳光明	黃鶴昇
第十型之一	唐君毅	Lee H. Yearley	Harold H. Oshima	Erin M. Cline	
之二	福永光司	Benjamin I. Schwartz	王又如	Alexus McLeod	
之三	Christian Helmut Wenzel	方萬全	James Behuniak, Jr.	詹康	
之四	Philip J. Ivanhoe	吳汝鈞			
之五	關鋒	馮友蘭	夏甄陶	李澤厚	劉笑敢
	蔡梅曦	蔡英文			
第十一型之一	高柏園	謝文郁			
之二	黃百銳	Christ Fraser	蕭振聲	Tim Connolly	
第十二型	Joel J. Kupperman	蔡振豐	劉文英	Romain Graziani	
第十三型	李約瑟	Chad Hansen	Francois Jullien	Chris Jochim	
第十四型	蔡璧名				
第十五型	Jean François Billeter	龔卓軍	Mathius Obert	（方萬全）	

第十六型之一	趙衛民	徐克謙	韓林合	馬耘	
之二	劉紀璐				
之三	David L. Hall 與 Roger T. Ames	陳少明	Nathaniel F. Barrett		
第十七型	蔣錫昌	傅偉勳	謝啟武	Brook Ziporyn	（牟宗三）
	（程兆熊）				

第一型 心向外感知而單純容受經驗信息

鏡映心的出處與定義

心有自外接收感覺信息的能力，而主張本型解說的學者，將這個能力當作唯一應該保留的能力，其他思維、記憶、憎喜、情感能力都應該扼殺。中文學界習將守於被動地位容受經驗信息的心稱為鏡映心。

鏡映心語出莊子，直接的原文有：

至人〔猶聖人〕之用心若鏡，不將〔送〕不迎，應而不藏，故能勝〔任〕物〔化〕而不〔疑應作「無」〕傷。（〈應帝王〉郭307王300，作者自語）

以鏡喻人（不是喻心）的有：

> 在己无居（①郭象曰：物來則應，應而不藏，故功隨物去。②王敔曰：不居一是），形物自著（《列子·仲尼》張湛注：形物，猶事理也。事理自明，非我之功也）。其動若水，其靜若鏡，其應若響（《列子·仲尼》張湛注：順水而動，故若水也；應而不藏，故若鏡也；應而不唱，故若響也。○王叔岷曰：「順水而動」，當作「順勢而動」）。（〈天下〉郭 1094 王 1337-1338，關尹語）

間接以水轉喻鏡面的還有：

> 人莫鑑於流水而鑑於止水，唯（唯獨）止能止眾止（成玄英曰：「唯止」是水本凝湛，「能止」是留停鑑人，「眾止」是物來臨照）。（〈德充符〉郭 193 王 174，孔子語弟子常季）

> 水靜則明燭鬚眉，平中準（疑脫「繩」），大匠取法焉。水靜猶明，而況精神！聖人之心靜乎！天地之鑑也，萬物之鏡也。（〈天道〉郭 457 王 471，作者自語）

成玄英開創以鏡映心為主體的先河，他在內篇不少處發揮此義：

> 虛舟懸鏡，應感無心。（郭慶藩 1961: 32 註 3）

> 夫至人無心，有感斯應。譬彼明鏡，方茲（方：比擬。譬、方互文，彼、茲對文）虛谷。因循萬物，影響蒼生。不知所以然，不知所以應。豈有情於臧否而係於利害者乎！（郭慶藩 1961: 73 註 16）

> 又譬懸鏡高堂，物來斯照。能照之智，不知其所由來。可謂即照而忘，忘而能照者也。

（郭慶藩 1961: 88-89 註 31）

夫聖人虛己，應時無心。譬彼明鏡，方茲虛谷。（郭慶藩 1961: 145 註 4）

如水如鏡，應感虛懷，己不預作也。（郭慶藩 1961: 149 註 4）

夫懸鏡高臺，物來斯照，不迎不送，豈有情哉！大聖應機，其義亦爾。（郭慶藩 1961: 232 註 3；類似的話又見 309 註 10）

以鏡喻心，是說只對外在對象作感知，否定有內在的觀念，又是說對感知內容不作任何分類、連結、詮釋、評價等進一步處理，讓感知內容只是感知內容，不增一分也不減一分，這種知的最低限度便是最高境界，心的這種自廢武功即是最上乘功夫。

當代新儒家第二代三大家

以鏡映心做為莊學主體論的真諦，在當代之所以盛行，可能是由於當代新儒家第二代三大家唐君毅、徐復觀、牟宗三的重視。但其實，唐君毅與徐復觀對莊學主體論的見解另有歸宿，真正以鏡映心為莊學主體論的是牟宗三。

唐君毅討論莊學的主體論時，把「心知」擺在主角的地位。他認為在莊學中，人心是不斷應世而活動的，我們在工作時是如此，閒暇時也如此，甚至睡夢中還是如此。由於它以外物為對象，而非以自己為對象，所以平時我們對內心的活躍沒有自覺，只有當我們暫停對外界事物的感應、暫停向外求知，而平靜的省察自己時，才會驚覺自己的心平素的活動性，因而有所不愜，思有以超拔之。超拔之道為減擔法，洗淨世俗念慮後，呈顯出一被動、無有具體內容的心的空殼，稱為靈臺、或虛靜的觀照心、虛靈明覺心，這是我們的主體之核心。因它無有內容，所以是被役使的，「如映放電影之銀幕，原只為被動的接受人物之影像者」，而無主動性（1986a: 123-127）。可是我們日常中是有主動性的，這是來自於靈臺之心結合定型的生活習慣而生的一種產物，稱為成心（1986b: 360）。唐君毅雖然說莊子提出二心，一為所貶，一為所尚（1986a: 121），其實他對莊學的解說應是一心的，即被動的靈臺心加上主動的意念欲求。

徐復觀對莊子的主體構成物方面，做了頗為窮盡的檢討，舉出情、性、德、命、形、心、精神（氣）等等，但他以心為主導者，所以《中國人性論史：先秦篇》中莊子一章，獨以心為章題。他反對二心說，認為只有一心的變化：從心的「本性」而言，心「是虛是靜，與道、德合體」，對外界的觀照如鏡子映像一般，能直接看出外物的本來面目，而又不做價值判斷。「虛靜之心，本是超越一切差別對立，而會涵融萬有之心」，是「無所繫戀、無所聚注」的「心理狀態」，承認物物各自不同（恢恑憰怪），而又各自完成其自己、不互相干涉（咸其自取）。此種順萬物之性、接受萬物自己如此的態度，即是所謂「乘天地之正，而御六氣之辯」，而取消以自我做為衡量標準以達到物我兩冥，以及避免將自己的知、情、意「定著在某一生活斷片上，只以某一生活斷片，作為我的實體」，便是所謂「無己」。反之，俗人的心常常失去其超然的立場，「人情總是以自己作衡量萬物的標準，因而發生是非好惡之情，給萬物以有形無形的干擾。自己也會同時感受到處受到外物的牽掛、滯礙。」「不能不與無可挽回的變化相抗拒，這是人生非常可悲的現象。」（1969: 382-385, 394-395, 432-433, 438-439）

以上對於唐君毅、徐復觀的介紹僅是將虛靜觀照心的部分抽離出來，並不是他們對莊學主體論解說的全貌。唐君毅還認為人心可以從萬物流逝中間思索出一有以超拔之道，徐復觀則認為莊子還相信有一個創造天地萬物的道，所以人心便不能僅是如鏡子般反映外界而已，會有更多的內涵。

牟宗三認為莊子想將「是非、善惡、美醜、一切比較性的、相對性的、價值性的判斷都要平齊」（2002a: 1），一切關於真善美的問題如果從人類理性的範圍來看，都是可以爭辯的，這是由於知識是內在於（immanent）系統的，必然要是此非彼，莊子教我們跳出來，採取超越的（transcendental）角度，或換做「生活上體會的用語」是凌虛的態度，來化掉世間的種種爭吵（2002a: 1）。凌虛的脫出是非爭執，接下來看破生死對立，至最後化除有無對待，就達到絕對（2002i: 8-9），這是智慧（相對於知識）的做法，我們的心乃從成心（由習而成、有習氣的心〔2002b: 4〕，譯為 habitual mind〔2002b: 3〕）轉化為道心，此也即真君（2002b: 5），也即無限心、神心（2002g: 5），它是絕對（2002b: 5）。從道心來看，不論是儒墨還是基督教佛教，都不再矛盾對立，要對的話通通對，要不對的話通通不對，可以同時成立或同時不成立，這就叫做「兩行」，就好比人住在樓房是對的，魚住在水裏也是對的，不可從人的角度批評來魚（2002d: 3-4, 8），莊子對語言也即是嚮往一種「怎麼說怎麼可以的那種言」（2002f: 4）。什麼都可以，就是佛教所說的「如」、「如是如是」，也就是莊子所說的道、天籟、自然、逍遙，不用依據任何標準而自證、自得（2002f: 9; 2003a: 6）。

牟宗三解說〈齊物論〉時未用鏡映的比喻是因為〈齊物論〉未用此喻，不過看他說道心如基督教上帝「無所不知」的意義既非經驗科學也非數學知識（2002h: 3），而是對萬物不添損一毫的如如，那麼道心是鏡映萬物之心可知矣。其學生輩解釋莊子之心為觀照、如如，均不出此，故從略（如蔡仁厚 2009: 201-203；王邦雄 2004: 191-202）。

近年中文學界

葉維廉覺得，天真未鑿的嬰孩張目所見，是萬物「透明、具體、真實、自然具足」的呈現於眼前（1988a: 118），「質原貌樸的萬物萬象可以自由興發的流向我們」（1980: 242）。一旦脫離天真未鑿而求知求解，例如反省做為觀物者的我們是誰、分析觀物的活動、追究所觀對象的性質，我們就不再能信賴最初觀物時的直覺，而開始援用人設的概念來說明一切（1988a: 118-119）。人設的概念或名言以宗法、封建制度的名分為典範（1988a: 128-132），它們「產生於一種分辨的意欲，依著人的情見而進行」（1988a: 128），「從個體出發，定位，定向，定範圍」（1988a: 138），其結果是「執一而廢全」（1988a: 138），我們與萬物的關係就變成了「由我觀物」而不再是「以物觀物」。「由我觀物」是「觀者不斷的以概念觀念加諸具體現象的事物上，設法使物象撮合意念。……『傾向於』用分析性、演繹性、推論性的文字（或語言），用直線追尋、用因果律的時間觀，由此端達到彼端地推進使意義明確地界定」（1980: 246），而如果我們能覺醒，質疑知與言的偏頗（1988a: 125），我們就可以努力回到「概念、語言、意識發生前」的認知方式（1980: 242; 1988a: 134），那就是「以物觀物」，意為「了悟到各物象共同參與這個整體不斷生成的運作，便會對自此一融匯不分的渾然湧生出來的物象產生尊敬並設法保存其原貌本樣」（1980: 236），「以自然現象未受理念歪曲地湧發呈現的方式去接受、感應、呈現自然」（1980: 246），回復像童真的孩子一般。莊子所謂道，是「指萬物不受抽象思維系統干擾自由興發的體現」（1980: 246），「萬物自然自動自化自真，當然沒有形而上的含義」（1983: 129），所以「以物觀物」也就是把自己放入道中，「把『自我』消融在宇宙萬象自由的流放中，或把『自我』在原來的物我通明裏求適切的調協」（1983: 124），這時我們會發現自己「以不斷換位的方式去消解視限、消解距離」，「不斷換位的另一含義即是並時性，即是觀者同時從此看去，從彼看來」（1988a: 140-141），甚至於物我、主客皆可自由換位（1983: 106-107; 1988a: 141），促成全體宇宙通過一己之我而自然和自由的朗現。另外，我們也會獲得「近似自然本身的活動能力」，「當我們重獲原性與道為一，其他一切的活動會自然自發，得心應手，如庖丁之解牛，如輪扁不徐不疾的斲輪」（1980: 256）。這些都沾有密契主義的色彩，但莊子與西方宗教不同的是他「不如西方企求躍入形而上的本體世界；對道家而言，宇宙現象本身『便是』本體世界」（1980: 249-251）。我們重新學會「以物觀物」以後並非就絕棄名言不用，莊子有若干用言的技巧，其中最值得一提的大概是「語言文字應該用來點興、逗發萬物自真世界形現演化的氣韻氣象」（1983: 107; 1988a: 145）。

莊子說：「道行之而成。」（〈齊物論〉）陳榮華解釋說「行就是生成」，所以「道的功能就是生成」（1995: 141）。道生成萬事萬物（1995: 134, 141），也是萬事萬物在天籟中說出它們自己時，能說的那個怒者，萬事萬物由於怒者的自發和鼓動，方成為它們自己（1995: 133-134）。我們每個人也由於道的鼓動而生成，形成了成心，這是把心意「凝聚成一個固定的、特定的方向」，由自己設定的立場來展開視域，接觸外物，並且自以為是（1995: 135）。換言之，思考活動是先肯定了「我」的主體性，並為「我」服務，「思考者是自我主導的」（1995: 136）。如果我們要超越自己的「被生成性」而去理解道、超越「我」而去理解「我的根源」，我們就必須放棄做為主體的「我」，而邁向無主體性的思考（1995: 137-138），這就是說：「思考不再自我主導。它不再主動，亦無所求，也不將自己凝聚於一方向上。……反之，思考開放自己而讓事物進來限定思考。主導思考的不再是主體，而是事物。」（1995: 138-139）換言之，主體由「我」換成事物（1995: 139），人「放棄自己而化成物」，這就是〈齊物論〉最後一段的「物化」概念。人不僅與物平等，且：「他於物化中進一步接納事物之道。道的功能是生成。道如如的生，物如如的成，而人又如如的讓它們進來而接納之、了解之。人、物和道合而為一。」（1995: 142）這種與道、萬物合的思考是遊而不是推理（1995: 143），是去了解而不做評價（1995: 144-145）。

黃漢青認為在莊子而言，「世界就是我們生活於其中、在時空內的現象世界，除此現象世界之外，現象的背後不會還有什麼」（2007: 175），如果對現象加以理論化，進而提出萬物一體論、氣化的宇宙觀等形上思維，都是錯的（2007: 173）。因此我們的心不應去對現象加以思考理解，而應只是「如實地朗現萬物」，而從萬物的角度來說，是它們「自然的進入無蔽的澄明狀態」、「自然的顯現和光照」，而為人心所知見（2007: 137-138）。

近年英文學界

英語學者接受鏡映比喻的亦有一些，其中早出而有影響的是葛瑞漢（A. C. Graham）。他在一九八三年提出莊子哲學的道就是「應對時要曉得（客觀狀況是如何）」（respond with awareness [of what is objectively so], 1983: 11），除了要客觀的曉得物勢以順應之，還要曉得在物勢之下達成目標之最佳方法、技巧、竅門，這樣子的行動就是「自然」（spontaneity）（1983: 11）。後來他不再把道限定為人之道，而開放為萬物之道，不過他在引證原文、發展論述上更加嫻熟，指出莊子將思索而得的智慧反向化約回其本質，也就是不帶感情的反映事物的真實面。聖人讓心空虛，任由外部景象進來填滿，然後依其客觀關係予以論列甄別（sort out，是「論」的翻譯，見 1989: 189，及沈清松 2007: 54 對葛瑞漢的檢討），最後「動」他自己。聖人是被客觀情勢所動，而非主動，這是「不得已」的諦解（1989: 190-193）。總合來說，我們一方面必須不主一見，另一方面必須通曉情勢中所有相關的元素，任由它們的總合決定我們該做什麼，再一方面又需通曉得如何做法才最好。做什麼不是我們自擇，做的事也隨情勢的總合而不斷變動。

狐安南（Alan D. Fox）認為莊子提倡最省力最有效、也引發最小衝突不適的生活方式，而這需要剝除社會所賦予我們武斷任意、公式化的思想與行為習慣，拓展我們的能力去看事物的無窮可能性；不叫世界屈從我們的喜好，而去感應情境的轉變、事物的新奇面，然後像水一樣不費力的流過不可避免的地形卻又不可避免的流抵終點（海）。這種理想的狀況稱為「適」、道樞、明，樞是控制門戶開闔的機關，門戶有開闔，但機關只靈活轉動卻在原位不移動，以比喻萬物的對立其實是從這個軸心展開，是共生和互補的，而非真正的對立。如果我們認同差異而陷入對立的任一面，我們就像是門戶，失去平衡，只有把自己變得像門樞靈活轉動，才能因應周遭環境的變動，萬物隨我們旋轉，我們保持平衡和調適（1996: 184-192; 2003: 210-217）。

Kathleen Marie Higgins 相信莊子的「形上預設是世界基本不斷流變，而實在界（reality）的流動就稱為道」。美好人生是去躋身於事物的流動中，將自己的行動調整得與優勢的能量流動一致（2005: 128），這也是因為「莊子的前提是人的本性與環境有內在的和諧與均衡」（2005: 137）。這需要能對環境作客觀的鏡映，也就是純任感知（perception），不可以有觀點或視角，更不可以有概念化和區分（包括固定的對錯標準），因為那會妨礙感知的有效進行，將固定的概念、區分強加到流動的事物上，扭曲這個世界的真相（2005: 128, 133）。對 Higgins 而言，莊子的人觀不需要實踐理性、意識（2005: 131）、意向（intention, 2005: 136），只要感知能力。

喬柏客（Paul Kjellberg）解釋莊子所謂的「天」是事物的實相，此非康德的物自身之意，而是「幽微的細節、意料之外的異常處、令人驚怪的可能性等〔人類〕成見易於掩藏者」（2007: 287）。為了掙脫成見，儘可能寬廣的看事物的各面向、各可能性，使用事物時儘可能適性適所，我們需要長時間學習，不斷自我突破，這不是決定開放心胸便可一蹴而就的，沒那麼容易（2007: 289）。

Günter Wohlfart 認為要無名、無功、無己，以達到〈天下〉篇與〈應帝王〉篇所說的心如明鏡（2010: 71-72）。

Paul Contino 將莊子的人生正道分為三步驟：謙卑、接收力、無為。即使擁有驚人的才藝，仍要謙卑，不以作品的成就自滿或弋取聲譽。謙卑後能虛己觀物，接收到物物的特性，然後一己的作為只是對外物的感應與反應，不按自己的主觀想法去凌虐外物，這即是以無為而為。所以謙卑會增益一己對外界的接收力，而接收力又會助長無為的精神（2011: 87）。孔子教顏回匡救衛國前先要心齋，是教顏回不要學宮廷中大多數人以自我為中心而追求利益權位，結果心衰力竭而提早殞命，顏回必須看出宮廷生活果真是道的大結構中的一部分，然後按照無為的精神進諫衛君，就可完成他的使命並加官晉爵（2011: 88-89）。

Harold H. Oshima（1983）曾對鏡喻提出不同的解法，柯愛蓮（Erin M. Cline, 2008）重新提出並突顯心的主動性，由於他們的解說已不是只作觀照的鏡映心，所以移至他型再作介紹。

取消形上學和停用知識論上的心靈

鏡映心的解說有兩個構成物，分別是外界事物和人類感知能力，前者向後者投射其靜態與動態特徵，即成為人所知的一切和所行的依據。這個解說有兩個突出的哲學立場，一是停用心靈在知識論上的功能，另一是取消形上學。

知識論中心靈的功能，是對感官送來的感知內容作分類、連結、詮釋、評價等處理，以形成概念、命題、成式、知識。有時心靈不是處於感官的下一階段，而是在感官之前決定什麼應該注意、什麼又該忽略，感官奉心靈之命來從事感知。有的知識論還主張心靈有內在觀念。莊子學者對於心靈的這些功能一概採取批評的態度，認為這些功能都將造成感知內容失真，或對外在事物之整全有所偏頗，所以應該停用，使萬物能如其所是的受到我們感知，感知內容的這種原料狀態本已是最好的知識，也是最充分的知識。

莊子學者不只反對心靈形成知識的功能，且還反對心靈接受任何既成的知識，其原因很明顯：既成的知識是前人的心靈所形成的，而只要是知識都必定與事物的真相有距離。停用心靈走在感官之前的引導功能與之後的後製功能，唯讓感官發揮感知功能，此時感知內容與事物真相完全相符，無流失變質之患，無晦顯輕重之別，「無物不然，無物不可」，達成唯一的、客觀的認識。

又且由於事物在流變中，造成前一刻的感知與下一刻的感知有別，我們必得要時時取得新的感知，不能苟且滯於舊的感知。每次取得新感知的同時也順應物勢變化而運動，所以自己的位置與週遭事物已有不同，舊感知不符新局，更要再次感知。

這種以接收感知內容為唯一功能的心靈，和現代西洋心靈哲學頗可會通。James Crippen 批評現代西洋哲學對心靈的說明犯了三個中心錯誤，分別是心靈脫離身體、心靈在環境中的被動性、心靈獨立於世界之動化，而這三個特色很能和鏡映心的解說相會通：

首先也最根本的是將心靈表現為脫離身體的，這個理論最經典的基礎見於笛卡兒對心靈的看法，把心靈限制給主體專有並與身體隔離。如果心靈非要座落在什麼地方不可，它

> 座落在腦袋裏的某處，其形式可能是脫離身體的精神。此種觀點忽視了心靈擺脫不了通過身體來運作的方式，並且從不顯示和它的身體宿主之間有清楚實質的分離。第二，將心靈看成被動的和倚賴收進來的感覺信息，但與外在世界的互動無緣，此種觀點在實證主義者和那些繼承實證主義心靈模型的當代哲學家顯出到某種程度。但是心靈不只接受，也會回應，主動參與其所處的環境。第三，將心靈看成與世界不相連結，表徵主義（representational）模型最清楚受到這個問題所拖累。主體的隔離狀態導致心靈脫離它對世界的倚賴，並與世界的轉化無緣。所有的三個困難彼此相含和加強，可以一併囊括為心靈脫離身體之後的一般化、問題重重的模型。（2007: 444-445）

Crippen 概括了現代西洋心靈哲學的三大要點，以之與鏡映心的解說相比，是大處相同，小處相異：第一，鏡映心也是獨立於身體，其運作不伴有身體的因素。但是鏡映心仍然是身體的主帥，身體聽命於鏡映心而行動。第二，鏡映心也是被動的吸收外來的感覺信息，沒有它自生的想法。但是身體聽命於鏡映心而與環境互動，由於鏡映心只是鏡映先前的環境因素，所以這個互動其實就是前一波的環境因素與下一波的環境因素之互動。第三，鏡映心也在世界的動化之中，保持自身的通透與靈明，不與萬物俱化。

有些學者不同意鏡映心的解說，他們認為莊子承認心靈所形成的知識有有效性或實用性，只是其有效與實用性並非普遍的，故不能停滯於一種知識觀點而常常需要改變。這牽涉到莊子詮釋上的歧異，此處不擬探討孰是孰非，然而我在下節想單獨討論鏡映心這一種停用心靈構成知識功能的立場是否可行。

由於鏡映心就是純任感知，萬物在這個解說中是經驗對象，人類感官不可能從萬物中感知到形上的意義，因此形上學在鏡映心的解說沒有容身之地。這些莊子學者將「道」侷限於感官能力範圍內，牟宗三、葉維廉、陳榮華、黃漢青皆認為道就是事物的如如，也就是現象自身，此外別無超越的、實體的道。葛瑞漢認為莊子之道即是「宇宙從它的終極本源流出來」、「路途隨條件變化而方向無定，蜿蜒流動，如水發現自己的渠道」、「萬物無偏差的循其趨向而動」（Graham 1989: 188），Higgins亦類似，以事物的流動為道。

我們可以見到，這些莊子學者取消形上學和他們停用心靈構成知識功能是相關的。從反面來說，如果有人主張莊子的道是形上實體或宇宙根源，那麼他就必須接著設立人能認識到道的官能，這個官能很可能是心，能志於道的也需要是心，所以心的官能就不能停用了。這說明了這些莊子學者的形上學立場和知識論立場是相關的。

鏡映心的可行性問題

鏡映心要停在感知，並停掉感知之前、之後的知識論過程，如果這在理論上講得通、實踐上也做得到，莊子學者說我們的行動會更加流暢，與外部環境的結合會更加無間隙，故更能成功。果真如此理想嗎？莊子學者所舉的人類生活尋常例子，如開車、演奏樂器、不照稿的會話等（Higgins 2005: 134-135, 139-140），看似成理，但這些例子都來自人類經驗，我們都太熟悉，所以不能反映真正的困難。我想提出一般人完全陌生的情形，來逼近更加純粹的純感知情境，做為反省。

我的例子來自於靈長類動物行為學家 Frans de Waal 講他們的學習歷程。他說新手無法認識到黑猩猩的行為意義，必須長期學習並熟悉你所研究的特定社羣之每一成員，才能理解牠們的行為意義。他舉的例是兩隻成年公黑猩猩（耶羅恩與尼基）和兩隻成年母黑猩猩（媽媽與格律勒）的一次平常衝突，閱讀下面這段話時稍要留意他所用的「感知」和莊子學者（如 Higgins）的用法不同，他的「感知」以先前的知識為前提：

> 每個人都會看，但其實感知（perceive）是一種學了才會的東西。每當有新學生來，這個問題就反覆發生，頭幾個星期他們什麼都「看」不到。羣落中一起攻擊事件結束的時候，我向他們解釋：「耶羅恩（Yeroen）朝媽媽（Mama）衝過去並打了她一巴掌，於是格律勒（Gorilla）與媽媽就聯合起來追趕耶羅恩，耶羅恩躲到尼基（Nikkie）後面。」這時，他們看我的眼神像是看到瘋子。然而對我來說，這只是對一次（只有四隻黑猩猩牽涉其中的）相當單純的互動做粗淺的概述，那些學生只看到幾隻黑糊糊的野獸亂烘烘的橫衝直撞並發出刺耳的尖叫聲，他們大概會漏掉那用力的一巴掌。
>
> 在這樣的時候我就必須記起，我也經歷過相當長的時期對這些小插曲明顯缺乏結構

> 感到奇怪，然而真正的問題不是缺乏結構而是我自己缺乏感知能力。我們必須對許多個體、他們各自之間的敵友關係、他們所有的肢體動作、特有的聲音、面部表情以及其他類型的行為都十分熟悉，只有到那個時候，我們所看到的野生情景才會真正開始有意義。（2007a: 17-18，譯文參考了 2009: 21-22）

這個在黑猩猩羣落裏四隻成年黑猩猩倏起驟滅的衝突，很符合莊子學者所謂的世界在流動中。如果是沒有先入成見的純感知，只會目睹幾隻黑猩猩莫名其妙的亂跑亂叫，像是在玩遊戲，或做發洩精力的運動，不懂得這是一場衝突，其中有挑釁者、結盟關係、停止追打的原因。如果這就是莊子學者所主張的純感知，只攝入流動事件的信息而不引進事先形成的觀念來作意義詮釋，那麼信息就只是無意義的信息，和其他所有的無意義信息平等（也就是沒有章法的）散列，如此而已，什麼也不能告訴我們。de Waal 主張不能純任感知，必須要對感知內容詮釋意義，歸納特色，區別每個行為者的不同，判斷他們的行為目的：

> 我愈是觀察黑猩猩，對牠們的判斷就愈來愈像是我們評判其他人的方式，譬如說這個人溫和友善，那個人剛愎自用。同時，每一頭黑猩猩也都是獨特的個體。要了解黑猩猩社群裏的各種現象，就必須把各個行為者區辨出來，並且試圖了解牠們各自追求的目標。（2007b: 69）

沒有經過理解和分類的感知內容既意義貧乏也用處有限[17]。

De Waal 說新學生大概會漏掉事件關鍵的一巴掌，這對人類認知而言有進一步的重要啟示。我們知道，照相機和攝影機可以攝入視角內的所有景象，人的視線雖然也能看到一面，但又總是盯住一個焦點。儘管能轉移視線，在場域中掃過，但還是在點和點之間移動。沒有焦點的漫視通常是有瞧而沒見。在四隻黑猩猩高聲尖叫和快速跑步的場景中，視線匆忙掃過事發的區域，企圖獲取最多信息，這是可以想見的，然而這不如一開始就判定這會是件衝突事故，將焦點放在可能出手攻擊的公猿和可能受到攻擊的母猿，集中注意看這兩位主角的互動。以此例而言，莊子學者所說的純感知雖然可能攝入較多的信息，可是由知識所主導之有焦點的感知才較能感知到事件的重點和轉折。

De Waal 說他必須體諒學生，因為他自己是過來人，他剛開始也看不到黑猩猩互動行為中的結構。他變成老手後，瞄幾眼就能完全瞭解黑猩猩羣落裏發生什麼新鮮事。這一由研究黑猩猩的生手變成老手的養成過程，如果換成「研究」人類社會，那麼我們每個人都已有長年的訓練，熟知人的特性、表達方式、社會結構，不致一生跌跌撞撞。如果現在要我們忘掉這一切對人和社會的知識，以「白癡」的眼光看周遭的人際互動，就如 de Waal 的新學生頭一次看黑猩猩羣落，我們能做到幾成呢？我恐怕就是以最大的誠心毅力來「學不學」，效果還是有限。想要建議人停止對他從小長大、從未脫離的社會環境作意義解釋，這是達不到的幻想。

鏡映心在行動上的哲學是不自己決定做什麼，任由周遭事物的動態來帶動自己，好比一粒水分子在大海之中，受其他水分子的牽動，這也有書齋空想的成分。試回到四隻黑猩猩偶發的打架事件，設有第五隻黑猩猩夾在中間，牠瞭解這四隻的糾紛是什麼，所以牠可以有四種作法：加入母的一方追打行兇的公的，加入公的一方抵禦母的討公道，做雙方的調人，或趕緊離開追打的現場，以免無辜受到池魚之殃。如果牠不懂得這場打架的性質，甚至不懂這是一場打架，牠夾在四隻橫衝直撞的黑猩猩中間，被牠們帶動而跟著跑起來、動起手來，牠的介入一定很難有系統性，牠會忽爾幫助一方，忽爾幫助另一方，又會自己玩自己的而成為團體運動中另一股獨立因素。此時，牠不受傷的機率幾希。這樣看來，人的行動若要能融入周遭物勢的流動，也需要有意義詮釋來指引才成。不作意義詮釋的純感知可以說明一粒水分子是如何運動的，但這決不會是人在流動的情勢下做合宜反應的心理機制。即使人相信自己只是順著物勢而為，他也一定對物勢有意義詮釋。

動物行為學家學會如何「看」的過程，提供了要求人對他所陌生的事物只能純感知十分現成的反例，我已指出純感知本身、從意義詮釋退回純感知、依純感知而行動，這三方面都不盡理想，這可以讓我們瞭解其他學者對鏡映心的批判。

文哲（Christian Helmut Wenzel）指出「用心若鏡」和「鑒於止水」的譬喻是有限制的。當我們看外物時，「我們需讓外物改變我們的感官，並需詮釋我們所見，我們所見的任何事物總已被詮釋了」（2003: 120-121）。這也就是我努力想指出的，人類在看待人類行為時無法做到完全沒有意義詮釋，像初次觀察黑猩猩一樣的無知。

但如果，鏡映心的解說只是提示性的，指出我們一旦稍微忘掉概念化區別，便能提高對環境細微差異的敏感性，增加轉換的彈性，並不要求做到百分之百，這當然沒有毛病，而且也應當有益。

黃百銳認為，當庖丁遇到牛體中難剖解之處，就得聚精凝神，慢慢動刀，此時無所用心的流暢狀態就被打斷了。這說明了概念雖有時必須被移到知覺（awareness）的邊緣，但有時也需要從知覺的邊緣移回中心。Fred Dretske 所說的內含性感知（intensional perception）雖然提供了一種非語言、非概念的途徑給我們感知這個世界，並讓我們對這個世界得到最完整和最直接的經驗，「可是沒有急迫證據可將這種天真的實存論推給莊子」，這也就是說，內含性感知必須和外延性感知（extensional perception）交替為用，才是正道（Wong 2005: 104-105）。黃百銳的批評簡言之，是當物勢很簡單、很明確時，可以很容易跟著物勢的流動來做，可是當物勢比較複雜、有交互力量運作時，人就要下判斷，往哪裏切入、突破。這是我指出的，行動不能沒有意義詮釋來指引。

如果目光轉向自然世界，可能是完全另一回事。大自然不像人文社會，我們雖然也在其中生活長大，但是不特地受教育的話，不會理解大自然的奧秘。我們常常在不瞭解其意義下，單純欣賞其美：

> 我們沉迷於自然世界所產生的美麗現象，比方說，我們的眼睛會迷惑於北極星軌跡所產生的撩亂視覺圖樣，以及植物根尖細胞分裂時的染色體分布樣式。這兩個現象所牽涉的過程，對我們的生命也相當重要。但是，如果沒有日心天文學（heliocentric astronomy）和孟德爾遺傳性（Mendelian heredity）的理論架構，這些現象就僅是光線所形成的美麗圖樣而已。（Wilson 2001: 79）

我們對自然現象之美的感知，可以在缺乏科學知識的條件下獲得，這是我們的心最趨近鏡映心的時刻之一。至於對自然世界茫然無所理解時，一任自然世界來推動我們，是否就可獲得最佳的行為結果，這仍然是無法樂觀的。

個人的道德抉擇難題

莊子追求精神的自適逍遙、處世的順暢成功，可能產生規範性與批判性薄弱的後遺症。有的學者便已察覺莊子在規範性上的無力，伊若泊（Robert Eno）說過：「屠宰人類之道可能提供和屠宰牛隻之道一樣多的精神逍遙——許多日本武士可以為此作證。」（1996: 142）陳漢生（Chad Hansen）說莊子即使對希特勒也只能客觀的說：「這世界曾經出過希特勒。」莊子必須自我節制，不論說希特勒是好還是不好，或說希特勒的觀點和其他觀點一樣平等，都不可以（1992: 290）。

如果人的主體是鏡映心，讓流動的情勢來運動我們，不要我們自行運動以免違逆物勢，這正會坐實莊子無力建立規範性倫理的指控。文哲便從這一點切入來批評鏡映心的解說，他質問說如果我們生於壞的國度，或處於壞的處境，比如說上級命令我們當劊子手，我們該怎麼辦？「用心若鏡」和「鑒於止水」的譬喻並不能給予我們任何指引（2003: 121）。

主張鏡映純感知的 Higgins 嘗試對此種指責予以反擊，她指出莊子決不贊成消極的態度、決非道德相對主義、決不會將所有事都合理化，莊子也富有批判性（2005: 138-139）。此理甚正，然而並不能化解此處的疑慮，這是因為 Higgins 和文哲講的不在同一層級，Higgins 講的是總體面，文哲講的是個體面。莊子面對總體面上過度的以人滅天，一定會心生不滿，但是他是否會站出來勇敢撻伐，置自己於危地，這卻是文哲質疑的事。Higgins 也承認：「最臨近一個人的處境中之能量配置可以強迫指示一個特定行動做法在這一時刻不會奏效，這會使人推論，比如一個反抗某事的特定策略不該在那時從事。」（2005: 140）這便是不得不承認小我不要對抗邪惡的大潮流。

狐安南對於談話態度的說明，也可遭致同樣的疑慮。他接著「吾安得夫忘言之人而與之言哉」（〈外物〉）而說：「這樣的人是我們想要的談話對象，因他的喜好沒有任何得失，故不會堅持將不合宜的意義投射到我們的話中。這樣的人真正願意接納我們，到我們的地盤來見我們，以我們理解自己的方式理解我們，因為大家喜好及流行的用語並沒有阻撓或釘死他的語言。」（Fox 2003: 218）這種隨和的談話態度本身看起來很和平，可是如果他的談話對象是嗜殺的劊子手怎麼辦？依照這裏所說的，他將能理解對方殺人的觀點，和對方同聲通氣，未來做對方得力夥伴。

鏡映心鍼砭了常人成見太強、主觀太深的習氣，要我們多多以物觀物，在物勢流動中融入自己的行動，不強人以從己，這是很有尊重精神的理想。可是沒有自身傾向的鏡映心有似一粒輕柔的水分子，或似飄流的浮萍、紛飛的蒲公英種子，周圍一點微小力量就可推動它往各種方向而去，進步與退步、為善與為惡一樣容易，這卻是以尊重為唯一價值所生的流弊。雖然如此，莊生說：「為惡無近刑。」（〈養生主〉）並不絕對禁絕為惡，但又不能居心為惡，在此等前提下，純感知的鏡映心是個合格的方案。

注重變動所產生的偏差

本型解說以銀幕似的鏡映心搭配環境的流動而成，後者乍似符合實況，再思之又覺不然。蓋環境中的事物有的變動快，有的慢，還有的幾近不動，所以完全的鏡映不應只攝入環境中變動的部分，也應攝入其中拖慢變動與穩定不變的部分。但是本型解說一般只談環境中的變，不談不變。環境中不變的部分降成了背景，眼光可以滑過去不要駐留，不想當背景的話只有變動起來，變動起來才會引發鏡映心的感應，感應之後，心便不由自主的配合出相應的作為。這猶如會叫嚷的鶵鳥自然有蟲吃，不會叫嚷的，母鳥便疏於照顧。如此的感應與行動模型沒能公正對待環境中那些維持不變的事物，而維持不變的事物其重要程度當然不比變動的事物來得差。莊子曾說，腳踩之地很淺，可是要先有底下的厚土才有表面的淺土，然後人才得以行走廣遠（〈徐无鬼〉郭 871 王 988，作者自語），還說我們能有一些知識是以我們對其他事物之不知為條件（〈則陽〉郭 905 王 1026，作者自語），更還弘揚無用與不材，準此道理，我們可以說變動也要與不變相對照才能顯出變。所以完全的鏡映應該同時反映環境中的變與不變，不應罔顧不變，只觀照變動，與行動者受變動推動。

順此又啟下一問題，對於環境中變動速度不同的各成分，應如何綜合呢？要不要加權計算，分別給各成分予不同的重要性呢？本型主張鏡映心應該公平對待一切外物，無好無惡，無偏無陂，可是莊子不見得喜好中立。在動與靜之間，莊子常偏好靜。「古之王天下者，奚為哉？天地而已矣。」（〈天道〉郭 476 王 485，作者自語）這不只要模仿天地，立心於靜，以默察環境之動，並也要在默察之際，昭然明見天地之靜，而將靜的部分優先於動的部分。甚至目中只有靜，沒有動，才是致極：「至人无為，大聖不作，觀於天地之謂也。」（〈知北遊〉郭 735 王 811，作者自語）但如此一來，心雖有睹於環境之動，卻不應該縱任身體加入此一流動，受流力推動，反而應該固守於靜，雖說人非土塊，不免於動，但是動最好以靜為基礎，不離於靜：「夫虛靜恬淡〔憺之段：安〕寂漠无為者，萬物之本也。」（〈天道〉郭 457 王 471-472，作者自語）如此看來，則本型解說主張鏡映心最能貼合物勢流動而行動，或有偏離莊子宗旨之虞，因莊子並不主張人一概皆應動，反而在變動環境中保持不動，或雖動而以靜涵動，是常常需要的。

第二型 融入未分者（一）和已分者（萬物）的我

六種次型

本型追求人與萬物的聯繫、相通、甚至合一，這型的各家見解頗有殊異，最大的區別來自於修道過程，而在其他項目上，諸如用不用「道」這個字、若用的話「道」是什麼，各家的歧見也都頗有意思。現在專就修道過程來將眾說分為六類：一、密契主義。二、主觀想像。三、厭離智思。四、超越智思。五、超越修養。六、身體力行。

一、密契主義

崔大華將莊子的知識論分為三個層次，第一個層次是使用感性能力以感知萬事萬物，第二個層次是用理性思辨以識理，而理是「一類事物共同的、內在秩序或規律性」，第三個層次是用理性直覺以體認道（1992: 268-269, 302-304）。道之為宇宙本體（1992: 165），是「涵蓋自然與社會的總體概念」（1992: 131），是「關於世界總體實在的觀念」（1992: 131-132）、「世界總體或整體的實在性」（1992: 181）、「世界總體性的實在」（1992: 183）、「世界總體實在性」（1992: 181），是「宇宙總體的實在性」（1992: 136），是「整體性、總體性的自然實在」（1992: 183）、「總體的自然實在」（1992: 136, 141）、「自然整體實在」（1992: 185），它沒有時空形式和任何形態，所以不能為感知和理智所識知，再者，感知和理智是道派生的部分，部分不能識知總體和原生（1992: 293），所以只能以「超理性的理性直覺」從總體把握之，「它越過對認識對象的起始原因、發展過程、局部特徵等的認識，而把認識對象作為包含著全部內容的整體全觀地、全息地予以把握」（1992: 293）。崔大華指出，西洋哲學史關於「對某種超驗的、絕對的、總體的認識對象的理性直覺或整體直觀的認識」有神秘主義（如柏羅丁、柏格森）和理性主義（如黑格爾）兩種對立的解釋，而莊子的理性直覺方法混有這兩種性質，然神秘主義尤較明顯，這是因為得道的過程「充滿著、凝聚著個人的、獨特的精神經歷和生活經驗」，不可以邏輯分析，不可以語言表述（1992: 209；另參 184），不是認識過程而是精神體驗（1992: 300-301）。真君、真宰是「對世界最高的統一性或萬物的最後（最初）根由的超理性的、溶進了人生經驗的體悟」（1992: 124），也是人的自然本性的充分呈現：「莊子思想中的人的自然本性，本質地是指人從感性、理智剝離、超越出來後的那種本然的存在。」（1992: 209）最後，崔大華指出，對道的直覺體悟只能在精神上存在，沒有任何社會實踐的效力，「顯然，這種自由的理想——無人生之累——在現實世界中是不可能真實地和完全地存在著的，而只能以想像的形態在觀念世界裏表現出來」

（1992: 161），「精神上的那種本然的寧靜狀態，基本上是一個沒有任何社會實踐的個人心理、精神的自我淨化過程」（1992: 196），只是給人精神安慰而已（1992: 134, 158）。

羅浩（Harold D. Roth）提出更純粹的密契解說。他認為人從世事中抽身出來，欲與世界做另一向度的結合時，牽涉到雙態的密契經驗。第一態是向內的（自我之內），要忘我而與道冥合，然後第二態是向外的（自我之外），也無物我之別，萬物齊一。在這兩態密契經驗中，「我」都消溶而不存，雖然說「天地與我並生，萬物與我為一」似是以「我」做為與萬物合一的主體，但羅浩（秉承葛瑞漢）認為這兩句話是惠施的主張，而莊子予以破解了（2003: 26-27），所以在冥契經驗中，沒有對「我」的執著，只有意識。然後以兩態密契經驗為基礎，重新返回世間應接世事，開始有靜觀和行動的主體「我」與萬物之別，「我」靜觀默會萬事萬物的本然，因順事物的本然而採取最佳的作為（包含技巧）。擁有密契經驗的人做事會比沒有的人要好，沒有密契經驗的人不懂順應自然，處處強求（2003: 22-23, 25, 28）。

楊國榮採用海德格的哲學術語，說：「哲學之思總是不斷地指向世界之『在』與人本身之『在』。」（2007: 311）莊子的哲學思考則是提出「合乎人性的存在方式」（2007: 28），他的「性」概念「體現人的本真存在形態」（2007: 26），「天」概念則指「存在的本然形態」（2007: 35），他以「融合於『天』為達到人性化存在的擔保」（2007: 56）。存在的本然形態是什麼呢？是世界的最原初之「在」，亦即「未始有夫未始有始也者」與「未始有夫未始有無也者」之本體論上無時間、無有與無之分（2007: 63-64），可是現實的萬物與我們卻是分化而雜多的，如果我們單純的關注萬物的多樣和差異性，就會

「引向不真實的世界圖景」（2007: 68），所以我們要以道通之，將我們的視域從分化的世界圖景轉換到物物相通、未始有封的圖景（2007: 68-70, 203），其做法是揚棄感性直觀與理性推論，而採用直覺和實踐，其中含有相當大的超驗、神秘之性質（2007: 145-146, 147），以建立「精神等層面的統一性和整體性」（2007: 133）、「統一的精神世界」（2007: 217）。

二、主觀想像

主張人與萬物合一只能在於人的想像之中，此類解說請見第十型「意識的取捨強化」之第五次型「想像力」。

三、厭離智思

第三種進路認為智思造成物我的隔瘼，所以為了將自我融入萬物必須厭離智思。

孔維雅（Livia Kohn）對於「至人無己」的否定命題（1992: 129），以心理學家 Arthur Deikman 與 Abraham Maslow 的理論解釋之。Deikman 提出「客體之我」（object self）與「觀察之我」（observing self）的區別，前者包含人類意識成長過程中必然發展出的三種自我：思考我、感覺我、和行動我。思考我藉由範疇、分類、測量、比較而進行思考，並含有對自己的認識，感覺我包含情感和欲望，行動我是我所做的一切，以及知道我做事的能力達於何種限度。這三者都以世界和自我為可以評量、分類和操縱的對象，所以稱為客體之我（1992: 124）。從人類生存與文化生存的需求來說，客體之我是演化上必要的階段，但它不是最終的，因為人類還會發展出一種容受模式（receptive mode），在這種模式中，自我與世界的疆界會消失，給人某種融入環境的感覺，這稱為觀察之我。觀察之我存在而不能被感覺到、知曉到、操縱，不能被客體化。它不像思考我、感覺我、行動我以外物為對象，而是任由事物自然的發生，「於是人看待他們自己和世界有如能量的流動，強烈的鮮活而又完全的個別化，卻又終究互相聯繫為一宇宙整體」（1992: 125）。Maslow 提出「本體認知」和「匱乏認知」（Being-cognition 和 Deficiency-cognition）的區別，匱乏認知總是覺得欠缺一些東西，而本體認知則總是滿足與平靜（1992: 125）。有本體認知時，仍會有思考、感覺、行動，然而思考不是做黑白分明的價值判斷，而會感到價值有流動不定的特性，並願意接受其他觀點；感覺時不是以滿足欲望為目的，而是充滿慈悲、仁愛、哀思、趣味；行動時不是為了成就自己，而是服務他人，或為了將事情本身做好而做事。Deikman 和 Maslow 都認為，雖然容受模式是人天生就有的，但必須要學習才會，而且要積極克制客體之我的種種價值與反應模式，才會發展茁壯（1992: 126）。

Daniel Coyle 認為莊子相信人類和自然界是連續的，道內存於萬物的變化反覆中（1998: 201）。概念性思考無法求道，因為概念區分與道的普遍含容格格不入，以人類的有限理智而想究知「天之所為」和「人之所為」的分際終必徒耗心力，是故：「全人惡天？惡人之天？而況吾天乎人乎！」（〈庚桑楚〉）不以己意區分天人，並根本對天人區分的問題感到厭惡（1998: 203）。捐棄概念區分，也就消除了一切阻礙萬物與人互相關連（correlate）的人為限隔（1998: 204），此時所有內在於人和外在於世界的驅力（drive）就以積極有益的方式整合起來，個人的成長（personal becoming）與世界的全體性互相整合並也取得平衡，成為「真人」（1998: 199, 205），他體道而包容萬物（1998: 199, 201）。由於物我之間不再有隔閡，所以真人能在經驗之中自由靈巧的移動，好似不受阻攔的道一樣（1998: 202），能自然的做為（spontaneity）而又協和於世界（1998: 204）。

韓國學者 Eun-Kyung Shin 認為莊子對於「無我」的理想提出四種方法來達成：一、超越：南郭子綦身如槁木，心如死灰，這是形容自我超越了感知和概念思維的運作。二、清空：以聽之以氣取代聽之以耳與心，是將自我清空，好迎入他者。三、客觀化：「以道觀之，物无貴賤；以物觀之，自貴而相賤。」這分別說的是客觀的看與主觀的看，由於主觀觀點是自我的一個特性，所以客觀觀點是以無心來感知的心態。四、與道合一：莊周與蝴蝶的互化，是形容自我與外物可以合而為一，這種合一的狀態既包含了二者的相同性也保存了相異性，也就是二者交融卻又不失各自擁有的品質，是二在於一也是一在於二。「天地與我並生，而萬物與我為一」，與「合乎大同，大同而（則）无己」，也表達出與萬物合一時的無我狀態。Shin 認為超越和清空的對象是犯主觀毛病的自我、不能與外物交融的自我，這種自我生出一切的二分法，如好壞、對錯、彼此、有無、生死等，此種自我可以稱為小我，否定小我就得到大我，大我不用二分法，融入無分化的道（2002: 252-254）。

商戈令認為莊子看待道不是形上範疇、存有本源或宇宙創始者，他會指責老子將「無」實體化為根、始、或實在（Shang 2006: 16, 17-19, 28-29）。萬物自生、自化、自得（2006: 25, 28），世界的存在與變化是由萬物的並聯、互動、互倚所形成，就好像身體的關節、孔竅、器官緊密連接一樣，沒有真君或真宰（2006: 20），所以這個世界純是生成的世界。莊子對於這個生成的世界所採取的理解方法是「道通為一」，這句話意為道只有在「通」的時候，也就是物與物的關連沒有受到阻隔的情況下，萬物才能合為一個和諧的整體（2006: 23）。「一」所指的和諧整體，並非表現為萬物成為一體，或由齊一的觀點來看萬物（因為這違反莊子對形上學的否定），而是指萬物在一起、萬物全都包括進來，也就是萬物的總集合之意（2006: 25, 26-27）。每物皆有獨特的性質、有其自然，物物既有相類的，也有不同類的，「一」不拒斥類與不類，並完全接受它們（2006: 26）。真人能「一」的心也一樣，既看到物物的不同、人人意見感知的不同，也看到物與物、意見感知的親近性（2006: 26）。他甩掉了任何固定人心的思想，包括感情、迷戀、偏見，以及形上預設、二元論等教條，所以他能保全萬物之多，而同時又能一（2006: 27, 28）。多就是一，因為大家都「一樣的不同」，大家的不同是自然的（2006: 28）。真人不另做人為的區分，也就與萬物真正的相通，他以「想像力」從一個有限觀點轉換到另一個，而不執著於任何一個（2006: 27）。

王志楣認為莊子懷疑以身或心做為自我的做法，四肢百骸的肉體「誰與為親」是懷疑，「真宰」、「真君」所代表的精神或心靈也在懷疑之列，故一己無法為自我提供確定的基礎（2008: 105），必須向外求。由於「人和宇宙同屬一完整同構體」，人需要「在意識上向宇宙大生命」認同，認識「人與宇宙同源同構渾然一體」，這就是得道，才能逍遙（2008: 119-120），逍遙的主體「放棄自我及社會意志，而隨道（宇宙自然）的意志為自己的意志」（2008: 147）。

蕭振邦將莊子所批評的師其成心、以人滅天稱為「過人化情境」，為了要逆轉這種人過分干擾自然的傾向，必須在心上講求。現代有些科學家認為心智作用與意志是外於大腦的（2009: 382-385），所以莊子所主張的化除成心，其效果會解開心智與身體的嵌結，而留下來的將是「自然義的身體作用（以現代觀點來看，則包括了大腦的運作，或即如本能作用）」（2009: 273）。我們一旦將自己化約到這種狀態，我們自身即就變成萬物之一，不但與他物不再有隔，並與他物共同構成「自然的總體」，此時就會產生個別萬物所沒有的總體「突現」（emergence）（2009: 406）。「突現」是蕭振邦採用的另一個科學概念，指稱各部件總合後所顯現的新穎特質，這些新穎特質無法化約回各部件，且會約束各部件（2009: 103），例如眾多水分子集結成水，產生流動性，此性質是個別水分子所沒有的，且又約束了所有水分子一起流動。對於我們參贊萬物後所形成之一切可能的總體「突現」，蕭振邦肯定為自然主義的價值，而關於總體「突現」約束了參贊中的我們，則是所謂體道、合道。

王威威認為莊子在內篇中提出了做為萬物本源、普遍又超越的道，改進老子的道論，強化道先於天地、在「未始有物」以前（2009: 25-30）。不過，莊子想懸擱道的本原、創生義，對其存而不論，而顯揚道的「通」，即貫通物與物的分限與不通，而達到無分別、無界限，更無對立（2009: 31）。「一」是指「『道』的通達和得『道』之人沒有分別與萬物融為一體的思想境界，並不涉及宇宙生成問題」（2009: 58）。心是體道的主體，我們需要斥退傳統的心靈功能，也即否決情感、欲望、德性、認知（2009: 161），消解由分別之知所來的好惡（2009: 165），才能虛而得道，與萬物為一。

蒙達文（David Machek）認為道是「一切實在物的內在原理」（2011: 510），有如于連（François Jullien）之理解為「事物的運作」（2011: 515）。此種道不能以亞里斯多德的思慮（deliberation）概念來獲得，思慮概念所對應的世界是由原理所組織起來的，而世界對莊子而言有高低不等的層級結構與本體論上的異質構成（2011: 525）。庖丁必須拋開思慮，不以目的為導向，而將自己變成道的一部分，讓解牛變成是道的運作。「解牛的意向並不外於事物的自然秩序，而是發自其內。他的職業是當個好屠夫，而他發揮他的特別技能時，他參與了全體（the whole）的順利運作。」（2011: 515）庖丁解牛時不是道以庖丁為工具，也不是庖丁完美模仿道，而是道（充斥於一切實在物的原理）藉由庖丁而完整呈現（2011: 525）。

池田知久認為莊子對人類通過經驗所獲得的知識加以層層否定，以此方法得到最終的道，也就是萬物一起不存在，與萬物的相融合。因其說還涉及形上實體的道論，故留待第三型再予介紹。

四、超越智思

第四種進路是從理性智思出發而超越之，達到某種「超理性」的理解層次，但卻不是密契體驗。愛蓮心（Robert E. Allinson）不贊成說「道」只是人的主觀想像，道是實有的，但也不是用神秘方式密契的。道是無分別、無主客對立的，在大道的涵泳之中，我們的「我」或「自我」也不存在。語言溝通也有說者和聽者的主客對立，及語言符號本身與語言所傳達之意念的二重性，所以在大道之中，也是不存在的。但是，對尚未得道的人解釋什麼是道，而「說」道與「我」合一時，由於本來就無道之外的「我」，所以此時的「說」乃是迎合俗人執有「我」的幻覺而虛設的，用弔詭（paradox）的方式大談「我」的自我超越、「我」獲得更大自由等等。一旦這種詭譎的說法幫助我們證道之後，我們馬上發現「我」乃鏡花水月，並無超越了的「我」，也無更大自由可得，從前的詭譎說法如同夢中之人說夢，雖然採用了經驗性「我」的幻覺而「說」，但不全對也不全錯。與道合一的精神境界，是「曉得生命的更高層次」（a higher awareness of life）（2003: 491-499）。

Hyun Höchsmann 說，雖然每人在其一生之中都有對其自我的認知，但是不應侷限於此，因為依據物化的觀點，所有事物處於相互轉化的關係中，而形成一種連續體，這也稱為大自然（nature），意為一切存在物的總體（2004: 247），所以需將有限的個人自我延伸到萬物，發現自己與大自然的一體性，這便開通了更加完整的自我。這個包羅大自然的自我，能經由夢為蝶「栩栩然」、「夢為鳥而厲乎天，夢為魚而沒於淵」等管道，而發現只要自適其性，萬物之間不必有差別，各各齊一平等（2004: 241）。這個自我也能「與物有宜」，因為他行事是依據萬物的「共同原理」（common principle，此為〈齊物論〉「庸」之翻譯與理解），所以他能助萬物各遂其生，各得其宜（2004: 246）。

五、超越修養

第五種進路是修養的兩階段論，先以「無我」化去成心，再化去「無我」的意識而達到生命自然流露。侯潔之認為一般人經由求知而形成自己的立場，從而與他人、外物分隔對立，在辯論是非之中愈陷愈深（2008: 266）。這時需要修養的工夫以消解成心，使之脫落，方可虛己應物。但縱達此階段，仍有一修養中的主體在，也就是仍有「我」在，此際的「我」與真宰相近但尚非真宰，故需再做工夫，將此意識化去（2008: 267, 269）。最後達到的境界是泯除物我之分，「同天人，均彼我」，感受到萬物的自足而不相待，自己與物平齊，也與萬物、道冥合為一（2008: 270-272）。侯潔之將成心、修養中的主體、無心三種情形，搭配地籟、人籟、天籟等三籟音來解說，我認為不需如此附會（請參考吳光明二〇〇六年論文相似的論證結構），故以上摘要將其略去。

六、身體力行

第六種進路是反覆實踐至於純熟，以求自主意識的弱化，與不自主潛能的解放。

施友忠將我人對世界的感知分為三階段。一開始是物我合一不分：「在我們對事物的觀察尚未加以分析以前，我們並未曾意識到有所謂心，有所謂物，我們所見只是渾然一體：內部的情感、興趣、欲望等等，與外界的事物，混而為一，合組成一經驗的單位。這時純樸天真，……與莊子所述的混沌一樣。」（1976: 116）莊子所說的混沌也即老子所謂的嬰兒：「把眼前一切不加疑慮、不用心機的，一概承受。」（1976: 68）可是樸散而為器，我們會脫離赤子的渾樸天真。原本看成內外合一的經驗單位，以後卻看成散開來的萬有，以致樸成為非樸、道成為非道（1976: 71）。我們需要一番嚴格的訓練，才與學相輔為用（1976: 7），「滌淨凡情俗慮，如是非利害之心，專壹心志於當前的品物或意念」（1976: 8），如庖丁、輪扁、梓慶那般，以重新化入「心境雙忘、物我如一的境界」（1976: 10）。施友忠將赤子所見的渾然一體稱為「初度和諧」，樸散為器後再努力歸復的渾然一體為「二度和諧」（1976: 63-76, 116-117），前者「素樸、真純、自然」（1976: 75），後者則在歷經滄桑後，自行鍛鍊洗滌，澡雪精神，凝神觀照，了悟而得之。所以前者和後者雖同樣是道和樸，前者不知區分現象世界和本體世界，後者卻在區分現象世界和本體世界之後，再了悟到二者本無了別（1976: 66）。

劉若愚認為，道家說道超越自然，並不是說在自然之上有個超越實體，而是指道「不限於自然中任何特殊物體或物類」（1981: 109）。道家追求主體與客體、我與世界的合一（1981: 113），其方式是摒棄感官知覺（無聽之以耳）與概念思考（無聽之以心），而採取直覺的認識（聽之以氣）（1981: 57-58）。直覺有兩種，一種是原始的直覺，另一種是「意求達到摒棄經驗知識以後、可稱為二度直覺的狀態，或者沒有主客之分的思考前和概念前的意識狀態的再度發現」（1981: 113），前者與生俱來，後者是要「經過長期的專心致志和自我修養才能獲得的」（1981: 58），道家不依賴前者而依賴後者（1981: 113）。此解說和施友忠的基本相同。

Judith Berling 認為莊子的道是宇宙之全，總括一切事物和觀點，萬物一律平等，彼此的差異微不足道，另外，道也是自然界與生命的變化之流（1985: 111）。人類社會不利於我們求道，因為它層層設限，首先是善惡美醜的標籤，再來是每人應扮的角色與應發揮的職能，最後還有禮俗、教養與古老智慧，這些層層限制以教育和社會化的途徑封閉了我們內在的我（inner self）（1985: 104-108）。我們的內在我即道之在我們自身者，我們需要砥礪生活的技藝，如庖丁解牛的故事所示，練習既久，終能以「神」遇物，以「神」明堅白之辯，「官知止而神欲行」，而將內在我擴充為理想化的我（perfected self）（1985: 111-113），或也可以說，自我不再顯露，自我與他者不再有別，一切都融入全體了（1985: 113-114）。

原文探討

本型解說將人的主體與萬物結合為整體，或加入萬物已構成的整體，有中國的先導，郭象注有言：「靡所不吾也，故玄同內外，彌貫古今，與化日新，豈知吾之所在也。」（郭慶藩 1961: 277 注 13）此謂「吾」不限於身體範圍內，而是無所不在、無時不在、無動不在。

莊子由道原無封界說到人不應該設立封界，而客觀和主觀都沒封界，就表示大家沒有隔閡，互通並且結成一體。照他的想法，道本未曾有封界，言本也未曾主張任何常經，但也正由於原本沒有封界與常經，因而管不住每人每物有各自的所想所好，於是形成封界：

> 夫道未始有封〔上文「道惡乎往而不存」，故無封也〕，言未始有常〔上文「言惡乎存而不可」，故無常也〕，為是而有畛〔界畔〕也〔郭象曰：道無封，故萬物得恣其分域。○沈一貫曰：道無封，言無常，故無可辯。亦以其無封無常也，故辯從此出，而有畛界之多端焉〕。（〈齊物論〉郭 83 王 72，作者自語）

這好似見一個人沒個性便欺負他，我們也因道沒有封界、言不主常經，對我們無可無不可，遂恣肆設立封界。明瞭於我們的失誤，我們便應反其道而行，在封界已經盛行的世界裏漠視封界的劃分，當封界為不存在：

> 其次以為有物矣，而未始有封〔界域〕也。（〈齊物論〉郭 74 王 66，作者自語）

更具體的來形容，是要像國君一樣舉一國而有之，不設立封界，只幸愛其中一部分人，或要像社稷保佑一國，不設立封界，只降福給其中一部分人，又或要像四方之無窮延伸，不設立封界，限阻自己。這就是說將萬物包羅囊裹起來，不設立封界，只扶助其中一部分事物：

嚴〔脫「嚴」〕乎〔儼然人憚之〕若國之有君，其无私德；繇繇乎〔賒長之貌〕若祭之有社，其无私福〔社稷無私福於人〕；汎汎乎〔普遍貌〕其若四方之无窮，其无所畛域〔四字猶不可界限〕。兼懷〔《淮南子・覽冥訓》高誘注：懷猶囊也〕萬物，其孰承翼〔猶扶翼：扶助〕！是謂无方〔類〕。（〈秋水〉郭 584 王 605，北海若語河伯）

以上可以做為本型解說的依據，此外本型解說還用了許多其他依據，那些依據卻有詮釋上的疑義，觀世界當觀其如道一般不具封界，這樣的話就能促進萬物相通互融，結成一未分的整體。

以下分五點來考察。

一、莊子重齊一，不重合一

莊子關於一的言論含有不同的理論意義，有時是講萬物的平等齊一，無有差別，有時則是講物通為一的整體觀或與物為一的結合觀，本章的主體論形態是指後者，也就是物通為一並與物為一。不過，莊子的言論常常兼含齊一和合一的意思，例如以下耳熟能詳的話：

以指喻指之非指，不若以非指喻指之非指也；以馬喻馬之非馬，不若以非馬喻馬之非馬

> 也。天地一指也，萬物一馬也。（〈齊物論〉郭66王58-59，作者自語）

這是說天地萬物各個都可以同一指或同一馬稱之（齊一），如王叔岷註曰：「同天地於一指，則大、小之執破矣。等萬物於一馬，則多、少之執破矣。」（1988: 61註12）但若割裂出「天地一指也，萬物一馬也」兩句單看，亦可謂天地萬物只是一指或一馬（合一）。又如：

> 舉莛（小木枝，小竹子）與楹（屋柱），厲（借為癘：惡疾）與西施，恢（大）恑（戾）憰（乖）怪（異），道通為一。
>
> 凡物無成與毀，復通為一。唯達者知通為一。（〈齊物論〉郭69-70王61，作者自語）
>
> 夫天下莫大於秋豪（毛至秋而軟細，故以喻小）之末，而大山（大音泰）為小；莫壽於殤子，而彭祖為夭。天地與我並生，而萬物與我為一。（〈齊物論〉郭79王70，作者自語）

莛之小與楹之大，患惡疾者之醜惡與西施之美麗，成與毀，秋毫末端之細與泰山之鉅，殤子之夭與彭祖的壽考，並舉而同之，是齊一，而結束語的通為一，卻又帶有合萬不同為一體的意味（此或不然，將於後續論）。再如：

> 人之生，氣之聚也。聚則為生，散則為死。若死生為徒，吾又何患！故萬物一也。是其所美者為神奇，其所惡者為臭腐。臭腐復化為神奇，神奇復化為臭腐。故曰：『通天下一氣耳。』聖人故貴一（王叔岷曰：貴一，則美惡、死生皆齊矣。貴一之理，即齊物之理也。○詹康按：一為齊一，非合一，王叔岷說是）。（〈知北遊〉郭733王809，黃帝語知）

這分別從萬物都有生死來說「萬物一也」，與從萬物的生死是一氣聚散的結果來說「聖人貴一」，兩者都申齊同之義，不是從一氣來強調合一之義。福永光司亦認為此段的「一氣」是為了論證萬物齊同而採用的（2007: 120）。

莊子單言萬物齊一的言論不少，如：

1. 自其異者視之，肝膽楚越也〔肝膽喻近，楚越喻遠〕；自其同者視之，萬物皆一也。（〈德充符〉郭 190 王 174，孔子語弟子常季）
2. 以死生為一條〔齊生死〕，以可不可為一貫〔齊可否〕。（〈德充符〉郭 205 王 184，老聃問於叔山无趾）
3. 以道觀之，物无貴賤〔郭嵩燾曰：道者，通乎人我者也〕；以物觀之〔馬其昶曰：物者，私乎我者也〕，自貴而相賤；以俗觀之〔馬其昶曰：俗者，徇乎人者也〕，貴賤不在己。以差觀之〔郭嵩燾曰：差者，萬物之等差也〕，因其所大而大之，則萬物莫不大；因其所小而小之，則萬物莫不小。知天地之為稊米也，知毫末之為丘山也，則差數覩矣〔成玄英曰：以自足為大，則毫末之與丘山均其大矣；以無餘為小，則天地與稊米均其小矣〕。以功〔功能，功用〕觀之，因其所有而有之，則萬物莫不有；因其所无而无之，則萬物莫不无。知東西之相反而不可以相无，則功分〔功能之分限〕定矣。以趣〔意趣〕觀之，因其所然〔是〕而然〔是〕之，則萬物莫不然〔是〕；因其所非而非之，則萬物莫不非。知堯、桀之自然而相非〔堯自然而非桀，桀自然而非堯〕，則

趣操〔意趣之操持〕觀矣。（〈秋水〉郭577-578王598，北海若語河伯）

4. 以道觀之，何貴何賤，……何少何多，……萬物一齊，孰短孰長？（〈秋水〉郭584王605，北海若語河伯）

5. 天地之養〔借為羕，長短之長也〕也一〔齊也〕，登高不可以為長，居下不可以為短。（〈徐无鬼〉郭826王926，徐无鬼語魏武侯）

除了有專門主張萬物齊一的言論，莊子還指責耗費心力去證明萬物齊一，彷彿萬物齊一是可以不證自明的。內篇中著名的朝三暮四故事，就是比喻不同事物的相同性：

凡物无成與毀，復通為一。唯達者知通為一，為是不用而寓諸庸。……勞神明為一而不知其同也，謂之朝三。（〈齊物論〉郭70王61，作者自語）

如果有人將「不可」巧辯為「可」、「不然」巧辯為「然」，目的不是等同一切，而是使是非可否更加錯縱而混亂，莊子把這種人的價值貶得甚低：

夫子問於老聃曰：「有人治道若〔而〕相放〔通方：逆〕〔句謂：有人治道術，而與眾相背逆〕，可不可，然不然。辯者有言曰：『離堅白若〔如〕縣〔與彌同義，久長也，指時間〕宇〔指空間〕〔句謂：別離堅、白，若時間、空間之異〕。』若是則可謂聖人乎？」老聃曰：「是胥〔周代一種官職〕易〔占卜之官〕技係〔為技所繫〕勞形怵心者也。」（〈天地〉郭427-428王437，孔子與老聃對談）

此所提的辯者，到了〈秋水〉篇就坐實為公孫龍[18]，他自述其學說是「合同異，離堅白；然不然，可不可」[19]，以此遍勝百家眾口，一旦得聞莊子窮天下地、入於不測的言論，卻落荒而逃。所以極盡智辯以混亂是非同異，是極下乘工夫；是是非非，是俗人見解；上乘者則不辯之辯，無有無為：

嘗相與遊乎无有之宮，同合而〔之〕論[20]，无所終窮乎！嘗相與无為乎！（〈知北遊〉郭752王828，莊子語東郭子）

「同合而〔之〕論」是合異為同之論，從相與遊乎無有之宮的莊子看來，同合之論是談論不盡而無終窮的，故與其騁辯無已，不若相與無為，則自然明見物之齊同。物之齊同的原因，是道無所不在，是以莊子對東郭子問道何在，以每下愈況的方式作答，然後說，只要你不必欲指明道之所在，則道是無逃於物的。他接著說：「至道若是，大言亦然。」（〈知北遊〉）至道既不可必欲指明其所在，大言也應不可必欲作何言說，所以儘管在不言之中，道遍在萬物並造成萬物齊同的實相仍會呈現。

雖然莊子的主要主張是萬物齊一，這與萬物合一仍然不妨發生關聯。借用墨子的例子來說，對我的父母和他人的父母應該齊同孝順，這樣做便增進了社會的和諧，加強社會成員的團結一體。反過來也行，先培養團結一體的意識，然後不分人我，對我的父母與他人的父母都齊同孝順。前面舉出莊子的話，說國君無私德、社稷無私福、四方無畛域，是為了主張「以道觀之，何貴何賤」與「萬物一齊，孰短孰長」，也就是從萬物合一產生萬物齊一。

細心的讀者發現〈齊物論〉通篇並無「齊」字，此外我們也無從得知「齊物論」是否為此篇作者所落的篇名[21]，因此建議篇名若作「道通為一論」或「萬物為一論」會更加合適（陳怡 2009: 29）。不過，如果我對〈齊物論〉偏向齊一而不重合一的判斷正確，則「齊物論」的篇名不管是否為原作者所落，仍是較合篇旨的。

二、「萬物與我為一」析義

主張本型的學者，無不引據〈齊物論〉「天地與我並生，而萬物與我為一」這兩句話，以為這兩句話在《莊子》書裏表達萬物合一的言論中間，最語意完足和具口號性。然而以為這兩句話表達萬物合一的立場，恐怕大有問題，這可以從學者和注疏者兩方面來說。

學者中有人認為，整段話並不贊成合一的思想，反而是批判的。我在上面已經指出，這兩句話之前的話，逆轉了秋毫之末與泰山的大小比較、殤子與彭祖的壽夭比較，發抒的是齊同之義，而其後接「天地」二句，宣示合一的思想，在文義上有一轉折。然而二句的後文，對合一的思想又做了逆轉，這卻是本型學者絕口不談的，為說明此點，需將原文續引於下：

> 天地與我並生，而萬物與我為一。既已為一矣，且得有言乎？既已謂之一矣，且得无言乎？一與言為二，二與一為三。自此以往，巧歷（善巧算歷之人）不能得，而況其（於）凡（凡夫）乎！（〈齊物論〉郭 79 王 70，作者自語）

頭兩句說「並生」、「為一」提出了合一的觀念後，莊子立即說，一會變成二、三，最後變成無限大，那麼，合一的狀態顯然維持不住了。這一小段論證至少是用自我矛盾、隨說隨掃的手法，先主張「一」再隨即否定之。

至於莊子否決合一的論證，針對的是哪位思想家，則學者有不同推測。馮友蘭（1945: 42-43）、王昌祉（見下）、葛瑞漢（Graham 1981: 56）指出，〈天下〉篇載惠施主張「天地一體」，所以〈齊物論〉之「並生」、「為一」是莊子舉出惠施主張再予以駁倒。陳漢生（Hansen 1983: 46-49）將莊子推翻的對象設為慎到的一元論，王又如（Wang 2003: 49-50）則設為慎到與老子的一元論。

樂談合一的莊學學者卻對莊子質疑「一」維持不住的論證視而不見，截出「並生」與「為一」而造生出聖人與物無際或相合的解說，知情或不知情的令莊子和惠施、慎到、老子同一陣線。

葛瑞漢對《莊子》書又有一觀察，是莊子只將「一」做為詭辭（paradox）的一方，或說聖人主觀上以一待之，他自己從沒有直說萬物是一（Graham 1981: 20, 56）。

注疏家對於「天地」二句的見解與學者完全不同，很多人認為這兩句話和它們前面四句關於秋毫之末、泰山、殤子、彭祖的話連貫，繼續發揮齊同之義。有的人直接將「天地與我並生」連繫到殤子與彭祖的齊死生，「萬物與我為一」連繫到秋毫之末與泰山的齊大小，如趙以夫（號虛齋）和沈一貫：

趙以夫：天地與我並生，無壽夭也。萬物與我為一，無巨細也。（褚伯秀《南華真經義海纂微》卷三引，1988: 205）

沈一貫：故天地與我並生，無壽無夭；萬物與我為一，無大無小。一而已矣。（《莊子通》）

> 釋性涵：既與天地並生，便與天地同久，殤子豈可為夭！既與萬物為一，自與天地並育，秋毫詎可稱細！（《南華發覆》）

有的人將齊同解釋為心境的相同，如郭象說自足、自得、自安可以等量，吳伯與同：

> 郭象：無小無大，無壽無夭〔藉否定大小壽夭，以消除常人的比較與追求〕，是以蟪蛄不羨大椿而欣然自得，斥鴳不貴天池而榮願以足。苟足於天然而安其性命，故雖天地未足為壽，而與我並生；萬物未足為異，而與我同得。則天地之生又何不並，萬物之得又何不一哉！（郭慶藩 1961: 81 註 13）
>
> 吳伯與：小大久近，豈有常體？萬物萬形，自得則一。所以天地萬物皆我也，吾以至一，足以齊眾數矣。（《南華經因然》）

王叔岷藉由忘生死而言可並生，忘物我而言可為一，後者不是物我無際、混然為一的意思，而是物物皆我，乃是齊一、齊物的意思：

> 案二句一篇主旨，寫足齊物之義。忘生則無時而非生，故天地與無〔「我」誤〕並生。忘我則無往而非我，故萬物與我為一。（1988: 72 註 10）

有的人將「天地」二句解釋為從同一處所或根源生出，所以平等，就好像柳下惠與盜跖、武大郎與武松是一母所生，就此意義而說平等，如呂惠卿的道（分為有名和無名）、林希逸和陸西星的太虛、藏雲山房主人的無、宣穎的道和化源、蔣錫昌的天道一氣與物種一源：

呂惠卿：無名天地之始，茍為知此，則我亦始於無名也。有我則有天地，故天地與我並生矣。有名萬物之母，茍為知此，則我亦生於有名也。無我則無萬物，故萬物與我為一矣。（2009: 38-39）

林希逸：秋毫之末，至小也，而謂之莫大；太山，至大也，而謂之為小。其意蓋謂既名曰秋毫，纔大些箇便不可以秋毫名之矣；太山纔小些箇，便不名為太山矣。若以太山為大，天地更大，故太山謂之小亦可。殤子為名，則是極殤子之數矣，更多些箇，則不名殤子矣。彭祖雖曰至壽，比之天地，彭祖為夭矣。此兩句細看得出，便是：「若是而可謂成乎？雖我亦成也。若是而不可謂成乎？物與我無成也。」若人會如此看，則大而天地與我並生於太虛之間，天地亦不得為大，而萬物又與我並生於天地之間，雖一草一木一禽一蟲，亦與我相類。故曰：「天地與我並生，萬物與我為一。」（1997: 33）

陸西星：蓋大小壽夭，皆夫人意見所立之名，一受其名，便有封畛，不可通而為一。若論同自太虛中出來，則天地與我並生，萬物與我一體，混合為一，何曾大小夭壽之可言哉。（《南華真經副墨》）

藏雲山房主人：天地萬物與我皆從無中生來，故曰並生也、為一也。（《南華真經大意解懸參注》）

宣穎：（**天地與我並生**）皆生於道。（**而萬物與我為一**）化源不二。◯如此則天下皆通為一也。

（《南華經解》）

蔣錫昌：蓋莊子以為萬物皆由天道一氣或物種一源之流行、分裂、轉變，而後更迭出入於此世界之中。……〈逍遙遊〉「將旁礴萬物以為一」，言將旁礴萬物以為一體；以萬物之「種」，本為一體故也。〈齊物論〉「而萬物與我為一」，言萬物與我為一體；以萬物之「種」，本為一體故也。〈大宗師〉「假於異物，託於同體」；言萬物之生假於異形之物，而其來源則託於同「種」之一體也。（1935: 8，其下續釋〈知北遊〉「通天下一氣耳」，文長不錄，另參1935: 147）

還有的人以天地、我、萬物為同一種構成，如羅勉道以天地為此種共同構成，陸樹芝以太極為此種共同構成，吳怡以為是「生」：

羅勉道：但以天地萬物觀之，初無分別。人之生也，身中便具一天地，是天地與我並生。萬物莫不然〔謂萬物皆身中具一天地〕，是萬物與我一體。何分於小大壽夭！（《南華真經循本》卷三，1988: 36）

陸樹芝：蓋天地之與我至相懸矣，而天地一太極也，我之身亦同一太極也。是方有天地之初，而我已寓於天地之中，即既無我之後，而我仍復還於天地之內。有我即有天地矣，有天地即有我矣，豈非「天地與我並生」乎？天地既與我並生，則凡生於天地之間者，雖物號有萬而分之，物物各具一太極，合之仍只統體一太極耳，豈非「萬物與我為一」乎？

有何彼此哉！此所以合山毫彭殤，則並無大小壽夭之分也。（《莊子雪》，2011: 25）

吳怡：這裏的「我」，自是就性體上來說的。「並生」的「生」字很有深意，不是說「天地」和「我」在開始的時候同時產生，或將來「天地」與「我」同時消滅。而是指「天地」和「我」相合於一個「生」，也就是同一個「生」之體。（2000: 100）

憨山德清兼採同一構成與同一來源的解釋，以太虛為形體之體質，無始為誕生之根源，所以天地與我同根而並生，萬物皆以太虛為體而一體：

（**「天下莫大於」至「彭祖為夭」**）此二句極難理會，以上文已論歸大道之原，今將以大道而一是非。意謂若以有形而觀有形，則大小壽夭，一定而不可易者。今若以大道而觀有形，則秋毫雖小，而體合太虛，而泰山有形，只太虛中拳石耳，故秋毫莫大而泰山為小也。殤子雖夭，而與無始同原，而彭祖乃無始中一物耳，故莫壽於殤子而彭祖為夭也。若如此以道而觀，則小者不小而大者不大，夭者不夭而壽者非壽矣，如此，則天地同根，萬物一體，何是非之有哉！（**天地與我並生，萬物與我為一**）以道觀之，萬物一體，則天地與我並生，萬物與我為一。（《莊子內篇注》）

另還有人從性理與器物、本境與幻名來解釋天地、萬物、我之相同，如褚伯秀以「虛空性體」論天地、萬物、我本然相同（1988: 206），朱得之以性同質異、理一分殊解釋（《莊子通義》），吳言箴說「本境至無可見」而天地、萬物、我為幻名（潘基慶《南華經集注》引），此等解釋來自於更廣大的哲學理論，解釋起來恐怕岔出題外太多，這裏便不抄錄了。

以上見到古今注疏者有各種角度將「天地與我並生，而萬物與我為一」二語理解為齊物的思想，這值得我們反思兩件事。第一，仔細推敲這兩句話，則「天地與我並生」說的是三者同時而生，不是說三者的混一（除非認為天地與我並生為一個連體嬰），所以可以說有合為一體之思想的只有「萬物與我為一」一句。可是由於兩句話對仗，思想應該一致，若以上一句話為齊物，下一句話為合一，這麼讀不合理。既然上一句確定是齊物的思想，則下一句也只能朝齊物的方向理解。

第二，今人看到「一」就讀為「一個」，這太魯莽了。「一」也可能指「同一」，不要忘記「同一」、「一樣」在現代語文中還很常用。

注疏者讀書解句較為細心，「天地」二句應該理解為齊一的意思。如此的話，本型學者將這兩句話理解為合一的思想，是粗心疏略之過；其他學者指出合一是老子、慎到、惠施的思想，而莊子要予以否決，同樣也沒有必要。莊子有沒有主張要與天地萬物合為一體的思想，要從別的地方找。

三、「一體」用法釐定

「一體」是今人用以指稱自我與萬物合為一個整體的重要語彙，考「一體」之詞在先秦諸子中，尚見於《孟子》、《荀子》、《管子》、《文子》、《呂氏春秋》、《素問》等書，用法各異。如專就《莊子》檢視，則有四次，今人所用之意，符合〈天下〉篇所述惠施之言：

> 惠施……麻物之意〔①章炳麟：陳數萬物之大凡。②王叔岷：徧說事物之意義〕，曰：「……氾愛萬物，天地一體也。」（〈天下〉郭 1102 王 1350）

然而莊子並不採取惠施的用法，〈大宗師〉云：

> 子祀、子輿、子犁、子來四人相與語，曰：「孰能以无為首，以生為脊，以死為尻〔臀部〕，孰〔疑脫「能」〕知生死存亡之〔為〕一體者，吾與之友矣〔參〈庚桑楚〉〕。」（〈大宗師〉郭 258 王 241）

此「一體」可有二義，或是以生死存亡四事共為一體，如首、脊、尻之共為一身，或是以生死存亡各為一體，有如首、脊、尻為一身之三體。〈則陽〉：「今指馬之百體而不得馬，而馬係於前者，立其百體而謂之馬也。」（郭 909 王 1032，太公調語少知）公孫丑問孟子之言：「子夏、子游、子張皆有聖人之一體，冉牛、閔子、顏淵則具體而微。」（《孟子》2A: 2）是以一肢為一體。成玄英採後一義：

> 尻首離別，本是一身；而死生乃異，源乎一體。（郭慶藩 1961: 258 注 1）

謂尻首雖一處下、一處上，離別兩處，本是一身的兩部分，可是死與生卻彼此相反，乃是因為死為一體，生為一體，既非同體，故不同耳。〈知北遊〉的「一體」與〈大宗師〉相仿，亦指死生言：

> 死生有待邪？皆有所〔其〕一體。（〈知北遊〉郭 763 王 844，孔子語弟子冉求）

郭象與成玄英皆以死與生各為一體：

郭象：死與生各自成體。

成玄英：死既不待於生，故知生亦不待於死。死生聚散，各自成一體耳。（郭慶藩 1961: 764 注 4）

最後一個「一體」出於〈則陽〉篇：

> 聖人達綢繆，周盡一體矣，而不知其然，性也。（〈則陽〉郭 880 王 1002，作者自語）

「周盡一體」，郭象以為「無內外」，成玄英以為「物我不二、混同一體」，與上下文無所照應，恐不確。陸德明另闢途徑，曰：「一體，天也。」（郭慶藩 1961: 881 注 2）宣穎注云：

> 綢繆，事理轇轕處也。聖人能達之，周身無非此理，而不知其所以然，性之也。

宣穎所注，較合文義，所以此之一體是謂聖人之一身，聖人一動一靜皆出於性，是謂以天為師，而人從而信服之。

惠施和莊子都有「一體」的語彙而廣狹有別，惠施之語「天地一體」其體至大，莊子則其體至小，以生死存亡一事各為一體，和以人的一身為一體，他們兩人共用一語彙而旨意不通，這透露了莊子並未接受天地萬物一體的思想。

四、「大通」意義釐定（附「大同」、「大順」）

商戈令重視「道通為一」，並提出「通」比「一」更重要。陳鼓應也有相同看法，他理解「齊物」

為打破「個殊之間……互不相涉的孤立存在」，造成「個別的存在在宇宙的整全裏面可以得到相互會通」或「互相包容」、「互相尊重」（2009a: 31）。

從「通」可進於「大通」。商戈令說，莊子的「一」不是同質的全體，而是異質的東西彼此互通而結成全體，全體中含有所有差異和多重性。就萬物各有不同而言，這是大家一樣的，而就大家在這點上都一樣而言，大家都會獨化，這是莊子所謂的天鈞、天倪、天道、大通、天籟（Shang 2003: 122）。王叔岷指出「大通」是道家對最高境界的描述語，「大通」在《莊子》中有二次：

> 墮〔毀廢〕枝體，黜聰明，離形去知，同於大通，此謂坐忘。（〈大宗師〉郭 284 王 268，顏回語其師孔子）
>
> 且彼方跐〔蹋，蹈，履〕黃泉而登大皇〔太皇：天〕，无南无北，奭〔釋〕然四解，淪〔入〕於不測〔盡〕；无東无西，始於玄冥，反於大通。（〈秋水〉郭 601 王 627，魏牟語公孫龍）

他舉其他道家典籍中「大通」之例有：

> 純〔一〕溫〔和〕以淪〔沒，比喻潛伏〕，鈍〔讀如黗：識見暗濁〕悶以終，若未始出其宗〔本〕，是謂大通。（《淮南子・覽冥訓》，張雙棣 2013: 668）
>
> 除穢去累，莫若未始出其宗，乃為大通。（《淮南子・精神訓》，張雙棣 2013: 797）
>
> 聖人無屈奇〔猶下文「瑰異」〕之服〔從事，致力，實行，與「行」互文〕，無瑰異之行；服不視，行不觀，言不議；通而不華，窮而不懾；榮而不顯，隱而不窮；異而不見怪，容〔容受〕

> 而與眾同；無以名之，此之謂大通。（《淮南子・詮言訓》，張雙棣 2013: 1541，又見《文子・符言》）

王叔岷因而說「大通」是「得道的至境，乃道家恆言」（1988: 270 注 7）。然而「大通」的意義卻不是萬物停止孤立而開始互通，而是專指返歸混冥，此則似未有人申明之。《淮南子》「大通」有七次，王叔岷已列述其中三次，還有一次是敘述堯、舜、禹、文王、皋陶等人的身體異徵，對禹的耳朵有三孔，稱為「大通」（《淮南子・脩務訓》，張雙棣 2013: 2008），此可不論。剩下的三次則一概指向混冥、冥冥：

> 有未始有夫未始有有始者，天含和而未降，地懷氣而未揚，虛無寂寞，蕭條霄雿ㄓㄠˋ（二字：幽冥），無有仿佛，氣遂而大通冥冥者也。（《淮南子・俶真訓》，張雙棣 2013: 155）

> 有未始有有無者，包裹天地，陶冶萬物，大通混冥，深閎廣大，不可為外，析豪剖芒，不可為內，無環堵之宇（堵：寬高各一丈之牆。宇：屋，室。四字：長寬高各一丈之室，言其小）而生有無之根。（《淮南子・俶真訓》，張雙棣 2013: 155）

> 夫聖人者，……消（消除）知（智）能，脩太常（脩：乾枯。太常：王者之旗名，引申為禮儀。三字：毀棄禮儀），隳肢體，絀（通「黜」）聰明，大通混冥，解意釋神，漠然若無魂魄，使萬物各復歸其根。（《淮南子・覽冥訓》，張雙棣 2013: 720-721）

前兩例分別是「未始有夫未始有有始」和「未始有有無」的原初階段，大通的對象是包裹天地的混冥。

第三例是從聖人離形去知來說大通混冥，而且使萬物各復歸其根，這也是回歸宇宙創生之前的混冥之意。依此理解再看王叔岷所提出的三例，則意義曉然可知。其前兩例均以「若未始出其宗」界定大通，宗即指本源的混冥狀態而言[22]。第三例說聖人「服不視，行不觀，言不議」，這又是離形去知之意。

從《淮南子》觀照《莊子》，則二書對「大通」的用法相同。顏回的坐忘是「墮肢體，黜聰明，離形去知」，所以他的「同於大通」是將自己同於混冥。魏牟對公孫龍語莊子之為人，「無南無北」，「無東無西」，已是取消座標、混同一切，接著更講明「始於玄冥，反於大通」，「反」是返於始點，故「大通」必是「玄冥」，不能更有他解。

與「大通」相似的還有「大同」一詞，這個詞的用法也顯出惠施與莊周的歧異。惠施的用法是名家討論事物同異性，有大同、小同、大同異、小同異等分別（〈天下〉），莊子的用法則是在墮形體、黜聰明之後，忘己也忘物，而大同乎涬溟。又反覆云，若能解心釋神，莫然無魂，則萬物將自行獨化，自生自死，反之，若有知，則養心的工夫就失敗了：

> 鴻蒙曰：「意！心養。汝徒（但）處无為，而物自化。墮爾形體，吐（「咄」誤，同黜）爾聰明，倫（叚作淪，入也）與（於）物忘；大同乎涬溟。解心釋神，莫然（無知）无魂。萬物云云（眾多），各復其根，各復其根而不知；渾渾沌沌（郭象曰：渾沌无知），終身不離；若彼知之，乃是離之。无問其名，无闚其情，物故（固）自生。」（〈在宥〉郭 390 王 397，鴻蒙語雲將）

這段話化入《淮南子．覽冥訓》而「大同乎涬溟」作「大通混冥」（見上段所引），可知「大同」通「大通」、「涬溟」通「混冥」，舊注多以「涬溟」為自然之氣，誤。「无問其名，无闚其情」的「其」，舊注以為是陰陽二氣，以之二者交通而生物故也，是沿前誤而誤，從上文觀之，既反覆言離形去知，則「其」是指自己，只要自己離形去知與無為，便能促成萬物自生自死而獨化。

尚有兩次「大同」出現於同一段，這段話說，問於大人則大人盡其所知以告之，如有扣則有應，不扣之時，大人寂處則如枯木（語見成玄英疏），動往則無定向，提攜萬物往復宛轉以遊無端，再復言大人無方向與無起始，雖長得有容象形軀，但「合乎大同」，大同則無己，無己則不得「有有」：

> 大人之教，若形之於影，聲之於響。有問而應之，盡其所懷，為（與）天下配。處乎无響，行乎无方。挈（提挈）汝（汝等，謂萬物）適（往）復之（語助詞，無義）撓撓（宛轉），以遊无端；出入无旁（方），與日无始；頌（容、貌）論（借為類：象）形軀，合乎大同，大同而（則）无己。無己，惡乎得有有！覩有者，昔之君子；覩无者，天地之友。（〈在宥〉郭395王405，作者自語）

本段的基本意思與前段同，是大人必須無己才能促成萬物適性獨化，共遊於無窮，「大同」是將自己的心智和身軀混冥化，混冥自己後就不得「有有」。至於覩有者和覩無者，他們既能識見，便遜於大人一級，不得與大人同列。

我還懷疑「大順」也和混冥有關，莊子規定了「泰初有无」至有物的過程序列，再說明如何從物所賦得的性修行以反德，以致德同於最初之無、虛、大。虛與大如天地合眾口之異論，眾人喧雜於天地間，是與天地之虛大相合。這種虛大與言論之不齊的相合是很相合的，而提供相合的修道者必須若愚若昏，表現出玄德和同乎大順：

> 性修反德，德至同於初（郭象曰：恆以不為而自得之）。同乃虛，虛乃大。合喙鳴（喙：口。〈秋水〉與〈徐无鬼〉皆以人口為喙，《莊子》無以鳥口為喙者。鳴：如〈德充符〉謂惠子：「子以堅白鳴。」）；喙鳴合，與天地為合。其合緡緡（合也），若愚若昏（郭象曰：坐忘而自合耳，非照察以合之），是謂玄德，同乎大順。（〈天地〉郭 424 王 435，作者自語）

虛無乃大，乃能含容眾有，非虛無則不能含容眾有。虛無在此處是謂修道者自己不能發表意見，不與眾人的意見相盪摩，其方法則是若愚若昏，對各種意見之不同一切聽之任之，無是無非，無好無惡，這就展現了玄德。玄與冥常連用，合眾籟而含容之的狀態已非虛無，而是眾音的混冥，此謂大順。

明瞭了大通、大同、大順是就著混冥而言以後，我們可以對「道通為一」的命題做出新的析義，茲稍刪節其文於下：

> 故舉莛（小木枝，小竹子）與楹（屋柱），厲（借為癘：惡疾）與西施，恢（大）恑（戾）憰（乖）怪（異），道通為一。其分也，成也；其成也，毀也。凡物無成與毀，復通為一。唯達者知通為一，為是不用而寓諸庸。……勞神明為一而不知其同也，謂之「朝三」。……是以聖人和之以是非而休乎天鈞，是之謂兩行。（〈齊物論〉郭 69-70 王 61，作者自語）

莛與楹、厲與西施，不僅有分別，且為相反之極。世人對物物分別、相反的眼光，其成立與揚棄是相因的，如能拋開對萬物作分別（與重作分別）的眼光，那便是將萬物看成混冥。混冥不可能有二個，故是一，這裏一不必作齊一或合一解。達者能知萬物皆大通於混冥，故不動用神明，另外尋求萬物別的相同性。混冥既先於有無（前引《淮南子・俶真訓》：「生有無之根。」），故亦先於是非，聖人隳肢體，黜聰明，離形去知，自己不起是非，然而世人、事物又自有其是是非非，聖人休乎天鈞而世人不休乎天鈞，聖人坐忘而不管世人動念起執，聖人與世人各做各的，是謂兩行。

玄冥、混冥、冥冥、涬溟是朦朧形容語，其所代表者為何，有不只一種可能。有人可以以混冥為宇宙生成論上的本根，或可以以之為主觀境界上不生分別之念（而非在知識論上否定物物有客觀的異同），這是兩種不同的學說。我覺得更好的是從大人「惡乎得有有」，地位高於「覩有者，昔之君子；覩无者，天地之友」（〈在宥〉），而認為混冥是不離有無兩邊而又雙遣有無兩邊的弔詭，也就是並立不可並立、並駁不可並駁的相反命題，藉以混亂邏輯思辨，翻轉出高於邏輯思辨的某種「得道之至境」。

五、天倪

〈齊物論〉與〈寓言〉二篇有「天倪」一詞，天者自然，倪與崖、研同聲，義為分際，故天倪是自然的分際，郭象注為「自然之分」，是也（王叔岷 1988: 92 註 5）。

彼二篇關於天倪的論述略同，以為息議止辯，有賴於「和之以天倪」，或卮言日出，需「和以天倪」。和是歌唱時的應和，一人先唱一曲，另一人和之，引申為對首倡者的響應、追隨，這種先唱後和的用法，先秦古書中不少見。

言論都是道是說非的，泯除是非固是理想，但是莊子提出另一種做法，是所說的話能在自然的分際中得到呼應、反響。既然有自然的分際，則這個世界不是一體的，而是分成無數個小部分。人為做成的區分，通常都根據自然的分際而來，無自然之分際做為基礎的，難以行世。以下略舉幾種情形以明之。

人為區分比自然的分際來得粗略，例如馬有很多品種，而大多數人總而謂之為馬，不計較品種的差異，這是人為區分的粗略處。但是馬與狗不同，人為區分仍然以自然的分際為基礎。

人為區分放大了自然的分際，例如男女之別，對人類而言是異常大的事體，然從自然的分際來看，男性與女性同為人類，其相同處遠遠多於相異處。這是因為在人類生活裏，男性與女性的差異引起了很多的煩惱，所以人類特別重視男女之別。

人為區分強化了自然的分際，例如金為貴金屬，鉛為賤金屬，貴賤之金錢價值乃人所發明的，不在自然事物之中。然而金為金，鉛為鉛，兩不相混，故以一為貴、一為賤，是來自於自然分際而又加以人文詮釋的結果。

天倪的概念指向事事物物有自然的分際，不能相混，更不宜徹底取消。無天倪，則卮言不得行、論爭不得息矣。然時而粗分，時而細分，使用時機隨人需要而定，有時細辨明分，訂出價位：

> 恰似獵狗、靈猩狗、雜種狗、捲毛狗、惡狗、篷毛狗、水狗、狼狗，全都叫做狗：凡是標明身價的簿記，就要分別按其秉賦的特質註明善跑、遲慢、狡滑、守家、善獵，所以在一同列名的簿冊上又各有專名，人也是如此。（Shakespeare 1995a: 48，《馬克白》第三幕第二景）

有時籠統總括，一視同仁：

> 滾開，你們這些狗！不管你的嘴是黑還是白，牙齒有毒若是咬起人來；獒犬、靈猩、兇猛的雜種犬、獵犬或鬈毛犬、警犬、或狼犬；短尾巴狗或捲尾巴狗；湯姆要叫他們哭喊著走；因為，把我的頭這樣一拋，狗就要竄，全都逃之夭夭。（Shakespeare 1995b: 79，《李爾王》第三幕第六景）

又有時對自然的分際全不採用，如莊子主張將分倪收斂起來，至於無我而人我不分、「不得」之否定得與不得之分、沒沒無聞之不據分倪以立功成名：

> 知是非之不可為分（分、倪互文），細大之不可為倪（分際，倪限）。聞曰（成玄英曰：體道聖人，和光韜晦。寓諸他人，故曰「聞曰」）：『道人不聞（〈山木〉：「至人不聞。」聞：聲聞，出名），至德不得（《老子》：上德不德），大人无己（〈逍遙遊〉：至人无己）。』約（收斂）分（分限）之至也（王叔岷曰：「約分」，謂收斂分限。「約分之至」，則無分限矣。不聞、不得、无己，尚何分限之有邪）。」（〈秋水〉郭 574 王 594，北海若語河伯）

故自然的分際從大到細，隨人採用。分與不分（齊與不齊，或合與離）的變換，是第十一型「一與不一」解說，從第十一型來看，合一和齊一的思想只得實情之半，應該併入第十一型。

自然的分際不僅人能使用，各種生物亦能知能用，至於無生物如化學元素有的能相化合，有的不能，亦猶似有自然分際之知也。故章炳麟闡釋天倪，乃援用佛學的「天耳通」、「他心智通」為說（1986: 109）。天耳通是從天人至蚊虻蠅等微細聲音都能聞聽，他心智通是依他心之差別而如實知之，然後為之說法。故天倪之教非只用以教人，乃「堪化一切有情」（1986: 110）。

其他學者對「一」的異解

學界對於莊子的「一」有齊一和合一兩種主要理解，此外還有很多異解，以下略舉若干。

第一種是將「一」解為絕對者或造物者。

王昌祉分辨「萬物一體」和「萬物與我為一」的不同，前者是惠施的思想，後者是莊子學自惠施的「隨機應變的借喻話語」，莊子的真義是超越時空觀念，使一己遊於萬物之祖（造物者）之中，便與天地萬物不再有隔絕（1961: 121-122）。

牟宗三說：「真實就是一，就是道，就是虛一而靜，就是無。」（2002c: 8）所以「一」理解為絕對，也理解為無限心達至絕對，與萬物無關。對於「旁日月，挾宇宙」、「天地與我並生」等說法，他說是「漫畫式的語言」（2002i: 4）、是「文章」（2002i: 8，他所謂的「文章」是不能以邏輯繩之之意），莊子想講的是「使你的生命在逝變之中得到永恒」（2002i: 8）。

第二種是將「一」解為萬物合組為一對象界，與我相對。

勞思光解釋說，莊子所謂「同」，是說萬物「『同』為對象而非主體」；所謂「一」，是說：「一切對象皆為主體之所對；就此點言，彼此並無殊異。故謂『萬物皆一也』。」萬物可看成整體，當做我們的對象，自成一領域，而我們的自我與它們（也是它）是不同的層級（1984: 261）。

第三種是將「一」解為不以主觀觀念摻入萬物。

唐君毅認為「一」只是認識論上的不摻入「對其所然或所不然之想」，他說：「人能泯絕我與天地萬物之相對，亦不將天地萬物相對，而觀其大小久暫之別，則我與天地萬物，即並生而為一。此並生為一之境，即上所謂道通為一之境。」（1986a: 270）萬物的殊異仍然是虛靈明覺心認知得到的，然而虛靈明覺心不作意相對、置然否，便是唐君毅以為的與天地萬物為一。

徐復觀也說：「作為萬物根源的道，只是『一』，只是『同』，只是一切平等，所以說『同則無好也』。無好，即對萬物不干預以主觀的好惡，而一任萬物之自然。」（1969: 399）這兩位新儒家學者的解法相似。

第四種是將「一」解釋為否定多元，或在差異中求一致。

林鎮國解釋「萬物與我為一」的「一」是「超越對立的統一，透過『否定的否定』的『再度和諧』（secondary harmony）」，與〈則陽〉篇「道物之極」的說法一樣，「若以辯證法之術語來說，即是從『道』與『物』之區分對立中上翻至統一和諧的境界，稱之為『辯證的消融』（dialectical reconciliation）」

（1978: 408）。

葛瑞漢提出，以「萬物為一」來理解莊子的巧匠會有不達。輪扁斲輪時「得之於手而應於心，口不能言」（〈天道〉），決不是不做高下區別，而是做比語言區別還要細微的高下區別，所以木料、眼手的合一，更加貼近西方美學的「多元之中含蘊整體」（unity within variety）（Graham 1981: 20）。

傅佩榮認為氣是「存在界的原質」，所以「一」是一於氣，這是說萬物從同為氣所構成而言是相同的。「自其同者視之，萬物皆一也」的「同者」即哲學術語之共相，氣就是萬物的共相，萬物是氣的分殊，而萬物的生滅變化則是「表面的現象」（1985: 247）。萬物以其原質而言是氣，以其形相而言是殊別的萬物，而原質和形相有一個原理來貫通，此即是道（1985: 255）。

狐安南反對「道將這些差異統一起來成為一體」的譯法，主張「道以統一的方法貫通這些差異」更為貼切，而「道」對他而言「只是一種觀點，一種看問題的方法」，更明確言之，是對於萬物之所以產生差異不斷予以臆想的思考形式（Fox 1996: 191）。再以比喻明之，將所有差異連在一起的樞軸就是「一」（Fox 1996: 189-190），由於萬物並非道樞，所以萬物永遠是「多」而不是「一」，它們的差異也從來不要泯除。

其他異解如下。

章炳麟認為「萬物與我為一」是說「萬物無不互相為種」，意即一個個體中含有一切個體的成分來源，一切個體均含有某一特定個體的成分來源。此義同於《華嚴經》的「一切即一，一即一切」，與法藏的諸緣互應、無盡緣起之說（1986: 91，另參96）。他又曾釋「有始也者」層層自駁之一段文字為無盡緣起之意，亦思精識卓（2011: 583-584）。

奚密解釋「齊一」是每個觀念都與其反面觀念相互作用，例如「終」與「始」互相依存，又互相衍生循環，就每個觀念一律如此「播散」而言，是「齊一」的（1982: 21）。

劉光義認為「一」是「物各具之性」，憑以自適而逍遙者（1986: 40）。

郝大維（David L. Hall）與安樂哲（Roger T. Ames）認為，萬物各各不同，故無所謂萬物的「一」，聖人只能一次與一物為一，這次與這個物為一，下次與那個物為一，變換認同也就是變換觀點（1998: 66）。

其他評論

密契主義用於釋莊，可以填補莊子的一些理論空洞，將莊子拉近世界宗教的共同經驗，但也不乏批評者（可參考牟宗三 1983: 333-334 對密契主義的批評）。畢來德（Jean François Billeter）甚至大刺刺的講：「誰也不會認定知識在根本上即是一種秘密的或是不可言傳的東西。」（2009a: 18；另參同書 16）陳漢生（Chad Hansen）從語言的使用與密契主義無法並容，來判定莊子不會屬於密契主義（Hansen 1983: 49）。

蕭振邦引進「突現」概念來解說一己加入大羣體之後會取得新穎的性質，一方面創造了新的理趣，而另一方面沒說的比說的還要多。一個原子沒有顏色，許多原子聚到一塊才有；一個水分子沒有波動現象，水波才有；單獨一枝筆無所謂長短，要插到筆筒裏才能顯出它是最突出或最矮的筆，這是這個概念有用的地方。可是一個人參贊宇宙萬物，和從前孤伶伶時相比，會湧現出什麼新的特質呢？這卻無從藉由已知的突現來類比，或者，種種相反的類比都可以合乎「突現」的概念。因此，「突現」概念像是繞一條新路去走向原來的目的地（解釋與萬物為一），可是新路的很多地方還沒有路標，行者有很多機會走岔到別的地方去。

第三型　與形上實體、造物本源相結合

本型以道做為人的主體，而道特指創生天地萬物、自本自根的實體。

有的學者雖然認為莊子的道是創生宇宙的實體，但又認為人與這創生實體不能結合，像是劉笑敢認為人只能得到最高的認識，不能分沾道創生、主宰的大能：「『得道』的實質是得到一種與天地萬物融為一體的神秘體驗，這種體驗的目的是忘懷現實的煩惱，實現精神的解脫，而不是把個人的意志付諸於現實或主宰萬物。」（1988: 238）㉓或認為，人接上此創生實體並不能使人的存有性質昇華到更高的境界，如此理解所產生的主體性理論不屬於本型。

有的對道的解說刻意去掉了創生力，只保存解釋存有的效力，如崔大華對道的定義是「萬物以其所固有的那種樣態和性質存在的依據」（1992: 128），這種定義嚴守形上學對形而上與形而下的劃分，形上的實在與形下的器物不可能有實質的母子關係，這也不符合本型的解說。

各家摘要

前面已介紹過徐復觀對虛靜之心的說法，承彼處之說明而進一步論述，去掉身體形器之拘限所得之虛靜心，也就是「上昇到與道相通的德、的性」，此所謂性是德在形中所透出的，德是道內化於人的，而道則是創造天地萬物的，所以德、性、心都是客觀的道內化於人的產物。是故虛靜的心觀照天地萬物，不是冷冷的看而已，而是涵著天地萬物所自出的「一」（即道）來看，此所以稱其為靈臺、靈府而強調其靈，稱為葆光而強調其照，或稱為天府而強調其不滿不竭。由於與道合體，所以才能「無一物與之對立，而達到『獨』的境界」，這也是自本自根，也是無待和絕對自由（1969: 391-400）。徐復觀之所以會主張本型解說而非鏡映心，是因為他看到莊子雖有意將道內化為精神境界，但客觀的道並未完全化掉，所以理論上心可以援引道的支撐而獲得更大的性能。不過，問題出在如果心是被動的映射，它的觀看怎能超出現象界（他稱為形器界）而發現萬物所自出的道，而就算能超出，它又怎能違背無所喜惡的姿態而偏好道？因此徐復觀不能以心的觀照為主，而必須加重道和它在人的代理者（德與性）的份量，讓它們起更大的作用。

沈清松紹述方東美將莊學的自我分為身體、心理、心機、本體、本體之發用等五層次之說並修改之，將本體之心與其發用稱為先驗我，又將軀殼之我、心理之我、心機之我稱為經驗我，人之主體性即由這兩部分所構成，而前者又是後者的構成根源（取名「先驗」，即表示「先於經驗，又使經驗成為可能之意」，使經驗得以生發、獲得動力）。修道的工夫是從經驗我的奔馳、偏執中突圍，去發現它的根源，即先驗我，然後以先驗我變化經驗我，以「構成較為純真之經驗」，每發而當（1987: 377-381，又見 2007: 54-58）。沈清松認為「就莊子的形上思想而言，唯有道是真正的實體」（1987: 381），「道在生萬物之後，又居於萬物之中，成為其真正的主體」（2007: 58），所以真君、真宰不只人類才有，萬物亦與人類相同具有。

時曉麗認為創生之道的本質是自然無為，創生之道的存在狀態是自由。既然人從道派生出來，賦得了德與性，所以人的本真也是自然和自由（2006: 164-165）。如果能像道那樣的行動，就能達到自由與無限，此即「無待、無累、無患的逍遙」（2006: 166）。

洪嘉琳認為莊子的自我觀是要從受限的主體修養成不受限的主體（2007: 171）。萬物與人的封限，來自於基於分別意識的成心、算計利害的機心、與對死生的驚懼（2007: 161-163）。可是主體性還有形上的部分，這是因為「道遍在於萬物之中，與物同在，而又不受限於萬物之有限性與相對性；同時也是萬物運作變化之原因或動力」，因此萬物與人自一方面而言是有限與相對的，另一方面則因內具有無限的道，而「至少得有一部分是開放而不受限制的」（2007: 170），所以修養的目的是要解開對自我的封閉而達到無限。

郭齊勇說莊子的道自本自根，是宇宙的超越本根，而又遍在於萬物中，是內部互相通達而沒有封限的整體（2008: 165-168），故又形容為「宇宙生命」、「無始無終的大生命」（2008: 169）。既然是宇宙大生命，則「自然與人是有機的生命統一體」（2008: 170），若人能超脫認知心，「洗汰掉附著在內心裏的經驗、成見、認知、情感、欲望與價值判斷，自虛其心」（2008: 170），無意必固我，「消解掉對自己的執著，走出自我，走向他者，容納他人他物，與萬物相通」，最後物我兩忘，便是體道的境界（2008: 171），也就是一己的生命融入宇宙大生命。這個宇宙大生命「就是至真、至善、至美的合一之境」（2008: 173）。

池田知久認為，莊子以所有存有物中的人類最具有主體性，可是實際上人類卻嚴重缺乏主體性，而有嚴重的異化（2009: 166）。不論以人類的身體或精神為主體，結局都是恐怖（2009: 168）或悲哀（2009: 170）。人要如何克服自己的異化，建立真正的主體性，並主宰世界呢？池田知久認為莊子提出的答案不是一個，而是兩個。

第一個答案是根據「未始有物」、「有物」、「有封」、「有是非」、「愛之所以成」由高而下的淪夷（〈齊物論〉），以見莊子對人類經驗之所得逐一否定、排除，最後達到「未始有物」的「無」以做為最高的認識（2009: 172-173; 201 註 39）。這個「無」是對「有物而未始有封」加以否定而來，「有物而未始有封」就是「萬物齊同」，也是渾沌，也稱為「一之有」，至於「無」乃是「否定、排除了上述的『萬物齊同』中『有』的性質，最終，達到將世界的真實面目把握為『一之無』即『齊同的非存在』之境界」（2009: 182-183）。池田知久所謂的「一之無」和「齊同的非存在」，可以分從自我和萬物兩方面來看。在自我觀念方面，是「在於『我』完全『無謂』、『無言』」（2009: 185），即對世界萬物不做任何斷言，這包括不做萬物是齊同的斷言，所以「齊同」的語詞或想法也不存在。一旦有言，說萬物是一，那麼這個言語上的「一」就與前面的「一之無」合算為二，有害於那絕對的一（2009: 183）。而在世界萬物方面，「一之無」是「『天地』、『萬物』與『我』一同不存在」（2009: 319），這種一概不存在的狀態就是道本身（2009: 209），這種道是「用人的『知』絕對無法把握的某種東西」（2009: 186），是以放棄語言判斷之際，便把握住「事物的原本姿態」（2009: 174，是「天」與「庸」的意思）與「世界的真實姿態」，此時「天地與我並生，而萬物與我為一」，「能毫無障礙地、完整地與『天地』、『萬物』相融合」，「將人從不安與痛苦、不滿與不信、懷疑與批判中完全解放出來」，而以「最具主體性的生存方式」而生存著（2009: 185）。

以上第一個答案的缺點是嚴格揚棄語言，造成連「一之無」的命題也無法傳述，只能在神秘主義體驗中感悟（2009: 207），因此池田知久認為莊子為反異化與為主體性奠基而提出的第二個答案，是本體論上的道。第二個道是超越時間、空間、與人類各種價值的偉大本體，是使萬物存在和運動變化的世間主宰者（2009: 209），是真實、自身不變、終極的根源（2009: 210），這可以見諸〈大宗師〉篇「𩐋萬物而不為義」一段話、「夫道，有情有信，無為無情」一段話，與〈在宥〉篇「物物者非物」一段話、〈天地〉篇「夫道，淵乎其居也，漻乎其清也」一段話。這個本體論上根本的道，很容易入主其他論域，像是描述宇宙初始到萬物生成的宇宙論，分析萬物的質料因或運動法則之自然學，與各種政治思想（退步史觀、烏托邦、中央集權統治等），都推尊這一終極根本而有無上能量的道（2009: 186, 217-218），這個道理論是如此完善，以致戰國末期的儒家、法家都認為是無可超越的，而「將它做為基礎性的第一哲學放入到各種各樣的思想體系中」（2009: 221）。但是莊子原本的問題意識，依然是為了克服人的異化與確立人的主體性，而提出本體的道，令人從做為萬物中的一物、受道所主宰，提升為掌握道而超越空間、時間的全能主宰者（2009: 211-212）。

以上兩種道觀的差異也可以說，是以齊同的天地、萬物整體為道，或是以使天地、萬物整體成為齊同的某種東西為道（2009: 208）。不過，池田知久又說，這兩種道觀的分別是從今人的觀點來分析的，對莊子（或〈齊物論〉中的對話人物）是沒有區別的（2009: 209）。

曾春海認為莊子的宇宙觀建立在道和氣這兩個概念上，道「是萬物所以存在和依據的終極性根源」（2010: 264），「『道』是統攝一切的形上本體，『氣』是『道』所憑藉資以生成變化萬物的中介」，兩者相即不離（2010: 268）。人的構造對應了道氣互依的關係，人的「德」稟自於道，構成人的內在本真，發為精神作用，形體則是氣的變化而成（2010: 269）。雖然形體有生老病死，無盡轉化，「可是人的先驗精神主體與道俱存，享有超越性、恆存性、不變性、是人的同一性，謂之為真君或真宰」（2010: 270）。

鄧聯合認為莊子提出心死和心不死的兩個方向，心死是「個體應接受其已然所處的社會倫職而不逃避」與「個體應順受他所遭受的各種禍殃」等認命的態度（2010: 148-149），對死生、禍福保持安樂的心境，無哀樂之情，稱為「和」（2010: 153-154），也稱為「心若死灰」，謂內心止定、虛靜（2010: 155）。〈德充符〉篇又講到「心未嘗死者」，所以心在另一方面又需不死，這是心與道一，及小我「融化到天地萬物之中」，和「與造化一體、一樣，或是說與造物者為友、為偶」（2010: 159）。在這境界中，我人徹悟生命本相，「洞見四肢百體、死生終始、得喪禍福的暫時性和虛假性」（2010: 160），此時道的體性轉化為個人的特質，從而「個體儼然獲得了超越時間的永恆存在形式，而他也可以因此隨順萬物又主宰萬物」（2010: 162）。在鄧聯合的解說中，心死是人無可奈何的向天、向命低頭，而心不死不但可令人解悟生命本相，而心甘情願向天、向命低頭，且還能令人成為永恆的存在，超越天與命，與主宰萬物，令天與命向自己低頭。

心是主體精神，蕭裕民認為莊子的心概念含有日常理解的意含，也有他所賦與的獨特內涵，前者像是情緒、心思、精神主體等，後者包括「心含道」和「心含物」，「心含物」又包括「心含氣」和萬物為一的思想。心、道、物「只是此整全一體中的不同分稱」。但是一般人的心並不同時也是道和物，這是由於一般意義的心會執取物並受物的干擾，所以必須消解心的主體性，以將心指向終極的根源性存有，也就是道（2013: 229-232）。

原文探討（一）：道生萬物

莊子書中關於天地萬物來自於一終極根源的說法，採用過若干不同的詞彙，這個多頭馬車的現象可能表示莊子對於萬物根源的想法並沒有嚴密的處理。不過讓問題更複雜的是，莊子書中還有否定萬物有任何終極根源、與主張萬物自生的說法，這種矛盾的現象使得學者研究莊子時，無法直接就字面來認定他關於宇宙創生問題的立場為何，而不得不據學者自身對莊子哲學的整體理解來判別書中各種說法的重要程度。以下基於用語和思想將相關材料分為三節來討論，本節是關於創生實體的各種辭彙，次節是關於字義為創生、但莊子的用法不取創生義的辭彙，再次一節是關於萬物自生的各種陳述。

一、道

莊子對「道」字的用法不一，這裏只看與創生有關的地方。他說道包覆天地萬物，比宇宙還遼闊深邃：

> 老子〔有些本作「夫子」〕曰：「夫道，於大不終〔窮〕，於小不遺，故萬物備。廣廣〔借為曠曠：虛無人之貌〕乎其无不容也，淵淵乎其不可測也。」（〈天道〉郭 486 王 495，老子自語）

他還說，天地萬物都由道而生，得道則生，失道則死：

> 夫道，覆載〔疑應補「天地，化生」〕萬物者也，洋洋乎大哉！（〈天地〉郭 406 王 416，孔子自語）
>
> 且道者，萬物之所由也，庶物失之者〔則〕死，得之者〔則〕生。為事逆之則敗，順之則成。（〈漁父〉郭 1035 王 1246，孔子語子路）

他說道是生命的終極源頭、天地萬物的來源，永遠的週期運行，資助萬物而不會匱乏：

> 夫昭昭生於冥冥，有倫〔理〕生於无形，精神生於道，形本〔榦：體榦〕生於精，而萬物以形相生。故九竅者胎生，八竅者卵生。其來无跡，其往无崖，无門无房〔謂通達無礙。《釋名‧釋宮室》：「房，旁也，室之兩旁也。」房與傍通〕，四達之皇皇也〔顏師古曰：「室無四壁曰皇。」〕。……天不得不高，地不得不廣，日月不得不行，萬物不得不昌，此其道與！……淵淵乎其若海，魏魏〔魏，本字為巍。巍巍：高大貌〕乎其〔或脫「若山」二字〕，終則復始也〔成玄英曰：終則復始，此明無終無始，變化日新，隨迎不得〕。運〔周匝〕量〔度〕萬物而不匱〔匱、遺通，此處應作遺。于省吾曰：此言周度萬物而無所遺逸也，義謂萬物皆在其範圍權衡之中〕，則〔乃〕君子之道，彼其外

與！萬物皆往資（取）焉而不匱（蘇輿曰：運量萬物，猶是有為。萬物往資，是無為而無不為也），此其道與！（〈知北遊〉郭741王818，老聃語孔子）

莊子最受重視的一段話出於〈大宗師〉篇，說道無形而有實，自本自根，先天地而存在，包裹六合，從天地到最具代表性的星斗、仙、人都因得了道而成其神妙：

夫道，有情（實）有信，无為无形；可傳而不可受，可得而不可見（〈知北遊〉：「道不可見，見而非也。」）；自本自根，未有天地，自古以固存；神鬼神帝（神與下句「生」義同。○王先謙曰：下文堪坏、馮夷等，鬼也。狶韋、伏羲等，帝也），生天生地；在太極（天）之先（應作「上」）而不為高，在六極（應作「合」）之下而不為深，先天地生而不為久，長於上古而不為老。狶韋氏（上古帝王）得之，以挈（「契」之假借：合）天地；伏戲氏得之，以襲（合）氣母；維斗（北斗）得之，終古不忒（更，代）；日月得之，終古不息；勘坏（神名，人面獸形）得之，以襲（入）崑崙；馮夷（人名，後為河伯，一云在黃河溺死）得之，以遊大川（指黃河）；肩吾（山神，此名又見〈逍遙遊〉）得之，以處大山（泰山）；黃帝得之，以登雲天；顓頊得之，以處玄宮（北方宮）；禺強（①北海神，人面鳥身。②周穆王時篋者）得之，立乎北極；西王母（狀如人，豹尾虎齒，而善嘯，穴處）得之，坐乎少廣（①穴名。②山名。③西方空界之名），莫知其始，莫知其終；彭祖得之，上及有虞，下及五伯；傅說得之，以相武丁，奄（覆）有天下，乘東維、騎箕尾而比於列星（有傳說星）。（〈大宗師〉郭246-247王230，作者自語）

基於此說，道是天地萬物及其作用性質的生成締造者，是第一個存在者，當世間一切事物都毀壞後仍會存在，則道在形而上，並有形而下的創生能力，創造了形而下的世界。

上面這段〈大宗師〉的話，也有人對「生」字故意不理解為創生，這種情形此處暫不予考慮。另有一段話，表面的「道生」應解釋作「自然而生」，也就是物自生，這是莊子對惠施說的道理：

> 道與之貌，天與之形（道與天同義，貌與形同義。成玄英釋天為自然之理，又曰：形之將貌，蓋亦不殊。道與自然，互其文耳。○王叔岷曰：道、天互文，並自然也），惡得不謂之人？……道與之貌，天與之形，无以好惡內傷其身。……天選（借為僎，《說文》：「僎，具也。」）子之形，子以堅白鳴！（〈德充符〉郭221-222王200-201，莊子語惠施）

為什麼這段話不取它字面上的「道生」義呢？除了道、天互文，傾向於「自然」的意含，更重要的是這段話以「自然」為最高概念：「不以好惡內傷其身，常因自然而不益生也（參〈達生〉：達生之情者，不務生之所无以為）。」生命有其自然的、內含的所以為，不能加以一毫增損。道與天賦人以貌與形、具人以人形，也不是在自然之外別為一種創生的作用，它們即是自然的一環節，人自然而生，也要活得自然。

再一處表面上作「人相生於道」而實際上是物與物互生，莊子以為魚得水而活命，並在水中相生，亦即互相交配繁殖，人也需道才能活命，並在道中互相繁殖。這段話是解釋畸人摒斥喪禮，不哭弔亡友，乃是由於無事而在道中便即自足，不悼念友情之亡去，猶如魚在水量充足的江湖中優游而相忘，這段話與「道生」連不上關係：

魚相造〔生〕**乎**〔於〕**水，人相造**〔生〕**乎**〔於〕**道**〔憨山德清曰：人之以道為命，如魚之以水為命〕。**相造**〔生〕**乎**〔於〕**水者，穿池而養給**〔給亦足也〕；**相造**〔生〕**乎**〔於〕**道者，无事而生**〔性〕**定**〔「足」誤〕〔釋性涵曰：世間禮文節目，皆事也。造道者放下禮文節目，便無事而生定矣〕。**故曰：魚相忘乎**〔於〕**江湖，人相忘乎**〔於〕**道術**〔沈一貫曰：魚所相詣而並生者水，人所相詣而並生者道。魚非水，人非道，死矣。魚相詣乎水，故一穿池而養已給。人相詣於道，故一無事而生已定。若究而論，則魚必江湖而後相忘，人必道術而後相忘。夫子急於救世，故不吝穿池之勞，以養天下。若三人者之為畸人，則相忘於道術，自放於江湖，而不可以方拘，不可以世俗之禮制也〕。（〈大宗師〉272 王 256，孔子語子貢）

同篇還有另一段話和這段的文辭與含意相近，魚不得水則不活，故需互相吐沫，彼此幫助以苟延生命，人之恩愛往來，情義相挺，也由於生活脫離了道。這就是莊子批判的：「小夫〔匹夫〕之知〔智〕，不離苞苴〔鍾泰曰：古者饋人魚肉之類，用茅葦之葉，或苞之，或藉之，故曰「苞苴」〕竿牘〔簡牘。竿借為簡〕。」（〈列御寇〉郭 1047 王 1263，作者自語）所以讚美聖君，譴責暴君，意在給天下百姓好一點的生活，此亦猶孔子「穿池而養給」，僅夠魚兒活命而已。可是如果道行於天下，則人當可「無善無惡，善惡兩忘；不是不非，是非雙遣」（成玄英疏），像魚在江湖中一般，卓然獨立的生活。這段話裏「化其〔於〕道」也不是「道生」的意思：

泉涸，魚相與處於陸，相呴〔吹〕以濕，相濡〔同「濡」〕以沫，不如相忘於江湖〔成玄英曰：江湖浩瀚，游泳自在，各足深水，無復往還，彼此相忘，恩情斷絕。洎乎泉源旱涸，鱣鮪困苦，共處陸地，頳尾曝腮。於是吐沫相濡，呴氣相濕，恩愛往來，更相親附，比之江湖，去之遠矣。亦猶大道之世，物各逍遙，雞犬聲聞，不相來往。淳風既散，澆浪漸興，從理生教，聖迹斯起；矜蹩躠以為仁，踶跂以為義，父子兄弟，懷情相欺。聖人羞之，良有以也。故知魚失水所以呴濡，人喪道所以親愛之者也〕。與其譽堯而非桀也，不如兩忘而化其〔於〕道。（〈大宗師〉郭 242 王 223，作者自語）

以上共有三處表面為「道生」而實際上不是的文章，顯示了莊子無意對道物關係維持一致的說法，因此我們實不宜偏執的只重視「道生」的文章（尤其〈大宗師〉「夫道，有情有信」章是學者當成所向無敵之確證來用的），無視於「道不生」的文章。

二、物物者

與形上實有的道相似的是本身非物而能生物的「物物者」，這集中於外篇，共出現五次（第四例換物字為形字），前四例與個人之能掌握或隨附此一物物者有關。另有佚文一則亦論形形與物物者，附之於末：

1. 夫有土者，有大物也。有大物者，不可以物；物而不物，故能物物。明乎物物者之非物也，豈獨治天下百姓而已哉！出入六合，遊乎九州，獨往獨來，是謂獨有。獨有之人，

是之謂至貴。（〈在宥〉郭 394 王 402-403，作者自語）

2.若夫乘道德而浮遊則不然。无譽无訾，一龍一蛇〔《管子．樞言》：「一龍一蛇，一日五化之謂周。」《淮南子．俶真訓》：「至道無為，一龍一蛇，盈縮卷舒，與時變化。」東方朔〈誡子書〉：「聖人之道，一龍一蛇，形見神滅，與物變化，隨時之宜，無有常處（一作家）。」〕，與時俱化，而无肯專為；一上一下，以和為量，浮遊乎萬物之祖；物物而不物於物，則胡可得而累邪！此神農、黃帝之法則也。（〈山木〉郭 668 王 719-720，莊子語弟子）

3.物物者與物无際，而〔與〕物有際者，所謂物際者也。不際之際，際之不際者也。謂〔譬〕盈虛衰殺〔①衰疑裒之誤，裒，聚也。裒殺，猶益損。②衰疑長之誤。長殺，猶消長〕，彼為盈虛非盈虛，彼為衰殺非衰殺，彼為本末非本末，彼為積散非積散也。（〈知北遊〉郭 752 王 828，莊子語東郭子）

4.知形形之不形乎！道不當名〔〈則陽〉：「道之為名，所假而行。」〕。（〈知北遊〉郭 757 王 837，无始語泰清）

5.有先天地生者〔之〕物邪？物物者非物。物出〔生〕不得先物也〔宣穎曰：一有物出，已涉形器，不得為先乎物者矣〕，猶其有物也〔此五字應從劉得一本刪〕，猶〔由〕其有物也无已〔錢穆曰：物之先仍物也，明其無所待而生，如是可推至無已；物之後仍物也，復可推至無已。明其無始無終，此體常存。〇陳壽昌曰：言由此有物而推之，則自一至萬，生生不已，所謂以形相禪，盈天地間皆物也。〇三句：物物者不是物。凡是物生出來，便不得先於他物，這是由於無窮的有物。明無物物者）。（〈知北遊〉郭 763 王 844，孔子語弟子冉求）

6. 夫無形故無不形，無物故無不物。不物者能物物，不形者能形形。故形形、物物者，非形、物者也。夫非形、非物者，求之於形、物，不亦惑乎。（佚文，王叔岷 1988: 1390）

其中第五條懷疑物物者的存在（詳細說明見本書第七型），故莊子的思想並不一致。

三、天門

馮友蘭說老子的道有三種說法，其中一種帶有原始的宗教性，譬如玄牝「所根據的原始宗教，大概以女性生殖器為崇拜對象」，谷神、橐籥、「緜緜若存，用之不勤」等也都「說法比較粗糙，有點像原始的宗教」（1991: 46-47）。莊子在這方面可和老子比擬的是「天門」的說法，他說萬物出入於天門，但又對此說法予以消解和捨離。其文曰：

> 入出（萬物之入出）而无見其形，是謂天門。天門者，无有也，萬物出乎无有。有不能以有為有，必出乎无有（錢穆曰：此言物出不得先物也），而无有一无有（陸西星曰：乃並其無有而無之）。聖人藏乎是（指「无无」）。（〈庚桑楚〉郭 800 王 895，作者自語）

有兩點需要解釋：一、何謂天門，二、莊子的消解和捨離。

以地球為中心來觀察，太陽繞行地球的軌道稱為黃道，而密近黃道的星宮便有標示出黃道的功能。

太陽在春分日與秋分日移動到春分點與秋分點，某些星宮處於這兩個點的兩側，形成夾輔姿態，從而標示出這兩點的位置，構成了所謂的天門或天關。春分與秋分是陰陽二氣平衡的時刻，其後則陽氣漸長或陰氣漸長，助成萬物之生長或消亡，故星空中由春分點和秋分點所標示的天門與天關，關乎萬物自無而有、與自有而無，有主宰萬物生死的大能。古代用以標示天門、天關的星宮很多，以下以角宿二星為例，此二星在現代天文學是室女座（Virgo）的 α（Spica）與 ζ（Heze）二星，文獻中可資解釋莊子的有西漢・司馬遷《史記》卷二十七〈天官書〉：

> 角，天門。（1981: 1331）

唐・瞿曇悉達《開元占經》卷六十〈東方七宿占一・角一〉：

> 角二星，天關也；其間，天門也；其內，天庭也。故黃道經其中，日月五星之所行也。……右角蓋天之三門，猶房之四表也；萬理之所由，禍福之源始也。故三光軌道，從之則吉，干僻抵觸則凶也。（2006: 613）

南宋・鄭樵《通志》卷三十八〈天文略〉：

> 角二星，十二度，為主造化萬物，布君之威信，謂之天闕。其間天門也，其內天庭也。故黃道經其中，七曜之所行也。（1987: 525 中欄）

這些書中說「萬理之所由，禍福之源始」與「主造化萬物」，合於莊子說天門是萬物之所入出。天門是黑色夜空的某一小塊特定區域，無邊界形象，故莊子說是「无見其形」與「无有」[24]。

雖然莊子採用天門的說法來解釋萬物的生成毀滅，可是他無意保留，而主張應該超離這種說法。他主張我們應對天門這一「无有」再加以「无有」，這是說將天門拋到腦後，忘掉對萬物始源問題的答案。答案在手卻要我們忘掉，忘掉以後我們就不再有答案，這有什麼好處呢？我們暫時不明白莊子為什麼做此建議，只讀到他提示我們，忘掉對最重要問題的答案，是聖人的作風。

莊子主張不要知道天門，又見於下一段文章。他說衛國賢大夫蘧伯玉六十歲時覺得自己五十九歲時是錯的，那麼他六十歲時的見解，也不能確定過幾年後又會推翻。所以六十歲時的知，倚靠於尚且不知未來是否會推翻的這一條件上。又說，萬物有其出生和生命，卻不知道生命的根是什麼；有其出生，卻不知道它們是從哪個門出來的。這兩個例子說明了我們所知的一些知識乃以不知其他知識為條件，我們需要不知一些知識才能得知某些知識。但整個兒來說，是一場「大疑」：

> 蘧伯玉（衛國賢大夫）行（經）年六十而六十化，未嘗不始於是之而卒詘（反）之（為）以非也，未知今之所謂是之非五十九非也（與〈寓言〉篇孔子同）。萬物有乎生而莫見其根（即〈知北遊〉之「本根」），有乎出而莫見其門（即〈庚桑楚〉之「天門」）（陸樹芝曰：天下無可定之是非，前不知後，後亦不知乎前。如蘧伯玉行年五十而知四十九之非，前之所是固後之所非也。即至六十而化，亦未嘗不始以為是，卒以為非也。安知六十之所是，而從其後以觀之，不仍如五十九年之非乎？是前不可以知其後也。萬物之生，必有所自生，是其根也；萬物之出世，必有所由出，是其門也。而莫能見其門與根者，是後不可以知乎前也）。人皆尊其知之所知，而莫知恃其知之所不知而後知，可不謂大疑乎（嚴復

曰：大疑，即歐西科學家所謂之 Agnosticism〕！已乎！已乎！且无所逃〔宣穎曰：此不知之理，古今孰能外之！〕。此則所謂然與，然乎？（〈則陽〉郭 905 王 1026，作者自語）

莊子以萬物為例子是可以成立的，萬物的確自知其出生、自知其活著，但不曉得本根與天門的存在，也不曉得本根和天門生育它們，所以莊子可以說它們的知倚靠於它們所不知的事物。可是人類呢，或哲學家與聖人呢？哲學家與聖人已經知道了本根和天門，並將這個知識散播給其他人，所以人類還符合「恃其知之所不知而後知」嗎？答案為是，因為蘧伯玉的例子說明了現在所知的以後可能會推翻，所以本根和天門也不是確定不移的知識，未來的哲學與科學可以推翻它們。這也就是說，我們現在以本根和天門為知識，倚靠於不知未來是否會推翻它們的這一條件，而既然這一知識不能確定，我們是否擁有它，又有什麼差別呢！忘掉這一知識，不和萬物一樣，還是出生、生存嘛！

世間的知識已經太多了，超過我們一生所能追求的數量。我們每人只能學會這一知識體系中的一部分，而那一部分與其餘部分是互相聯繫的，彼此依靠而成立。再者，每一知識的成立又是由於它尚未被否證。所以對我們每人、對哲學家和聖人而言，我們都要倚靠我們所不知的，才能得到那一點點我們所知的。

如果古代天文學的天門被莊子用來比喻生滅萬物之形上實體的話，則莊子的超離態度是我們可以不必知有形上實體之存在。這個態度對主體論的作用是，人的主體性不必結合宇宙萬有的形上根源。

四、其他不命名的說法

上面看到物物者非物，能生死萬物，而無物能生死它。〈大宗師〉篇許由之言，以某種長於上古、覆載天地、生滅萬物、刻雕眾形的作用為師，數句亦見〈天道〉篇而作莊子曰：

許由曰：「……吾師乎！吾師乎！𩐈〔毀壞〕萬物而不為義〔借為俄：衺、戾、乖〕，澤及萬世而不為仁〔上句與本句相對反〕，長於上古而不為老，覆載天地、刻彫眾形而不為巧。」（〈大宗師〉郭281王264，許由語意而子）

莊子曰：「吾師乎，吾師乎！𩐈萬物而不為戾，澤及萬世而不為仁，長於上古而不為壽，覆載天地、刻彫眾形而不為巧。」（〈天道〉郭462王475，莊子自語）

這個在天地之外而生滅萬物的作用，相當於宇宙萬有的形上根源，並對萬物有創生和毀滅的作用。

原文探討（二）：實非創生根源的字詞

一、本根

「本根」一詞見於〈知北遊〉「此之謂本根」與〈大宗師〉「自本自根」，本和根的原義是植物長在土裏的部分，為其上的莖葉提供水分與養分，所以生命之萌發、成長、茁壯都有賴於本根。在哲學系統裏，本根很容易當做一切事物的最後實體根源來使用，不過莊子是否如此，還需要研究，不能光以他使用了本根的字詞就斷定他有這種思想。

首先可以看到莊子的用法與最後實體根源義相違的地方，是他採取老子的言論「萬物云云，各復其根」，卻不以「歸根」為滅亡後返歸母體的意思，而是萬物在其生存的中間就需要復歸於根：

萬物云云〔眾多〕，各復其根，各復其根而不知；渾渾沌沌〔郭象曰：渾沌无知〕，終身不離；若彼知之，乃是離之。无問其名，无闚其情，物故〔固〕自生。（〈在宥〉郭 390 王 397，鴻蒙語雲將）

除了莊子說的歸根是在生前而不是在死後，還有一個特殊的地方是他說萬物不應該知道根是什麼，才能終身不離於根，如果知道了，就會與根脫離。最後三句話是對雲將的指示，他也不應對萬物各復其根的實情做任何的求知，只做好他素所應為的雲行雨施，則萬物就可自生了。莊子的關注顯然在於根與知的關係，他沒有興趣解釋清楚根是什麼，我會在下面嘗試解釋，不過現在要跟著莊子，繼續看根與知的關係。

相對於萬物能無知而順利的復歸於根，人類則困難許多。黃帝對「知」說，他們很難復歸於根：

今已為物也，欲復歸根，不亦難乎！其〔若〕易〔簡易〕也，其唯大人乎！（〈知北遊〉郭 731 王 805-806，黃帝語知）

這個故事是「知」向人詢問什麼是道，黃帝給予了答案，但卻說不知回答的才是最上等，忘了答案的是次一等，黃帝自己知道答案並授予他人，是最下等。由整個故事看來，黃帝與「知」之難以復歸於根，原因即在於有知，若能無知，則復歸於根的困難就消除了。實則無知與歸根是一而非二，不見、不問、不求亦然。如果不求知，則觀賞宇宙，只能見到萬物自生，而不能推論宇宙有一形上實體或宇宙本體的根。

現在我們蒐集到根有幾個特性：一、不可以知道根是什麼，二、活著的時候歸根，三、萬物自生。根應如何理解才能符合這三個特性呢？我們可以從第三點開始思考，若萬物自生，根就在自身之中。然而這很好知道，不符合第一點，所以我們得要換採一個較複雜的萬物自生理論，即萬物互相轉化。由於不同個體、異種之間得以相互轉化，我無法確知我是從哪些個體變來的，也無法預知我會變到哪些個體裏去，這符合第一點。我身上擁有很多從別處來的根，我也將做為別物的根，發揮根的功能，符合第二點。

莊子採取的正是萬物互為其根的觀點，他說遍然萬物自古以固存（與道早於天地之說相矛盾），而聖人以其神明至精，參與萬物的各種轉化，由於大家共同進入轉化歷程，於是再也分不清哪個部分是從何處繼承來的，我們活著，而莫能知根源：

> 天地有大美而不言，四時有明法而不議，萬物有成理而不說（成玄英曰：夫二儀覆載，其功最美；四時代敘，各有明法；萬物生成，咸資道理；竟不言說，曾無議論也）。聖人者，原（借為源：度）天地之美而達萬物之理。是故至人无為，大聖不作，觀於天地之謂也；（主詞：至人、大聖）今（「合」誤）彼（指至人、大聖）神明至精，與彼（指萬物）百化，物已死生方圓，莫知其根

> 也，扁〔借為徧〕然而萬物自古以固存。六合為〔雖〕巨，未離其內；秋豪為〔雖〕小，待之成體；天下莫不沉浮，終身不顧〔詹康按：「六合」至此，釋「天地有大美」〕；陰陽四時運行，各得其序〔詹康按：此釋「四時有明法」〕。惛〔昏〕然若亡而存，油然不形而神，萬物畜而不知〔詹康按：此釋「萬物有成理」與「物已死生方圓，莫知其根也」〕。此之謂本根，可以觀於天矣〔詹康按：覆前云「至人无為，大聖不作，觀於天地之謂也」〕！（〈知北遊〉郭 735 王 811，作者自語）

這個萬物互為其根的道理，稱為「萬物有成理」和「此之謂本根」，它默默的實現，像天地和四時一樣毫不聲張，而物自化。

萬物互為其根的理論可以解釋何以本根不可確知，若世間之上另有形上創生之道，由於其能接受解說描述，屬於可知，衡以莊子警告若能知則不能歸根，則我們必不可有形上創生之道的思想，以免受到誤導而不識真正的根就分散在萬物之中。

莊子另還說根不可見，此言以萬物互為其根的理論來理解之可以符合，不過道亦不可見，故此處的根謂道亦非不合。由於莊子的哲學概念常有多義，所以不必強以一義繩之：

> 萬物有乎生而莫見其根，有乎出而莫見其門〔即〈庚桑楚〉之「天門」〕。（〈則陽〉郭 905 王 1026，作者自語）

此文重出於前面討論天門乙節，由於根、門互舉，所以根當指創生性之道。

二、宗

「宗」字引起的誤解是另一種情形，看起來是英文學者容易誤解，而中國學者不誤解。這裏舉王駘「命物之化而守其宗也」（〈德充符〉）和壺子「鄉吾示之以未始出吾宗」（〈應帝王〉）兩句話中的「宗」字，看些有代表性的英譯。

理雅各（James Legge）譯為 author（1891: 224, 265）。

Burton Watson 和任博克（Brook Ziporyn）譯為 source（Watson 1968: 69, 97; Ziporyn 2009: 33, 53）。

葛瑞漢（Angus C. Graham）譯為 Ancestor（1981: 74, 97）[25]。

梅維恒（Victor H. Mair）將前者譯為 what is essential，後者譯為 ancestry（1994: 43, 70）。

Hyun Höchsmann 與楊國榮的合譯譯為 prescribed course 和 origin（2007: 110, 127）。

以上 author（作者）、source（來源）、ancestor 與 ancestry（祖宗）、origin（根源）等翻譯名詞，均有造生殖衍的含義，這和中國學者的注釋與翻譯大為不同。這裏也舉有代表性的例子，如馮友蘭兩處都譯作 the essential（Fung 1964: 98, 140），張默生分別譯為「宗本」和「宗主」（1993: 175, 239），關鋒和黃錦鋐譯作「真正的根本大道」和「根本的大道」（關鋒 1961: 194, 255；黃錦鋐 1974: 101, 124），陳鼓應譯作「事物的樞紐」和「根本大道」（1983: 149, 226）。中國學者的理解不落在宇宙創生的範疇，而在於信守不踰的人生大道。

「宗」的字義為「本」，至於這兩句話中的「宗」，由於前後文不夠明朗，致其意指各家注解不同，以下採的是「未始有始」的解釋（此思想見第十七型），但此非唯一的正解：

命〔明〕㉖物〔事〕之化〔變〕〔四字與「見事之變」同義〕而守其宗〔本。陸西星曰：宗即所謂大宗師，未始有始也者之謂也〕也。（〈德充符〉郭 189 王 171，孔子對弟子常季評王駘）

鄉吾示之以未始出吾〔其，見蕭旭 2007: 190〕宗〔①郭象曰：雖變化无常，而常深根冥極也。○阮毓崧曰：言所宗主者未曾表現，則窈冥恍惚，季咸實莫測所由。○詹康按：未曾表現，故注者對宗字不加指實，可也。②釋性通曰：未始有始之根宗也。○亦參陸西星注〕。（〈應帝王〉郭 304 王 294，壺子語弟子列子）

莊子討論宇宙生成的文章，有兩段用到「宗」字，也應該提出檢討。一段是老聃解釋什麼是「物之初」，可是他的說法是天地締造萬物，萬物反覆相生，沒有其他根源可談：

老聃曰：「吾遊〔郭象注本無「心」字，成玄英疏本以後有「心」字〕於物之初。」孔子曰：「何謂邪？」曰：「……至陰肅肅〔《淮南子．覽冥》作飂飂，飂飂與廖廖義近，廖：空虛〕，至陽赫赫。肅肅出乎天，赫赫發乎地，兩者交通成和而物生焉，或為之紀〔端緒，見王叔岷 1988: 810 註 1〕而莫見其形。消息滿虛，一晦一明，日改月化，日有所為〔成玄英曰：新新不住，故曰「有所為」也〕，而莫見其功。生有所乎萌，死有所乎歸，始終相反乎无端，而莫知其所窮。非是也，且孰為之宗！」（〈田子方〉郭 712 王 779，老聃語孔子）

最後一句詰問的「宗」大約解作「宗本」，說的是天地交通成和、萬物反覆相生，除此之外沒有宗本，則宗本即在於天地。在天地便不在道，這隱含了否定道生萬物說。

另一段兼舉「宗」與「本」，提出人的生命非陰非陽，乃是陰陽和合之氣，誕生以前與死亡以後便無氣息，這叫做「自本觀之」和「反於宗」：

> 中國有人焉，非陰非陽，處於天地之間，直且為人〔王先謙曰：特姑且為人耳〕，將反於宗。
>
> 自本觀之，生者，喑醷物也〔喑醷：①氣聚貌。②《一切經音義》：「大呼也。」《說文》噫：「飽食息。」奚侗曰：喑噫物，言有聲息之物〕。雖有壽夭，相去幾何？須臾之說也，奚足以為〔比〕堯、桀之是非！（〈知北遊〉郭 744 王 822，作者自語）

此文之宗與本的作用，為能逼顯出人類生命的本質為氣化，至於宗與本是什麼，則凡不是氣、而能逼顯出人類生命本質為氣化者，皆可當之，所以像是形上母體之道、位格之神、不生之生的天地、造化、真常、無、無盡緣起等，乃至於不可知論，凡有益於呈現人類之有氣化生命乃是形而下的經驗事物，倏瞬即過，靈性闕如，都可以當做此文的宗與本。

以上兩段文章由於涉及氣論，所以到第五型有更為詳盡的討論，請參閱彼文。

莊子再一個對「宗」字的用法是無為，他主張以天地為宗，而天地的主要意義即是無為：

> 夫明白於天地之德者，此之謂大本大宗，與天和者也。（〈天道〉郭 458 王 472，作者自語）

> 夫帝王之德，以天地為宗，以道德為主，以无為為常。（〈天道〉郭465王476，作者自語）

> 不離於宗，謂之天人；不離於精，謂之神人；不離於真，謂之至人。以天為宗，以德為本，以道為門，兆〔明〕於變化，謂之聖人。（〈天下〉郭1066王1294，作者自語）

這幾條的宗、本、主、常是同義或同位語，所以天地、道德、無為也是同義或同位語。對莊子而言，天地的大德不是生物，而是無為，所以人的守宗是謹守無為，不出宗是不離無為，反宗是返歸無為，無為才能成德、有大得。

原文探討（三）：萬物自生

一、死生循環無端與無常

在進入莊子的萬物自生說以前，需先熟悉死生循環無端與無常的基本觀念。莊子對於事物由不存在而存在，及由存在而不存在，稱為生死、出入、來去、始終、始卒、成毀、得失，並且提出始終循環如環無端之說。端也稱為紀，無端或無紀是說生和死這兩個事件不能做為起點與終點，萬物永遠在生死的迴圈上移動，不會到達死生之點後停頓一下再前進，更不會匯入一個共同的母體再重新生發。

莊子對於生死構成的迴圈沒有端點，重覆強調了很多次：

> 生有所乎萌，死有所乎歸，始終相反乎无端，而莫知乎其所窮。（〈田子方〉郭 712 王 779，老聃語孔子，全段引文見上。）

> 窮則反，終則始，此物之所有。（〈則陽〉郭 914 王 1036，太公調語少知，全段引文見下。）

> 彼以生為附（借為坿：益）贅縣疣（《眾經音義》卷一六：小曰肬，大曰贅），以死為決疣（《說文》：肒，搔生創也）潰癰。夫若然者，又惡知死生先後之所在！假（假借）於異物，托於同體；忘（借為亡）其肝膽，遺其耳目；反覆終始，不知端倪（端緒）。（〈大宗師〉郭 268 王 250-251，孔子語弟子子貢）

> 假令十寸之枚，五寸屬晝，五寸屬夜。晝主陽，夜主陰；陽主生，陰主死。之晝復夜，生復死。雖一尺之枚，陰陽生死之理無有窮時。（佚文，王叔岷 1988: 1394）

或以晝夜、四季喻死生，亦是反覆循環、無有端點之意（原文見下）。

生死的迴圈除了無端點，且還無常。無常的意思是沒有一定的時程、沒有不變的規律，所以對於何時會死、何時會生，以及諸如健康、疾病、身體畸變等生命現象，我們絲毫不能逆規而預度其必定如何。又且眾人的夭壽不同，健康程度有異，故無常也有每個個體生命都不相同、不能一以律之的意思。所以我們只能知道自己處在生死迴圈裏面，但是對於自己的迴圈是怎麼運作的毫無所知，只能靜待下一步發生，接受其結果：

> 「何謂无始而非卒？」仲尼曰：「化其〔於〕萬物而不知其禪〔代〕之者，焉知其所終？焉知其所始？正而待之而已耳〔〈田子方〉：死生終始將為晝夜，而莫之能滑〕。」（〈山木〉郭 693-694 王 755，孔子語弟子顏回）

顯然我們被封限於生死迴圈之中，知解不能及於迴圈本身，更不能穿透到迴圈之外，這並不構成大礙，我們還是能安時而順化，無情而心成（「心成」語出〈德充符〉「無形而心成」）。錢穆指出，化無常規，故不可知，「『化』是一種不可知之不得已，人生則只有託於此種不可知之不得已，而一乘之以遊」（1998: 185-188），是也。史華慈從不同角度有類似的觀察：「若說在莊子思想中，大自然有其層出不竭的多樣性與『創造性』的天才，這些要比大自然的秩序和規律更受到衷心的欣賞，這的確可以成立。……道的意象使我們比較少想起秩序和樣式，而比較多想起層出不竭的壯麗場面和變幻多端的的事物變化。」（Schwartz 1985: 219-220）

人和所有生物、無生物都在自己的生死迴圈上移動，跳不出迴圈。我們全都困在其中，我們一定會往前進，一定會到達死亡的那點，彼此的差別只在於早晚與有多少痛苦。既然清楚這樣的基本事實，我們就應該「死生不入於心」了（〈田子方〉郭 719 王 786），悅生而惡死實在多餘又沒有根據。莊子教誨我們要外生死也是反覆言之，下面只舉出他用生死迴圈的觀點來教導我們的言論：

> 明乎坦塗〔郭象曰：死生者，日新之正道也〕，故生而不說，死而不禍，知終始之不可故〔端〕

> 也。（〈秋水〉郭568王591，北海若語河伯）

> 生也死之徒〔類〕，死也生之始，孰知其紀〔端緒〕！……若死生為徒，吾又何患！故萬物一也。是其所美者為神奇，其所惡者為臭腐。臭腐復化為神奇，神奇復化為臭腐。（〈知北遊〉郭733王809，黃帝語知）

> 死生存亡……，是事之變，命之行也。日夜相代乎前，而知不能規〔測度〕乎其始者也。（〈德充符〉郭212王190，仲尼論哀駘它於魯哀公）

> 死生，命也，其有〔猶〕夜旦之常，天也。（〈大宗師〉郭241王223，作者自語）

> 死生為晝夜。且吾與子觀化而化及我，我又何惡焉。（〈至樂〉郭616王647，滑介叔語支離叔）

> 則四支百體將為塵垢，死生終始將為晝夜，而莫之能滑。（〈田子方〉郭714王782，老聃語孔子）

這些話反覆教導不要以生死縈懷。從生到死，不是直線發展而是迴圈，生死不是直線的端點而是迴圈上的兩個標記，以及每人每物的生死迴圈都不相同，這些想法構成了莊子萬物自生理論的基礎。

二、物類同形相禪

以上所解釋的生死迴圈是屬於一個生命的，莊子進一步把迴圈概念運用到物種繁衍上，說上一代的死接著下一代的生，這也是死與生的無端循環。的確有些物種是生育完下一代馬上死亡，但更多物種不是如此，所以莊子所言最好放寬來看，說生生不息、綿綿瓜瓞的生物現象是無起點也無止境的：

> **非卮言日出，和以天倪**〔天：自然。倪、崖、研，雙聲互通，分際〕**，孰得其久！萬物皆種也，以不同形相禪**〔陸樹芝曰：言物本無不同，但異其形以相禪繼耳。○宣穎曰：各以其類，禪於無窮〕**，始卒若環，莫得其倫**〔宣穎曰：無端〕**，是謂天均**〔陸樹芝曰：物同種而不同形，不同形而究歸于同種，其始卒如環之連屬，無庸區其倫類，因而齊其是非之論，此正所謂休乎天均也。○宣穎曰：此乃天理之均徧，無所不在者〕。**天均者，天倪也**〔宣穎曰：天倪即是天均，卮言和之以此，可見止是隨天理普徧所在，因物肖形耳，此卮言二字取義之妙也〕。**（〈寓言〉郭950王1090，作者自語）**

這段話的主題是卮言，大家知道卮言是莊子最高的言談方式，雖然卮言要「日出」，也就是要日日更新，但並不是胡亂妄語都可以，其言談內容必須要與自然的分際（天倪）相呼應，否則行不得久遠。這自然的分際，便是萬物同出於一「種」，各以形相禪，自行生育緜衍，天理的均遍（天均）即在於此，不在於對宇宙起源做形上母體的解釋，否定了有造物者。

萬物同出於一「種」，與〈至樂〉篇的「幾」同義，詳下小節。

莊子還有幾次肯定物種自行繁殖的理論最優越。在太公調與少知的問答裏，少知問到了萬物之生從何而起的重要問題。太公調回答說是陰陽的作用和四時的代續，引發情欲的吸引和雌雄的結合，安危、禍福、緩急、聚散等一切生存模態的變化，都因生命的誕生而起。情欲、生命、生存模態的代謝無窮、終始相續，就和四時的循環一樣必然。他解釋完後，說人之所言和所知都止於物，不能思議物外，生命、生存模態的終始為人的知解能力劃下界線，此外的事理則見道的人並不求知：

> 少知曰：「四方之內，六合之裏，萬物之所生惡起？」太公調曰：「陰陽相照相蓋〔通「害」〕相治，四時相代相生相殺。欲惡去就於是橋〔起〕起，雌雄片〔讀為判：半〕合〔雌雄各半而相合〕於是庸〔常〕有。安危相易，禍福相生，緩急相摩〔迫〕，聚散以〔相〕成。此名實之可紀，精微之可志也。隨序〔四時之序〕之相理，橋運之相使〔為〕，窮則反，終則始，此物之所有。言之所盡，知之所至，極物而已。睹道之人，不隨〔逐〕其所廢，不原〔通源：度〕其所起〔廢、起猶終始〕，此議之所止。」（〈則陽〉郭914王1036）

太公調為言議劃下「物內」的界線，少知想問萬物誕生的原因，只能在這個世界裏找答案，不能找形而上的答案。

類似的還有老子指點孔子要超越「跡」以探研「所以跡」，對老子來說，六經是跡，而物類有雌雄，自會相感而孕生，這是所以跡。孔子經過三個月的鑽研，也認同了這個道理，認為物類的交配繁衍是根本，能與化為偶以後，才能遊說時君、干求祿位：

> 〔老子曰：〕「夫六經，先王之陳迹也，豈其所以迹哉！今子之所言，猶迹也。夫迹〔疑脫「者」〕，履之所出，而迹豈履哉！夫白鶂之相視，眸子不運〔定睛注視〕而〔疑脫「感」〕風〔謂雌雄相誘〕化〔感而成孕〕；蟲，雄鳴於上風，雌應於下風而〔補「風」〕化。類自為雌雄，

故〔某本有「曰」〕風化。性不可易，命不可變，時不可止，道不可壅。苟得於道，无自而不可；失焉〔之〕者，无自而可。」孔子不出三月，復見，曰：「丘得之矣。烏鵲孺〔孚乳而生〕，魚傅沫〔傳口中沫，相與而生子也〕，細要者化〔指蜂。即螟蛉之典故〕，有弟而兄啼〔褚伯秀曰：「烏鵲」四句，卵、溼、化、胎也〕。久矣夫，丘不與化為人〔偶〕！不與化為人〔偶〕，安能化人〔指以六經干求七十二君〕！」老子曰：「可，丘得之矣！」（〈天運〉郭 532-533 王 546-547）

這裏也見到，物類的雌雄相吸、風化感孕，就是最根本的道理，在此之後沒有更深的道。

三、物類異形相化

莊子頗多萬物以形相生、相禪的說法，這不限於物種內的代代相繼，有時是說跨越物種的轉化。〈逍遙遊〉開篇述說北冥之鯤化為大鵬，〈大宗師〉述說老人的身體畸變為雞、彈、輪、馬，是習《莊》者耳熟能詳的文章。莊子還有一段文章，專門講各種生物的轉生關係，這裏也用上迴圈的概念，始於幾而回到幾：

種有〔由〕幾〔幾微〕，得水則為㡭〔古「繼」字，水草名，拔之寸節復生，故名〕，得水土之際則為鼃蠙之衣〔菁苔〕，生於陵屯〔屯：阜〕〔高處無水〕則為陵舄〔山上草名〕，陵舄得鬱棲〔糞壤〕則為烏足〔水邊草名〕，烏足之根為蠐螬〔蟲名〕，其葉為胡蝶。胡蝶胥也〔少焉〕化而為蟲，生於竈下〔得熱氣而生也〕，其狀若脫〔脫皮〕，其名為鴝掇〔蟲名〕。鴝掇千日〔疑脫「化而」〕為鳥，其名為乾餘骨。乾餘骨之沫〔口水〕為斯彌〔蟲名〕，斯彌為食醯〔酢甕中蠛蠓〕。頤輅〔蟲名〕生乎食醯，黃軦〔蟲名〕生乎九猷〔蟲名〕，瞀芮〔蟁蚋〕生乎腐蠸〔瓜中黃甲蟲〕。羊奚〔草名〕比乎不箰久竹生青寧〔蟲名〕〔羊奚比連於久不生筍之竹，則產青寧〕，青寧生程〔豹〕，程生馬，馬生人，人又反入於機〔通「幾」〕。萬物皆出於機，皆入於機。（〈至樂〉624-625 王 657，作者自語）

這段關於物種轉生的鏈結關係有些不銜接的地方，可能是文句脫誤造成的（大段文句脫誤的可能性，見王叔岷 1988: 664-665 註 18）。我們可以對這段文章做幾點說明。

第一，這段話所敘述的轉生鏈結基本上是單線的（不盡然，如鼃在水邊和山陵分別長成兩種草，烏足的根與葉分別長成兩種昆蟲，又如羊奚和竹子合生青寧），但是我們毋需將這裏所敘述的轉生鏈結看得太死，以為只有這一種鏈結。莊子只是對物種轉化的關係舉出一個較為緜長的例子，生物圈裏有無數的生物，彼此的轉生關係是文字無法窮盡的。因此，轉生的鏈結不可能是單線的，而應該多線、多向、交錯，也就是巢狀的。

第二，這段對鏈結的敘述以幾生出鼃做為起始句，以人生出機〔通「幾」〕做為結束句，敘述上是以幾做為轉生鏈結的起點和終點。關於幾，有數種解釋。我認為這段話類似生物學的演化論，而幾包含在類似演化論的鏈結中，而不是在演化範圍之外，所以若干解釋如氣、造化、機妙、無等，都不符合這段文章的性質，胡適、馬敘倫、高亨等以幾為微小的生物，如細胞之類，近乎正解（參崔大華 2012: 489-490 註 1, 494 註 12）。故這段話的基本意思可以說是，微小的單細胞生物長成巨大的多細胞生物，而巨大的多細胞生物長成微小的單細胞生物。

第三，從生物學的演化論來說，是先有單細胞生物，然後有多細胞生物，所以演化是有起點的。但是莊子這段話沒有科學基礎，他的意旨是層層轉化，所以當萬物「皆入於機」之後，還要「皆出於機」，轉生的鏈結無窮盡，因此實在說來，「幾」之為起點和終點，就如生死之為起點與終點，只是標記，不具有開始與結束的意思。轉生的鏈結是巢狀的，其中有各種方向的通路，沒有哪個生物是起點和終點。

這段文章在理論層次上相當於生物學的演化論，如果要說它有哲學層次的意含，則章炳麟為它拈出「無盡緣起」之旨，可盡其義蘊：

> 莊子也曾說一元的話，只「萬物皆種也」一段，就說無盡緣起的話，彷彿佛家由阿賴耶緣起，如來藏緣起，轉入無盡緣起。萬物一元，其實尚差。他不說萬物同種，卻說萬物皆種，明是彼此更互為種，所以下邊說「始卒若環，莫得其倫」，這就是華嚴「無盡緣起」的道理。若萬物一元的話，古今中外，大概不異，只是所指的元不同，卻不是莊子的意。（章炳麟 2008: 308）

按：章炳麟闡釋的是〈寓言〉篇「萬物皆種也，以不同形相禪，始卒若環，莫得其倫」這數句話，而我據不同的注釋，以為這些話是談同種的繁衍，已劃歸上一小節，他的闡釋「彼此更互為種」則屬於本小節要談的義理。「種有幾」這段文章所說的物類異形相化走的是巢狀的路徑，某一時刻的所有生物都可能是下一時刻新生命的孕育者，這就是「彼此更互為種」與無盡緣起。而這巢狀的結構必須是一時一起成立，不能從一個端點築起，所以沒有端點。

章炳麟敏銳指出了一元論與無盡緣起論的矛盾，並提出兩者有理論發展的先後關係，他在這裏偏袒了無盡緣起論，而我們知道無論在佛教史或對莊子哲學而言，「由一元論轉入無盡緣起」的說法是站不住腳的。但是一元論與無盡緣起論畢竟矛盾，莊子對萬物始源的問題有矛盾不一的說法，這至少是我們必須正視的事實，至於是否能找到調和之道，則在於學者的才慧了。

四、萬物自生、獨化

莊子一再說萬物生則有死是循環無已的，這就是至高的道理。如果有個道，不管其概念意含為何，道應是無終始的，而萬物有死生；道無消息盈虛，萬物有成虧變化。既然兩者性質完全不同，故萬物的化生與死亡不待道而成：

> 道无終始，物有死生，不恃其成。一（或）虛一（或）滿，不位（居）乎其形（宣穎曰：虛、滿遞乘，則形無定位）。年不可舉（與，待也），時不可止（上文「時无止」）。消息（消滅生息）盈虛，終則有（又）始。是所以語大義（道，方）之方，論萬物之理也。物之生也，若驟若馳。

> 无動而不變，无時而不移。何為乎，何不為乎？夫固將〔當〕自化。（〈秋水〉郭 584-585 王 605，北海若語河伯）

道自道，萬物自萬物，則萬物之化乃是自化，非有待於道而化，非有任何形上的動力因導致其化。

再者，前面看到天地的大德不是生物，而是無為，這一點對於萬物的意義，便是萬物自生與獨化。莊子曾明白做此主張：

> 天不產而萬物化，地不長而萬物育。（〈天道〉郭 465 王 477，作者自語）

> 天无為以之清，地无為以之寧。故兩无為相合，萬物皆化〔他本有「生」字〕。芒乎芴乎〔芒芴，同荒忽、怳惚、恍惚〕，而〔且〕无從出〔生〕乎！芴乎芒乎，而〔且〕无有象乎！萬物職職〔繁殖貌〕，皆從无為殖。故曰：「天地无為也而无不為也。」（〈至樂〉郭 612 王 642，作者自語）

天地無為，故非萬物化生的作者；萬物化生出於自力，非受天地之他力。但是天地並不是與萬物生殖一點都無關，其無為乃是萬物生殖的消極條件，所以莊子說「萬物職職，皆從无為殖」，下一小節將闡述這一點。

五、不生之生

雖然說道或天地無與於萬物之自生自化，可是萬物自生自化時，道或天地仍然在場，扮演消極不干預的角色，而非從劇本中刪除。從某種特殊觀點來說，道或天地以消極無為的方式助長萬物的化生，所以道或天地可以說有「生」的作用。莊子說：「天地者，萬物之父母也。」（〈達生〉郭 632 王 667-668）這做為父母的意思，需從消極面理解。

前面論「道」乙節已提出內篇三處道生的文章不是道生的意思，下面要看的兩段文章雖然主張道生或天生，但是含有物自生的思想。莊子說知之至是知天之所為並也知人之所為，又說知之盛是以其知之所知以養其知之所不知，這兩個命題既有同一至盛的效果，則人所知的即人之所為，而人所不知的即天之所為。可是為什麼既說要知天之所為，卻又說人不能知天之所為呢？這是因為天之所為是生物，然而我們僅空有一「天能生物」的命題，不得而知天為何生物與如何生物（若天是無為，更無法知）。故我們就已生而有的萬物來求知，並行我們所應行者，以對世界的知識與人事作為的自知之明來養我們缺乏對天的知識，達到終其天年而不中道夭的目標，這就是知之盛了。然而莊子又說此一對天與人的內涵區分還有問題，由於知識皆有其前提，而前提均無法絕對成立，所以前面所說的天不能確立為天，人也不能確立為人。既然如此，前面所說的天未嘗不能說是人，而所說的人也未嘗不能說是天。原來對知識的二分裏，一邊的知識可名為天也可名為人，另一邊的知識可名為人也可名為天，那麼天和人還有區分嗎？沒有了，天概念和人概念可以混同看待：

知天之所為，知人之所為者，至矣（王雱曰：天人皆出於道，而盡道者能知天人之所為。天之所為者，無為也；人之所為者，有為也。無為則靜，靜則復命；有為則動，動則有義。能知義命之極，則物之所宗師也，

> 故曰至矣。○陸西星曰：夫天之與人，相待而成者也。天固自然矣，又必以人為合之，然後人事盡而天理見。故知天之所為，又知人之所為，斯為至矣」！知天之所為者，天而（能）生也；知人之所為者，以其知之所知，以養其知之所不知（呂惠卿曰：天而生者，天之所為也。知天之所為，則知吾之所自而生者，天而生也。天而生也者，莫之為而生也，而人無預也，人無預則知之所不得而知也。知之所知者，人之所為也，知人之所為，則以其知之所知，以養其知之所不知。知之所不知者，則所謂天而生者也。○趙以夫曰：天之所為，出於自然，知之所不知也。人之所為，出於使然，知之所知也。以知所知，養知之所不知，是由知人以知天。○吳伯與曰：夫吾所自生者，天也。天莫之為，知所不能知也。一屬於人，而凡天地萬物，所有者不可一日相無，便是有為之極致，則皆知之所能知也），終其天年而不中道夭者，是知之盛也。雖然，有患。夫知有所待而後當，其所待者特未定也。庸詎（庸、詎複語，皆何也、豈也）知吾所謂天之非人乎？所謂人之非天乎（成玄英曰：天之與人，理歸無二。故謂天則人，謂人則天。……此則泯合人天，混同物我者也。○焦竑引王雱曰：而猶有患者，知天人之二，不知其一也。達觀者知天人大同，渾然無別，則所謂「同出而異名，同謂之玄」矣，故曰庸詎知天之非人乎？人之非天乎？○褚伯秀曰：天人混融，乃真知也」？（〈大宗師〉郭 224-225 王 205，作者自語）

可名為人也可名為天的意思，不是命名上的任意性，例如當初若對有陰莖者命名為女，有陰道者命名為男，則男女的指涉將與今日相反，這是名與實沒有必然的對應關係。莊子當非此意，天概念和人概念能混用，當是詮釋意義上的，也就是同一事項可詮釋為某義，也可詮釋為其反義，於是一個事項可以有正反兩個平等的命題。他自己舉過詮釋上的相反命題，是有命與無命、有鬼與無鬼（〈寓言〉郭958 王 1102）[27]，他從正反兩面詰問一主題，猶疑不決的情形還有多次。以此文之終其天年來說，其正反命題為：

正命題：物之生養稱為天，物之生養有其輔助條件，稱為人。釋義：物之生養，源自於天，是人所不知其詳者。生養之輔助條件可由人對物之知識、人的行事來滿足。盡人事以盡天年。

反命題：物之生養稱為人，物之生養需要輔助條件，稱為天。釋義：物自生並自養，有延續生命的意識或欲望，此可明知和自知。物之生長需要有利條件，其中有非人所能知者，可名為天。盡人事以待天命。

這就看到了天能生物和物各自生是相容的命題，然後文突云「且有真人而後有真知」，文章討論便捨此主題而轉入其他了。

莊子又說「形非道不生」，但「生」的真正意義應該是不生，因為道是清靜的，樂器如果沒有道為其提供一片靜謐，則無人能分辨出其奏出的音樂，由此來判斷「形非道不生」這句話，是以道的「無生」對比出萬物的生，以德的無為彰明出萬物的生。這段文章一併談到了王德之人，使文義在道、王德之人、萬物之間跳躍，我只是就道與萬物的關係，撮其綱領於上：

> 夫子曰：「夫道，淵乎其居（正字作凥：處，止。引申有靜義）也，漻（清）乎其清也（〈天地〉：「必靜必清。」）。金石不得，無以鳴（郭象曰：聲由寂彰）。故金石有聲，不考（擊）不

鳴（郭象曰：因以喻體道者，物感而後應也。○照應後文「其心之出，有物採之」）。萬物孰能定之！

「夫王德之人，素逝（素：真。逝：往。二字：任真而往）而恥通於事（羞通於物務），立之（其）本原而知（智）通於神，故其德廣。其心之出，有（由）物採（求）之（此數句言王德之人的靜與動、知與行）。

「故形非道不生，生非德不明。存形窮生（盡其天年），立德明道，非王德者邪！蕩蕩（寬平，廣大）乎！忽然出，勃然動（郭象曰：忽、勃，皆无心而應之貌），而萬物從之乎！此謂王德之人。

「視乎冥冥，聽乎无聲。冥冥之中，獨見曉焉；无聲之中，獨聞和焉。故深之又深而能物焉，神之又神而能精焉（郭象曰：窮其原而後能物物，極其順而後能盡妙。○這二句即「物物者」）。故其與萬物接也，至无而供其求，時騁而要（會）其宿（歸），大小、長短、修遠（脫「，各有其具」）。」（〈天地〉郭411王421，孔子自語）

王德之人與萬物的關係也很重要，文中說到王德之人「能物焉」，對萬物能「存形窮生」，「其與萬物接也，至无而供其求，時騁而要（會）其宿（歸）」，而萬物對王德之人是「萬物從之」，所以萬物的生育中有王德之人的角色與貢獻。王德之人雖然能入道見道，並以道為典範，可是他的性質不像道，而像樂器。樂器不會自己演奏，需要外人彈奏才會發出音樂，王德之人的一靜一動也是如此，他靜的時候去理解什麼是道，而動起來則是由於萬物需要他的協助。所以他乃是以有為的方式輔佐萬物的生發，他的作為是根據萬物的需求而來的，不是有自己的主見、將自己的藍圖加在萬物之上。道則不然，全然冥冥而無為，純任萬物自行生發。

真正對萬物純然無為、而可謂為不生之生的是藐姑射之山的神人，書上先介紹他們能令事物不生惡病，與令穀物成熟：

> 其神凝，使物不疵〔病〕癘〔惡病〕而年穀〔複語，穀熟曰年〕熟。（〈逍遙遊〉郭 28 王 24，肩吾引接輿之語）

其後又提出迴異的說法，是那些神人將混同萬物以為一，平等看待惡病與健康、穀物成熟與不成熟，才不致力於天下人的幸福，造成自己的疲憊。只有世人才區分治與亂，祈求天下平治，神人對世間是治是亂漠不關心：

> 之〔是〕人也，之德也，將旁礴〔混同〕萬物以為一。世蘄〔讀為祈：求〕乎〔於〕亂〔本字作𤔔：治〕，孰弊弊〔讀為憊憊〕焉以天下為事〔二句，馬敘倫曰：世自化之，蘄乎治耳，彼非有意以天下為事而治也〕！（〈逍遙遊〉郭 30 王 27，連叔語肩吾）

神人將一切平等看待，混為一談，所以不繫著於世間之物情「而遊乎四海之外」，他們「孰肯〔借為可〕以物為事」。孔子對王駘的說法也差不多，王駘將擇日而升遐僊去，「彼且何肯以物為事乎」（〈德充符〉郭 193 王 174）。莊子說至人「无為事任」（〈應帝王〉郭 307 王 300），還是同一主張。所以關於藐姑射之山的神人能令事物不生惡病、令穀類成熟的說法，也就是他們不以物為事，兩說參合，則生即不生，得到明證了。

以不生為生，不只是玩弄文字以達到反轉觀念的效果，其實還有道理可說，那就是「不生」也是「生」的一部分，萬物的自生涉入了道的「不生」。類似的道理如悠遠的寧靜參與了片刻的樂音，或者如下面的例子，腳所踩的地面必須包含於未踩到的大片地面中間，如果將腳未踩到的地面劃掉，則人無法落足：

> 惠子謂莊子曰：「子言无用。」莊子曰：「知无用而〔乃〕始可與言用矣。天地非不廣且大也，人之所用容足耳，然則廁〔叚為仄：側傾〕足而墊〔掘〕之致〔通「至」〕黃泉，人尚有用乎〔成玄英曰：若使側足之外，掘至黃泉，人則戰慄不得行動，是知有用之物，假無用成功〕？」惠子曰：「无用。」莊子曰：「然則无用之為用也亦明矣。」（〈外物〉郭 936 王 1071，莊子與惠子語）

這是無用亦有用的道理，可以類推到不生有助於生。天地的貢獻，正在於提供一廣濶的空間，且沒有自己的子息需要幸愛，能容納萬物自然生長。這即是無用之為用、不生之為生了。如無天地的遼濶空間，則萬物將於何處生息乎？傅佩榮已說：「天地之所以能被視為萬物之起源，是因為它們提供萬物一個存在的空間。」（1985: 245）

牟宗三將老莊的「生」解釋為不生之生，取義於不塞其源、不禁其流，這對莊子而言，恐非其本意。莊子的不生之生，不是不害其生這種「消除負面」的做法，而是無用之為用、無為之無不為的「以消極為貢獻」的思想。人類的習性常常注意有積極貢獻的因素，忽視消極條件的存在，實則所有條件對一共同結果都是不可或缺的，無所作為的消極條件亦有貢獻。莊子指引我們重視成事中的消極條件，感念它們的持續存在，表揚它們的貢獻，這是明見所得的明智。

六、「泰初有无」一段之訓讀

〈天地〉篇曾敘述從無到物的過程，將很多重要概念串起來，頗受一些學者重視㉘：

> 泰初有无㉙，无有无名。一之所起，有一而未形。物得以生，謂之德；未形者有分，且〔讀為徂：往〕然〔而〕无閒，謂之命。留〔借為流：化。見王叔岷 1988: 29 註 6, 1046 註 7〕動而生物，物成生理，謂之形；形體保〔守〕神，各有儀〔法〕則，謂之性。性修反德，德至同於初。同乃虛，虛乃大。（〈天地〉郭 424 王 435，作者自語）

這段話始於泰初，說泰初是個無，無是有的否定（「无有」），且不應該以無或任何名言說它（「无名」）㉚。「一」是從無中生起的，這並不是無生一的命題，因為無僅指空虛的時空場域，是「一」誕生和運行的處所。郭象說一乃是「突然而自得此生」，「非起於無」（郭慶藩 1961: 425 註 2）。「一」無形貌，但有內涵，內含德和命這兩個性能，這兩個性能是物生的原因。德是化生能力，而命是一些分別，也是一些分量，它們是徂往而無間歇的，使萬物各有分限、差別、與特色能力。化動而生物，物之形體有其物理與文理，含有神妙作用為神，儀則為性。錢穆說德與性之區別為：「『德』在於見形之前，而『神』則在於成形之後也。」（1998: 258）「『德』指其所同得，『性』指其所獨稟。」（1998: 368）文章至此交待完了生物的過程，成一小段落。

最後四句話是對前面敘述程序的逆行，從末端的性返歸中間的德，再返歸於起點，也即一出現以前的無，修得與泰初相同時，就是虛和大的境界。從無到有物是存有學與發生學的關係，從有物到無是修養的路程（「性修反德」用了「修」字），兩者構成一趟往返，其中以性做為折返的關鍵。修性的最終目標不是一，而是此一尚未生的無，這是因為一、生生之德、分限之命、形體、神明、才性，合起來構成了生物，這是有，與無相對。所以這段話中的基本對立，是有與無。生命已是有，便需效法無，而以無濟有，所以要無知無為。再以無用之用來說，泰初的無擁有無用之用，也是人應該效法的[31]。這四句話簡單來說，是從有物而至於以為未始有物。

對於我們討論莊子的萬物起源哲學，此文的關鍵字當然是「一」，此一應該作何解釋？有的解釋為道，可是一之前尚有虛無，此外人的修養以泰初之虛無為目標，不以一為目標，這些都不合乎道的概念特徵。也有的解釋為氣，然而若謂氣含德與命，似不融洽。一未形、未分、未受限制，有似渾沌。或者，一代表無與死的對立面，故生物之存在即為一，細言其得以存在之因，則曰德與命，細究生命的各成分，則曰形、神、性。或者，一為造化，析言其發用，則曰德與命，細數其成品，則曰形、神、性。如此理解，這段文章就接近萬物自生的思想了。總之，「泰初有无」這段文章的「一」指涉不明，容許不同詮釋，但也並非能兼容一切詮釋，道生萬物的思想即很難與這段話協調。

評議

本型以道為客觀實有，既高出萬物又生成萬物，所以萬物自身也內含了道，可以經由內觀，並與外在相核驗，以發現什麼是道。但其實莊子的宇宙起源哲學不只有一種說法，宇宙由形上實體生成之說只是其中的一種，因此以母體根源為自我主體性的解說可以確立，但眾多不以母體根源為自我主體性的解說也可以成立。

但是這兩者之間還是有研究精神上的差別，認為莊子主張形上創生母體的，通常並不理會書中主張萬物自生與主張人的知解不能超出物外的言論，反觀認為莊子不主張形上創生母體的，則多數會承認莊子也有主張形上創生母體存在的言論，在綜觀大體之後提出解決矛盾的辦法。

一種解決辦法是主張莊子這種言論不可憑信，像是錢穆、王昌祉曾大膽懷疑〈大宗師〉篇「夫道，有情有信，无為无形」章為偽作（錢穆 1998: 27, 95, 101；王昌祉 1961: 95）。這個辦法將義理分判濫充做研究古書真偽的方法，反而才不可憑信。

再一種辦法是主張這種言論無足重視，像嚴復認為「夫道，有情有信，无為无形」章是莊子無心之論，說：「自『夫道』以下數百言至此，皆頌歎道妙之詞，然是莊文最無內心處，不必深加研究。」（1999: 83; 1986: 1117 文字略異）又像唐君毅察覺內篇除本章外，言及道者多為修道與生活之道，故亦認為本章非莊子所重：「莊子之內篇之精神，在論人生，亦尚不重此純形而上之生物成物之道也。」（1986a: 373）這個辦法從篇幅數量來算定形上實體道論為偶出，以為不可以罕見亂大宗，雖然不是義理推論，是或近矣。

第三種辨法是將道生說當做莊子承繼老子的思想，而將其他理論當做莊子自己發展出的思想（例如徐復觀 1969: 366；林鎮國 1978: 466）。這種辨法預設了受他人影響的思想不比自己想出的思想更受自己真心相信，可是這個預設是不可靠的，所以這辨法也不可靠。

第四種辨法是將不同的說法評比出不同的檔次，如章炳麟假設「萬物皆種」是比一元論後出轉精之說，又如傅偉勳以超形上學的弔詭含攝形上學，以「詮釋學的優位」來分判「道無所不在」、「道無始終」的命題優先於「夫道，有情有信，无為无形」這段話，而說這段話「祇能當做一時浮泛之辭」（1986: 412）。這個辨法需要有一個疊樓架層、包容性強的架構來安排矛盾的學說，協調相牴牾的言論各安其位，這個任務不很容易，所以傅偉勳「超形上學的弔詭」理論值得認真以對，本書在第十七型會予以說明。

真正對矛盾學說予以融通的是牟宗三「不生之生」的解釋，雖然「不害其生」說穿了是自我有「生萬物」的幻覺而已，於「生」字有些迂曲，但這是迄今唯一能將道生和自生解釋為同一意義的辨法。劉笑敢批評牟宗三說：「《莊子・大宗師》中關於道『生天生地』的一段話句句確鑿，字字意明，是我們無論如何也無法迴避的。莊子以道為世界本根的基本觀點是不能忽視的。」（1988: 122）這一批評未能體會到意欲融通矛盾的苦心，蓋矛盾的兩說勢必有一方要犧牲，做迂曲的解釋，才能將兩說統而為一，如果矛盾的兩說都各自堅持不能退讓，則矛盾將無法融通。

這裏且以所謂字字意明的「神鬼神帝，生天生地」八字來說明問題。現代學者受惠於章炳麟的訓詁，解釋神的字義為生。但是細察始作俑者，卻不將神解釋為生，而將神和生都解釋為引出：

> 神與生義同。《說文》：「神，天神引出萬物者也。」神鬼者，引出鬼；神帝者，引出帝。（《說文》：「出，進也。象草木益滋，上出達也。」「生，進也，象草木生出土上。」是出與生同義。）又《釋詁》：「神，重也。」《說文》：「伸，神也。」《大雅》：「大任有身。」《傳》：「身，重也。」《箋》：「重，謂懷孕也。」《廣雅・釋詁》：「孕、重、妊、娠、身、㛴，伸也。」是神與伸聲義皆同。（神、伸皆得聲於申。）懷孕者生之始，義與引出亦相會。（章炳麟 1986: 136）

需要特別解釋的是首句「神與生義同」並非意謂神的字義是生，而是說「神鬼神帝」的神與「生天生地」的生同義，至於神與生的字義為何，是後文要解決的。章炳麟引《說文解字》對神的定義，著重在「引出」二字，由「出」字到《說文解字》的「出」字，再到「生」字，兩字都取象於草木從土中長出，證明二字同義，這時章炳麟的真正答案落在「出」字，而非「生」字。引《釋詁》以下是另一個訓詁，說明神有懷孕的意思，但是章炳麟仍舊轉回到「引出」之義，不以「生育」解釋神。如果認為「生」字的字義分明就是生育，那麼章炳麟的訓詁是在強拗，此信然乎？讓我們回到他舉的《說文》，模擬同樣的文句，說：「庭院地上生了一棵樹苗。」這句話文法、意義完全對，但並不表示地和樹苗是母子的關係。又如：「我的胃生了一個腫瘤。」這句話也完全對，可是胃與腫瘤也非母子的關係，反而腫瘤細胞是正常細胞轉化來的，這裏的「生」含有自化，而非生育。所以訓詁研究不會以「生」

只能做生育解，為了講通句子，需要找尋各種有依據的解釋。

不過公平的來說，牟宗三以自生融通道生，委曲了道生說，我們希望未來能有人從道生融通自生，和牟宗三一較高下。

我在序論章舉出了著名學者主張莊子哲學沒有超越、創生、本根的道，這種見解呼應了現代哲學中「實在」觀念弱化的趨勢（關於後者，見勞思光 2003: 78-79），在現代哲學中，連形而下的現象世界之實在性都受到破壞，那麼形而上的實在更顯得虛無飄渺而無從確保了。莊子同時提出了有和沒有創生母體的道之說法，否定的版本和現代人的心靈與知識結構較能溝通。莊子學者繼續詮釋創生性的道，自然是出於學術研究的忠實，可是若忽視或否認莊子也排斥創生性的道，除了學術忠實成問題，還有拉遠莊子哲學與現代人的惡果，這恐怕與傳承中國哲學的使命是背道而馳的。

第四型 接受有位格的造物者來主宰

各家摘要

翟理斯（Herbert Allen Giles）一八八九年出版《莊子》英文翻譯（一九二六年修訂再版），將真君、真宰譯為靈魂，養生主譯為滋養靈魂，靈魂是能解釋生命之所由來者（1926: 35 註），且是上帝發射出來的（1926: 15 註），直說則人是上帝發射出來的（1926: 68 註）。他將眾多處「天」都譯為上帝，在內篇中者如「照之於天」、「和之以天倪」、右師是「天」使之失其腳、「與天為徒」、「皞天不宜」、「為天使難以偽」、「受命於天，唯（應補「堯」）舜獨也正」、「天刑之」、「天鬻」、「天與之形」、「知天之所為」、「其一與天為徒」、「其有（猶）夜旦之常，天也」、「彼特以天為父」、「且夫物不勝天久矣」、「天之戮民也」、「侔（等，同）於天」，還有「若有能知，此之謂天府」的天府亦是，更不必說造物者、造化了。此外又將「而（汝）已反其（於）真」的真譯為上帝，所以人死後回到上帝身邊。他對〈大宗師〉「死生，命也」章的「卓」與「真」分別譯解為道和 Supreme Ruler of Creation（創世的至高主宰），承認道比上帝更高，但又指出道與上帝幾乎無法分別：

> 道是無所不在而又無所不能之理，連對上帝本人都賦予權力和神性。不過閱讀純正道家的細心讀者會發現道與上帝的區分有時太過細微，以致其理智完全疏於理解。（1926: 74註）

林語堂一九四二年的《莊子》節譯取翟理斯全譯本為底本，保留上帝和靈魂的譯法，但「造物」等改譯為Creator。他晚年仍認為天、道都相當於上帝：「莊生之『和以天倪』及『道通為一』『得其環中』說，就是巴斯葛的find their unity in God。」（1974: 611）

侯外廬、趙紀彬、杜國庠合著的《中國思想通史》提出，莊子懷疑物質的存在與物質運動的真實性，認為「物質是假的，認識也是假的」（1957: 328）。物質的虛體與變幻的形影，是無所不在的道之作用，「這種『道』是人們不能言說的泛神」（1957: 324），「莊子的『天』、『道』是絕對的神」（1957: 328）。除了神是實在的，人的精神也是實在的，「精神是一個絕對的實在，而對象界（所謂『形』）則屬於虛假」（1957: 334），所以修道的方法是：「首先就要使精神不和物質相交往，其次更要使精神成為絕對的虛靜體，脫化成一個精靈不滅的神聖東西。因此，莊子……和上帝合為一體了。」（1957: 336）

王昌祉說，莊子承認有做為萬物基源的、本體之道，而道還有別名，如造物者、造化者、天、大宗師等（1961: 25），這些語彙指的是「我們理智活動的最高對象，我們道德生活的最高模範，我們全部精神生活的唯一基源；也便是西方古典哲學中的『絕對者』，現代哲學中的『超越者』，亦即我國人所欽敬的『天』『上帝』，一切高級宗教所信仰的唯一真神」（1961: 25-26），也可說是「一般真正的哲學所探究的一切真理的基源，宇宙萬物的最後基源，也便是一般信仰唯一真神的人，所欽敬的神、天、上帝、天主」（1961: 116），不過，這樣講並不是說莊子的造物者與耶教的上帝等同，由於莊子並沒有講明造物者的性質和如何造物（1961: 115, 116），因此最多只能說「莊子思想的趨向，和一般有神論者趨向，是在同一路線上」（1961: 116）。真君、真宰、靈府是心的別名（1961: 74, 100），心的最高境界是與造物者遊，這種活動是密契式的，但不是「靈魂出遊，身體騰空，失去知覺」的那種密契形式，而應是「和平的、甘飴的、暢快心神的散步」（1961: 49）。那是心「遊於一個超脫萬物的境界裏，在那裏萬物的分歧不再存在」（1961: 51），也是「遊心於萬物的最後基源」（1961: 53），不過，由於那時一切個別之物再沒有什麼價值，一切個別的認識再不發用，所以莊子也用極簡的話語描述是「遊於無」、「遊於四海之外」（〈逍遙遊〉）、「遊乎塵垢之外」（〈齊物論〉）、「遊於無窮」、「遊心於淡」（〈應帝王〉）等（1961: 53）。上能與造物者遊，則在世事上既不輕視萬物，又能與萬物處，物物而不物於物，無用以求自全，躬行養生的藝術，巧妙對付無可避免的禍患，並外死生（1961: 54-59）。

羅光認為莊子說的造物者、造化者、吾師、天地精神等稱呼，代表了一位有靈智和位格的最高者，「祂」是萬有的創生者，真宰和道等詞也是指祂。祂不但是人類的父母，而且祂是人類靈性的絕對基礎，人類分享祂的靈性生命，所以人類的存有肖似祂的存有（1996: 529-531）。

趙雅博詳述了道的各種屬性之後，認為：「莊子承認道是實體。」（1996: 808）「莊子認為道是具有理智和意志的。」（1996: 809）又認為道與造物者均有神的位格：「莊子最大的功勞，最了不起的發現，在中國古今的哲學系〔疑「界」誤〕中，等同了造物者與道。」（1996: 811）「將形上的真理、一切之原則與一個有知有義的有神位格（Person）的一致化的肯定，實在是哲學界的最大功勞，然這一件事就使莊子永垂不朽，而生活於造物主、而生活於道之內了。」（1996: 811）人生在世，除了安時處順、哀樂不入、育養真性、觀賞萬物，以獲得無憂無慮的生活，莊子還有更高的嚮往，「還要人有更高超的生活，在宗教中超自然的生活，這種生活也就是神秘生活」，即「與人的本根造物者共同度著合一的生活」，獲得「真正的至樂」（1996: 885-886）。心齋、坐忘、朝徹等是神秘修養的工夫（1996: 886-887），冰火不傷是對神秘境界的描寫（1996: 889）。但是人活著便無法永保至樂的神秘體驗，只有死後返歸本源，與造物者同在，才能永遠享受神秘生活的極樂：「他還是人，神秘生活，無辦法在生前永久如此，只有身後的歸到他所從來本原——神那裡去，才能神秘生活而常有。」（1996: 889）

關永中贊成羅光之說，認為真宰一詞顯然有位格義和靈智義，所以是「有靈智性的絕對精神」（2006: 64）。

郝長墀認為老莊哲學包含了二度還原，第一次是將實存的世界（「方內」）還原為概念的世界（「方外」、由概念所構築的超越界），第二次是將概念的世界還原為道。在莊子這邊，第一次還原將人從他們的存在主義關懷拉出，所得的答案是氣之陰陽變化。第二次是將氣還原，也就是對於氣的真實性不做判斷，這時我們得到了道，而道是什麼？其實是「一無所有」，也就是莊子說的無己、無功、無名。當我們的自我失去中心位置後，道就入主我們的自我中，而開顯它自身。道有二義，它是言談，也是道路（Hao 2006: 454-457）。由於郝長墀認為道是能說和能行的，他似乎使道具有位格義，這也可以從他把老莊哲學定位為宗教哲學而得到部分佐證。

原文探討

莊子有「造物者」、「造化者」、「吾師」、「司命」、「萬物之祖」等詞，並將位格賦予造物者。

《莊子》是先秦唯一有「造物者」一詞的書（先秦無「造物」一詞），而且出現多達七次。以下是各個出處：一、兩位老人家將身體變形歸因給造物者（兩次）：

俄而子輿有病，子祀往問之，曰（子祀對子輿問病之語）：「偉哉，夫造物者將以予（「子」誤）為此拘拘（拘叚為痀：曲脊）也。」曲僂發背，上有五管（五臟之腧穴），頤（鼻子下面腮頰部分）隱於齊（臍），肩高於頂，句贅（①項椎。②髻）指天，陰陽之氣有（又）沴（①陵亂。②拂戾）。其心閒而无事，跰躚（跛行，行不正）而鑑於井，曰：「嗟乎！夫造物者又（乃）將以予為此拘拘（拘叚為痀：曲脊）也。」（〈大宗師〉郭258-259王241，子祀與子輿相語）

二、兩人料理一位朋友的喪事，臨尸而歌，不符俗禮，孔子謂他們出乎世間，與造物者為偶：

彼（孟子反、子琴張）方且與造物者為人（偶），而遊乎天地之一氣。（〈大宗師〉郭 267-268 王 250，孔子語弟子子貢）

三、意而子去堯而就許由，希望造物者剝除他的仁義與是非觀念，恢復樸素無華、無為無知的原質，許由承認這或許有可能，於是為他言「吾師」造化之功：

意而子曰：「夫无莊（人名；無莊飾）之失其美，據梁（人名；強梁）之失其力，黃帝之亡其知，皆在鑪（竈）捶（鍛擊）之間耳（四句：郭象曰：言天下之物，未必皆自成也。自然之理，亦有須冶鍛而為器者耳，故此之三人，亦皆聞道而後忘其所務也）。庸詎知夫造物者之不息我黥而補我劓（宣穎曰：黥劓則體不備，息之補之，復完成矣），使我乘（載）成以隨先生邪？」許由曰：「噫！未可知也。我為汝言其大略：吾師乎！吾師乎！韲（碎，毀壞）萬物而不為義（借為俄，衺也，與下「仁」對言，〈天道〉篇有此二句，而「義」字作「戾」，其義一也），澤及萬世而不為仁，長於上古而不為老，覆載天地、刻雕眾形而不為巧。此所遊已。」（〈大宗師〉郭 280-281 王 264，意而子與許由對談）

四、天根問无名人如何治天下，无名人以天根為鄙而斥去之，自言遊於方外，與造物者為偶（句同〈大宗師〉篇孔子對子貢語）：

予方將與造物者為人（偶），厭，則又乘夫莽眇（二字：大貌）之鳥，以出六極之外，而遊无何有之鄉，以處壙埌（二字：大貌）之野。（〈應帝王〉郭 293 王 281，无名人語天根）

五、鄭國有人名緩，學為儒者，其弟學為墨者。一胞所生，而或為儒者，或為墨者，是由於造物者予人以不同的才性，故成就不同：

> 夫造物者之報〔應〕人也，不報其〔於〕人而報其〔於〕人之天〔性也〕，彼故使彼〔郭象曰：「彼有彼性，故使習彼。」成玄英曰：「彼翟（緩弟名）先有墨性，故成墨。」〕。（〈列御寇〉郭 1043 王 1259，作者自語）

這個思想與〈大宗師〉篇意而子相通，意而子受了堯的仁義之教，比喻受到黥劓的肉刑，造物者可以將他的身體殘缺修復好，以遊於許由之藩籬，這說的是造物者可以扭轉堯對意而子的天性的斲害，依意而子的天性而應許以相應的成就。緩不應居功而居功，遭天罰以自殺，也像是說天有位格和意志。

六、〈天下〉篇敘莊子：

> 上與造物者遊，而下與外死生、无終始者為友。（〈天下〉郭 1099 王 1344，作者論莊子）

成玄英、王叔岷釋「造物」猶「造化」，且以《莊子》不同版本的異文、《淮南子》為證（郭慶藩 1961: 259 註 2、281 註 2；王叔岷 1988: 254 註 16, 303 註 18, 754 註 14）。如此則莊子雖為先秦使用「造物者」之詞的唯一一人，可他的思想是「造化者」。造物可以從無造有，而造化是藉有化有，兩詞差別極細微，但極重要。

「造化者」在先秦見於《莊子》和《文子》、《鬼谷子》，莊子之文如下：

> 俄而子來有病，喘喘然〔氣息急〕將死，其妻子環而泣之。〔他本有「子」〕犁往問之，曰：「叱！避！无怛〔驚〕化！」倚其戶與之語曰：「偉哉造化！又將奚以汝為，將奚以汝適？以汝為鼠肝乎？以汝為蟲臂乎？」子來曰：「……彼〔指造化〕近〔迫〕吾死，而〔如〕我不聽，我則悍矣，彼〔指造化〕何罪焉？……今大冶鑄金，金踴躍曰：『我且必〔複語，且亦必也〕為鏌鋣〔古之良劍名〕！』大冶必以為不祥之金。今一〔語助〕犯人之形，而曰：『人耳！人耳！』夫〔彼〕造化者必以為不祥之人。今一以天地為大爐，以造化為大冶，惡乎往而不可哉！」（〈大宗師〉郭 261-262 王 246-247，子犁與子來對語）

造化者可將生命臨終的人分解為別的生命體之器官，可對生為人形而自喜的人嫌為不祥，可被親人的哀慼嚇走。大冶鑄金，與意而子說「皆在鑪捶之間」同一意象。

莊子尚言「司命」，「司命」在先秦有數義，其中之一是主宰人之命限者，如扁鵲說病至無可醫治的情形是「在骨髓，司命之所屬，無奈何也」（《韓非子．喻老》），這是說骨髓是司命的轄區，非人醫藥所能及。莊子夢空髑髏對他暢言死後之樂勝於南面為王，莊子不信，請以司命復生其骨肉肌膚，並歸還其父母、妻子、閭里、知識，問它還嚮不嚮往為人的情樂：

> 莊子不信，曰：「吾使司命復生子形，為子骨肉肌膚，反子父母、妻子、閭里、知識，子欲之乎？」（〈至樂〉郭 619 王 649，莊子語髑髏）

髑髏則不願釋死後之樂，復為人間之勞。

莊子又有往「萬物之祖」處浮遊之言：

一上一下〔應作「一下一上」〕，以和為量，浮遊乎萬物之祖。（〈山木〉郭 668 王 720，莊子語弟子）

評論

殷周的天、帝是有位格的至高神，統御天上地下眾神，為人類之主宰。人受生於天，故殷王盤庚遷都時，譴責抗命之殷民，曰上帝將使彼等不能生存：

今其〔將〕有今罔後〔四字：有今無後〕，汝何生在上〔在上：在天。古者謂人之生命由天所賦予，此句意謂，上天何能使汝生存也〕？（《尚書・盤庚中》）

祖己訓商王祖庚之辭，提到人的壽命由天決定，壽短者是有罪而天致其罰：

惟天監〔視〕下民，典厥義〔猶言：主持正義〕。降年〔壽命〕有永〔長久〕有不永；非天夭民，民中絕命〔《史記》作「中絕其命」，主詞為天，是也〕。民有不若〔借為川：順〕德，不聽〔從〕罪〔不聽從天所降予之罪責〕；天既孚〔漢石經作付：給，與〕命〔天之命令〕正〔糾正〕厥〔其：指人民〕德，〔主詞：人民〕乃曰：『其如台〔其奈我何〕。』（《尚書・高宗肜日》）

周室子孫則盛言天生眾民：

天生烝（眾）民，有物（事物，物象）有則（法則）。（《詩經・大雅・烝民》）

天生烝（眾）民，其命匪諶（諶：誠信。匪諶：不守信用）。（《詩經・大雅・蕩》）

《詩經》篇章、春秋時代諸國彝器祈求永命、眉壽之祝願，也建立於人受生於天的前提上㉜。

莊子與中國傳統天、帝信仰的關係為何？若以造物者、造化者為神，則是視莊子為沿襲傳統天、帝信仰，否則也是否定西周以來的宗教神而據哲學思辨提出一位新神（如侯外廬等 1957: 320）。若以莊子不信造物有主，則將視其為打破宗教傳統者矣，如錢穆說孔、墨、孟所謂之天仍是舊誼，「至莊子言『天』，而其義始大變」（1998: 32）。

現代學者多了西洋文明可以參照，所以參考基督教以後，可以看造物者、造化者有如一個有位格的最高主神，王昌祉、羅光、郝長墀的解說便是如此；而參考黑格爾、或唯心與唯物主義的對壘後，可以認造物者、造化者為絕對的神、絕對精神，如侯外廬等與關永中的解說。

對此可以有兩個疑問。首先，可否把造物者、造化者當做擬人化的譬喻或虛構，並無位格義呢？我們可以舉盧梭來說明，盧梭的上帝概念是自然神論的，這不妨礙他逍遙遐想時，用天使裝飾他的幻想：

當我從長時間的甘美的遐想中回到現實中來時，眼看周圍是一片蒼翠，有花有鳥；縱目遠眺，在廣闊無垠的清澈見底的水面周圍的是富有浪漫色彩的湖岸，這時我以為這些可愛的景色也都是出之於我的想像；等到我逐漸恢復自我意識，恢復對周遭事物的意識時，我連想像與現實之間的界限也確定不了了。……擺脫了紛繁的社會生活所形成的種種塵世的情欲，我的靈魂就經常神遊於這一氛圍之上，提前跟天使們親切交談，並希望不久就將進入這一行列。……我甚至還可以更進一步，在抽象的、單調的遐想的魅力之外，再添上一些可愛的形象，使得這一遐想更為生動活潑。在我心醉神迷時這些形象所代表的究竟是什麼，連我的感官也時常是不甚清楚的；現在遐想越來越深入，它們也就被勾畫得越來越清晰了。（Rousseau 2005: 78-79）

盧梭喜歡在逍遙遐想中加入天使和一些可愛的東西，而且他的遐想過程從開始到結束，從遣去現實景象構築幻想，直到遣去幻想回歸現實景象，他分不清哪些是現實景象、哪些是幻想。莊子的情形會不會與盧梭類似呢，也就是說，造物者、造化者原是幻想中的事物，可是幻想得太逼真，以致他講得好像是現實？

我們可以來看兩位學者對這個問題的創意思考。傅佩榮認為莊子的道既是萬物原質的氣，也是自然之原理，後者擬人化為造物者（1985: 244）。道缺乏什麼特色，而需要將之擬人化呢？第一，因為「遊」的精神活動突破時間和空間的局限，而由於「『遊』這個字本身就有明顯的突破空間的含意，而不足以表達突破時間的含意」，所以莊子使用造物者一詞，或許有借重它以突破時間拘限的用意（1985: 260）。再者，是欲強調以道為師，故將老師人格化（1985: 260-261）。第三，莊子難於找到得道者與他同遊同樂，為免獨遊獨樂之孤單，乃將道擬人化為造物者，為自己設化出同遊的友伴（1985: 261）。第四，他為了向中國舊有的「天」觀念銜接，讓中國人易於接受他的思想，所以用造物者代表萬物的

本源，向中國讀者保證：「與萬物合一是可能達成的理想，並且達成的途徑不是抽象的夢幻。」（1985: 278）

史華慈（Benjamin I. Schwartz）認為莊子的造物者是個隱喻，用以表達世界創生過程中驚奇莫測的藝術性：

> 當莊子集中注意力到事物獨特的設計、繁華的多樣性、和驚奇的獨特性之時，這種「造物者」或「造物能力」不曉得是怎麼涉及事物的具體特殊性，就成為道的隱喻而浮現到腦海裏。「雞鳴狗吠」的事實（出自〈則陽〉篇太公調與少知的問答）似乎需要來自某種特定的創生活動，我們感覺到這不是對「事物如何生產出來」的「科學」興趣，而似是對當下起作用之創生活動的獨特性有種審美暨藝術的欣賞。藝術創生活動是個奧秘的謎，因為它既包含有意識的行動（為）之成分，又包含「無為」的成分。我們看到似乎是莊子處理多樣的萬有之領域時，甚至願意將「無為」與「為」之間的對立，連同所有其他的二元對立，都打成相對的。事實上，此種特定「創生性」原理或「造物者」觀念將繼續限定大部分的「有機性」思想，這個特徵到後代猶然。它甚至可見於朱熹的新儒學中，「造化」一詞（即創生性原理、化生活動的創生者）經常與生（即自發性生長）之原理一起使用。（Schwartz 1985: 228-229）

史華慈對於「造物者」一詞的作用，是認為世界的多樣性、事物的獨特性無法套入一板一眼的律則來解釋，所以將那不能解釋的藝術性與差異性想像為一個有位格的神經手其間，但這只是想像，並非真的設立一個有位格的造物神。盧梭也是這樣，想像天使和可愛的東西只是增加他冥想時的生動，不是真的相信有天使和其他精靈。

以本章「原文探討」節所列關於造物者的六條原文來看，傅佩榮的解釋可以用於第二、三、四、六條，史華慈的解釋可以用於第一、三、五條。

第二個疑問是，莊子言「化」的地方很多，化可以理解為現象、歷程、力量、原理、本體等（見本書第六型），通常都不帶位格神的意味。那麼，化和造化者是兩個概念嗎？認為是兩個的話會有點奇怪，畢竟兩者共用「化」字，且都要解釋萬物的流變。那麼造化者可以統攝化，也就是說，可以造化者統攝造化的現象、歷程、力量、原理、本體嗎？這在詮釋上可行，可是從莊子的文章裏大部分都感覺不出來。於是讀者閱讀時，不免將有位格的造物者、造化者冷落到一旁，成為似有若無的名詞，很少考慮它應成為詮釋莊子時的有用概念。

無限性中包容對反命題

基督教神學中有種對上帝的見解是上帝是無限性，一切對反命題可在其中並立。翟理斯將這種見解用於莊子，他註解〈齊物論〉「而待彼也邪」說：

待上帝，在上帝的無限性中一切對反的事物無所區別，皆混而為一。（1926: 31）

註解同章「振於無竟，故寓諸無竟」說：

我們唯可歇息之所在上帝、無限的絕對者之中。對反之事物不能不存在，不過其存在應彼此獨立，不成敵對之勢，這種情況只能含容於上帝無所不包的一致性之中，在其中一切正面和負面、對和錯、此和彼的區別全都泯除且融合為一。斯賓塞（Herbert Spencer）說：「主體和客體在終極實在之中結為一體，然而只要意識尚存，主體和客體的對反關係就不可得而超越，害得一切關於終極實在的知識都無法成立。」（1926: 31-32 註）

此種對上帝特性的理解與第七型真常、第十一型一與不一相通，是極可留心關注者。

第五型　氣

本型是對第三型的道做進一步限定，以氣做為創生的泉源，及貫通萬物的本質，兼含形而上與形而下的屬性。

各家摘要

劉咸炘將莊生之書分為四種內容（2007: 55-56）：一、形容道體：「非有非無，離一切狀；而無內無外，徧一切狀。」（2007: 55）道體也就是一氣：「蓋道家言形上惟主一氣，即此一氣亦無亦有，無乎不在，是謂道體。」（2007: 56）二、指示道術：「大要無過養神與氣」。三、辨析名理。四、譏斥儒墨。他認為四者的關係與比重是：「三生於一，二較四重，但言道體、形容真人而不言體道之術，則雖能破人而無以自立，徒增言而不足以達行矣。不幸莊書一、三最多，二則最少，故使論者淪於虛幻，惜哉。」（2007: 56）故他於第二項多發明之，如云「體合絕對之真人」所憑據的大本大宗是「沖氣以為和」（2007: 59），「謷乎大哉，獨成其天」（〈德充符〉）與「反其性情，以復其初」（〈繕性〉）的實功來自於「守神（〈刻意〉）養氣（〈達生〉）」（2007: 61）。

他釋真宰的段落頗見理趣，認為「我」概念因與外物對立而成立，若無外物則無由形成「我」概念，以明本來無我。又以「必有真宰」為假設之詞而非斷言，所假設者之有徵驗、可行，並不就足以證明假設者為真：

> 此文既分彼我，則是以相對言，……或莊子本意竟是指客觀之物質與自我也。……蓋我之為我，乃係分別於彼之詞，假使我之外無一物，則我之名奚由生，我之義奚由立乎？「必有真宰」非斷詞，謂依理論似有使之者，亦如朱晦翁言「推其原，似理在氣先」一般云爾。然初不見此真宰，惟見萬物之動作而已。假設有此預存之理，其行固能遂矣，是「可行」也；行固有徵驗矣，是「已信」也。然而仍不見此理之行，只覺有此狀態而已。《山木篇》曰：「或為之紀而不見其形。」「或為之」即所謂「或使」也。（2007: 230-231）

關於真君則曰：「『真君』亦是疑詞，豈果為一物邪！」（2007: 230）其釋「如求得其情與不得，無益損乎其真」為莊子甘於停駐於現象（如佛家說的「如如」），不追問現象背後的所以然，故對一切可資解釋的理論（與敵對理論間的諍辯）都無興趣：

> 此語直明示與西洋哲學大不同處矣，言不須求得其所以然也。謂之「莫為」，彼亦如是；謂之「或使」，彼亦如是。謂目的，彼亦如是；謂機械，彼亦如是。如是者，自然也。自然即是真，何須更追求於現象之背後！西洋之必追求背後者，以現象為非真也，中華

> 聖哲則即以此現象為真。（2007: 231）

因此沒有我，只有身；不求知現象背後的原因和目的，茫然過完一生：

> 宇宙既無主使者，吾身亦不見主使者，則所謂我安在乎？不過既得此形，長此不變，以至於死，既無目的，固無效果與終極，芒然不自知，此子綦所以云喪我也。（2007: 231）

不過劉咸炘是主氣的，因此雖然主張沒有我、真宰、真君，卻認為全身上下都有「神」：

> 此以一身，明無最終主使也。……實則人一身百節皆神所在，神本一渾全之體，不屬於一節，正如道在萬物然，正如風與眾竅然，實無所獨私也。實不能得其最終之主者也。（2007: 231）

其所謂神是沖氣：「莊子屢言德和，和即沖氣也、神也。」（2007: 241）所以人的主體性是一種良好的氣。

李杜對於內七篇中的帝、天、天地、氣、道等重要概念做了仔細的整理，歸納出超越萬物之上的層次是氣化，這是天、道二字諸義中唯一具有超越性的（1978: 146, 156）。物物不齊，「彼此相對，各有所限」（1978: 161），僅從自身的觀點出發，便將「執一曲以概全，由此而引起的是非之爭將永無了期」（1978: 158）。但世間事物也都變化不居，「我們除了通過天下的事物而了解其如此地變化之外，不能另外有完全的了解」（1978: 158），這就是「天地萬物的真實情形」（1978: 158），通整個變化，便能獲知全體之見，勝過儒墨等一曲之道。莊子以為儒墨的缺失，是沒有由氣化說道（1978:

168），「氣是萬物的本質」（1978: 165），無所不在，變化不居，萬物因之而有成毀，通天下一氣而言便能盡萬物之衷情（1978: 165-166）。所以，理想的主體會「吾喪我」、無心而任化，意謂拋棄小我的觀點，採取「通天下一氣」的觀點來看世界（1978: 161），這也就為自己在變化之外見出「一不變的天地，或不與之俱往的神明」（1978: 158），與真君、真宰冥合（1978: 162）。

項退結認為，人與萬物都是陰陽二氣之聚，所以從本質上來說，人與萬物為一。陰陽交替，造成有無相生、聚散以成，稱為常道。在散為萬物的情形下，還能達成萬物一體，則是「密契意境」（1982: 148-149）。

葉海煙直接肯定「莊子以氣為生命之本體」，生命之活動也即氣之活動，故吾人生命中追求價值的活動，也即氣經由變現而體現出價值的過程。「道的形上意義與氣的形上意義可經由價值之統合而不斷地結合，此一結合即生命的自我實現。」（1990: 61）

楊儒賓認為莊學中的人心不能體證道，理智也不能，只有讓氣全面主導我們的身心後，才能體證道，以及帶著對道的體證重整我們的身心，變成新的人。他認為修道的工夫、過程有四階段：

一、體合於心：要人的軀體受心（意識）的主宰。
二、心合於氣：要求心（意識）符合軀體內在更精微的生理運轉的韻律，亦即氣。
三、氣合於神：要求己身之氣更加精緻化而顯出妙用（神），外通於宇宙萬物，上下天地。
四、神合於無：將神妙之氣合於道，道就是無，也就是最終的實體或境界，這只能以密契的方式達成。

此時的「我」與道同大，稱為「常心」。

體證了道以後，此種體證自然就轉化了氣、心、身，使它們和體道之前的狀態有所不同。若要分解的說，體證了道以後的反向過程是無合於神、神合於氣、氣合於心、心合於體，「其全程的每一階段已為氣所滲化」（1991: 第 3 章）。

以上楊儒賓對於主體與工夫的解說，由於整合了所有莊學的重要概念，所以頗不易歸類。從他提出人要密契最終實體來說，可以歸屬於前述的第三型，而從他對常心的解說來看，又可以歸屬於第二型。楊儒賓本人確也察覺幾個根本概念之間的位階很難決定，例如他說常心只是道的另一說法，又說常心與氣「到底何者是意識的較底層」這問題只是「語言上的扞格而已」（1991: 98）。若不從探討角度的差異來分辨各概念的應用性，我們應該可以安全的說，楊儒賓解說中的意識最底層、常心、道、氣，是同一件事物。而據他對真人的描述：「真人全身為氣所貫穿」、「真人與宇宙隨時感通」、「真人要活在氣機流動的當下」（1991: 101），我們也可以合理的說，楊儒賓主張以氣為主體。

Mark A. Berkson 說莊子相信世界與生命在連綿轉化之中，而社會習俗、抽象範疇、有目的之人生規劃掩蔽了這個「道」，因此必須剝除它們的覆蓋，並跟隨氣的運動，以合於天理（2005: 305-307）。「氣是我們與道的連結」，「我們讓氣自由流動，並充當我們的嚮導」（2005: 307）。世界與生命的連綿轉化造成每個當下（moment）都是不同的，聖人就活在每個當下，不延續他過去的作為，也不瞻望未來（2005: 306），他自己也在變化當中，像壺子那樣（2005: 318）。Berkson 又說莊子的「天」和「自然」代表了「每個存有者與生俱來的一套自發的性向、傾向、欲望、喜惡、能力」（2005: 311），亦是「身」所代表的「個人全部心理、物理複合體」（2005: 316），這些與生俱來的東西如果不受私心、成心的妨礙，就會自動展現出來（2005: 312），並能不費力（無為）的加入和諧的全體（harmonized whole, 2005: 321）。因此，莊子的自我觀是「天」或「自然」的自我（natural self），也是具有身體的自我（embodied self），並還是多變的自我（protean self）（2005: 318）。

Berkson 採用了莊學常有的命題，如流動、轉化、自然天性、和諧全體等，以致於在自我的基礎上，其說法像是多頭馬車。如果自然天性與和諧全體可以當成兩個相對獨立的東西，需要第三者來保證兩者間協同的話，那麼氣正是令小我與大我、主觀與客觀一致的要素。Berkson 說事物在本質上的一體時，以「吹過我們大家的同一股氣」來解釋（2005: 315），這便顯露了氣的本體地位與構成人類主體性的功能。

賴錫三認為莊子區分了妄我和真我，或主體我與真君，或又稱為社會人和宇宙人。前者（妄我、主體我、社會人）是由身體我、認知我、心理我、心機我、意志我等（2008: 43-44, 97, 99）所構成的「一個具主體性的自我人格統一體」（2008: 88, 292），如果將此一自我人格統一體拆解支離，其所隱蔽的真我或真君即會朗現（2008: 43, 46, 99）。就如道是物的存有學基礎一樣，真君是主體我的存有學基礎，「亦即『主體我』未構成前的不可名狀之存有狀態」（2008: 100），這個狀態也是「境識冥合的非分別狀態」，其意為：萬物和主體我雖在根源上（前者是道，後者是真君）有同一性（2008: 39），但是這種同一性並不為意識所悟知，而只是渾沌的守於自身之中（2008: 61）。另就道的概念而言，莊子的道並非形上實體和宇宙根源，道只是物的物化歷程（2008: 15-17），物之自生自長即是道的作用（2008: 24-25）、道之開顯（2008: 38, 305），同理，真君也就不是實體（2008: 100），真君的意含乃是「無為自然的隨順而讓萬物自生自長」（2008: 56）、與道「一起同現生生大化的歷程」（2008: 42）（「『順其自然』和『自然而然』……根本就是一體兩面的」，見 2008: 295），於是乎可以直接界定「真君是生命不斷生生的可能性」（2008: 42）。由於物之生滅無非氣之聚散，宇宙大化流行的現象摻合前述的「境識冥合的非分別狀態」而言，可以在萬物負陰而抱陽之前，導出先天一氣（也稱為根源一氣、純氣），聖人之不死不生即是因為他們密契的證悟了先天一氣，故能「參贊變形之創造的遊戲……遊心於一氣之流行創造」（2008: 140-146，引文見頁 145-146）。至於證悟先天一氣的工夫，則存於「緣督以為經」的脈學之中（2008: 132-139），令自身的心、氣調適上遂，不再聚焦於所執取之特定物，而廣泛的與萬物感應，漸次修成氣之精、氣之神、氣之純，這就是先天一氣了，是謂「遊乎一氣、與物合一」（2008: 148-158，引文見頁 149），一切存有物皆能以「分別的無分別」的狀態來「會通」（2008: 73）。

賴錫三雖然認為氣論是莊子的實踐存有學、真理觀、語言觀、主體論的基礎（見 2008: 71-73, 113, 299-300），但他也並非信心十足，而說：「《莊子》的工夫是一種典型的性修傾向，這一點應該是已經成為學界的共識，誰都不宜輕率地主張《莊子》也是性命雙修。」（2008: 137）就立場之猶疑而言，他與楊儒賓很像。然而，如果單看他依循氣論所作的命題，如「一方面要使身心儘可能地返回到它原來的本質（氣），另一方面要使本源之氣儘可能地滲透身心」（2008: 149-150），「結果將使心成為超越之神，氣成為先天之氣，而二者實又是一體」（2008: 151），而將他的詮釋立場歸類為以氣做人的主體，應該是符合他的本意的。

陳鼓應（2009a 與 b）多次使用主體二字和主體複合詞，他對莊子心學的研究是隨內篇的順序講解，造成主體性的最終歸屬一樣也有模糊的情形。他詮釋〈逍遙遊〉提倡從「人的視角」提昇到「天地視角」，「接納多重觀點而不至由片面思考而囿於單邊主義的獨斷作風」（2009a: 29）。〈齊物論〉的「主體精神」是「萬物平齊觀」（2009a: 30），就萬物而言是「相互觀照而互為主體」，就一己而言是「撤除『成心』所構成的主觀成見，而直接以開放的心靈去照見事物的本真情狀」、「如實地反映多彩的世界，認知事物實然的狀態（『照之於天』）」（2009a: 32）、「順任事物的本然情狀，遵循著事物的變化」（2009b: 57），這種開放心靈「使得個體生命可以和宇宙生命的大我相互會通」（2010: 39）。〈養生主〉講「由形入神」與「神以統形」的雙向運作，「在技藝鍛煉的過程中，必須以肢體的訓練做為基礎，才能達到心神的靈妙運作」（2009a: 34）。〈人間世〉的心齋之「聽之以氣」是「由個體生命最具主導功能的『心』提升到做為萬物生命根源的『氣』來引導」（2009b: 54）。〈德充符〉的「心」與「常心」概念「隱含著殊相和共相兩種視角」，「『以其心得其常心』是由自我意識提升到普遍的心靈意識，也就是由事物差異性的視角提升到同一性的視角」（2009b: 52）。〈大宗師〉的坐忘以「安適而不執滯的心境」和「主體心境的靈動涵容的積極作用」（2009b: 56），達到「由個我走向宇宙的大我」（2009b: 55）。最後，〈應帝王〉的鏡映說是「要能如實的反映萬物的客觀景象而無所隱蔽」（2009b: 58; 2010: 39）。

如上所見，陳鼓應所呈現的莊子主體說橫跨了本書所陳的好幾種類型，且未曾講明何種類型才是最基本的，故需要我們來代為判定。基於他認為莊子的道是萬物「不可分割的整體」（2009b: 51）、萬物「統一的整體」（2009b: 52），又云：「所謂『物之初』，指的就是『道』。」（2010: 42）氣做為萬物基礎、物化根源，應是他對莊子主體論的最後歸宿。他解釋「唯道集虛」說：「『集虛』工夫使耳目內歛，任清虛之氣出入而無所用心，如是心靈不僅能夠明晰透徹地觀照外在的事物，如實地認識外在事物的情狀，而且能夠『徇耳目之內通』——獨照內在的精神活動。」（2010: 38）從這個解說可以看到，上段摘要所標榜的聖人境界，雖可通過心有意的掙脫小我的觀點、或訓練肢體至於純熟，可是如果心不消散為氣並由氣來引導，則修養工夫就不會達到究竟。而所謂事物的本真情狀、事物的共相、宇宙生命的大我等表述法，也宜落實到氣上，不致有其他人的空泛說詞。

龐安安認為老莊的道可以從三個方面來講：第一，道是萬物背後的根源與原理。第二，道經由氣而創生萬物，並化為氣。第三，道是氣時，道也是包含萬物的自然（Pang-White 2009: 70-71）。梓慶削木為鐻，使人疑為鬼神所作，之所以能如此，是因為他善於觀察樹木的天性，選擇最適合的材料來加工，從反方面來說，他抑制了自己的意志和巧手，不把自己強加到自然事物之上。他讓自己的「天」合於木料的「天」（2009: 73）。這又需要往前追溯到梓慶齋戒七日，「未嘗敢以耗〔損〕氣也」，通過忘名、忘身、忘利、忘勢的過程，將他的氣匯聚到高峰，所以事物的聲音形狀才能原原本本的進入他的心內，他此時的意識讓他的自我與事物可以有互相反應，自然產生正確的做事方法，而不需要千篇一律的把什麼材料做成什麼成品（2009: 74）。

鍾振宇認為，一方面人可以做心靈的修養，在心靈中體現真正的無待，也就是調整心態，接受天地的大化，因而獲得逍遙（2010: 49-50），另一方面人可以做氣的修養，直到「可以隨意控制自己死生之氣」，而「超越生死的區別、逍遙於生死之間」，讓死生無法影響他（2010: 45-46）。

林明照認為莊子的道論包含兩個性質，第一是「道指向差異而流變的存在性」，這是說萬物及其差異因流變而存在，萬物彼此滲入與轉化（2010: 26-29），第二是「道指向本真而自然的存在性」，這是說在一己生命短暫存在的期間，唯有「隨應而發、不假安排」的作為，才呈現一己「本然真實的存在性」（2010: 29-32）。此外，理想的自我還有三個特性：第一是命運造成一己孤獨、渺小、無奈、與人疏離、悲戚的感覺（2010: 33-36），第二是「心神之內斂反收，專凝於當下身心氣息之流動」（2010: 36），第三是省察自己的認知形態、價值觀念、情感好惡，使心靈框架「逐漸鬆脫、懸宕，而讓心靈達至一種順應與遊動，讓生命融入流變而差異的存在真實」（2010: 39）。

這五點其實對映五種主體論形態，所以也有以何為本的問題。如果以「屬己性」為理論要求，則氣做為化的媒介，是唯一屬己的。再就修氣的功效來說，凝神於身心氣息的流動，可以「反身觀視自身的心念，將其明晰化，並取得一種距離而鬆脫原來的沾黏」（2010: 38），與「在物我相遭遇的當下，彼此穿透而達至物我交融之境」（2010: 37），則道論與主體論的各種性質，都可以收歸到氣論之下，是故林明照應認氣為人的主體性。

孔子對顏回說心齋，從志、耳、心談至氣，然後說：「氣也者，虛而待物者也。」（〈人間世〉）何乏筆（Fabian Heubel）以這兩句話為準，提出氣化主體。他的解說分為三部分。首先，把「虛」字改進為「虛化」，用以對應到心，謂心智官能應停止運作（或云坎陷），「亦即放下意識主體的目的性和意向性（心齋），以返回到（或說逆覺到）意識主體定形之前的虛在狀態」（Heubel 2012: 63）。

然後把「物」字改進為「物化」，用以對應到耳，謂經由否定耳目而向萬物之化敞開，「涉及事物的多樣性和多元性」（Heubel 2012: 64）。虛化和物化，一是「未分別的虛在世界」，一是已分別的實在世界：一比喻為莊周之夢，一比喻為莊周之覺；兩者正相反（Heubel 2012: 64），因此需要第三個概念「氣化」，在虛與實、未分和已分之間，以氣來回往復。何乏筆對於氣化的概念，引進了張載《正蒙》與王夫之《張子正蒙注》的理論，超過了莊子的原意。在虛與未分的那端，氣是一氣，而在實與已分的另一端，氣是二氣，不過一氣與二氣又是同一回事，這是因為對張載而言，一氣不能化，必須分為二氣才能化生萬物，所以氣「不能不」在聚（萬物）散（太虛）之間來回往復，在一氣與二氣的「辯證關係之上或之外，沒有更根本的創造性源頭」（Heubel 2012: 65-69，引文見68）。人的主體性用張載的話來講，在於「兼體」，意謂既令「一」與「二」發生連接，又維持兩者二分，以氣化兼顧虛化與物化（Heubel 2012: 70-71）。

原文探討（一）：氣

氣論是戰國中後期流行的理論，氣是構成物理、生理、心理、理智的一種細微物質，並呈現為精粗的差別，氣純化以後會有神妙的作用，因此「精」和「神」二字有氣論上的特別含義。

莊子採用當時流行的氣論，是明白可見的，本不待舉證，然而為了辨察莊子氣論的特色、權衡其重要性，仍應將有關材料整理比次。本節只整理關於氣的，關於精和神的言論分至後一節再論。

有些字眼有的注家指為氣，例如「天和」林希逸注為元氣、造物之和氣，林雲銘注為自然之沖氣（陳鼓應 1983: 566 註 1, 622 註 3），這種理解有莊子文句的依據，如「陰陽之和」（〈天運〉）、「陰陽和靜」（〈繕性〉）、「陰陽不和」（〈漁父〉）等，可是尚未成為定解，因此下面並不將這些字眼納入。

一、氣是構成宇宙的能量

氣論最根本的主張是宇宙萬象（包含物質與精神）由氣所構成，氣是宇宙中的能量。莊子有此種理論主張的言論少之又少，他一般化的概括說法只有一句：「通天下一氣耳。」（〈知北遊〉）嚴復批注這句話曰：「今世科學家所謂一氣常住，古所謂氣，今所謂力也。」（1986: 1136; 1999: 269）嚴復是根據牛頓物理學來說的，以力為物理學的核心概念。從愛因斯坦起，能量取代了力，成為物理學新的核心概念，因此現在應該再改口，說氣就是今所謂的能量。莊子這句話雖然肯定天下只是氣（或通行、貫通於天下的只是氣），可是用意是藉一氣來證成萬物的生滅均是氣的分合，著眼於萬物的齊同，次要的才是為事物的本質提出單一的解釋（說見本書第二型）。鑒於莊子證成齊同的方式不限於一途，因此天下一氣的理論對他的哲學並不是不可或缺的。

還有一段話談及陰陽與萬物生出的關係，但是推敲起來意思並不明白：

至陰肅肅（《淮南子．覽冥》作飂飂，飂飂與廫廫義近，廫：空虛），至陽赫赫。肅肅出乎天，赫赫

發乎地，兩者交通成和而物生焉，或為之紀〔端緒〕而莫見其形。（〈田子方〉郭 712 王 779，老聃語孔子）

這段話的真確含義並不好理解，我們可以分成三個問題來討論：一、陰陽的意義，二、天地與氣的關係，三、生成萬物的來源。

首先是關於陰陽的意義，莊子對陰陽的用法不全都是氣論的，像「《易》以道陰陽」（〈天下〉）便不是。此文中的至陰和至陽有三種可能：至陰與至陽之氣、〈在宥〉篇的「天氣」和「地氣」、或天地的兩個屬性。由於莊子這裏說的不是至陰出乎天與至陽發乎地，而是肅肅出乎天與赫赫發乎地，則至陰與至陽分別相當於肅肅和赫赫兩個形容詞，做為天地的兩個屬性，較為可能。

莊子論及至陰與至陽僅另有一處，恰也與天地有關。黃帝「欲取天地之精」，廣成子答曰：

我為女〔汝〕遂〔往〕於大明之上矣，至彼至陽之原也；為女〔汝〕入於窈冥之門矣，至彼至陰之原也。（〈在宥〉郭 381 王 390，廣成子語黃帝）

這二二兩組句子分別對應天和地，所以至陽和至陰是對天和地的兩個形容詞，「原」則是生出天地者。這個「原」從上下文來看即是道，而廣成子解釋道說：「至道之精，窈窈〔窈與杳通，《說文》：「杳，冥也。」〕冥冥；至道之極，昏昏默默。」這窈冥昏默並非形容渾沌未分的元氣，而是以道為玄冥。玄冥為道，說見本書第十七型。

其次是天地與氣的關係，莊子全書對此沒有統一的說法，有時說天地也是氣：

> 天地之〔亦〕彊陽〔運動〕氣也。（〈知北遊〉郭 739 王 816，丞語舜）

更多的說法中天地與氣判然有別：

> 乘天地之正，而御六氣〔陰、陽、風、雨、晦、明〕之辯〔變〕。（〈逍遙遊〉郭 17 王 17，作者自語）
>
> 狶韋氏〔上古帝王〕得之，以挈〔「契」之假借：合〕天地；伏戲氏得之，以襲〔合〕氣母。（〈大宗師〉郭 247 王 230，作者自語）
>
> 比〔讀為庇：寄〕形於天地，而受氣於陰陽。（〈秋水〉郭 563 王 584，北海若語河伯）
>
> 天地者，形之大者也；陰陽者，氣之大者也。（〈則陽〉郭 913 王 1032，太公調語少知）

由於莊子對於天地是不是氣未有一定的說法，所以「至陰肅肅」一段的天地不能逕指為氣化，也不能逕加否定為氣化。

第三是生成萬物的來源問題，萬物是天發出肅肅與地發出赫赫兩者交通成和而產生的，簡而言之是天地生成的。就算不是天地直接生成，而經過氣的一道轉手，不管氣應該理解為陰陽二氣還是天氣地氣，氣仍然是中介者，天地才是根本。老子反問：「非是也，且孰為之宗！」意指在天之肅肅、地之赫赫（或肅肅之天、赫赫之地）以外，別無宗本，是則天地即是宇宙存在最究極的原因了。

這會造成又一個創生理論：天地創生論。在道生、神生、氣生、自生等命題外，再多了一個天地創生，理論上就更紛雜了。我在本書第三型已經討論到，天地的創生功能是不生之生，這是它和其他創生命題的大不同處。

「至陰肅肅」這段話經過推敲以後，不能做為氣論的依據。不過，宇宙由氣所生成仍然有迂迴的論證，是自然神祇由氣所構成，例如北海之神：

自以比〔讀為庇：寄〕形於天地而受氣於陰陽。（〈秋水〉郭563王584，北海若語河伯）

還有雲將，他自言欲合六氣之精，其實他的本體是雲，就是氣而已：

雲將曰：「天氣不和，地氣鬱結，六氣〔成玄英曰：陰陽風雨晦明，此六氣也〕不調，四時不節。今我願合六氣之精，以育羣生，為之奈何？」（〈在宥〉郭386王394，雲將語鴻蒙）

北海之神和雲神兩個例子可以概括所有的自然神祇，而所有的自然神祇就等同於自然界，這便意味了雲行雨施、四季推移等天地間的變化，都是陰陽二氣消長的結果。

莊子還有的言論似是涉及萬物由氣所構成，但細讀起來並不是。大鵬從九萬里高空看到下界像是茫茫塵埃（野馬也是塵埃之意），而塵埃的翻動是生物以氣息相吹所造成的。《經典釋文》引崔譔釋野馬云：「天地閒氣如野馬馳也。」並釋塵埃云：「天地閒氣蓊鬱似塵埃揚也。」（郭慶藩 1961: 6註3）則是天地一氣了。陸樹芝引「舊註」說：「生物，造物也。」（2011: 2）則是造物作用以氣造物了。這種解釋過分擴大了文義，原文說的是大鵬處於高空，故下界事物在其眼中至為微渺，不出塵粒之大，而下界事物之營營奔競，猶如塵粒受氣流吹動而翻騰，這是譬喻，並不實謂天地間全是氣的蓊鬱蒸騰，更非從生物皆有呼吸就肯定物由氣所構成：

野馬（馬敘倫引錢坫曰：莊子「野馬」字當作塺，《說文》：「塺，塵也。」）**也，塵埃也**（野馬、塵埃是一物，王叔岷有討論），**生物之以息相吹也。（〈逍遙遊〉郭4王6，作者自語）**

誠然動物皆有呼吸，植物與地竅也有氣流吹過而作聲，但是「生物之以息相吹」這句話是將生物縮小為塵粒以後所作的形容語，並不涉及宇宙生成的討論。

南部子綦解釋完地籟後跟著解釋天籟，說：「夫吹萬不同，而使其自已也。」《昭明文選》注引司馬彪云：「吹萬，言天氣吹煦，生養萬物，形氣不同也。已，止也。使物各得其性而止也。」（王叔岷 1988: 48 註 1 轉引）將這兩句話解釋成了氣生的命題。也有人雖將二句當成生物的命題，但不採氣生說，例如王雱云：「萬物雖異，而同委氣以成體。」然役物者為「化」，非氣（《南華真經新傳》，1988: 159 上欄）。羅勉道曰：「天之生物，亦如吹焉。」視「吹」為比況用字（《南華真經循本》，1988: 30 上欄）。不過審詳二句的文義，不該是關於物生之理，因「吹」字乃承應前文地籟的段落，謂風吹樹竅（但地籟乙段未用「吹」字）而發出聲音，不謂萬物因「吹」而生。有些注者雖提出造物者，但他們很清楚文義是關於聲音的由來，不是關於萬物的由來，例如陳景元曰：「天地之有風，如人身之有元氣。」以元氣出於人身的孔竅，然後人有視聽言動（褚伯秀《南華真經義海纂微》卷二引，1988: 189 下欄）。林希逸以「造物」為吹者，解釋說：「萬物之有聲者，皆造物吹之。」推而言之，萬物的一氣之動，皆屬造物（1997: 15-16）。憨山德清提出大道「托造物一氣」而生萬靈，在人為真宰，主使我們發表各各不同的知見，「如長風一氣而吹萬竅也」（《莊子內篇注》）。更多的注者根本不涉及萬物產生，這是由於此文是談視聽言動之所由生，本就不是談萬物產生的。

莊子讓孔子說：「吾求之於陰陽，十有二年而未得〔他本有「也」〕。」（〈天運〉郭517王528）此言的陰陽不見得專指氣論，不過既否定陰陽是根本答案，則包含否定氣論是根本答案。所以莊子對於氣論是否為根本，是出爾反爾，這不奇怪，他在許多重要問題上一向如此。

二、陰陽二氣構成四季變化

莊子引用陰陽概念時的另一個用途，在於理解四季的推遞，來談萬物的生殺和雌雄的和合：

> 四時殊氣，天不賜，故歲成。（〈則陽〉郭909王1032，太公調語少知）

> 陰陽相照相蓋〔通「害」〕相治，四時相代相生相殺。欲惡去就於是橋〔起〕起，雌雄片〔讀為判：半〕合〔雌雄各半而相合〕於是庸〔常〕有。（〈則陽〉郭914王1036，太公調語少知）

四季的時序對萬物的生滅長衰有啟閉的作用，也為萬物的生衰提供滋養或抑制的成分。所以只要陰陽的消長有序，造成四季規律的輪替，那麼萬物就自然能生長衰亡：

> 天地有官，陰陽有藏。慎守女〔汝〕身，物將自壯〔成玄英曰：天官，謂日月星辰，能照臨四方，綱維萬物，故稱官也。地官，謂金木水火土，能維持動植，運載羣品，亦稱官也。陰陽二氣，春夏秋冬，各有司存，如藏府也。咸得隨任，無不稱適，何違造化，更立官府也！女但無為，慎守女身，一切萬物，自然昌盛，何勞措心，自貽伊慼哉！○《經典釋文》：謂不治天下，則眾物皆自任，自任而壯也〕。（〈在宥〉郭381

> 王390，廣成子語黃帝）

當陰陽二氣做為四季遞移背後的原理時，莊子的萬物起源理論是自生論。

三、氣是構成人的能量

我們也分別來看莊子明確肯定人由氣構成的言論，與受誤解的言論，然後是他質疑的言論。

莊子明確說人由氣構成的言論有四處，一處說人的生命由氣組成，生為氣聚，死為氣散；氣聚時神奇，氣散時臭腐：

> 生也死之徒〔類〕，死也生之始，孰知其紀〔端緒〕！人之生，氣之聚也。聚則為生，散則為死。若死生為徒，吾又何患！故萬物一也。是其所美者為神奇，其所惡者為臭腐。臭腐復化為神奇，神奇復化為臭腐。故曰：『通天下一氣耳。』聖人故貴一〔王叔岷曰：按貴一，則美惡、死生皆齊矣。貴一之理，即齊物之理也。◯詹康按：一為齊一，非合一，王叔岷說是〕。（〈知北遊〉郭733王809，黃帝語知）

這段話的目的是論證萬物齊同，氣論是論證手段，當配角而不是當主角（見第二型）。

另一處將陰陽與人的關係，比擬為父母與子的關係而有過之，然而莊子真正要講的是父母與子皆聽命於「命」，陰陽與人皆聽命於造化，是造化將人送來送去、將人變為鼠肝蟲臂，所以氣論只是造化下的次階理論：

父母於〔與〕子，東西南北，唯命之從。陰陽於〔與〕人，不翅〔叚為啻。不啻：不但〕於〔如〕父母。彼〔指造化〕近〔迫〕吾死，而〔如〕我不聽，我則悍矣，彼〔指造化〕何罪焉？（〈大宗師〉郭262王247，子來語子犁）

接著有大冶鑄金的比喻，大冶喻造物、造化者，天地喻火鑪，金喻陰陽，鏌鋣劍喻人，所以我們不能光看到人由氣所構成，更需重視造物者在人出生死亡上的主導作用。

第三處是莊子喪妻的故事，莊子說生命是從「有氣」開始的，在有氣之前，其妻不是活的、也不存在：

莊子妻死，惠子吊之，莊子則方箕踞鼓盆〔瓦缶〕而歌。惠子曰：「與人居，長子老身〔長養子孫，妻老死亡〕，死不哭亦〔已〕足矣，又鼓盆而歌，不亦甚乎！」莊子曰：「不然。是其始死也，我獨〔亦〕何能无概〔叚借為嘅：嘆〕然〔乎〕！察其始而本无生；非徒无生也，而本无形；非徒无形也，而本无氣。雜乎芒芴〔恍惚〕之間〔參見其上段〕，變而有氣，氣變而有形，形變而有生。今又變而之死。是相與為春秋冬夏四時行也。人且〔已〕偃然〔安息貌〕寢於巨室〔以天地為巨室〕，而我噭噭然〔哭聲貌〕隨而哭之，自以為不通乎命，故止也。」（〈至樂〉郭614-615王645）

莊子分成有生命之前、有生命、生命結束之後的三階段來談，在生命誕生之前，是無生、無形、無氣；有生命是有氣、有形；死是由生變死，此時形與氣的存否則未暇論。

以上的無、生、死三階段，以人身為喻，則無為首，生為脊背，死為臀部：

> 子祀、子輿、子犁、子來四人相與語，曰：「孰能以无為首，以生為脊，以死為尻〔臀部〕，孰〔疑脫「能」〕知生死存亡之〔為〕一體者，吾與之友矣〔參〈庚桑楚〉〕。」四人相視而笑，莫逆於心，遂相與為友。（〈大宗師〉郭258王241）

〈庚桑楚〉篇對上文有精妙的詮釋，認為以無、生、死三階段相承續的看法，與崇死抑生的看法（以生為喪，以死為返），還有以為未始有物的看法，這三個看法其實有如支族由共祖派生出來，雖有差異而本質為同：

> 古之人，其知有所至矣。惡乎至？有以為未始有物者，至矣，盡矣，弗可以加矣！其次以為有物矣，物以生為喪也，以死為反也〔成玄英曰：流俗之人，以生為得，以死為喪。今欲反於迷情，故以生為喪，以其無也；以死為反，反於空寂；雖未盡於至妙，猶齊於死生。○參〈刻意〉：其生若浮，其死若休〕，是以〔已〕分已〔郭象曰：雖欲均之，然已分也。○成玄英曰：猶見死生之異〕。其次曰始无有，既而有生，生俄而死。以无有為首，以生為體，以死為尻；孰知有无死生之〔為〕一守〔道〕者，吾與之為友〔此為〈大宗師〉子祀等四人相與語〕。是三者雖異，公族也。昭景也〔者〕，著戴〔①戴通載：始。二字：表著其所始，蓋以所出君之謚為氏。②戴借為代。《禮記．冠義》：「適子冠於阼，以箸代也。」〕也。甲〔「申」誤〕氏也〔者〕，著封也〔表著其封邑〕。非一也〔邪〕〔昭、景、申為楚之三公族，細論之雖有「著戴」與「著封」之不

同，然非均一為公族乎〉？（〈庚桑楚〉郭802王895，作者自語）

莊子以這三個看法為同（「齊論」），但又高下有別。三說中以無、生、死的三階段說敬陪末座，而由於無、生、死三階段是氣的能量變化造成的（據〈至樂〉莊子論其妻之生與死），這表示了氣論可以說，但非最佳學說。好一點的是崇死抑生的看法，這等於說氣聚而有生，不如氣散而死，死是返歸於氣聚之前的無生（據〈知北遊〉「生也死之徒」段）。既然無氣勝於有氣，則氣仍是不受看重。最好的是「以為未始有物」的看法，是不像前二說分出生死之異，而將生與死模糊化為同一個狀態，居於有而當成無。這一理論見解會在第十七型中說明。然則莊子雖然提出生命來自於氣聚，可是他的心思並不放在這裏。

莊子第四處說到人的生死為氣之聚散的地方，更以生命問題為不可知、不可論。此文較長，且有轉折，可概分為五段。第一段說人非陰非陽（而是陰陽相交的和氣），且只是姑且為人，以後將會返於「宗」。第二段說從「本」來看生命，則生命是氣息所構成的事物，雖然有壽夭不同，但相去不遠，都很短暫，比不上是非之辯的重要。這裏的宗與本，是與氣不同、對氣遙遙觀之的一個東西，從它來看，因氣而有生只是曇花一現。第三段說是非的判斷、人倫的道理才是應該注意的，如果能因時處順，則可以為帝王。第四段回頭說人類生命很短，而且必有生、必有死。第五段說眾人皆知有生也有死，真正瞭解的人則不去追究生死的問題，至於引據各種理論對生死做不同的解釋，互相辯論，更屬無謂。對他們來說，不聞道、不通於道，才是「大得」：

中國有人焉，非陰非陽，處於天地之間，直且為人〔王先謙曰：特姑且為人耳〕，將反於宗。

自本觀之，生者，喑醷物也〔喑醷：①氣聚貌。②《一切經音義》：「大呼也。」《說文》噫：「飽食息。」奚侗曰：喑噫物，言有聲息之物〕。雖有壽夭，相去幾何？須臾之說也，奚足以為〔比〕堯、桀之是非！

果蓏有理，人倫雖難〔盛貌〕，所〔可〕以相齒〔類〕〔王叔岷曰：人有貌象聲色之異，智愚賢不肖之殊，皆所謂人理。……此謂人理雖盛多，可以相互比次。蓋不甚相遠也〕。聖人遭之〔猶言得之〕而不違，過之〔猶言失之〕而不守〔〈大宗師〉：得者，時也；失者，順也〕。調〔和〕而應之，德也〔〈繕性〉：夫德，和也〕；偶〔讀為遇〕而應之〔隨所遇而應之〕，道也。帝之所興，王之所起也。

人生天地之間，若白駒〔①駿馬。②太陽〕之過隙〔孔〕，忽然而已。注然勃然，莫不出焉；油然漻然，莫不入焉。已〔既〕化而生，又化而死。生物哀之，人類悲之。解其天弢〔弓衣〕，墮〔毀廢，俗作隳〕其天袠〔王叔岷曰：天弢、天袠，謂自然之束縛也〕。紛乎宛乎〔宛叚作縕〕，魂魄將往〔指死〕，乃身從之，乃大歸乎〔《莊子》佚文：死，歸也〕！

不形之〔有〕形，形之〔歸〕不形，是人之所同知也，非將至〔馬其昶曰：「將至」猶「造極」〕之所務也，此眾人之所同論也。彼至〔至於道〕則不論，論則不至；明見无值〔叚為直：正見。以不見為明見〕，辯不若默；道不可聞，聞不若塞：此之謂大得。（〈知北遊〉郭

744-747 王 822-823，作者自語）

第五段不聞、不通的「大得」與不見的「明見」，是對生命起源、歸趨現象不問不聞，連帶對生命理論掩塞之、靜默之。然則第一、二段的宗與本，也就變成不問其為何物了。說生命有個結束後要返歸的宗，與可以遙觀氣化的本，都只是莊子暫設的說法，有如疑兵一般可以引出敵軍，而窺其虛實。暫設出來宗與本，是為了照見出生命的倏忽與死亡的必然，於是生命問題的重點不在於生命如何構成（答案是氣），而在於在有生之年對是非與人倫問題做正確的決定。這樣看來，莊子雖然說了人的生命是氣息，但是重點並不放在這裏。

今人章伯鈞有詩曰：

先我原無我，
有我還無我。
我既非常我，
今我實非我。（章詒和 2004: 183）

從無我，到我之生與有，再還歸無我，這本是人的全體過程，故今之我不是常我，我應悟解今之我實不是我。此詩前二句的我和後二句不一致，是用意義的遞換以開啟思想的新境。此詩可以用來凝鍊莊子的意思。

莊子有的言論受到誤解以為是說人由氣所構成，但我認為不是。子輿駝背嚴重到臉腮降至肚臍的位置，體內「陰陽之氣有〔又〕沴〔①陵亂。②拂戾〕」（〈大宗師〉郭258王241），這是說身體的畸變（化）是由於氣的聚合形態改變嗎？不是的，因為「陰陽之氣有沴」的「有〔又〕」字表明這是駝背以外的另一件事，而且戾氣產生病痛，不用以解釋身體的變形。

莊子亦曾懷疑生命為氣化，他說眾人之情認為死來自於生，而生是陽的表現，無所自來，只要不受陰的橫阻消靡，則一定會生陽。他不能確定這個道理對不對，在何處適用，在何處不適用。縱然天有歷數，地有險夷，可以算之察之，可是這卻不能解答生死由來的問題。然後他轉向命與鬼的兩種解釋，也認為兩者非確定的結論：

生有為，死也勸〔通倦：罷，引申為休息〕。公〔共，指眾人〕以其死也，有自〔由〕也；而生陽也，无自也〔馬其昶曰：言眾人之情，共以生本陽氣，無所自來，而死則實自於生〕。而〔此〕果然乎？惡乎〔於何〕其〔乃〕所適〔宜〕？惡乎〔於何〕其〔乃〕所不適〔宜〕？天有歷數，地有人據〔人叚為夷：平夷。據通劇：急促〕，吾惡乎求之？

莫知其所終，若之何其无命也〔人莫能預知死，怎可說無命數？言有命數也〕？莫知其所始，若之何其有命也〔人莫能預知生，怎可說有命數？言無命數也〕？有以相應也，若之何其无鬼邪？无以相應也，若之何其有鬼邪〔王夫之曰：儒言命，墨言鬼，各有所通者，各有所窮。○嚴復曰：言其無鬼，則有以相應。言其有鬼，又無以相應。○王叔岷曰：〈庚桑楚〉篇：「為不善乎幽閒之中者，鬼得而誅之。」是有鬼之應也。〈天地〉篇有門无鬼，更以徐无鬼名篇，是又無所謂鬼矣〕？（〈寓言〉郭958

王 1102，作者自語）

這對氣、天地、命、鬼等各種解釋都表達懷疑，我們也許可以這麼看：氣的解釋必須與其他解釋競爭，莊子雖然曾經以氣化來解釋生命，但他沒有必要如此，也願意考慮其他解釋的合理性。

莊子對於氣稟生命的說法還有一個保留，他說天地是氣，我們的生命、身體、性命乃是天地委付給我們，不是我們擁有的。若如此，則我們不但不能決定自己的出生，也不擁有我們生命的一切，那麼主體性將無從談起：

> 舜問乎丞〔官名〕曰：「道可得而有乎？」曰：「汝身非汝有也〔郭象曰：夫身者非汝所能有也，塊然而自有耳〕，汝何得有夫道〔成玄英曰：道者，四句所不能得，百非所不能詮〕！」舜曰：「吾身非吾有也，孰有之哉？」曰：「是天地之委〔付屬〕形也；生非汝有，是天地之委和也；性命非汝有，是天地之委順也；孫子〔倒乙為「子孫」〕非汝有，是天地之委蛻也。故行不知所往，處不知所持，食不知所味。天地之〔亦〕彊陽〔運動〕氣也，又胡可得而有〔省略受詞：道〕邪！」（〈知北遊〉郭 739 王 816）

按：「委和」的和是否解釋為陰陽二氣之和並不要緊，因為身體、生命、性命、子孫等都是天地的運動之氣所化成，所以這段話從氣論的角度，說明我們是氣構成的生命，但我們並不擁有我們的生命。以另一種說法來講，生命的一切事實是借給我們的，我們並不擁有：

> 支離〔忘形〕叔與滑介〔忘智〕叔觀於冥伯之丘〔喻杳冥〕，崑崙之虛，黃帝之所休〔息〕。

> 俄而柳〔借為瘤〕生其〔滑介叔〕左肘，其意蹷蹷〔急速，突然〕然惡之〔王叔岷曰：似惡實未惡也〕。支離叔曰：「子惡之乎？」滑介叔曰：「亡〔同無：否〕，予何惡！生者，假借也，假之而生〔〈大宗師〉：假於異物，託於同體〕；生者，塵垢也〔〈田子方〉：四支百骸將為塵垢〕。死生為晝夜。且吾與子觀化而化及我，我又何惡焉〔乎〕！」（〈至樂〉郭 615-616 王 647）

因此莊子曾提出，人死後才能返於「真」，活著不能。此「真」不知何指，莊子書中「真」字有六十六次，做為名詞使用的（或以形容詞指代實物、實質）都可為人或物所擁有，只有此處例外。按前兩段原文的說法，生命是假借來的，那麼借來的裝備終需歸還。「假」義為借，此處可為雙關語，借是假，不借才是真。故這段話呼應了前面無、生、死的三階段論，以生命為過渡階段，並且是借來裝備以構成生命的：

> 〔孟子反、子琴張〕或編曲〔正字作苗：葦薄〕，或鼓琴，相和而歌曰：「嗟來〔語助。嗟來猶嗟乎〕桑戶乎！嗟來桑戶乎！而〔汝〕已反其〔於〕真，而我猶為人猗〔兮〕！」（〈大宗師〉郭 266 王 250）

這個故事裏的子桑戶、孟子反、子琴張都是得道之人，所以不能以道、氣來解釋此「真」。生命為假借而死亡為不假借、活著不能返於真而死後才能的這兩個命題，僅能符合萬物互化、無盡緣起之說，以任一生命為萬物的眾緣和合，此生之死亡為眾緣散去，歸還於萬物。

若從萬物借來的眾緣可名為氣，那麼我們對這借來的氣應該要多重視呢？即使我們並不擁有氣與其所化成的生命，氣論學者仍然認為，當我們借用的期間，可以對氣整治為較佳的狀態，修養成為較佳的人，並且得與萬物相通、與本源之氣相通。不採氣論的學者則當然不這麼想。他們也許假定氣化生命帶來了某種特質，像是心靈、本性或身體的奇妙機制，這種特質不能化約到氣，而這才是我們應該去努力開發的。或是肯定在氣化宇宙之上有道、造物神、造化力、真常，而人應該嚮往那種超越的對象，氣只是塵垢（生者，塵垢也），何足懸念。

事實上莊子有若干養氣的言論，為氣論學者提供依憑，故氣論解釋與非氣論解釋之間的拉鋸，會繼續下去。下面便是他養氣的言論。

四、對氣的修養

莊子的養氣工夫有異於氣功導引之術，既不以治病延年為目標，其工夫也不使氣周行全身經絡。它偏向於人離實趨虛，捨己就氣，迎合氣的特性，利用效法氣來轉化自己：

1. 若一志，无聽之以耳而聽之以心，无聽之以心而聽之以氣。聽止〔①至。②停〕於耳，心止於符〔①符：符合，止：至。心尚與物合，則非虛而待物。②符：接觸，止：停止。心不與外界接觸。③符：怤：思〕。氣也者，虛而待物者也。（〈人間世〉郭 147 王 130，孔子告弟子顏回）
2. 真人之息以踵〔①腳跟。②氣跟〕，眾人之息以喉。（〈大宗師〉郭 228 王 205，作者自語）
3. 遊心於淡〔通憺：靜〕，合氣於漠〔清〕〔王叔岷以二句為清靜無為〕。（〈應帝王〉郭 294 王

281，无名人告天根）

4.是純氣之〔所〕守也，非知巧果敢之列〔例：比〕。……壹其性，養其氣，合其德，以通乎物之所造。（〈達生〉郭634王670，關尹告列子）

5.臣將為鐻〔鐘鼓之柎，本以木，秦始皇乃易以金〕，未嘗敢以耗〔損〕氣也，必齊〔齋〕以靜心。（〈達生〉郭658王707，梓慶告魯侯）

6.欲靜則〔以，因〕平氣，欲神則〔以，因〕順心〔郭象曰：平氣則靜理足，順心則神功至〕。（〈庚桑楚〉郭815王911，作者自語）

以上各條如以實踐手冊來衡量，是極度語焉不詳的，所以學者對莊子的養氣工夫大力做了許多補充，其共同的方向大概在於回歸構成我們身體最底層的基質，也就是氣。這其中有可商酌者，下面討論兩條。

畢來德（Jean François Billeter）二〇〇九年與二〇一一年兩度來臺灣發表他的莊子研究心得，並與學者交流。他發現臺灣主張莊子哲學是氣論的學者太重視心齋這一小段話：「對與會朋友來說，這幾句話是經典中的經典。他們把它們認定為莊子思想是一種氣化哲學的證據。」（2012: 30）此一對臺灣學術的觀察甚為真確。畢來德的冷眼旁觀是一番諍諫，促使我們反省，從心齋原來做為政治遊說術的用途，到將它膨脹為入聖之道，其間的距離是否太大。韓非更重視政治遊說術，闡發得也更全面，他說最難的是看穿所說對象之心，彼之心意有種種形態，常與彼口裏宣說的不一致，如果遊說者只聽彼言而回應，不當其心，則遊說必不成（《韓非子・說難》）。怎樣才能知彼人之心呢？韓非的修養論也要儲積精氣，精氣旺盛則思慮明晰，思慮明晰則視野擴大，能顧視彼人的言行而歸納其偏好傾向，善察其人際交往而分辨權力影響之關係，研判議題的性質而洞明其中的利害，然後可以不受彼人言詞之遮蔽，斷定彼之真實想法為何。在韓非的思想中，精氣多寡造成思慮的惛明，欲以思慮之明逆所說對象之言而當其心。莊子的思想是用心專一而非用思專一（見下面介紹錢穆的研究），故政治遊說之道與韓非宜有異別。莊子亦同意所說對象之言不可靠，故欲毋聽之以耳。欲毋聽之以心，意味不主動廣蒐資訊，用思慮研判。欲聽之以氣，是因為氣最為虛而待物，所以我卸下我的一切想法，空明其心，則彼之氣質神韻、心理心情，將如實感應到我的氣息機制，彼避重就輕、言不由衷之詞，可以從眼神、臉色、語調、肢體動作的細微變化偵知，任何矯飾隱藏都無所逃於我的法眼。然後我便能設計最佳遊說言辭，既為彼之利益打算，也能保全其國與其民。這是我對心齋在〈人間世〉文章脈絡中所提的理解，至於氣論學者想將心齋擴大成為人與萬物、宇宙、甚或本體產生關聯的哲學學說，則莊子對這個大題目有其他更加直接的理論探索，捨彼等明顯的諸說不加少顧，而獨愛這非直接討論的一味，是為偏執，尚何侈言虛而待物、虛以聽言哉。

心齋說尚處於紙上談兵的階段，不知實行起來果能化解遊說遭遇之困難、達成遊說之目標否。若要看理想的遊說活動如何進行，與得到好結局，則莫如〈說劍〉篇。此篇的故事是趙文王好劍，荒廢政務，三年而國衰，太子患之，左右乃薦莊子於太子，莊子對王以劍為喻，說天子劍、諸侯劍、庶人劍等三種好勇之道，王聽畢，對劍徹底失去興趣，所養的三千劍士較藝相擊，三個月內都死光了。莊子在故事中「入殿門不趨，見王不拜」，以倨傲之姿先奪聲勢，然後滔滔不絕發表一篇備好的演說，完全折服趙王，整段遊說過程的主體是莊子向趙王單向進言，所以不論聽之以耳、聽之以心、聽之以氣，莊子一點都未摻用。莊子成功的原因是他套用小大之辯，小大之辯以鯤鵬之恢弘對比鴳鳩之淺狹，而他也以王天下的大欲昇華趙王，使其鄙厭匹夫之小勇。若趙王真能一海內，併天下，則莊子當可再次進謁，以他的談鋒誘勸趙王厭棄天子之位，猶之堯有新的覺悟後，「窅〔通窵ㄇㄧㄢˊ：不見〕然喪其天下焉」（〈逍遙遊〉）。拉回本題，是莊子的成功遊說中看不到心齋的痕跡，是則心齋是否有益於政治遊說，尚在疑似之間，而將心齋當成聖人修道必由之徑，則更是脫離其原訂的用途，其能有何效驗，我很想知道莊子會作何推論。

第五條是木匠梓慶在山林中尋找長得像敲鐘槌的木料，加工後槌之完美（或自然）使人驚嘆為鬼神之工。梓慶說他任事之初，未敢耗氣，先靜心齋戒七日，然後進山林以最高標準挑選木料，形狀稍有不合者即捨棄，一定要找到天然形狀相合的，才加工完成。這裏所說的尋找材料和加工前後蓄氣和齋戒息心之工夫，似有文章家飾辭誇大、脫離實際之嫌，我們可以拿我們熟知的例子來參證。臺北故宮博物院受大眾目為鎮館之寶的翠玉白菜，除了是依天然的綠白二色雕成菜形以外，別無其他特點，如漢寶德便說它的大名完全來自於它的肖似：

> 這棵白菜是因料刻成的，綠的部分刻為菜葉，白的部分刻為菜身，由於刻工好，唯妙唯肖，可以亂真。可是它真正的「國寶」價值在那裡？我實在琢磨不出來。……

> 其實翠玉白菜只是一塊美玉而已，在經過雕鑿後才是文化的產物，它的藝術價值端視雕刻的文化內涵而定。很不幸，這樣一塊美玉，因為形似白菜，就被雕為缺乏文化內涵的白菜。它充其量表示了即使帝王也知道「菜根香」的道理，而真正的價值不過是：
>
> 「啊！你看，它多像一棵白菜！」（1996: 19-20）

我很難想像清宮玉匠面對送入宮中的玉材，需先費工夫蓄氣和靜心齋戒，才能慧眼獨具，相中一塊半綠半白的玉材，又憑著充沛而靈明的精氣大施雕工，刻了白菜還添上一隻蚱蜢。雕刻時當然要專心壹意，但是任何事情做好都需要專心壹意，沒有氣論學者所說的神妙偉大。

臺北故宮博物院與翠玉白菜齊名的還有肉形石，這種天然肖似某形某物的礦石並不難得，決非獨一無二，如漢寶德所說：

> 記得有一陣子，大家到「故宮」去參觀，首先要找的是一塊豬肉，那一塊天生的石頭，是不是玉，沒有人追究，但真正與一盤紅燒五花肉無異。後來我在一位收藏家處看到一塊，他說可媲美「故宮」的收藏，甚為得意，但在我看來，只表示中國人的低俗而已。在地質學上，由於億萬年層層的累積，有很多類似豬肉的石頭，也有各種各種象形的石頭，但這是小孩子玩意兒，不能登大雅之堂的。（1996: 20）

臺灣現在有人以挑揀有收藏價值的礦石為業，他們工作靠經驗和眼光，不是蓄氣和齋戒。所以莊子說梓慶蓄氣又齋戒七日，只為做一隻敲鐘槌，如果不是故意神乎其辭，至少也是持牛刀割鷄，不必費此工夫就可以做出萬萬人讚美崇拜的作品。

五、遊於氣、乘雲氣

莊子稱引氣時有個獨特處，是將氣融入他的逍遙論。「逍遙於天地之間」（〈讓王〉）和「遊乎天地之一氣」（〈大宗師〉）意境相同：

> 彼〔孟子反、子琴張〕方且與造物者為人〔偶〕，而遊乎天地之一氣。（〈大宗師〉郭 267-268 王 250，孔子語弟子子貢）

按子桑戶、孟子反、子琴張三人相與言曰：「孰能登天遊霧，撓挑〔挑：撓。撓：動〕无極？」（〈大宗師〉郭 264 王 250）這「遊乎天地之一氣」的話並不玄妙，乃指「登天遊霧」的意思，而人類當然不能肉體飛昇，登天遊霧，所以這是況喻某種精神境界。

又說乘天地之正與御六氣之變，王叔岷對此解釋得不是控馭氣流，錄之以備參考：

> 若夫乘天地之正，而御六氣〔陰、陽、風、雨、晦、明〕之辯〔變〕〔王叔岷曰：二語謂「存天地之真淳，應節候之變化」，亦即「內存真我，外應變化」之意〕，以遊无窮者，彼且惡乎待哉！（〈逍遙遊〉郭 17 王 17，作者自語）

又有乘雲氣之說，以下的第一條是形容神人，神人或非人類。第二條是關於至人，處於火中不能熱，處於乾旱中不能寒，似亦超乎人類秉賦，然而〈達生〉篇關尹向列子解釋「至人潛行〔入水〕不窒〔塞〕，蹈火不熱，行乎萬物之上而不慄」，云「是純氣之〔所〕守也」與「壹其性，養其氣，合其德」以至乎彼（〈達生〉郭 634 王 670，見上小節所引），與本條互相發明，則本條「乘雲氣，騎日月」云云，需與氣論有關。第三條以龍比喻老子，故據第二、三條可推知，乘雲氣乃聖人能力或境界的況喻詞：

1.藐〔通邈：遠〕姑射之山，有神人居焉，肌膚若冰雪〔脂膏〕，淖約〔好貌〕若處子。不食五穀〔①稻黍稷麥菽。②黍稷麻菽麥〕，吸風飲露。乘雲氣，御飛龍，而遊乎四海〔《爾雅．釋地》：九夷八狄七戎六蠻，謂之四海〕之外。（〈逍遙遊〉郭 28 王 24，肩吾引接輿之語）

2.至人神矣！大澤〔藪曰大澤，藪：密生雜草的湖澤、沼澤〕焚而不能熱，河漢沍ㄏㄨˋ〔涸〕而不能寒，疾雷破山、〔脫「飄」二〕風振海而不能驚。若然者，乘雲氣，騎日月，而遊乎四海之外。（〈齊物論〉郭 96 王 80，王倪告齧缺）

3.龍，合而成體，散而成章，乘乎〔郭慶藩本無此字〕雲氣，而養〔通「翔」〕乎陰陽。（〈天運〉郭 525 王 536，孔子語弟子）

莊子逍遙論充滿了高曠邈遠弘大虛玄之辭藻，那些都非人類實際能做到的，所以勢必從比擬的角度來理解之，而詮釋上就眾說紛紜了。最根本的分歧是此種境界是否得自於氣的修養，氣論學者認為一定是，而不採氣論的學者則認為毋需是。

原文探討（二）：精與神

莊子書中「氣」字出現四十六次，而「精神」出現八次，「神明」出現七次，「神氣」出現二次，「精」做為名詞與形容詞單獨出現三十四次[33]，「神」單獨做為名詞有三十九次[34]，其中很多不涉及氣論。

這裏我想介紹錢穆對老莊「精」與「神」用字的研究。他說《莊子》內篇的「精」字是用心專一之意，這是將心知集中於一件事物上，不管其他事物為如何。道小者如庖丁將心知集中於牛、痀瘻丈人將心知集中於承蜩，知不分於外物，道大者如藐姑射山之神人，心知凝聚於道，不肯以物為事。儒家如孟荀亦重專一，惟他們是要用思專一或精思，異於莊子之用心專一。莊子主張不能用思，令心於道「獨知孤明，此即謂之『神』」（1998: 235）。「神」是內心達到專一狀態、盡忘萬物時的形容詞（本段見 1998: 228-242）。

《老子》言「精」則為氣之精或氣之一，是天地間一氣的內質與人體中的精氣（1998: 246-248），言「神」則沿用鬼神之舊誼，或以先天混元一氣神變無方、化生萬物，而謂之為神（1998: 251-254）。

《莊子》外雜篇的「精」「神」二字有多種用法，且還出現精神、神明連文的詞彙。「神」在很多地方與內篇一致，指心知之精一，這特別在形神對言、性神對言、德神分言、神知互言、神心互言、神明互言時為然（1998: 254-258, 262-263, 268-270）。另有時用法有歧義，既可指心知，也可指天地自然（1998: 265-267）。

「精」指氣之精，如天地之精、山川之精、六氣之精、物之精，以及形與精對言時的精（1998: 249-251）。

「精神」連文，有時指心知，此時等於單一「神」字（1998: 259-261）；有時有歧義，既指心知，亦兼指「大氣之元精」，以人心之明與神由大氣之元精而來也。後一用法「不僅人心有精神，即天地大自然一切萬物，亦復莫不有精神，而人心之精神，即由天地大自然一切萬物之精神來」，「宇宙間乃有一種精神存在」（1998: 264-265，引文見265）。

「神明」連文，有時指心知（1998: 260-261）：「『明』者，指心之有所照見；『神』者，指其所照見之無不徵。」（1998: 270）然亦有時神明自外而入於人（1998: 267），天地間有此神明存在，神屬天，明屬地。錢穆特別指出，天地間有此神明存在，與天地中先有此精氣，兩種思想不同，他認為前者是受到儒家（如《小戴禮記》諸篇）影響的痕跡（1998: 271-272）。

以上介紹錢穆的研究是要說明一個研究方法的問題。很多重視莊子之氣論的學者，傾向於不經辨別，將精與神一概視為氣論的概念，可是如果返歸本文，體察上下文脈，則許多地方並不顯然有氣論的背景。這也就是說，學者先形成對莊子哲學的整體判斷，認為氣論是莊子的理論基礎，然後以這個全局判斷來理解全書中的相關字詞，而不是先分析字詞的含義，再綜合判斷氣論在莊子哲學中佔了多少比例。這是兩種研究方法，錢穆慇懃的遵循第二種，一方面挑揀出顯然是氣論的用法，另一方面又從文章中拈出心知的解釋，可以平實的通讀文句，不需要拌入任何理論背景。這既避免了曲解的危險，也不強讀者先接受一個詮釋架構，而是平心靜氣的讓莊子的全貌逐步呈顯出來，這不僅有研究方法上的優點，且還創造閱讀的怡趣。

其他立場對氣的詮釋

莊子顯然吸收了戰國時代流行的氣論，但是氣論是否在他的哲學中佔據核心地位，則學者尚未達成一致的判斷，連帶的氣是否為本體，與氣是否可做為人的主體性，也有可辯的餘地。不接受氣論做為莊子主體理論者，對莊子的氣論有以下的處理方式。

第一種是將精、神等當做形容詞或比喻之詞。前面我已較為詳細介紹了錢穆的研究，很多學者都與他見解相同。王昌祉說「心齋」理論中的氣是「比喻我們的精神態度、精神境界」（1961: 119），對「通天下一氣」他質問：「遊於這樣的臭腐神奇所混合的一氣，再有甚麼消遙超卓的意義？」（1961: 118）徐復觀認為，若以氣為主體，只能成就塊然的生理生活，開不出莊子所要的精神境界（1969: 381），因此他推定，莊子說的氣「只是心的某種狀態的比擬之詞」（1969: 382），精是用來形容「從沒有受到外物牽累之心所發出的超分別相的直觀、智慧」（1969: 388），神是用來描述「心之精所發出的活動」（1969: 387），或更簡易的規定：「莊子把心的作用也稱之為精神。」（1969: 407）徐復觀影響到陳鼓應和黃漢青，陳鼓應對心齋說解釋云：「『氣』當指心靈活動到達極純精的境地。換言之，『氣』即是高度修養境界的空靈明覺之心。」（1983: 117 註 3）黃漢青說：「氣是心靈的一種狀態，一種不以任何知巧、定見、執著把握萬物的狀態，讓萬物自然地臨照並如實地顯現。」（2007: 142，他同意徐復觀，見138。）林鎮國對心齋說中的氣說：「『氣』並不是指形而下的生理之氣，而是對道心之虛靈狀態的具體描述。」（1978: 451）葉維廉說神是「斷棄自我外加在現象上的思維系統」之後，「我們的心進入了物象內在的機樞和活動以後的狀態」（1980: 251-252）。劉若愚說：「莊子用『氣』和『神』這兩者所表示的是『精神』，或一個人藉以了悟『道』的那種直覺的、超理性的能力。」（1981: 58）此外，沈清松說：「莊子有時亦以精神稱呼真宰的發用，……所謂精神乃真宰上合於道，下發為靈府之境界的總謂。」（1987: 381-382）

以上學者認為精、神是形容心對萬物的理想把捉方式，而畢來德則認為是人自身的機制轉換。他說「氣是一種完全開放的虛空」，是自我知覺的退場（2009a: 85），使自己進入虛空（2009a: 86），而其結果便是身體進場（2009a: 87）。「神」字依上下文而作不同理解，有時是「自發的活動能力」，有時是「精神」（2009a: 35-36），有時是「行動者本身那種完全整合的動能狀態」（2009a: 9）。

第二種方式雖接受氣有實質，但堅持以心使氣，藉以維持心的主體地位。唐君毅說：「由心齋之功，至於至虛，只有氣以待物，仍是此心之事。」（1986b: 369）傅佩榮一方面肯定莊子的氣為萬物的原質，由氣而可言天人合一，但他認為這是莊子為泯除自我所採的權宜之計，在另一方面莊子肯定人有精神主體，「遊」的活動是更高意境的天人合一（1985: 248-249）。王邦雄從「大塊載我以形，勞我以生，佚我以老，息我以死」（〈大宗師〉）之話，推論「我」是受生受死的主體，故生老死等生命階段並不真的影響「我」，「在有生有死的形體上，存有一不死不生的生命主體」，這個生命主體也就是心（1999: 248）。金鵬程（Paul Rakita Goldin）的見解與王邦雄相同，但用更堅定的語調宣示莊子有身心二元的思想，也即身體可物化為鼠肝蟲臂，但心是無形質的，在身軀死後繼續在沒有物理特性（時空）的所在長存。子輿「陰陽之氣有沴，其心閒而無事」（〈大宗師〉），可見肉體變形完全不影響心理過程。子輿又說：「化予之尻以為輪，以神為馬，予因以乘之。」（〈大宗師〉）「神」屬於會變化的東西，但子輿的主體仍然可以冷靜理解狀況，做最佳處置。莊子夢見空髑髏向他保證死後有南面王樂（〈至樂〉），他自己也向惠施說亡妻「人且偃然寢於巨室」（〈至樂〉），死人仍有某些部分可以長存，並未化成他物（2003: 226-231）。

第三種方式是郝長墀提出的，他認為戰國中期流行精氣論，於是莊子便拿來做為第二階段還原的對象，對其真偽存而不論。所以莊子並不需要相信精氣論，他只是因為當時人的存在主義關懷是用精氣論的形式，才對它加以還原。不同時代的人對自己的存在主義關懷會用不同的理論，莊子站在世俗的角度也都可以接受。所以精氣論只是過渡，不需執為定論（Hao 2006: 455）。

氣化主體優缺點之辯

二〇〇九年十一月三十日、十二月一日中央研究院中國文哲研究所由何乏筆籌辦「若莊子說法語：畢來德莊子研究工作坊」，促成畢來德與臺灣學界認識，發表其莊子研究心得。臺灣學界因較習知氣論哲學，故不論是否贊同莊子為氣論哲學，都容易將畢來德的身體主體論聯想到氣論，他本人卻覺得他的莊子詮釋不必與氣論相貫通。二〇一一年十一月何乏筆再度籌辦工作坊，邀請畢來德與臺灣學者做非公開的密集討論，畢來德撰〈莊子九札〉一篇，為自己與氣論劃清界線，且對氣化主體多所批評，而臺灣學者中間，賴錫三的〈身體、氣化、政治批判：畢來德《莊子四講》與〈莊子九札〉的身體觀與主體論〉長文既強化了氣論的詮釋立場，也對畢來德不願接納氣論提出批判。是以我們得到了對氣論極盡無情的攻訐，與為氣論的強力辯解，這為不習慣做正面交手的中文學術界留下了可貴的記錄。下面我不擬備述畢來德與賴錫三交鋒的所有論點，但是想對兩人辯論中涉及氣化主體的優缺點，提出我的看法。

畢來德對莊子提到氣的文字轉移其意義，賴錫三站在支持氣論的立場，認為萬萬不可：

> 畢來德單要將〈人間世〉的「心齋」之氣給解構掉，恐怕不容易說服讀者，就算他的解釋有其深刻的用意，但其他〈內篇〉的氣論文獻，又該如何化解？更不要說連著〈外、雜篇〉的文獻一起看。（2012: 89）

觀其理由，是《莊子》全書有數處對氣的論述，就算能對〈人間世〉的「心齋」之氣轉移其意義，其如他處何？但是這裏我們宜區別氣在生成論中與在休養論中之不同，生成論中的氣是大家沒有疑義的，可休養論中的氣是另一回事，從注疏到現代學者不管對莊子的詮釋立場多麼不同，常見到對休養論中的氣只取其性能，不取其實質。賴錫三的意思，若是想以生成論的氣來強迫休養論的氣必須理解為實體的氣，他人不會接受。

休養論中的氣究竟應否也認作為實，取決於莊子哲學的整體性格為何。賴錫三認為氣論是莊子哲學的第一義，莊子的一切論述都由氣論賦予意義：

> 就筆者的理解，氣的存有面向或存有論意義還是第一義的，不可解消，否則《莊子》的身體觀、心性論、工夫論的理解，便難以充盡或被淺化。（2012: 95）

其實每位學者為了替莊子的哲學整理出體系，都必須在眾多概念間決定理論的層級，而莊子哲學究竟以何為第一義，現實情形當然是眾說紛紜。氣論學者以氣論為第一義，僅能做為自我立場的宣示，而不是莊子哲學客觀上如此，如張載、王夫之的情形，人人皆無爭議。

畢來德關於「第一義」的思維有另一種批評，是認為沒有任何思想可以符合莊子哲學的全部：

> 氣的概念在莊子當中的確出現過，但是不能因此把全部莊子哲學歸結為氣論。因為第一，《莊子》沒有一體性，可以從這一角度加以闡釋的段落也不多。而且，在書中最精彩的部分，一般被認為是莊子本人作品的，比如〈齊物論〉，也沒有這種理論的一體性。（Billeter 2012: 13）

我想大力贊成畢來德此一意見，我在本書末章將莊子哲學比喻成百寶箱，類比於物理學的M理論和大藝術家風格百變的創作，以及為莊子提出實存可變換的主體論，就是在博覽莊子研究以後，發覺沒有任何詮釋立場可以對莊子哲學做到一體化的解釋。

賴錫三為了強化氣論是莊子哲學的第一義，提出存有本身（他稱為「大寫存有」）來做擔保，他說：

> 畢來德只願回到身體自身來談，這個身體……帶有他所謂：能力／潛力、已知／未知、意識／意識不到的力量總合可能性。雖然畢來德時而將身體領會為「沒有確鑿可辨的邊

> 界的世界」，……筆者認為畢來德上述觀點中的「世界」實為虛說，他並不願真將身體主體敞開到所謂的「世界」中去（這就類似他不願將《莊子》的身體敞開到「道」、「天」、「氣」來解釋，反而是要以身體來消化這些帶有形上學嫌疑的概念），……所以他的身體觀之世界說，最多只隱含身體在當下的狹義情境狀態（環境），絕不願將身體敞開於所謂「存有開顯」意義下的世界。換言之，畢來德的世界並不關連於海德格的「大寫存有」。（2012: 82）

賴錫三吹響批評的號角後，用了很長篇幅發揮梅洛龐蒂（Maurice Merleau-Ponty）的肉身主體論，闡述「獻身於世界而存有」與「世界在我肉身的中心」（2012: 83-88）。在我看來，其論述有兩個疑點。第一，莊子是否關懷形而上的存有本身，這在學者中間也是聚訟的問題，不能以此評量任何詮釋對或不對。我們可以承認，某種詮釋的說法涵蓋了存有本身，因此更加豐富，或更有價值，但是它是否相應於莊子，則是未定的。第二，如果要證明這種詮釋的說法於莊子中間有相應，則賴錫三以「天地之一氣」、「物化通達為一」代指存有本身（2012: 87, 88），並非最直截的解釋。莊子還有道的概念，氣論的立場以氣為道，可是道論的立場以道為宇宙萬物的本體、為第一義（如李大華 2001: 57），或以之為形而上的存有本身，以氣為形而下的介質，道經由氣而化生萬物（如曾春海 2010: 262, 266），或至少以道、氣為上下級概念（如李存山 2001: 37），此種道氣安排恐怕還更加直覺些。因此，提出存有本身，與其說擔保了氣論，不如說更擔保了道論。

賴錫三提出另一擔保，是合一和一體：

> 事實上，就算能完全摒棄《莊子》的氣論文獻不談，《莊子》仍有與「一」相關的可觀文獻，容易被解釋成「同一性形上學」；就算不被視為思辯性的（同一）形上學，也可能被視為實踐體驗的同一性形上境界。假若畢來德更為激進而徹底，他或許也應該考慮不只將氣的文獻消解，也要一併將《莊子》與「一」相關的文獻都給予消解轉化，否則同一性形上學的幽靈似乎難以根除，但這恐怕是不太可能的工程。《莊子》不管〈內、外、雜篇〉都充斥著與「天地並生，萬物為一」相類似的「整體性」、「一元論」之體會描述，那是從《老子》以來便極為顯題化的超主客物我經驗。（2012: 90）

此處的批評小看了一的概念，賴錫三以為一只能解為合一，我在本書第二型解釋了一可有齊一和合一的兩個意思，而莊子傾向於齊一，不是合一。另外也小看了將一消解掉的可能性，我也舉出了許多學者對一發明了違反直覺的解釋，目的都在於為莊子賦與一個一貫的體系。因此，以合一和一體為擔保，以保證氣論是唯一正確的，這也行不長遠。

莊子哲學的藝術面向在主張氣論的學者看來，應歸功於氣論，如楊儒賓說：

> 莊子的藝術創造精神建立在氣化的主體上面，氣化主體也可稱作形氣主體。……簡單地說，氣化主體的莊子也是表現性主體的莊子，他強調下列的表現性格。在道體與萬物的關係上面，莊子強調：一、道體是氣化的，不斷生起的，它不是虛無意義的無，也不是

> 絕對在其自體的無，「道樞」、「天鈞」隱喻的意義在此。二、氣化聚結而成萬物之後，萬物本身有種始源的和諧美感，此美感在空間相上呈現一種有意義的形式（理）；在時間相上呈現一種有節奏的韻律格式（和）。自然內在本身即有價值，價值非外加的。（2012: 139）

此說排除了其他詮釋立場能與莊子的藝術面向有任何關連，實在過於托大。「萬物本身有種始源的和諧美感」三句的命題，在莊子書中是否有相應文句，也不明顯。賴錫三較為細膩，他舉出牟宗三和徐復觀也暢談莊子的美學心靈，所以認為氣論與非氣論的詮釋差異，在於前者是動態美學，而後者是靜態美學：

> 體道美學必會是氣化流行的動態美學，也會是身心一如的聆聽參與之活力美學，而不是偏向純觀照、唯心靈的靜態美學。（2012: 61）

此處動態與靜態之分，來自於西洋思想對於行動的生活與觀照的生活之分，但是賦名並不意味前者優於後者，或比後者更加豐富。西洋區分下之行動的生活與觀照的生活兩者是不重疊的，可是對莊子而言，行動發自於心意，行動的體驗與結果又可反饋給心靈，供心靈所觀賞。莊子的巧匠故事都有專心一意的成分，所以藝術的心靈不只是存於逍遙、遊氣的時刻，而是當身體實踐之時、意識也存在之際，便有意識中的審美活動。賴錫三可以說氣化主體與畢來德的身體主體是身心一如，卻不可說牟宗三與徐復觀以為審美是身體靜止不動下的心智活動。他可以說牟、徐的審美不是身心一如，卻不可說他們的審美沒有與身體協調的成分。

現在我們轉過來看畢來德的立場，他對氣化主體論的批評，是認為它的經驗性例證不足，且又過於一致：

> 我的臺灣朋友們認定「氣」論是可以說明主體的自由性的。然而，他們為說明自己的想法而提出的例證，無一例外，都屬於同一類經驗，即對我們自己和外部世界連續、一體，甚至融合的經驗感覺。具體說，是靜坐、對外界的詩意體驗或高超的技藝，像功夫練習那一類的例子。在他們看來，這些就是明證，就已經證明了主體與氣是分不開的，假如分開也只是一種幻覺。
>
> 這種主體的概念，在我看來，是一個貧瘠的綜合。它當然也聚集了不少可供觀察的現象，但是只摘取了人類經驗中的一些元素，而忽略了另一些元素。而一個恰當的主體概念，應該能夠盡可能說明我們經驗的全部，包括其中的悖論與非連續性。也應該能說明我們抉擇、創造事件、開創新局的能力。（Billeter 2012: 13-14）

畢來德對氣論論述特徵雖然寥寥數語而入木三分，然此不足以為氣論病。不同的詮釋立場本就各有其利於解釋的經驗，有的能解釋得多，有的能解釋得少，可是數量的多寡不如性質的差異來得重要。畢來德的書雖然善於引徵人類身體的活動與意識的省觀，和充分發揮生活化語言的說明能力，看似鮮活富有，相形之下其他解莊的書籍未免偏枯乾澀，然而他的身體主體論也有難以解釋的文句，需要讓給其他詮釋立場來發揮。任何體系一貫的莊子詮釋，都無法涵蓋經驗事實中所有的悖論與不連續性，畢來德自己也不例外。

畢來德另一個有爆炸性的批評，是認為氣論提出宇宙秩序有個本源，無助於個人自主性，壓抑分化和多元，而在政治上有利於皇權（2012: 18-21, 23-25）。此一批評對於臺灣學界來說，是壓根兒都想不到的奇見。我對於多元為什麼是絕對的價值，以致任何聖人境界都不可取，以及按照氣化哲學來做就會握有政治上控制他人的大權，這裏的控制管道如何實現，抱持懷疑，在畢來德能將批評說清楚之前，應該不值得評述。

關於畢來德與賴錫三就氣論的辯論，我得到的簡單結論是：賴錫三為強化氣論所找的理由和提出的優點不成功，畢來德為反對而找的理由和提出的缺點也不成功。這對氣論的意義是氣論沒有被打倒，可是也不能升格成為壓倒諸說的最勝理論。

另外還可以從此次辯論提出兩點心得：第一，研究莊子時不要太過自信。定型的詮釋理路不見得符合莊子文句的原意，還有很多莊子的重要概念都容許詮釋上的創新。多讀他人研究，多探索詮釋上的可能性，和多從生活經驗出發以謀求古代哲學能從現代參照系統所理解，比起強化和拓深已經定型的詮釋立場，是更好的路子。第二，莊子哲學的確充滿悖論和不連續性，如果不要口惠而實不至，則應該超越任何一種一貫的詮釋立場，嘗試去建構沒有一致性的詮釋。本書即是朝這個方向努力。

中文學術著作中討論與批評他人研究的風氣不彰，至於捉對筆仗，更由於顧忌爭執會影響私誼，造成學者謹慎再三，不輕易與人一對一辯論。畢來德因來臺作學術交流，意外與臺灣氣論陣營的學者做了場辯論，這和他是「外國請來的和尚」很有關係，雙方才免除了忌諱的拘束。他訪問過後，辯論是否有慣性力量能延續下去，則未能樂觀。如果雙方未能繼續藉機深耕自己的立場與聆聽對方的意見，對學術進步便無所裨益。其他眾多莊子詮釋更還留在孤僻隔絕的狀態，無肯互相砌磋，這顧忌論戰的魔咒施於學界，還看不到止期。

第六型 造化

莊子關於宇宙萬物起源與生成的學說，有道生、自生、神生、氣生等說，已如前三章所述，而諸說都可取道於另一個觀點，看成為造化說。

莊子書中化字有九十二個，變字有四十七個（包含「變化」五見），轉字有五個，明顯有變化意義的字還有遷、改、更等，有變化之義訓的字包括辯（王叔岷 1988: 20-21 註 13，以下釋義均見此書）、流（29 註 6、1046 註 7）、代（56 註 2）、遯（228 註 14）、物（254 註 16、303 註 18、754 註 14）、駭（261 註 11）與駴（1085 註 4）、渝（512 註 15）、移（670 註 14）、傳（724 註 20）、反（1209 註 5）等。尚有化字（本字為匕）譌為亡字的情形（55 註 10）。詞彙或形容語表達變化之意者，如轉徙（265 註 4）、推移（626 註 17）、徘徊（1202 註 17）、宛轉（1333 註 6）、連犿（1347-1348 註 14）、行流散徙（519 註 7）、一龍一蛇（723 註 16）等皆是。這些字詞泛用於各方面，像是臉色的變容、行為適應上的改易、禮樂制度的變遷等，而有些是關於萬物的化生與轉化。更直接的話像是「物化」三次、「與物化」四次、「萬物化」二次、「萬物化作」一次，故「化」的概念的確可以做為物所以生之一說。

莊子對於化，有時亦講不化，所以人的主體性是落在化還是落在不化，並無簡易的答案。以下將主張人的主體性是化的學者見解集為本型。

各家摘要

錢穆以為老莊的道論非常不同，老子以道為萬物之始、萬物之所從生（1998: 26），莊子則以為造物無主（1998: 42），萬物以「自然之時化」為法則，莊子將此名之曰道，亦曰天（1998: 45），亦曰造物者、造化者（1998: 180）。萬物之所以各有時程而變化，乃根於一氣之運行（1998: 54, 93, 181），此運行本身亦名為道，道即萬物「遷化之大體」（1998: 98, 185）。凡物之成體，均從他物假借而來，而暫成其體，然則在其所假於它者之外，仍還有物之自身否?此一非假於它者，莊子稱之為真，真是「物之內充自有義」。莊子言真君、真宰，似是承認有此真，然萬物既皆假於外而暫成，則屬於萬物之自身者，只剩「此物自身之成毀存亡之一段經歷，即所謂此物之化者，乃始為此物之所獨擅」。萬物之成毀存亡經歷是各自獨特的，「宇宙間固無異物而經同一之歷程以為化者」，每一物之化皆為每一物所獨有，亦由此以見物之相異（1998: 176-178；另參 217）。不假於它者的屬己之真，又因角度不同而有異名：「其由天言之則曰『道』，其由人言之則曰『神』，其由確有諸己而言之則曰『德』。此三者，皆可謂之『真』。形者其體，生則其神，在天曰道，在人曰德，此其所由言之異也。」（1998: 178）又名真君、真宰、卓（語出〈大宗師篇「而況其卓乎」〉）（1998: 242-243）。總言之，真人「僅是能隨順大化而不失其獨化之真者」（1998: 178）。最後，錢穆認為真或物化乃獨立於形下之物而存在：「莊子『真』字即指化，不指由化所成之物，『物』則僅是由此獨特之化而見若有物耳。而此『獨化之真』則非物也，故不可見，而亦不與物為俱盡。」（1998: 178）

孟旦（Donald J. Munro）說道家思想的道是關於變化的形上原理：「早期道家思想中的道是變化中的永恒本質（entity）。……我們最好把道當成變化的原理，因為這樣的話，就可以把事物在它們必然轉化中所遵循的途徑看成是常的。西洋觀念認為變化的法則是常的。再者，宇宙沒有目的，事物不為任何終點或目標而變化，它們只是按照一種有規則的方式而自然（spontaneously）發生。」（1969: 122-123）「宇宙間的每一物都體現了一條永恒的形上原理，此原理決定了它的本性——或可說，決定了它會經歷的諸種變化。」（1969: 124）這個意義的道是內在於萬物的，故也內在於人，可以用不同的名詞來說它：德是內在的生命原理，使物得以存在、生長。真宰是形容生命原理能決定形體的變化。常心則表示了生命原理是人的秉賦之永恒部分，且不能以人心所區分的那些品質來描述（1969: 135-136）。人只要能拋開做評價的心，他就只剩下內在的永恒原理了。他寬待一切事物，是因為他學道以後，瞭解到事物的每一屬性都在變化，所以都很短暫，不值得愛戀。而且他還能神秘的與這些變化交融為一，調整自己以配合他偶然遇到的任何事物和處境（1969: 144），決不會為了任何目的而作為，這是因為道沒有意識和目的，所以如果人有目的的話，就不順應道，不能和諧於世界的變化（1969: 142）。

吳怡一九七三年的小書《逍遙的莊子》常寫到「真我」，但沒有清楚申述內涵為何，至二〇〇〇年《新譯莊子內篇解義》仍然如此，所以這裏僅摘取他零星有關於造化的說法。他認為生命、生死是自然的過程，莊子能臨死不悲，是「由於他在物化中，找到了不化的本體，這個不化的本體就是獨，也就是真我」（1973: 109）。換種方式來說，人與萬物有三方面的存在：時間、空間、與性體。就前二者而言，即使天地也是有限的，與萬物相比，就像彭祖和殤子一樣，雖然耐久了點，仍然有始與終。可是就性體而言，則天地、我、他人、萬物同有一個「生」之體（2000: 100-101），這「生生不已」的性體就相當於前述的真我、獨、不化的本體。莊周夢蝶的故事精采解釋了覺悟的階段和境界，可以透過青原惟信禪師的譬喻來解說，以山代莊周，以水表蝴蝶：

一、**昔**〔借為夕：夜〕**者莊周夢為胡蝶，栩栩然**〔自喜之貌〕**胡蝶也。自喻**〔通「愉」〕**適志與！不知周也。俄然**〔而〕**覺，則蘧蘧**〔本字作矍：驚動貌〕**然周也**：這相當於未求道以前的「見山是山，見水是水」，做莊周時只知做莊周，夢蝴蝶時只知做蝴蝶，都只知自己，未達物化之理。

二、**不知周之夢為胡蝶與，胡蝶之夢為周與**：莊周開始反思了，開始懷疑他自己也許在蝴蝶的夢境中，蝴蝶才是真的。推論下去，則莊周夢見蝴蝶，與蝴蝶夢見莊周，兩者可能性相等。這是求道階段的「見山不是山，見水不是水」，由於通了物化之理，所以懷疑自己的真實性。

三、**周與胡蝶，則必有分矣，此之謂物化**：陳壽昌注「以本真論，必有分別」與「但言物化，真我自在」，證悟真我以後，雖然自己究竟是莊周還是蝴蝶的問題尚未解決，但是自己對這問題已經不關心了。因為莊周有莊周的真我，蝴蝶有蝴蝶的真我，不管時值為莊周或蝴蝶，既有各別的真我，則安於自己時值之形體與真我即可。這是覺悟後的「見山只是山，見水只是水」，將莊周與蝴蝶各歸付各。兩者之間，當然還時有互化之機，但是體悟之人知道化生的動力就在真我、性體內，所以安時處順，化與不化，兩均安之（1973: 125-128; 2000: 116）。以上對於莊周夢蝶的解釋，稍有超出吳怡的本義之外，惟應無違他的思想。

王煜認為真宰為「若有」而真君為「實有」，真宰用以指謂自然界萬物的主宰，可是事實上並無此種主宰，只有萬物「接受自然的稟賦」而生具「龐鉅的驅力，彷彿存在著真實的主宰，發出碩大無比的驅力」，故感覺似有一真宰。整個自然雖無主宰，人卻有心靈以自作主宰，稱為真君，這是實有。莊子「對客觀方面的創造者或造物主既不肯定，亦不嚴謹地否定，惟獨肯定每人主體方面均有可以作主宰的心靈」，然則此心靈真君又是什麼呢？答案是：「人生於自然，心靈生於自然，所以莊子可以真君指謂自然或造化。」「自然」可以表現它自己的信驗，故曰「可行己信」，莊子的道論是自然泛道論（1979: 142-144）。

錢新祖認為莊子的本體論決定了他的語言觀。莊子的本體論是「終極實際的宇宙之『道』本身和宇宙間的萬事萬物都是一種變的動態存在，並且，這種動態存在所涉及的變，也還是一種可以互相轉化的變，……莊子的宇宙本體在存在上原就是自我否定自我磨滅的」（1987a: 68-69），所以他的用言方式有以下特色：第一，玩文字遊戲，「莊子說了別人之後，又往往會把他自己從說話者的主體中心地位中抽出來而反回來嘲弄他說別人的話」，這是由於他「相信他自己的話跟別人的話一樣，都是自我磨滅、自我否定的」（1987a: 67），所以正話和反話相依相滅相攝相生，是對宇宙本體的模仿（1987a: 69）。第二，「言」和「默」的相依相滅相攝相生，也是對宇宙本體的模仿，所以莊子言與默相繼，且「言」本身也可以說是「未嘗言」，而「默」本身也可以說是「未嘗不言」（1987a: 69）。第三，即使「言」，即使說完正話後再用反話加以自我磨滅，所說的話並不具有完整的含義、不能成為定說：「莊子的『道』是一個辯證的無限『物化』過程，其本身就不是一個完整而可以界定的固定存在。所以模仿『道』之『實』與『名』當然也就不可能有固定完整的含義而不可能成為定說。」（1987a: 69）錢新祖認為，宇宙本體就是辯證的物化過程，因此莊子所提倡的「道樞」的「環中」，「其實是一個沒有固定中心方向的無中之中」，入於這個位置的人，可以儘管說話、儘管聽言，可是「一定要以遊牧的方式來說來聽」，也就是「說話聽話的時候要能夠『逍遙遊』而不把我們自己或他人的任何話當作是一個固定的中心，我們要能夠不斷地從一個語言符號系統裏跳出，而又同時地跳進另外一個語言符號系統」（1987a: 68），這有主體論上的含義：

> 一個有固定中心的宇宙也許能使人在心理上感到安全，所以有人要尋根，也有人渴望著回家，許多人都希望自己不是無根的浮萍或漂泊的迌迵人，可是，對莊子來說，這種由家和根所產生的安全感，是一種自欺欺人而又能惹是生非的幻覺，莊子認為我們宇宙沒有一個固定的中心，我們可以也應該用來作為安身立命的中心是一個「環中」的無中之中。（1987a: 68）

這等於是說，模仿宇宙本體來用言的人，會在他的主體性上模仿宇宙本體，以變化、不固定、無根、無家的作風做為自己的特色。

錢新祖藉了莊子的遊牧概念況喻了他自己㉟，但是他也留下一個矛盾，那就是他承認莊子有真常的思想：

> 莊子認為「道」和物在終極意義上都超越語言，是言與默之外的一種存在，這是為什麼他在〈則陽第二十五〉的結語裏說：「道物之極，言默不足以載，非言非默，議有其極。」（1987a: 67）

如果採取這個對道與物的本質之見解，則人的主體性應就不可知，不能以變化性為主體性。莊子應如他所分析的佛教哲學一樣，以釋迦的主體性為不可說（1987a: 70, 1987b: 106）。莊子與佛教語言觀也不應該不同，能說的主體都是緣他人的說話主體而生，並以磨滅無明眾生的言說為目的（參 1987a: 69-70）。

杜保瑞以為我們的意識活動是學道的障礙，「吾喪我」、「坐忘」即為了化掉意識與自我意識（1995: 41, 258-259; 2007: 32, 192）。道是「天地萬物運行的總原理」，可以說明為「自然、逍遙、自適、巧妙、無目的的造化安排」（1995: 38, 229; 2007: 30, 170），或簡稱為「自適逍遙的造化之本體」（如1995: 24; 2007: 18），或更加簡短的稱為「造化」（1995: 38; 2007: 30）。與造化融為一體，就可以遺忘自己的身體器官（1995: 247; 2007: 184），明瞭生死沒有分際（1995: 251; 2007: 187），不為一切言論的封限所限，而「在天地自然齊一的整全之中，全全不失」（1995: 92; 2007: 69）。

王博主張一、一體、氣、道、天、陰陽等莊子用言均可用造化一詞含括（2004: 106），人需修為到坦然接受自己的命運，這就是「和造化融為一體。一體就是一種無外的感覺，無論變成什麼，鼠肝、卵或者彈，那都是你，也都不是你。你並不是一個固定的存在，在造化中，沒有固定的東西。一切都在流轉，都在變化，你要做的就是順應這種變化，與化俱往。」（2004: 108）這是以造化為我，故造化所生的我便既是我也不是我。

莊生之書曰「死生為晝夜」（〈至樂〉郭 616 王 647，滑介叔語支離叔）、「死生終始將為晝夜」（〈田子方〉郭 714 王 782，老聃語孔子），Hans-Georg Moeller 指出每一晝、每一夜都是新的、獨特的、不同的，生命的流轉也是如此，每一段生命都是獨立的，自己開始也自己結束，其開始並不是前一段生命結束的後果，其結束也不是下一段生命開始的原因，各段生命之間並沒有一個固定的「我」輪迴轉世，而是每一段生命各有一個「我」，各個「我」不能相知，沒有記憶的傳承。〈齊物論〉所比喻的從夢中覺醒，是說人應完全認同此生、享受此生，毋須和別人的此生或自己的前生與來生比長較短，猶如學鳩不知鵬鳥、朝菌不知大椿，自安其生，自適其適，承認流變過程中的每個段落都是有效和真實的，且其有效性與本真性均等，無高下優劣之別。至於「大覺」，則是脫離個別生命的「我」，站在「我」之外以認同於所有的「我」合構而成之全幅流變過程，由於生命是「有」，所以此一脫離生命而「無我」的視角是「無」（Moeller 將有、無譯為 presence 和 nonpresence），莊子稱為道樞，而吾人可以理解為「零視角」（zero-perspective），採用此「零視角」便超離生死，而不死不生。莊子對有、無的思想和老子的車輪比喻可以相通：三十幅是有，轂是無；生命流轉過程是有，每段生命、每個「我」是一幅，而唯有處於轂、「環中」的位置才能全覽所有的幅，不著於幅，且是平等看待每個幅、每段生命（2004: 80-103）。

Thomas Michael將道的隱現歷程分成三階段，首先是道創生世界的原始狀態，此時道、萬物、人三者之間有「初度和諧」。此後，人的有為破壞了初度和諧，創設各種劃分，重重割裂世界，阻礙道在世間自由的流轉。最後是至人棄絕任何有意向的作為，採取無為和「自然」（spontaneous）的反應，泯除人為的種種劃分，促成人、萬物、與道的「二度和諧」（2005: 86，並參86-95）。這三階段可以分別稱為「關於開始的宇宙論、關於現在的本體論、與關於完成的救贖論」（2005: 89）。就個人來說（從此至本段末，見2005: 115-128），道在第一階段以各種宇宙元素構成了人的「基礎之身」（foundational body），這些宇宙元素包括陰陽、精氣神等等（2005: 128），可是人在第二階段創設種種劃分，陷入彼是的對立，以「小成」取代大成，為自己創造了「建構的自我」（constructed self）或「完成之身」（completed body, 2005: 82），摧殘「基礎之身」本有的各元素，造成人的夭死。第一階段所賦予者即「天」，第二階段所創設者即「人」。第三階段的救贖法門，是將「基礎之身」封閉起來，一方面使本具的各元素不會流失，另一方面外在一切人為創設不得而入，這樣的話，我們的「基礎之身」便可以回歸「萬物之化」而一同轉化，Michael於此特別指出，「萬物之化」或轉化並不是死後氣散而再聚合為他物，而是體內各元素仍然守在體內，進行轉化。各元素轉化的結果，會造成體形和體質的變化，以致從人貌變得不像人貌，這便是莊子所謂的長生（2005: 119-120）。由於道是「轉化與生命本身的來源」（2005: 86），故身體的自行轉化，即是合道，也即是道在世間的大化流行。

Steven Burik認為如果接受傳統注疏的看法，將《莊子》全書當作一部著作看待，則書中的意義有流動性（2009: 101），可以容許多樣詮釋，不過他主張非形上學的角度比形上學、或超越之學更宜用於解析老莊（2009: ch. 3）。此種非形上學的角度，即以世界為陰陽交替而成的無盡變化，因此萬物沒有固定的身分性質，一切都運動生滅，換言之，萬物不是存有者（being）而是變化者（becoming），變化即自然，自然變化即道、即天（2009: 114, 131）。物之界是人類施予彼是區分者，而道之界是人類尚未作主客區分前的自然（2009: 118）。人應認同（將自己等同於）世界的生成變化（大化），如此便不會僵硬認定事物有固定的身分性質，也不會執著於人為關於彼是、是非的區分，而是處在道樞、天門所謂的一種中間地帶（in-between），自由變換觀點與取捨。世界的變化無盡，聖人的觀點變換亦無盡，然此亦有軌則可循，即注意陰陽之交替而與之俱變，如此在因應各種情境時就有妙技可以順利解決生活問題（2009: 131-132）。

鄭開注意到化是莊子的重要概念，將它分為化、不化、物化三個層面來討論。化主要是從自然哲學來談世界的流變，其次是政治與倫理層面的因時、因變、隨變舉事（2009: 2-7）。不化是本體論或形上學意義上的恆常，與心性論意義上的精神凝寂（2009: 8）。前者以不化為化的依據，以化為不化的呈現，不化與化就是道物關係（2009: 9）。就此而言，鄭開所說的不化其實就是造化。物化則是從審美的角度介於化與不化之間、超乎化與不化之上以通物我、合天人（2009: 14-15），「自我沈潛入萬物存在的核心，以煥發出來的我之神明契合自然天成的物之神明」（2009: 17）。

夏可君認為研究莊子需要「回到莊子對生命本身的原初經驗」，然後研究莊子「以什麼方式為生命經驗打開一個可能的異域空間，尋求拯救或者救治的可能性」（2012: 53）。莊子深深體認到變化無常，瞬間的自然災難沒有規則，所以人應該順應變化：「與時俱化——這個與時間性相關的『化』是莊子的核心詞！」（2012: 50）「對於莊子，重要的是與時俱化。」（2012: 53）「『道』即是『化』。」（2012: 54）莊子在順應變化的中間，決定以寫作來回應變化（2012: 54），靠他所發明的重言、寓言、卮言這三種寫作方式，來打開不同的異域空間。重言打開了人文與社會的空間，將真實人物妝點變形，達成人與思想的變化。寓言藉動物打開自然世界，歸結到動物的化生。卮言藉概念的擬人化與神話，打開了概念與神明的世界，歸結到一切都可轉化（2012: 51-52）。

還有一個比較特別的是奚密的解說，她從語言文字的創生來理解道的意義。她說莊子發現最觸目駭心的是語言中充佈二分律，如是非、善惡、生死、美醜、得失、成敗、多少、長短、大小等，人在使用二分律時也立即做價值判斷，並依各自的偏好而行動（1982: 11）。語言中的二分律是先驗的（a priori），它並非客觀事物的本性，卻主宰了人的態度和行為傾向（1982: 11, 13）。莊子反對語言對人的制約，為此他揭示了對立的觀念可以互換（例如由於比較基準的不同，大的東西也可以小），以及對立的觀念是相互依賴、相互補足的（例如「大」必須有「小」才有意義，反之亦然），以瓦解二分律的絕對性（1982: 13-14）。這也就是說，二分律的觀念對立，「總已」（德希達語）隱含了對立觀念之間的互換和互倚互補（簡稱為相互作用〔interplay〕），後者就是道，道描述的就是對立的觀念「總已以彼此互為基礎，同時不斷的相互繁衍」。任一觀念既補足其反面（而使對立成立）也化成其反面（而使對立不成立），這就是語言觀念的本性，順此本性而發揮也就是道之化，或說是「在『道』的運行下聲籟四處『播散』（disseminate，借德希達語）」（1982: 18, 21）。得道之人在語言風格上有以下特色：普遍使用比喻，經常玩弄似是而非的文字遊戲（1982: 24），強調自我質疑（含否定）與裝愚弄癡的語氣或姿態（1982: 26）。他們的遊風（playful style）就是道的運行，故他們的風格即他們的思想，這也是因為「內容與形式、意義與表達、比喻和隱義的區分不再是絕對的或適當的」，「同樣的，哲學論述與文學創作、客觀分析與主觀表現、嚴肅著作與非嚴肅著作的對立亦非固定不變的」（1982: 27）。

化的指涉與位階

本書前前後後有不少學者重視化（造化、變化）的概念，但是大家對這一概念的確切指涉與位階之看法並不一致。

第一種是做為描述現象界的特色，如 Steven Burik。

第二種是做為每個個體獨有的存在歷程，如錢穆。此種意義的化，與本書第十六型以命限為主體性，名異而實同。

第三種是做為造化力量。

第四種是做為形上原理，如孟旦說「《莊子》說宇宙中只有事物的無盡變化，從一形到另一形，又說道就是規定這些變化的原理」（1969: 120），勞思光說莊子的「化」是「一切存有的基本存有原理」（1996: 22）。

第五種是做為宇宙本體。這裏宜稍解釋本體概念有中國的舊誼，也有西洋的意義，及有中國受到西洋啟發後的新義。中國固有的本體，也常只寫為體，意為「本然的狀況或性質」，始出現於六朝。現代的中國哲學研究所說的本體是受西潮啟發後的新義，意謂「宇宙萬物的最終本源或存在根據」，這和「天地起源和宇宙演化過程」的研究有所區隔（方克立 1994: 186），然而這與西洋哲學的本體論（ontology）並不相同。西洋哲學的本體論通常與形上學同義，研究的是「是」和「是者」（俞宣孟 2012: 10-12），諸如柏拉圖的 eidos、亞里斯多德的 ousia、中世紀以降的上帝、現代哲學自笛卡兒以降的 substance、康德的 noumenon、黑格爾的絕對精神、德語哲學的「是」、英語哲學的 being 等皆屬之，此諸字中唯康德的 noumenon 中文定譯為本體。「是」有兩個基本的規定性，是存在和本質（同上書：263-264），從這兩個意義來看，西洋的「是」與中國的本體概念新舊二義似乎很相通，然而這麼比附卻是錯的。西洋的本體論「乃是以範疇的邏輯演繹表達的純粹原理系統」、「不是直接描述現實事物的」（同上書：88, 85），西洋的形而上並沒有與它對反的形而下，它就是「那片超越於經驗的領域」（同上書：77），例如上帝不需要有宇宙與之對應，很多事物也沒有相應的 eidos。中國的形而上與形而下是對世界做無形和有形的劃分，所以形而上與形而下本自結合，宇宙或事物的本然狀況或性質稱為本體。劉咸炘說：「凡一概念，必合實體。言形上絕對，必徵形下實事。即理即事，雖分必合。乃華人之通風，亦華人之特長也。」（2010: 836-837）這對中國的特性論之甚碻。中國的本體新義為宇宙萬物的最終本源或存在根據，這在西洋屬於自然哲學和宇宙論，「西洋的宇宙論既研究萬物本原，也研究事物的一般變化」（俞宣孟 2012: 88）。綜合以上對中西本體概念三義的考察，莊子學者所稱的造化本體，是用中國受到西洋啟發後的新義，在哲學分類上屬於宇宙論而不屬於形上學。前一種所說的形上原理也即是本體的性質，不過本體這個詞涵蓋得更寬，造化本體也可以是說造化作用、造化力量等。

造化與道的關係

道的詮釋很多，如果採取道是創生世界的形上實體之詮釋，則道含了造化，造化是道的一種性能，不是自在和最高的概念。

莊子有一段長論正就安排了造化與道的關係，其中的關鍵字詞指涉不明，可以等到通讀全文之後再行推敲，文章大意為：死生的輪替是天運而非人所能為的，這是物（人）的實情。大家都愛惜生命，何況是對於「卓」乎！人皆以為君之樂愈於己樂，何況是對於「真」乎！與其互相援助以延續生命，或彼此斥責以相賊相害，不如大家各不關心，自化於道。「大塊」賦予我們形體，生我們，老我們，死我們，如果能瞭解我們的生，便能瞭解我們的死。有人把舟藏在山谷，把車藏在湖中，認為小偷想不到，可是「有力者」趁半夜人睡覺時還是偷走它們，可見把東西保存得好，還是有變化，惟有把天下之物藏於天下之內，如此則保存與變化都在同一處，就不會有意料以外的變化，這永遠是物的至理（或這是「恆物」的至理）。我們由於這輩子偶值為人而高興，那麼順著生命之化，壞爛了又換新，未來的變化無止無窮，這快樂還能計算嗎！所以聖人遊於包容萬物變化的最廣大處所，經由他自己的變化而存於萬物之中[36]。有人認為少好老也好、生好死也好，這種放達的人猶且受到他人效法，何況是萬物之所繫、一切變化之所待者呢！

死生，命也，其有（猶）夜旦之常，天也。人之有所不得，與（馬敘倫曰：得字絕句，與為舉之初文，此當讀為舉音）皆物之情也。彼特以天為父，而身猶愛之（生死如旦夜之輪替，此天也，眾人以天為父而愛之，故對生命亦愛之），而況其（於）卓（獨）乎！人特以有君為愈（馬敘倫曰：愈，《說文》作愉，薄樂也）乎己，而身猶死之（為得君位而死），而況其（於）真（真猶上文之卓）乎！

泉涸，魚相與處於陸，相呴（吹）以濕，相濡（同「濡」）以沫，不如相忘於江湖。與其譽堯而非桀也，不如兩忘而化其（於）道。夫大塊（①造物。②自然。③天地之間）載我以形，勞我以生，佚我以老（成玄英曰：老既無能，暫時閒逸），息我以死。故善（知解）吾生者，乃所以善（知解）吾死也。

夫藏舟於壑，藏山（疑「車」誤）於澤，謂之固矣！然而夜半有力者負之而走，昧（寐）者不知也。藏小大有（得）宜，猶有所遯（通遁：變化）（陸樹芝曰：有力者，暗指陰陽造化而言。……小大之物，莫不有宜藏之處，亦莫不有遯去之時。喻人之藏身雖固，未有不隨化而遷）。若夫藏天下於天下而不得所遯，是恆物（①「恆物」二字為詞：不變之物。②「恆」修飾「物之大情」）之大情也（陸樹芝曰：凡物藏之於此，則猶可遯於彼，以其猶有彼此之界也。以天下之物，藏之天下之內，任其推遷轉徙，只在此天下之中。所藏即所遯，所遯即所藏，初無彼此，又安遯乎！大情，猶言至理，謂此乃萬物之至理也。

○王叔岷曰：在物謂之情，在道謂之「大情」〕。

特犯〔遇，遭，值〕人之形而猶喜之。若〔借為川：順〕人之形者，萬化而未始有極也，〔疑脫「弊而復新，」〕其為樂可勝計邪〔陸樹芝曰：順人之形者，來去脩然，忘其生死，則薪有盡而火傳無窮，直歷萬劫而不磨，忘而復之之樂，又進於受之之喜矣，豈可勝計邪〕！故聖人將遊於物之所不得遯而皆存〔陸樹芝曰：故真人之聖者，其心無所不忘，視天下初無彼此之界，身處天地中，正遊於物之所不得遯而更無所遯，於彼於此，無乎不存，亦亘萬古而常存〕。

善〔以為善而不以為戚也〕夭〔少〕善老，善始善終，人猶效之，而況萬物之所係〔借為徯，《說文》：「徯，待也。」〕，而一〔凡，猶今語「一切」〕化之所待乎！（〈大宗師〉郭 241-244 王 223，作者自語）

這段長論說的是化不可避免、不可延滯，哪怕用罄一切吐納導引的工夫、醫藥飲食的手段，死亡終究會來，薪傳至新的開始，所以正確的做法是認同一切可能的化，如此則死是休息，而且是把自己帶到天地萬物之中。那麼全段中的關鍵字詞，包括真、卓、大塊、有力者，與最後兩句的所係、所待，指的是什麼？初步來看，應該是關於造化，不管是獨化、造化力、造化本體，都合乎語句的需求。可是此處我們的眼光不能限於此段，因為接著的便是「夫道，有情有信，无為无形」那一段，所以本段所說的那至高之物，應該與下段一致，為具有創生能力的形上實體。

唯有將「夫道，有情有信，无為无形」的下一段轉彎解釋，才能從本段解釋出造化是莊子的最高思想。本型學者的態度正是如此，例如錢穆認為「夫道，有情有信，无為无形」那一段可能是偽作（1998: 27, 95, 101），此為無證據之臆想。勞思光與杜保瑞將該段的道解釋為原理，依此也未始不能讀通全段。我已在第三型末說明，「夫道，有情有信，无為无形」那段話並不見得具有最高的理論位階，不同學者可依其對莊子哲學的把握而將該段的道和「生」字做迂曲解釋。

若以道為造化，且造化的理論位階為宇宙本體，這與第三型樹立一形上實體之道有什麼差別呢？可以說，將道界定為造化，是將第三型的道概念變得陽春了。第三型的道概念除了造成萬物的變化以外，本身還是一種靈知與妙用，得道之後，便也取得最高的智慧和無限的大能。這就是為什麼北斗七星能高懸太空，熒熒恆光，日月能大放光明，普照晝夜，仙人神獸能成仙成神，遠古帝王能升天變成星宿，彭祖能長壽，以及聖人的聖知高於常人，能洞見事物的真情，且還總能實行最佳的方策，圓滿達成任務。形上實體的道含有這些靈知與妙用，可以由聖人所分得，然而將道界定為造化以後，這些靈知和妙用就留不住了，這時的聖人體悟世界背後的造化，造成他們健全的人生態度：認命，隨化而安，與化而遊。除此之外並不更加充實自己，更別談升上更高的地位，影響外物。造化之道促成聖人內觀，改變他們對自我和世界的理解，此外不會賜予他們更多的知識和能力。

陽春版的道是否就不如完整版的道呢？如果只是斤斤計較於內涵豐富不豐富，則餡料多和少是客觀的。但就如我討論第三型時已指出的，形上創生實體的概念在現代哲學中能否成立很成問題，莫怪乎眾多學者要從莊子思想裏另外拈出「化」字做為核心概念。少則得，多則惑，若必定要主張宇宙有一形上的根源，則宣稱得弱一點，主張形上根源只是形上根源，沒有靈知妙用可以賜予得道者，而且體悟此形上根源只是體悟本真，不會變成全知全能，比起做強一點的宣稱，可以減少難以證立的命題，與呈現詮釋精省的美感。

第七型 真常

「真常」釋義

十三經中無「真」字，而老子曰：「其中有精，其精甚真。」（二十一章）「質真若渝。」（四十一章）「修之於身，其德乃真。」（五十四章）莊子言真宰、真君、真人、真知。所以明代科舉考試不得以老莊的「真」入文，入則黜落（顧炎武，《日知錄》卷十八〈破題用莊子〉，2006: 1056-1058）。

儒家對「常」字原亦不看重。《論語》唯一「常」字為孔子「亦何常師之有」（19:22），孟子引《詩經》「天命靡常」（4A:7），《大學》引〈康誥〉「惟命不于常」，《中庸》無常字。而老子則言常道、常名（一章）、常德（二十八章）、習常（五十二章）、「復命曰常，知常曰明，不知常，妄作凶」（十六章）、「知和曰常，知常曰明」（五十五章）[37]，莊子言常心、「天下有常然」（〈駢拇〉郭 321 王 314）、「彼民有常性」（〈馬蹄〉郭 334 王 329）、「吾與天地為常」（〈在宥〉郭 384 王 392）、「以无為為常」（〈天道〉郭 465 王 476）、「天地固有常矣」（〈天道〉郭 479 王 487）。

合「真」與「常」為「真常」一詞，原是大乘佛學形容人人皆有一共同之「真」實「常」在的主體。大乘佛學對這個主體有多種稱呼，如佛性、覺性、自性、法性、法身、一乘、涅槃、真如、實際、第八識、阿賴耶識、種子識、如來藏自性清淨心等。如果不介意「真常」出身佛門，而準用其概念意義，則凡主張天地與人類有共同之常心、常性、常理，且無修無習即可成聖成賢的學說，都可稱為真常之教。

古人以「真常」注解莊學主體性的，間或有之，如明代憨山德清注〈大宗師〉「而況其真乎」曰：「此言真性在我，而不屬生死者，乃真常之性也。」（1997: 235）清代宣穎釋〈達生〉首章云：「道在古今，惟其刻刻推遷，所以真常不毀。得道者便是這一樣運用，身無不化而神與天遊也。」（1999）楊文會的「發隱」系列始終一貫的以佛教如來藏真常思想詮釋儒道諸子著作，其後章炳麟與程兆熊於詮釋莊子時明白揭示真如、真常，還有一些學者廣義屬於這一理路。

不死不生

真常每容易與永恆存在相混淆，實則永恆存在不適宜做為真常的屬性，而永恆存在的也不適宜做為真常。真常兼具一切矛盾樣態，像是不生不滅、不增不減、不垢不淨、不一不異、不來不去等，這裏僅就莊子涉及的生死、有無來談。世間任何東西都可以分為是活的與不是活的，而所有活的與不是活的東西都存在，不存在的東西則不存在。真常卻不合乎分類的邏輯，它既是活的也是死的，既存在也不存在，或既不是活的也不是死的，既不存在也非不存在。但是僅止於此仍然不對，說真常是「活的＋死的」與「存在＋不存在」，需再予以否定為「不是活的＋不是死的」與「存在的否定＋不存在的否定」，以沖銷前者。如果再繼續提出真常是「『活的＋死的』＋『不是活的＋不是死的』」與「『存在＋不存在』＋『存在的否定＋不存在的否定』」，則仍要繼續予以否定，相互沖銷。所以真常的特徵便是並立與並斥兩種相反性質，非此則無以指向真常。

如果說道自本自根，先天地而存在，宇宙毀滅後也還存在，這是很肯定道無時無處永遠存在，便不是真常的思想。真常不能肯定為存在或不存在，像是：

道无終始，物有死生。（〈秋水〉郭 584 王 605，北海若語河伯）

莊子寫作習以終始為死生，故「道无終始」之言為道無死生。死生又引申為存在與否，故此言又可意味道無所謂存在不存在。何以死生可引申為存在與否呢？蓋未生則尚未存在，未死則存在尚未轉為不存在，兩者聯成一句，便表示不能肯定存在或不存在。這確然無疑是真常的道論。

莊子說道不可以為是有，也不可以為是無，有無即存在與不存在，可是不論存在或不存在都不能形容道，這也是真常思想的明證。連「道」這個名也是借用，所以究極的做法應要無名：

道不可有，有〔又〕不可無。道之為名，所假而行。（〈則陽〉郭 917 王 1037，太公調語少知）

不可以道為存在或不存在，這和真常的特徵相符。

現在可以看較為複雜困難的真常討論。冉求問孔子可否知曉未有天地之前是什麼，孔子對這個問題並未答以創生天地的道或渾然未分之氣，而是答以一句費解而矛盾的說辭「古猶今也」，則他所欲指向的答案便有可能是真常。隔天他又解釋他的回答，而反問冉求，可以無古無今、無始無終、未有子孫而有子孫嗎？第一個反問承「古猶今」而來卻逆沖之，所以若說答案物亦古亦今也可，說它無古無今也可。無始無終已如前面所解釋，意為既存在也不存在。未有子孫而有子孫也是顯然故意的造句矛盾。接著孔子又解釋，答案物不會讓死的東西活過來，也不會讓活的東西死去，這一說法確定了答案物不是創生性的道或渾然之氣，而應是無生無滅的真常。物之生為自生，死為自死，生與死各自成體，沒有其他的主使者。最後他從新的角度思考冉求原先的問題「有沒有先天地生之物」，他假設這個東西叫做物物者，可是世間事物自行生化無已，從無窮久遠以前，到無窮未來以後，都是如此，竟無物物者插手的空間：

冉求問於仲尼曰：「未有天地可知邪？」仲尼曰：「可，古猶今也。」冉求失問而退。

明日復見，曰：「昔者吾問：『未有天地可知乎？』夫子曰：『可，古猶今也。』昔日吾昭然，今日吾昧然，敢問何謂也？」仲尼曰：「昔之昭然也〔者〕，神者先受之；今之昧然也〔者〕，且又為不神者求邪〔也〕〔呂惠卿曰：「昔之昭然，神者先受之」，則不思而得者也；「今之昧然，且又為不神者求邪」，求之則所以為不神而昧然也〕。无古无今〔承「古猶今」〕，无始无終，未有子孫而有子孫，可乎？」

冉求未對。仲尼曰：「已矣，未應矣〔冉求仍未解得孔子言「可」，故疑惑未應〕！不以生生死，不以死死生〔成玄英曰：夫聚散死生，皆獨化日新，未嘗假賴，豈相因待！故不用生生此死，不用死死此生。〇王叔岷曰：死者不用生之，生者不用死之，任其自化而已〕。死生有待邪？皆有所〔其〕一體〔成玄英曰：死生聚散，各自成一體耳，故無所因待也〕。

「有先天地生者〔之〕物邪？物物者非物。物出〔生〕不得先物也〔宣穎曰：一有物出，已涉形器，不得為先乎物者矣〕，猶其有物也〔五字應從劉得一本刪〕，猶〔由〕其有物也无已〔錢穆曰：物之先仍物也，明其無所待而生，如是可推至無已：物之後仍物也，復可推至無已。〇陳壽昌曰：言由此有物而推之，則自一至萬，生生不已，所謂以形相禪，盈天地間皆物也。〇三句：物物者不是物。凡是物生出來，便不得先於他物，這是由於無窮的有物。明無物物者〕。聖人之愛人也終无已者，亦乃取於是者也〔王叔岷曰：此似謂聖人之愛人永無窮止，乃取法於物之先物之後無窮止也〕。」（〈知北遊〉郭 762-763 王 843-844）

這段師徒討論從有生有死的天地與萬物，轉向到無生無死的真常，章炳麟討論本段，即以我身、萬物、天地為一邊，真心為另一邊，兩邊截然不同，互無牽掛：

> 今應問彼，即我形內為復有水火金鐵不？若云無者，我身則無；若云有者，此非與天地並起耶？縱令形敝壽盡，是等還與天地並盡，勢不先亡，故非獨與天地並生，乃亦與天地並滅也。若計真心，即無天地，亦無人我，是天地與我俱不生爾。故〈知北遊〉篇說：

「冉求問於仲尼曰：『未有天地可知邪？』仲尼曰：『可，古猶今也。無古無今，無始無終。』」明本未有生，即無時分（時間），雖據現在計未有天地為過去，而實即是現在亦不可說為過去、說為現在，以三世本空故㊳。（1986: 90）

然將我身、萬物、天地與真心分為兩邊看待，亦未得當，這實是真妄觀點的分別，從真的觀點來看，我身、萬物、天地無體無生，從妄的觀點來看則有體有生：

廣論則天地本無體，萬物皆不生。由法執而計之，則乾坤不毀；由我執而計之，則品物流行；此皆意根徧計之妄也。（1986: 78）

章炳麟因嫻熟真常教義，故詮釋莊子時信手拈來如此。

真常之道與真常的自我互為表裏，這真常的自我需要修鍊才能察知，而修鍊的進程是由淺至深、自粗而精，首先解消王天下的權力意志，第二解消一切事物在人心中的份量，第三消解對生命的眷戀，做到此步，便能明達。能明達便能見到那獨一者，獨一者在此只能指絕待、無對的真常。見到那獨一者便能不再堅持事物非要佔據一個時間點不可，比如說，可以有數個不連續的時間點，或時間倒流，這是正常事物所不可能的情形，可是真常可以。能不堅持事物必須佔有一個時間點，便能進入不死不生的境地。這是體會到，在我是活的、有生命、有意識之外，另有一個不能稱為活或死的自我，達到此步便完成聖人之道了。對於這個既非活也非死的自我，謀殺它也不會死，令它活也不會活：

參日而後能外（遺，忘）天下；已外天下矣，吾又守之，七日而後能外物；已外物矣，吾又守之，九日而後能外生；已外生矣，而後能朝徹（明達）；朝徹，而後能見獨；見獨，而後能无古今（〈知北遊〉：古猶今也；无古无今）；无古今，而後能入於不死不生。殺生者（則）不死，生生者（則）不生[39]（莊子佚文有：「生物者不生，化物者不化。」與此類似，見王叔岷 1988: 1386）。

（〈大宗師〉郭 252 王 237，女偊語南伯子葵（「綦」誤））

我的讀法有兩處需要辯解：一、關於「不死不生」，許多人理解為看破生死、不知何謂生死，這種理解不對，因為「外生」的階段已是看破生死，不該在後面重覆一次，「不死不生」實是對真常的矛盾敘述句。二、「殺生者（則）不死，生生者（則）不生」，多數人以為二「者」字是指道，道能令物死，故無物能致其死；能令物生，故無物能致其生。這種讀法在邏輯上大成問題，因為一個東西有殺死他物的能力，並不就證明自己不會死，與不會被他物殺死，反過來說，若有令他物活起來的能力，也並不就證明自己不是活的，與否定他物能將自己活起來。以邏輯上不成立之說來安至道的頭上，豈不悖謬。這兩句話是對不死不活的真常做加強的描寫，兩個「者」字應訓為「則」，說殺害的動作殺死不了它，賦與生命的動作也不能讓它活[40]。

文章繼續以矛盾手法修飾這不死不活的自我，如送與迎的矛盾、毀與成的矛盾、攖與寧的矛盾。無不送也無不迎，或依馬其昶注，「無」是語辭，無意義，二句是不送也不迎。送與迎相反，故依不依馬永昶注，一次否定與雙重否定的結果均同，猶言不來與不去[41]。無不毀也無不成，或不毀也不成，猶言不死與不生。毀也可以作毀譽之毀解，則二句義近不垢也不淨。攖是亂，寧是安、定，二字近乎動靜，合成一詞又是矛盾，形容自我既亂也不亂，既定也不定。「攖而後成（定）」仍不脫矛盾的結合，猶言動後而靜。靜非永恒的狀態，後仍有動，故動與靜亦不可分：

> 其為（是，做為）物，无不（馬其昶曰：無，語辭。「無不」，不也）將（送）也，无不迎也；无不毀也，无不成也。其名為攖（亂）寧（借為寍：安。安有定意）（楊文會曰：即將、即迎、即毀、即成，合四句為一攖字。朝徹、見獨、無古今、不死生，合四句為一寧字。前文先寧而後攖，此文先攖而後寧，顛倒妙用，存乎其人，道無定法也）。攖寧也者，攖而後成（定）者也。（〈大宗師〉郭 252-253 王 237，女偊語南伯子葵（「綦」誤））[42]

故事的結尾是交待此聖人之道的傳授由來，說此聖人之道是從書卷副本的兒子聽來的，書卷副本的兒子是從無所不誦讀的孫子聽來的，無所不誦讀的孫子是從眼力瞻明聽來的，眼力瞻明是從附耳私語聽來的，附耳私語是從需要役使聽來的，需要役使是從謳唱歌謠聽來的，謳唱歌謠是從玄冥（深遠幽寂）聽來的，玄冥是從參寥（高邈寥曠）聽來的，參寥是從疑始聽來的，所以傳道的祖師爺是疑始。「疑始」與莊子所說「未始有物」、「有未始有夫『未始有始』也者」、「有未始有夫『未始有無』也者」相當，是最高的認識境界：

> 聞諸副墨（副貳之翰墨）之子，副墨之子聞諸洛誦（洛通絡：包絡。誦：背文，習誦）之孫，洛誦之孫聞之瞻明（眼睛瞻明），瞻明聞之聶許（聶：附耳私小語。許：聽），聶許聞之需役（需要役使），需役聞之於謳（唱歌謠），於謳聞之玄冥（郭象曰：玄冥者，所以名無而非無也），玄冥聞

之參寥〔參本字為㦠：高。寥本字為廫：空虛〕，參寥聞之疑始〔①呂惠卿曰：見出於無見，知出於無知，玄冥則無見無知之謂也。……虽然，猶有所謂「無」者，則非入於寥天一者也，參寥而已矣。……至乎「無」亦不可得，則疑其為始，而莫知其為始，乃其所以始也。○林希逸曰：玄冥……參寥……疑始……即所謂有始也者、有未始有始也者、有未始有夫未始有始也者。○沈一貫曰：玄冥，無義。參寥，無無義。疑始：雖始非有始，疑無是始矣。〈齊物論〉曰「有未始有夫未始有無也者」是也。○潘基慶《南華經集注》引吳言箴曰：聞之玄冥，則遊神于「有無也者」。聞之參寥，則遊神于「未始有無也者」。聞之疑始，則遊神于「未始有夫未始有無也者」。②楊文會曰：始覺有始，本覺無始。始覺合本，有始無始，皆不可說〕。」（〈大宗師〉）

郭256王240，女偊語南伯子葵〔「綦」誤〕）

這份傳道的系譜可以從相反方向來讀，從疑始順行而下是每下愈況，由懷疑、拋棄對始源問題之知，至力行而歌詠，再至親見親聞，最後至口傳與閱讀的學習。文字語言不足以傳道，所以入道門徑至洛誦、副墨而最傾圮。反過來從副墨之子逆行而上則象徵修道進程，始於學習書本與老師授業，然後耳目親證、躬行實踐、謳歌樂舞，最後超越、拋棄所知所證，始於無，繼以無無，而終以介於有無之間、介於有始無始之間而為疑始。注者多據後一種讀法作註，循序而進，以文字解悟而身心踐履，至陶然自得，最後達於不可端倪。疑始，則非有始、非無始，對始源問題的知見不落兩邊不離兩邊。

還有一次關於修鍊進程的描述，與上面那段非常類似，連談話者的名字都雷同（上面那段是南伯子葵〔「綦」誤〕，底下這段是東郭〔郭通伯〕子綦）。這次的修鍊進程費時九年，逐年有一個境界，至第八年為「不知死、不知生」，其意思像是外死生，不過鑒於這段話與上段話很相似，我認為這六字讀為「不知自我是死是生」較好。至第九年的大妙，則王叔岷已指出同於大通，我已在本書第二型說明了大通的意義是通向玄冥。玄冥者幽深難測，故只能以疑似、或然的語句，或矛盾的語句描述之：

> 顏成子游謂東郭（郭通伯）子綦曰：「自吾聞子之言，一年而野（質樸），二年而從（順於俗），三年而通，四年而物（「易」誤），五年而來（為眾歸），六年而鬼入（「鬼神將來舍」），七年而天成，八年而不知死、不知生，九年而大妙（王叔岷曰：大妙，蓋同於大通矣）。」（〈寓言〉郭 956-958 王 1102）

大妙需由「不知死、不知生」再進一階，這表示我們必須要能掌握、善用矛盾雙方的並立與互斥，才能妙通玄冥。玄冥是更寬廣的理論概念，真常是對玄冥添入更多內涵後更加限定的概念，我到第十七型會討論玄冥。

以上皆屬理論和工夫的說明，此外莊子也說過聖人的實例與真常的妙用，此即壺子四門示相的故事。壺子已通於不死不生，故能玩弄、啟閉生與死的特徵，他先示以將死而弗活之微兆，次示以即死而將生之微兆，第三次示以大虛無始之象，來自於扼制氣機，使之欲作不得、將息未能，如有鯨魚深潛的潭水，不似流水之潭也不似止水之潭，呈現亦動亦靜之象，壺子也超越了前二次示相，而示以亦死亦生：

> 吾鄉示之以太（大）沖（虛）莫（無）勝（借為始。馬敘倫），是殆見吾衡（《小爾雅．廣器》：「衡，

軛也。」（軛字或作扼。）軛用於扼制牛馬，包含二件：衡是橫木，與衡下叉牛馬頸之具。《莊子．馬蹄》：「加以之衡扼。」《說文》衡字段注：「闌閑之謂衡。」）氣機也。鯢（鯨）桓（盤桓）之審（審借為瀋，瀋借為沈：深）為淵（沈一貫曰：鯢盤之水，非靜非動，而兼靜兼動），止水之審為淵，流水之審為淵（三淵分別喻衡氣機、杜德機、善者機）。淵有九名，此處三焉。（〈應帝王〉郭 302 王 294，壺子語弟子列子）

他第四次示相又有新把戲，收拾起前三次的即死相、即生相、亦死亦生相，示現了未曾從宗本而出、故也未曾開始的相貌。其手法是空洞無物之象曲折蜿蜒的展佈與隱沒，讓人看不清，形容不出，所見的也不能斷定是他。所傳遞的雜碎訊息虛而不實，荏弱細小，纖嫩柔軟，一持即散，不能支撐一個論點，無法對他有任何測知：

鄉吾示之以未始出吾（其，見蕭旭 2007: 190）宗（釋性通：未始有始之根宗也。○亦參陸西星、徐廷槐引李騰芳《說莊》、林雲銘）。吾與（示。林仲懿）之虛而（與。阮毓崧）委蛇（①馬敘倫曰：委為逶省，蛇借為池，……《說文》：「逶池，衺去之貌。」○逶池：形容道路、山脈、河流等彎彎曲曲、延續不絕的樣子。②曲折行進貌。○胡文英曰：用空洞無物之象，而宛轉于其前），不知其誰何，因以為弟靡（弟，俗本或作茀，《列子》作茅。①《釋文》：「為弟，徐音頹，丈回反。」頹靡：遜伏貌，不起貌，弱而不舉。②馬敘倫曰：弟借為披，……《說文》：「靡，披靡也。」○段玉裁改《說文》「披靡」為「柀靡」，曰：柀，从木，析也。……柀靡，分散下垂之皃。《易》中孚九二曰：「吾與爾靡之。」孟、王皆曰：「散也。」凡物分散則微細〕，因以為波流〔周拱辰曰：如波流然，觸手皆散，無形可執。〕（〈庚桑楚〉：「行不知所之，居不知所為，與物委蛇，而同其波。」〈徐无鬼〉：「吾與之一委蛇而不與之為事所宜。」與此文意略同），故逃也。（〈應帝王〉郭304王294，壺子語弟子列子）

這第四次所示的相是未曾從宗本發出、故也未曾開始過的樣貌，這些不是無相，而是些曲折細碎、浮光掠影的跡象，從中不但不能拼湊、推論出個一致的全人，且還有罅隙、有譾淺、有虛誕、有闇莫，通常人絕無可能有此怪詭不成形的相貌，所以可怖，以致看相的巫者沒看幾眼，「立未定」就恐慌而逃了。有的註解者以為「虛而委蛇」四句是虛以待實、無心而至順之意，卻未思及莊子相信隨順應物的態度會普受愛戴，怎會反而將人嚇跑。其他數種對於巫者奪門而逃的解釋方式，都說壺子是如何令巫者愈看相愈看不出名堂，未注意到此次看相是「立未定」的極短時間，巫者一下便大駭而逃，壺子並未從容接待巫者，好好和他打心理戰。所以壺子應該是僅憑照面的第一、二眼便以散離怪詭的相貌駭倒了他，是以我對本段另做解釋如上。

上面的解釋仍有細節說不清楚，我想參考周拱辰的評註以明之。周拱辰設了修道者（「出於非人」）和得道者（「入於非人」）的區別，又和人相與牛相馬相的區別相疊錯。壺子能示各種相，可以未曾修道而有人相，可以未曾得道而謀去人相，又可以得道後未曾自覺為人，猶牛馬未曾自覺己為牛為馬，而無人牛馬相。他第四次示的是未曾出於宗本、未曾開始之相，也是曲折散離之相，這可能是兼有人相牛相和馬相，這於常人為不可能，且通常需從罹患怪病、神魔附體、仙術變化等方向來解釋。巫者對前一相還沒看清楚，他卻立即示現下一相，或者他同時兼示人牛馬相，以致巫者不能執持一相以下結論。這種離奇怪誕很容易便將巫者嚇跑：

「未始出吾宗」，即大宗師之宗。非古非今，非人非我，非生非死，非善不善，非權非衡，連機都化入寥天一。非有一宗而為吾出，亦非有一宗而待吾入。亦在宗外，亦在宗內。故曰「未始出吾宗」也。此時欲於宗外覓一壺子，現前是此壺子，所謂「未始出於非人者」是；欲於宗內覓一壺子，幾不是此壺子，所謂「未始入於非人者」是（周拱辰注〈應帝王〉「齧缺問於王倪」章曰：夫出于非人，人而企乎天也。入於非人，純乎天矣，以無人相并無非人相也，猶乎牛之非牛而失其牛，馬之非馬而失其馬，并無牛馬之可忘也）。人與非人之間，不知誰者非壺子，誰者是壺子！如茅靡然，隨風起倒，無骨可持；如波流然，觸手皆散，無形可執。參至此，不但壺子是誰，連季咸亦是誰，列子亦是誰！誰是相人者，誰是相於人者！虛而委蛇，失其為壺子；已滅已失，失其為季咸；食豕如食人，失其為列子。是真是幻，寫出游淡合漠；真人心境，至人治境，兩不可思議。令人緬遡空渺，神遊無已。（《南華真經影史》）

周拱辰此評極通透，啟發極寶貴：壺子能示壺子相、能示非壺子相，然二相皆無絕對真實成分，不可執為是他。依同理，上門來看相的巫者不必是巫者，可以不再看相，斷人生死禍福（方以智認為季咸拂袖遂行是因勘破壺子，亦通）；向壺子學道的學生不必是學生，可以辭師回家去，還可以不必是丈夫，開始為妻子燒飯，也可以不必有人禽之辨，而飼豬如飼人，以及無有好惡，「於事无與〔馬敘倫說，與、予通用，予：讎，仇〕親」（〈應帝王〉郭 306 王 300）。壺子實在不是教訓巫者，而是在教育：當我們放下原來做的事，開始做原來決不做的事，便是入道的階梯了。

牛相馬相，出自於〈應帝王〉首章「齧缺問於王倪」，於此我想再強調一下壺子示相飄忽不實的性質。壺子以其超人的特技，或是令所示的各相檔期短促，即刻撤換，或是同時並呈諸相，是為了防範他人將任何一相視為真實有效的主體性。〈應帝王〉首章比較虞舜和泰氏〔泰帝、太昊〕，雖是以虞舜不及泰氏，卻也嫌泰氏還有未愜之處。虞舜懷藏仁以要求人，泰氏不那樣，只是無為。此外他還有時自以為是馬，有時自以為是牛，他如此不以人類自居，平等萬物，將主體性等同至「非人」，原是優點一樁，但是他認了真，以馬自居的時候真以為自己是馬，以牛自居的時候又真以為自己是牛，頂真做牛做馬，這就過頭了。因為這一章開宗明義，講的是不知優於知、以不知為知，所以泰氏以馬以牛做為他不同時期的真實自我，並未透悟主體性也要以不知為前提，故不徹底為真。莊子乃批評說，放棄人相而採取非人相，若當了真，反而未曾採取非人相，也就是弄巧成拙：

> 泰氏，其臥徐徐〔安穩貌〕，其覺于于〔無所知貌，無智巧貌〕；一〔或〕以己為馬，一〔或〕以己為牛；其知情〔①叚作誠。②實。二訓同義〕信〔林希逸曰：其所知皆實理〕，其德甚〔誠〕真〔釋性通曰：信己是牛，便去載物；信己是馬，便去乘人〕，而未始入於非人〔劉辰翁曰：此非人字，指上牛馬言之，故曰入。○周拱辰曰：雖然，一以己為馬，一以己為牛，以為己入於非人而未也，以知之必信，德之

甚真也。知必乎信而未忘乎知，德必於真而未忘乎德，視造物之無心猶遠也。故為治者，又必入於非人而後可。夫出于非人，人而企乎天也。入於非人，純乎天矣，以無人相并無非人相也，猶乎牛之非牛而失其牛，馬之非馬而失其馬，并無牛馬之可忘也。此老莊所謂嗛心於虞泰，而復進以無名人之治也與。○林仲懿曰：未始出於非人，……未始入於非人，……皆不足之詞。王倪於齧缺四問，一無所取。蒲衣節取泰氏，亦復僅可而有所未盡。蓋謂藏仁以要人，有虞氏固是人之所為；泰氏風雖近古，而曰知曰德，亦非與天為徒也。「其知情信，其德甚真」，二句中抑揚都有」。（〈應帝王〉287王275，蒲衣子語齧缺）

畫餅不該療饑，假戲不該真做。壺子之弟靡、波流，是其相徒有其表，不堪證實；虛而委蛇，是其相空洞無物，又遮遮掩掩；不知其誰何，是其相或甲或乙，或非世所有物。他從未認真過，也因此別人無從據他的相認定他的人，這就是他高於泰氏之處。蝴蝶栩栩自適，只自覺為蝴蝶，莊周又堅持莊周為真而蝴蝶為夢，這都是將自我意識認了真，與泰氏犯同一毛病。真常的心性不得不有相，但是無一相是真的相，也不會是具代表性的相，所以可以有很多相。

壺子所為高於常人太遠，我們打個尋常一點的比方，一場攝影展擺出某人連續四天故意不同的照片，每張都是他，而任一張都不決定性（具代表性）的是他，全部加起來也不等於全部的他。不論指一張說那才是他，指一張說那不像他，指全部說是他，指全部說都不是他，都可合理，也都可不合理。他皆是，故皆不是；皆不是，故可皆是。我們看完這一展覽，自我意識就要起變化，開始揭出我們內在的真常了。

各家摘要

古代注莊者以真常思想注釋莊子的一些段落，這種進路並不少見，然而現代學者以標準的真常理論來解說莊子之主體論的卻不多，他人採較寬泛的見解，以心為宇宙的形上本體，具備普遍、無限、永恆、絕對的性質。其中雖然偶有真常理論的用語，但把捉不牢，以致其整體解說高唱心體之偉大光明。故下面區分各家為兩個次型，先介紹標準的真常理論，其次介紹以心為宇宙的形而上本體。

一、標準的真常理論

楊文會的諸子「發隱」系列裏《南華經發隱》和《沖虛經發隱》的序署作一九〇四年，莊子和列子都有「種有幾，……人又反入於機（通「幾」），萬物皆出於機，皆入於機」一段話，楊文會以「機」、老子「玄牝」二者同於阿賴耶識：

> 機者，玄牝之門也。即是阿賴耶識，具生滅不生滅二義。萬物皆從此出，名之曰生，復從此入，名之曰死。出入不離此機，生死皆假名耳。（2000: 244）
>
> （**谷神不死，是謂玄牝**。）谷者，真空也。神者，妙有也。佛家謂之如來藏。不變隨緣，無生而生；隨緣不變，生即無生。生相尚不可得，何有於死耶！玄者，隱微義。牝者，出生義。佛家名為阿賴耶。此二句與釋典佛說如來藏以謂阿賴耶同意。（**玄牝之門，是謂**

天地根。）從阿賴耶變現根身器界，或謂之門，或謂之根，奚不可者！（2000: 236）

「種有幾」是「種子在賴耶識中」（2000: 243），種子變現出世界萬物。這是生滅門，另有真如門。他注「自其異者視之，肝膽楚越也」曰：「依生滅門，作差別觀。」注「自其同者視之，萬物皆一也」曰：「依真如門，作平等觀。」前者是「萬物化生，同出一原」，後者是「真常不變之義，不隨萬物遷化」（2000: 304）。聖人「證無分別心，而有分別用」（2000: 305），這是體用。然就一心而言，則「二門不二」、「差別即平等」（2000: 304）、「生死涅槃，二俱平等」（2000: 307），同為一真法界、自性真空、道之本體（數詞見2000: 306, 301），所以聖人「不住有為，不住無為」（2000: 305）。

楊文會關於莊子的成聖工夫有幾處解說，其中以唯識學來會通莊佛者較具次第，故這裏舉出來看。人有六識（眼耳鼻舌身意），緣六境（色聲香味觸法）而起見聞嗅味覺知了別的作用，人做這六種活動時，如果努力觀察自己，會發現第八識也緣諸境而感知，然後令第八識從緣諸境的活動超昇，證得常住真心：

> **（以其知得其心，）**以六識觀照，而得八識現量〔心識三量之一，現實量知也。向「色」等諸法，現實量知其自相，毫無分別推求之念者。於唯識中，五識之緣五境，與意識之與五識共緣五境者（五同緣意識），與五識同時起者（五俱意識），又在定中之意識與第八識之緣諸境，均為現量〕。**（以其心得其常心。）**超八識現量，而顯常住真心。（2000: 304）

關於第八識也緣諸境而感知，楊文會引據《楞嚴經》之曲折說法，是以四大（地水火風）、空性、六根、第八識做為如來藏觸緣所發動者，因此在人而言，若能探見前六識之源頭，前六識便不再各有專司、各有所緣，各受限隔，而釋放它們本身「偏界不藏之聞性」，這時六根就轉而為「根大」，大是周遍法界之義。第六意識原來蓋覆真性，轉為根大之後，真空自性就顯露了：

（若一志，）仲尼欲示心齋之法，先以返流全一誡之。**（無聽之以耳而聽之以心，無聽之以心而聽之以氣。）**然後令其從耳門入，先破浮塵根（眼耳鼻舌身意之六根），次破分別識（即第六意識），後顯偏界不藏之聞性，即是七大中之根大（七大、聞性、根大：出《楞嚴經》卷三，七大是地、水、火、風、空、見、識。地水火風是色法之體，空是虛空的本性，見是眼根的見性，識是八識。大，是周遍法界之義。大小乘中雖說四大五大六大，然是各持自相，地大不能遍於水大風大，水大不能容火大，豈成大之義哉！此七大非各各獨立之實性，乃真性如來藏觸緣所發動者，性真圓融，故種種法法無不周遍，無不含容，故名為大。此中第六之見大，為眼根之見性，舉一而其他耳根等之聞性等，可推而知，即六根之性也，故疏釋者通稱之為根大。萬法之生成，不離四大，依空建立，依見有覺，因識有知，故七大是色心萬法的體性。其中，地大稱萬法之堅性，火大為煖性，水大為濕性，風大為動性，空大為無礙之性，見大為覺知之性，識大為了別之性。即前五大約於六境，見大約於六根，識大約於六識）。何以名之（指根大、聞根）為氣耶？蓋所謂氣者，身內身外，有情無情，平等無二者也。隨有聲動，聞根即顯，所謂「循業發現」者是也（《楞嚴經》卷三：汝元不知如來藏中，性色真空，性空真色；清淨本然，周遍法界；隨眾生心，應所知量，循業發現）。**（聽止於耳，）**聽止於耳，釋浮塵根之分齊（限界，差別）。根塵交接，滯而不脫，所以須破。**（心止於符，）**心止於符，釋分別識之分齊。五根對境，有同時意識，與五識俱，不前不後，故謂之符。此識蓋覆真性，所以須破。**（氣也者，虛而待物者也，唯道唯虛。）**氣也者虛而待物者也，名之為氣，其實真空也。自性真空，物來即應，故為道之本體。**（虛者，心齋也。）**見此本體，安有不心齋者乎？（2000: 301）

關於自性由明而迷、從迷復覺的過程，楊文會借渾沌寓言以說明八識的互動。渾沌相當於無明，也是第八識如來藏，儵與忽相當於第六與第七識。三者原相為友，可是第七、第六識注定要聯手謀害第八識。第八識遭謀害後，第七、第六識發生轉化，同時第八識的「性」已經附在他們之中，薰習他們，久之他們修成正果，帶來第八識的復生，成為大圓鏡智，第七、第六識成為平等性智與妙觀察智，其餘諸識成為成所作智：

> 儵忽，六七識生滅心也。渾沌，八識含藏心也（《六祖壇經》：自性能含萬法，名含藏識）。渾沌無知，為儵忽所鑿而死。渾沌雖死，其性不死，隨儵忽轉，而冥熏儵忽，生其悔過之心，遂謀所以生渾沌者。時相謂曰：「渾沌德我，今亡渾沌矣，為之奈何？」旦夕推求渾沌之性而培植之。久之而渾沌復甦，曩之無知者，轉而為精明之體矣。於是儵忽奉為宗主，聽其使令，非但分化於南北，抑且并八方上下而統治之。渾沌改名為「大圓鏡」，儵名「妙觀察」，忽名「平等性」，與儵忽為侶者，皆名「成所作」。四智（開佛智為四種：一大圓鏡智，二平等性智，三妙觀察智，四成所作智。乃轉凡夫之第八識第七識第六識及餘之五識，如其

> 次第，與佛心相應之智慧）菩提（舊譯為道，新譯為覺），圓彰法界，《南華》之能事畢矣。〇以無始無明，稱為渾沌。既是渾沌，必有儵忽。既有儵忽，必至鑿竅。……此章說到迷妄極處而止，未說返流歸真之道，留待後人自悟。奈何二千年來，幽關未闢，故為揭而出之，以餉知言君子。（2000: 308-309）

轉識成智之後的聖人，亦如佛有三身，〈逍遙遊〉之至人、藐姑射之神人、唐堯（聖人），「當以法報化三身配之」，三身中以法身為大我（2000: 300）。

楊文會以大乘佛學解莊子，章炳麟則以莊子哲學與大乘佛學互相詮釋。他《齊物論釋》大約在一九一〇年以前寫成，《齊物論釋定本》大概在一九一一年之後（章炳麟 1986: 122 王仲犖〈點校後記〉），他不是單純借助佛學的靈感來解莊，而是以他當時所取得的學術知識，並以他自己的論理，來同時貫通解釋莊子與大乘，這在閱讀《齊物論釋》與《定本》的每一頁都可發現。至若考察其思想轉變之軌轍，他於一九〇八年前後，學術旨趣由法相學移向老莊，「置老莊於首位，作為主導，佛學於次席，作為參證系統」（李慶新 1999: 144-147）。他認為佛陀講內聖之道與出世之法，孔子講外王之道與世間之法，二家各有一偏，而莊生兼有佛儒之長，「〈齊物論〉者，內外之鴻寶也」（王汎森 2010: 23）。並從莊生齊物之論，學到「要容許物物各自保有自己的『標準』（道），凡持自己的標準以要求或限制他人者，皆是『執著』。章氏因『齊物』思想的啟示，驚覺自己先前持『唯識』為唯一標準，而抹煞其他所有的學術思想，是一種『鹵莽滅裂』之舉。」（王汎森 2010: 14）由此可知，章炳麟研究莊子的出發點，決非取佛學為傅會之談，雖常以佛學名相解釋莊子，有時也以莊子解釋佛學，當二者沒有交集時，他會表而出之，例如他闡釋莊子的語言理論時說：「觀想精微，獨步千載。」（1986: 79）「又詳〈齊物〉大旨，多契佛經，獨此一解，字未二百，大小乘中皆所未有。」（1986: 83）形式上他是闡述經典，實際則將莊子、佛學、諸子、現代學術知識鎔鑄為一，闡述自己的思想，故黃錦鋐指出：「章太炎先生是借《齊物論釋》來發揮他以佛學義旨與諸子思想揉合在一起的產物。」（1991: 45）因《定本》修改了初本的語病，且文字稍詳，本書前後對此著作之引用，皆據《定本》。

大乘佛學以第八阿賴耶識含藏一切事物的種子，章炳麟的譯名作阿羅邪，此識有數名：阿陀那（ādāna），義為執持，謂能執持善惡業力及有情身體，令之不壞，而莊子靈臺之臺，義訓為持；又名阿羅邪（ālaya），義為含藏，謂含藏善惡諸法種子，而莊子靈府之府，義訓為藏；又名菴摩羅（amala），義為清淨；又名如來藏，謂不生滅的真如法性（1986: 71）。章炳麟發現，阿陀那與靈臺、阿羅邪與靈府，是莊子造語與印度語言「意相會合者」（1986: 65, 88-89, 112）。此外更有其他術語，如〈德充符〉「以其知得其心，以其心得其常心」，以及真君真宰等，章炳麟釋云，知即佛學的意識（2011: 242），心與真宰即阿陀那識，常心與真君即菴摩羅識，這是因為「冢宰更代無常，喻阿陀那恆轉者；大君不可廢置，喻菴摩羅不變者」（1986: 71）。第八識含藏的種子，今語或謂為原型觀念（1986: 65），莊子稱為成心（1986: 74），變現出世間事物、我、時空、物質屬性、五官感覺、數量、運動、因果關係，拘為實有（1986: 73-74），未悟一切皆幻（1986: 90）。入道的戶牖，「以其知得其心，以其心得其常心」二語盡之，也就是要無意和無我，伏滅意根，打破阿陀那識，以求菴摩羅識。其意為：「我」是意根執持阿陀那識，認其做我，故無意以伏滅意根，無我即不把阿陀那識認做是我。阿陀那識的存在，使人妄想苦惱，故打破後而不生不滅之心、菴摩羅識、真如、真我乃得顯現（1986: 70; 2011: 242, 298）。「幻我本無而可喪，真我常徧而自存，而此菴摩羅識本來自爾，非可修相，非可作相，畢竟無得。」（1986: 72）除去幻我、顯出真我後，也除去了一己與萬物的樊籬，便能一己與萬物同化，融小我於大我之中（2011: 243）。

或問：阿陀那識與菴摩羅識皆第八識之別名，然則打破阿陀那識以求菴摩羅識，果有別乎？常情以為二名既同謂一事物，就不應有別，但在佛學上，這是轉識成智之說。轉識成智以前，第七識意根執持第八識，認其做「我」，從而隔斷了我與萬物的同化，並從大我中區隔出小我。第七識在我執之外，又有法執，「即執一切皆有自性」（1986: 79），幻出物與物的限隔。故最大的禍本是第七識意根，打破意根的我法二執，唯一真如法界、本體不生不滅之旨便得以大顯。

依一真如法界之說，萬物之生為如來藏緣起，章炳麟將莊子與大乘佛學關於萬物生起的各說，攝於如來藏緣起之下：「凡此萬物與我為一之說，萬物皆種以不同形相禪之說，無盡緣起之說，三者無分。雖爾，此無盡緣起說，惟依如來藏緣起說作第二位。」（1986: 96）作第二位，是因為前三說乃是幻有，實情為萬物與我本來無隔，何勞說一。說一，是由於第八識中的「數識」作祟，賦與人先天的數字觀念，造成人不得不以一二三四之數字來觀看與世界的分合（請見第九型第二節的說明），即使能見世界合而為一，而一者本無：

> 且依幻有說萬物與我為一，若依圓成實性，唯是一如來藏，一向無有，人與萬物何形隔器殊之有乎！所謂一者何邪！《般若經》說諸法一性，即是無性；諸法無性，即是一性。是故一即無見無相，何得有言〔玄奘譯《大般若波羅蜜多經》卷五四五：以一切法一性非二。……諸法一性，即是無性；諸法無性，即是一性。如是諸法一性、無性，是本實性，此本實性，即是一相，所謂無相〕！以藏識中有數識，既見為一，不得無一之名，呼此一聲為能詮之名，對此一者為所詮之事。（1986: 96）

人與萬物無形隔器殊之有，是建立在如來藏之上，如來藏即是本體，也即是真我。

邱棨鐊認為莊子的道是「創造形色萬物的本體」（1999: 14），但莊子又「將本體與心、識判斷結合為一系統」（1999: 9），所以萬物與人的出生過程乃是道生精或神，然後精或神又生氣而成形（1999: 18, 127）。人（萬物同）的構造於是可以分為兩部分，一個是生命現象（他稱為「人生」），這是向氣化假借而來的短暫存有，始於無，也終於無，不足為貴。生命現象是本體之道的時間相與空間相而已，在無盡的化生中間流變，故有生死，且死生一環，忽生忽死。另一部分稱為生命本身、生命本源、精神本體、本體精神、內在本體、「生命內在宇宙道」，不在時間空間之內，不生不死（1999: 125-133），「與佛理相通」（1999: 131）。將人的構造分出兩部分後，人的歸趨就很明顯了：「人生應超越此一物象假相，進入精神本體的永生，終獲完全解脫與自由。」（1999: 133）

二、心是宇宙的形而上本體

翟理斯（Herbert A. Giles）《莊子》英譯前載 Aubrey Moore 對內七篇的研究札記，並不認同翟理斯強調上帝的詮釋（見第四型）。他說如果泛神論可以用來形容莊子的話，那是因為這個詞不至如同有神論（Theism）和理神論（Deism）那麼不恰當罷了。他猜想莊子無法理解今人對泛神論和有神論所做的區別，而若他懂的話，他會認為此區別無真實性。莊子主張現實中含有永恆之理，此理具有內在性（the immanence of the Eternal principle）。靈魂是從神性事物發射出來的，生命的完美在於其與其所從來者合而為一的程度，也即喪失其個體性的程度（1889: xxiv-xxv）。Moore 的意思應該是，神性的永恆之理既是獨立的存在，也分身而內在於萬物之中，所以泛神論和有神論不能區分。每一事物揚棄其個體的獨特性時，既是純粹只有永恆之理，也是和永恆之理合一。

吳康認為老子、莊子、列子的形而上學討論皆區分哲學存在項目為現象（appearance; phenomena 物境）、實體（reality 實境、實在性；noumena 本體）、與原理（principles, laws 理境；ideality 觀念性）三者，現象出於實體，而實體有其原理（1955: 78-79, 80-83, 88）。莊子所言之道，為形而上之原理，它們自因、永恆、無限、偏萬物而無所不在，有似於史賓諾莎的「本質」（substance 本體）。史賓諾莎主張泛神論，而莊子既以為萬物之所以善其生、成其業，皆有其所本之原理，萬物之原理既內在於萬物，又自因、永恆、無限，亦成汎神論，與史賓諾莎同流（1955: 73, 87-88）。

吳康引述贊同章炳麟之說，以為莊子的自我觀是「形上汎神之義，佛典所謂雙斷人我法者」。他敘西洋近代哲學以心為自我，分為三說：一、笛卡兒和史賓諾莎「以心為本體，本體即自我」。史賓諾莎以普遍本體為心，又以「神與世界合而不分，為宇宙之內在原理」，為形而上學的自我觀。二、休謨以「心為諸知覺諸觀念所成之總匯，故自我即諸意識會合所成之關係」。三、費希特以「心為一普遍概念或絕對，我即此基本觀念或絕對概念」。後二說以「心有感物之用，……其功能表現，則為一切知覺意識」，又以心之能感，必須獨立自由，共成知識論之我。莊子言人籟至天籟，即由第二第三說的知識論之我上達於第一說的形而上學之我。其言吾喪我，「即我與天地合德，不復為一個體存在」，成形上之論（1955: 132-133）。自言獨與天地精神往來：「釋性涵《南華發覆》講此文曰：『獨與天地相為遊衍，我之精神即天地之精神，天地之精神即我之精神也。』是純然斯賓諾沙汎神論之說。」（1955: 143）又言咸其自取，怒者其誰，亦史賓諾莎「本體自因」（causa sui）之義：「言更無有他因為其所出也。郭子玄謂我既不能生物，物亦不能生我，則我自然耳，故物各自生而無所出焉。」自因之說成泛神、內在原理之論，汎神則雙斷人我、法我，而冥合宇宙矣（1955: 133）。

程兆熊先提出以變化為常：「生命之常，乃一任其生命之變，以為生命之常。天道之常，乃全隨其天道之化，以為天道之常。」（1985: 286）如是，則生命與天道除了常變，更無其他恆常之性質。然而他接著否定前一命題而提出真常與實體：「惟變化中，儘有其常；大化中，儘有其體。能以變為常，與化為體，則於萬變中，全其真常；於萬化中，一其實體。」（1985: 287）這是說，唯有接受生命之常變，才能保全真常，唯有接受天道之常化，才能掌握實體。進而推論：「凡物之所不得遯者，固無非是生命之真常，固無非是天道之實體。而物之所皆存者，亦無非是生命之真常，亦無非是天道之實體。」（1985: 287）不但萬物在化中而有不化之真常與實體，即化本身亦依真常與實體而立：「萬物之所係者，乃生命之真常。一化之所待者，乃天道之實體。」（1985: 288）進而斷言：「道只是真常，……道只是實體。」（1985: 288）又規定：「真常不生，不生而生生無已。實體不死，不死而化化無窮。」（1985: 289）

程兆熊的真常有很多同義詞或同義的表達方式，如他對「無己」、「無功」、「無名」解釋為自然、自覺、自性（1985: 172），評許由、堯、藐姑射山之神人等，屢云「本其自覺，……有其自性，……任其自然」、「見其自性，覺其自身，而反其自然」、「有其自覺，全其自性，反其自然」（1985: 173-176），再收束到心與性二概念：「彼無所用，而又其用無窮者，乃是心。彼無所為，而又其為不盡者，乃是性。」（1985: 178）他對濠上之辯，說莊子能知魚樂，是因心可通物，而心可通物「實因心同；心同亦即理同。只因人同此心，心同此理，始有人我之可通，並有物物之可通。」（1985: 429）。他對〈庚桑楚〉「同乎天和」解釋為「正是同乎性情之和」，對「緣於不得已」解釋為「是緣乎『性不容已、情不容已』」（1985: 439）。對〈徐无鬼〉越之流人「去人滋久，思人滋深」，解釋說：「這便是性，這便是人之本性。」（1985: 430）

與性情同義的還有理性，他對〈應帝王〉「以己出經義法度」的治理方法，說即是「根據個人或一黨一派之原則」，這是相對於「全歸於理性，一本於性情之政治」（1985: 301）。

方東美認為莊子所說的真宰、真君、常心是「絕對之心體」與「永恆之精神本體」，亦是「冥同無限大道之本體」，而靈臺、靈府則是其發用。此外，自我還有物理和生理的活動，稱為軀殼之我；又有意識的被動感應，稱為心理之我；又有意識的主動濫發，稱為心機之我。所以自我共有身體、心理、心機、本體、本體之發用等五個層次，前三個層次集結為妄我，去掉妄我才顯真我（1984: 195-196）。

沈善宏說：「人類意識——心——在道家哲學家莊子的思想中是建構於形上的存有本身、道、普遍意識——絕對的心（Mind）——之上。」（Shen 1988: 3）

胡楚生提出〈逍遙遊〉篇的「逍遙」主要有向秀、郭象的「適性」說和支遁的「明心」說兩種解釋，向、郭的「適性」說是「只要宇宙之內，物任其性，便可以各盡其逍遙之樂」，而支遁的「明心」說則是「尋求如何去抒發人們內心能夠自得的要旨」（1992: 139）。〈逍遙遊〉篇分為六段，胡楚生指出除第一段的前半幅有「小」「大」對比之外，其他各段都沒有明顯的小大之辯。而第一段前半幅的小大之辯，應是譬喻用的喻依，人心才是喻體，也就是以物體的小大譬喻人心的小大，以說明人的心靈與精神之變通轉化力量是無窮無盡的，只有勘破私欲私見，做到心靈無所須待、無所倚求，「才能開拓出廣大無際的心靈境域，提升其遼闊無邊的精神層次，以達到『至人』『神人』『聖人』般的逍遊自在的理想境界」（1992: 148-149）。莊子的修道工夫是「將知識聞見言語思慮等一切向外的作用掃落淨盡，而以象罔無心的向內工夫，返照內觀，冥合印證」，「而使得本心原始的光明，自然的呈露，明鑑眾理，照察萬象」（1992: 223-224）。

勞思光說莊子的世界觀是「化」，此「化」是「一切存有的基本存有原理」（1996: 22），也就是「每一個經驗的存在都與其他經驗存在處於相互轉化的關係中」（1996: 23），由此而知常人所謂的自我並不是真自我，真自我不能存在於經驗領域，也「不能以經驗的謂詞來描述」，它「超越一切存有」（1996: 24）。只要它不做自相矛盾的活動，它定會超離客觀世界和客觀事業，而停駐於超離經驗界的自由之上（1996: 21, 24）。真自我達成它的自由後，它對經驗界的態度「將不在這世界中有所尋求，而只靜觀事象變化，享受一種美學意義的觀察」，開顯出「精神活動的藝術向度」（1996: 27）。

蒙培元提出莊子區分對對象的認識與真知，前者是有限、相對、相待的，後者是「『不知之知』，是一種呈現、顯現，……只是『道』的本真狀態，也是『心靈』的本真狀態」（1996: 177-178, 180）。道不是生成意義上的生天地，而是本體意義上的先於天地而存在（1990: 57）。由於「『道』是本源性存在，不是什麼對象或實體，『道』不在心靈之外」（1996: 180），「決不是離開主體而存在，毋寧說它就是人的精神存在」（1990: 57），故所謂認識道，無非自我認識、自我體悟（1996: 181）。但是這並不流於純主觀或可以自以為是，這是因為莊子用「道」這個字來表示客觀、普遍、絕對之義（1996: 186），在本體論謂之道，在人性論謂之性（1990: 58），先驗的在人心中謂之德（1990: 59），所以體道是「主客合一、內外合一、天人合一」的（1996: 185），達到「超倫理超功利的美學境界」（1990: 61）。此時心也是性、也是神，而「既是個體的心，又是宇宙的心」（1990: 62）。

許宗興以莊子的「常」、「天」、「真」、「復」、「盡」五個字眼，來論人有成聖的本性。莊子雖然沒有說出本性的概念，但有此思想。「常」是吾人永遠具有成聖的質素，甚至生前死後亦不磨滅。「天」是吾人成聖質素乃生而具有，非經後天、人為方式而擁有。「真」是就時間之當下而言吾人成聖之質現在就存在。「復」是吾人本具成聖之質，而暫時為生命中的負面成分所覆蓋，需要去除遮蔽，復令其發用。「盡」是除我之外，人人皆具成聖本質（2008: 279-305）。

陳清春認為「莊子取消了對物質現象的存在信念，……物質現象僅僅是意義所生成的意識現象」（2009: 133），所以莊子的哲學工作是去找到事物的本體。陳清春先以天籟章為例，解釋什麼是第一性和第二性被動生成。聲音是物質振動所發生的現象，從不振動到振動而有聲，是「自無適有」，此時對聲音的感知是第一性被動生成的，感知內容並不包含聲音本身以外的其他東西。可是人聽到聲音以後，會做很多統攝活動，會為聲音安置其所有者，依過去的知識經驗來將聲音區別為風聲、鳥鳴聲、人聲等等，建立聲音與環境的關連，甚至還可以主觀想像出其他東西來加以類比，於是聲音就成了完整的認識對象，也稱為物質現象，這個過程是「自有適有」，是意識的第二性被動生成（2009: 134-135）。如果暫時摒除第二性被動生成的意識，只看第一性被動生成的意識，那就相當於對事物本體的認識，本體也稱為「本身存在」，此時聲音是「自取」的存在、「自取」的活動，沒有發出聲音的「怒者」或做為聲音的實體或原因（2009: 136）。由於聲音無論如何是物質的屬性，並不獨自存在，所以聲音做為例子是不足的，莊子討論過天籟，接著便考察人的形體。「人們對自己和他人身體形貌和動止的當下感知屬於第一性被動生成的現象，這些現象首先被意識綜合並設定為一個外在的客觀個體存在」（2009: 138），也就是得到了第二性被動生成的內容。但是莊子所肯定的真宰與真君也不是第一性被動生成的意識，而是在人的意識之外，所以它必須是「與形而下的人體現象相對的形而上的本體」。既然它不能由人的意識來把握，所以「只能在圍繞人體現象的考察中得到理解」（2009: 139）。陳清春認為莊子的考察方法是從事物存在的根源來指點真宰真君的存在，例如「假於異物，托於同體」、「道與之貌，天與之形」之語，是借重生成論的說法來分辨形貌的現象與形貌的自身，形貌的現象是關係性的，例如同體和異物是同異關係、百骸九竅六藏賅而存焉是一多關係和部分與整體的關係，至於形貌的自身是非關係性的，猶如天籟是自己、自取的存在，「只能依靠形貌的現象存在以否定的方式而從相反的方向來理解」，也即以「超越意指」的方式從形貌的現象指向形貌的自身，後者即真君、真宰、形上本體、道、天。生成論說法中的道和天「不是獨於於人體之外的另一存在，而是指人體自身存在的自然性或真實性」（2009: 139-140）。

盧梭之「先驗的矯稱」

盧梭在最後一部作品《漫步遐想錄》，回憶他一七六二—一七七〇年（他五〇—五八歲）八年顛沛流離的逃亡生涯中，於一七六五年曾在瑞士的比埃納湖（Lake Bienne）聖皮埃爾島（Île de St-Pierre，其實是半島）住過二個月，是他一輩子住過的地方中令他感到真正幸福的（Rousseau 2005: 67）。他在島上孤寂的冥想時，想出了人間的一切都在流動，只有自我才是永恆，所以持久的幸福只能從自我產生，不可外求：

> 人間的一切都處在不斷的流動之中。沒有一樣東西保持恒常的、確定的形式，而我們的感受既跟外界事物相關，必然也隨之流動變化。我們的感受不是走在我們前面，就是落在我們後面，它或是回顧已不復存在的過去，或是瞻望常盼而不來的未來：在我們的感受之中毫不存在我們的心可以寄託的牢固的東西。因此，人間只有易逝的樂趣，至於持久的幸福，我懷疑這世上是否曾存在過。在我們最強烈的歡樂之中，難得有這樣的

時刻，我們的心可以真正對我們說：「我願這時刻永遠延續下去。」當我們的心忐忑不安、空虛無依、時而患得、時而患失時，這樣一種遊移不定的心境，怎能叫做幸福？

假如有這樣一種境界，心靈無需瞻前顧後，就能找到它可以寄託、可以凝聚它全部力量的牢固的基礎；時間對它來說已不起作用，現在這一時刻可以永遠持續下去，既不顯示出它的綿延，又不留下任何更替的痕跡；心中既無匱乏之感也無享受之感，既不覺苦也不覺樂，既無所求也無所懼，而只感到自己的存在，同時單憑這個感覺就足以充實我們的心靈：只要這種境界持續下去，處於這種境界的人就可以自稱為幸福，而這不是一種人們從生活樂趣中取得的不完全的、可憐的、相對的幸福，而是一種在心靈中不會留下空虛之感的充分的、完全的、圓滿的幸福。這就是我在聖皮埃爾島上，或是躺在隨波漂流的船上，或是坐在波濤洶湧的比埃納湖畔，或者站在流水潺潺的溪流邊獨自遐想時所常處的境界。

在這樣一種情況下，我們是從哪裏得到樂趣的呢？不是從任何身外之物，而僅僅是從我們自己，僅僅是從我們自身的存在獲得的；只要這種境界持續下去，我們就和上帝一樣能以自足。排除了任何其他感受的自身存在的感覺，它本身就是一種彌足珍貴的滿足與安寧的感覺，只要有了這種感覺，任何人如果還能擺脫不斷來分我們心、擾亂我們溫馨之感的塵世的肉慾，那就更能感到生活的可貴和甜蜜了。但大多數人為連續不斷的激情所擾，很少能經歷這種境界，同時由於僅僅在難得的片刻之間不完全地領略了這種境界，對它也只留下一種模糊不清的概念，難以感到它的魅力。在當前這樣的秩序下，對社會生活日益增長的需求要求他們去履行社會職責，如果他們全都去渴求那種醇美的心醉神迷的境界，而對社會生活產生厭倦，這甚至還不是件好事。但是一個被排除於人類社會之外的不幸者，他在人間已不可能再對別人或自己作出什麼有益之事，那就可在這種境界中去覓得對失去的人間幸福的補償，而這是命運和任何人都無法奪走的。

不錯，這種補償並不是所有的人，也不是在任何情況下都能感受的。要做到這一點，心必須靜，沒有任何激情來擾亂它的安寧。必須有感受者的心情和周圍事物的相互烘托。既不是絕對的平靜，也不能有過分的激動，而是一種均勻的、溫和的、既沒有衝動、也沒有間歇的運動。沒有運動，生命就陷於麻木狀態。運動如果不均勻或過分強烈，它就會激起我們的狂熱；如果它使我們想起周圍的事物，那就會破壞遐想的魅力，打斷我們內心的省察，把我們重新置於命運和別人的軛下，而去念及自己的苦難。絕對的安靜則導致哀傷，向我們展現死亡的形象。因此，有必要向歡快的想像力求助，而對天賦有這種想像力的人來說，它是會自然而然地出現在腦際的。那種並非來自外界的運動產生於我們自己的內心。不錯，當有輕快甜蜜的思想前來輕輕掠過心靈的表面而不去攪動它的深處時，心中的寧靜固然不是那麼完全，然而卻是十分可喜的。只要有相當的這樣的思想，我們就可以忘記所有的痛苦而只記得我們自己。只要我們能夠安安靜靜，這樣的遐想無論在何處都能進行；我時常想，如果在巴士底獄，甚至在見不到任何東西的單人牢房裏，我都可以愉快地進行這樣的遐想。（Rousseau 2005: 75-78）

盧梭的論理看似有缺陷：如果一切都在流動，沒有一樣東西保持恆常，那麼何以自我是一切的例外，自我不受時間所作用呢？程兆熊的真常解說也有同樣的毛病。不過，如果換個方式來理解，將一切在流動與自我不流動當成兩個並立的命題，則先前的困惑就不成立了。盧梭集不可多得的條件於一身，有文學家的文筆，有浪漫的天性與敏感的神經，有內省的習慣，成名後有不得志的後半生，飽嚐流亡乞食的困頓，以全世界為寇讎，所以才從疑懼孤苦中釀出這真常自我的醒悟。

盧梭的醒悟開啟了壯濶的浪漫主義，後繼者宣稱自我即上帝、即世界靈魂，Robert C. Solomon 研究十九至二十世紀自我概念的興衰，將盧梭所創建的新自我概念稱為「先驗的矯稱」（transcendental pretense），對此說法有以下的解釋和形容：

> 先驗的矯稱充分發展後有兩個中心成分：第一，自我有非常了不起的內在豐富性和廣闊性，最終可包容一切事物；第二，人心有隨之而來的權利將其主體結構投射出去，並查明人性本身為何。（1988: 1-2）
>
> 在現代歐洲哲學裏成為舞臺主角的自我是先驗的自我（transcendental self, or transcendental ego），其本性和野心是史無前例的傲慢、厚臉皮的廣大無邊、和必然神秘的。先驗的自我是那唯一的自我——無時間性、普遍的，就在地球上我們的每個人之中，也縱橫古今。它與我們每人的個別癖性有所區別，是我們一起分享的自我。用含蓄和普通的話來說，它叫做「人性」，而用很不含蓄、驚人的話來說，它就是上帝、絕對自我、

世界靈魂。到大約一八〇五年之際，自我不再是簡簡單單的個別的人，他們站在一塊面對有敵意的世界，而變成無所不包，世界的地位、或甚至上帝的地位變成（若非有問題的）人類實存狀態的某些面向。（1988: 4）

Solomon 把這取名為「矯稱」，不管是否寓有貶意，但至少說出了知識途徑上的特色，也就是直接乾脆的假定一己的自我與他人的自我相同，進而與上帝、世界靈魂、宇宙意志一模一樣。凡是以向內省察的方法來取代研究他人、宇宙、上帝，都是作出超過知識基礎（一己）的矯稱。

依所研究問題的不同，人與人、人與道的差異性可以從極大到極小。哲學上對人的探究，關心的是人的本質或人的構成結構，這當然不是研究某個人獨一無二的本質或結構，而是針對凡人皆然的那些部分。然而相信人有同然，仍可能是樂觀的直覺，這裏不宜就這個問題追究下去。只消說，莊子既有剖陳內心想法的話，也有探查世人內心的文章，他並不以為兩者是不同的方法，因此假如沒有後者，而以前者「矯稱」世人亦然，對他應該是不成問題的。

第八型 任物性之自然

本型解說以人的天性為主體性，而天性概念則有四說：以廣義的自然為性、以動植物性為性、以仁義為性、才性。

自然說摘要

李日章指出，莊子以貪著生命為一切苦惱的根源（1977: 112），可是生命的真相只是大化流行中的一個波瀾：「正像大海中升起的一個浪頭一樣，這個浪頭原來是沒有的，由於某些偶然的原因，海水的一部分乃上升起來形成一個突出的浪頭，這個浪頭在持續了若干時間之後，便又降落下去，回歸大海之中。……這個浪頭雖然沒有了，但是形成這個浪頭的那些海水馬上又與其他海水以另外的一個形式出現。」（1977: 113）莊子解釋其妻由生而死，子輿解釋自己的病體，垂死的子來解釋自己將死，都是以此觀念看待大化與個別生命的關係（1977: 113-114）。大化之中，有大自然必然的律則（1977: 116），而每化育出一物，便賦予它某種獨特的本性，意為「不同的事物，其形體與精神也各不相同，每一樣事物的形體和精神都遵循獨特的一套規律而構成與活動」（1977: 122）。「我們的『本性』知道在什麼情況之下應該有什麼行動」（1977: 121），這樣的行動會有最好的效果，這樣的人也最快樂（1977: 123）。不僅如此，「因為『天性』所代表的秩序（天性所含的身心結構與活動的規律即是一種秩序）乃是宇宙大秩序的一部分，它與這全體的大秩序是融洽和諧的，故遵循它而行動的人一定可以無入而不自得」（1977: 123），這樣的人既遵循他身心固有的規律，也遵循萬物固有的規律，像庖丁解牛那樣物我相應（1977: 125-126）。因此，「我們身心性命之實質無疑的就是『道』」（1977: 126），與人的本性相反的是人的知識能力，莊子主張我們應該放棄一切知識，只依從天性來生活：

> 這個主張雖有點偏激，却也有相當的道理。因為人類的知識能力乃是比較後起的一種能力，而人類的若干基本天性却在不曉得多麼遙遠的上古以前就已形成了。我們今天已經從許多不同的例子看出：膚淺的、不完全的知識曾經使得人類造成了多少嚴重的錯誤——如某些鎮靜劑使得服用的孕婦生出畸形兒，避孕丸使得服用的婦女增加了害心臟病的可能率……。這是因為我們永遠無法知盡一個事物與其他事物之一切可能的關係的緣故。在這麼一種不完全的知識的指引之下活動，該是多麼危險的事呀！因此，倒不如放棄這一切知識，而任憑個人的天性來左右我們，因為個人的天性之中有大自然已經在它裡面配置妥當的一套身心活動的規律，這規律與整個宇宙的規範是融洽無間的。我們不用擔心在這套規律支配之下的活動會和其他事物的活動相齟齬、相牴觸。此外，由於放棄了由知識而來的人、我之見，以及「為我」的打算與圖謀，所有的神經絃都放鬆了，

我便得以安詳而從容的過活。（1977: 130-131）

另外，莊子也教我們，每物都有其固有的價值，應就每物的本來面目來接受該物，就每物的固有價值來肯定該物。「不論你如何認識我、如何評估我，我自有我永不喪失的某種本質，這就是我得之於『天』，而與宇宙萬物相通的東西；我的生命淵源於此，我的價值根據於此。……把握住這個，我的存在便有了一個重心，我的行為便有了一個主宰。」我們便找到了「真實的自我」與「行為的主體」（1977: 131）。

陳冠學認為「夫道，有情有信」章「並無半點神奇要妙處」，就是物理、化學、生理學與社會科學、藝術原理而已。以物理、化學而論，如無線電、電視、登陸月球、探測火星，「本章所舉諸神聖也只是如此」。以生理學而論，如移植器官、人工器官「足以活死人於一時，也是得道的成果」。以社會科學而論，「秦始皇統一中國，劉邦以平民登極，孔子為萬世宗主，美國獨立、法國大革命，亦皆得道的成果，不足為奇」。以藝術原理而論，「王羲之的真楷，顧愷之的人物，李杜之詩，韓柳之文，及意大利三大藝匠，十八、十九世紀的浪漫派音樂大師如貝多芬等人，……與豨韋氏並傳」。又認為：「即如平常吃飯屙屎，行止坐臥，嚴格言之，亦無一非得道的成果。」蓋一切存有與活動皆有其科學原理也（1978: 279）。依這種科學觀遂生「自然的存在論」：「萬有莫非自然，莫非自爾而然。」（1978: 90）「人既出於自然，更不能違離自然。生命是自然的產兒，自然成了生命，生命焉能違離它自己？莊學是從物自己、生命自身之生成上去體認其存在之理的。」（1978: 152）祛除人所異於萬物的認識能力（包括知覺、理解、推理三階段）與其所生的智性知識（1978: 337），就可得出人與萬物共同的存在之理，那就是每個個體都有其「自存而作用之體與力」（1978: 283）。憑著我們自體而有的作用力，在大羣、複雜的社會中求生存，必須尋找「自然的夾縫」而遊其刃，不要橫衝直撞，摧折人「金枝玉葉的美質」。「照你生命的原樣」便能「活得好，甚而死得好」（1978: 160）。

韋政通說：「莊子體認的心，是引起人煩惱憂苦的根源。」（1980: 183）想要過自由快樂的生活，就應當因任自然。「莊子所說的『自然』，指萬物的本然狀態。」宇宙萬物順其自性而生存活動，便能成就整個宇宙的和諧，而人也是自然的一部分，故也應當根除「純樸自然的生命之外」的種種「盲動盲作」（1980: 185, 187）。莊子的道概念也就是自然：「莊子對道儘管有比較複雜的解說，但最後則歸結於自然一義，不論是宇宙萬物或人類，所服膺的共同原理，就是自然。」（1980: 189）

劉光義說，莊子具聖哲之資，遭大亂之世，不消極逃世而思以救世，因而訂立「以刑為體，以禮為翼，以知為時，以德為循」（〈大宗師〉）的處世方針（1980: 96）。「以刑為體」，方潛曰：「言克己也。」（1980: 96）劉光義以為是「克制壓縮自己」以「委曲求全」（1980: 101），也是「跟著大家走，盲目的學眾人的樣」，這是因為「在亂世，不求有福，但求無咎」（1980: 100）。「以禮為翼」的禮並非儒家的禮樂，而是禮讓謙卑的低姿勢（1980: 114-115），在權力是尚、暴戾充塞的社會中，不與人爭先後，以求為人容納。「以知為時」是「生活在戰亂坎坷中，必須眼明手快，洞察明辨，方足應付」（1980: 132）。「以德為循」即循德以行（1980: 154），這是莊子內懷救眾生百姓、撥亂反正之大志，然而這非一人孤軍奮鬪的事業，「言與有足者至於丘也」，是說會合志同道合之士，同登乎善（丘之比喻），以救世濟人（1980: 96-97）。救世濟人的真義，不重在施財貨、解危難，而在「尊重物性」（1986: 72），「任萬物各顯己志，各成己能，非賴他人之恩施善行者」（1980: 156）。丘的比喻亦是說本性之善，由於「人人同具此本性，如各足此本性，即抵雍穆和諧」。雖然就莊子而言，人對共具的善性不一定有相同的運用方式，也就不必同於我，我不必認同之，然而只要人人皆運用其善性，「則天下可安」（1986: 52）。

傅佩榮析分莊子論天與道之諸義時，最看重「自然的原理」。物莫不有實質和形相，物之實質同為一氣，而物之形相雖千殊萬別，皆為一氣之化（1985: 255），但是世界的實然和固然並不即是它的應然，萬物的應然是它們的天理、正理、本然狀態、自然之原理、法則，譬如「牛之所以為牛的道理」（諸詞見1985: 256-258）。實然與應然的不一致也體現於人類，人若想從他的實然上進到應然，需要「啟明覺悟」，這得自於忘我，而忘我又得自於心齋，心齋是「恢復心的明鏡本性」。心成為明鏡之後，反映天理，此時人心也轉化為精神：「在領悟天理時，人心轉化為新的狀態或抵達新的境界，可以稱為『精神』。精神生於道，但它本來就內在於人性，只是等待啟明的機會。……精神是人心的『應是』。」（1985: 278）

傅佩榮的解說採用了鏡映心的概念，但並不能歸類到鏡映心的解說類型（本書第一型），這是由於他將鏡映界定為人心的本性，而且鏡映得到的也需是外物的天理本性，不是一切物勢和各物的全貌。

普鳴（Michael J. Puett）沒有採用自然、物性的名詞，而說「天理」，亦應列入本型。他比較《管子・內業》與《莊子》內篇，認為前者主張氣的修養可以產生使役萬物的權力（〈內業〉稱為「使物」），使天下都臣服於聖人，以及預知未來的吉凶，反觀莊子則覺得氣的修養僅能讓神人不依賴於物，不受制於物，可以不受疆域的侷限而逍遙。神人沒有預知未來和控制萬物的權力，只是能不受物的影響，物不能傷（2002: 124-126）。他們對事物的知識是宇宙在變化中，所以他們選擇要與物俱化，加入變化的洪流（2002: 127）。生死的變化是「命」，這是天命，必須愉快的接受（2002: 127-128）。逍遙與順命似乎矛盾，但其實是一體的兩面，這是因為接受天命以後就不倚賴於物，不倚賴於物就解放而逍遙，反之，倚賴於物便會想要克服天命（2002: 129）。庖丁「依乎天理」，他運神操刀並不牽涉到任何超越性的實體或形式（2002: 129-130），不過壺子經由鍊氣可以達到事物尚未產生、氣尚未分化以前的狀態（2002: 130）。「天理」就是莊子的宇宙論主張（cosmological claim, 2012: 132），神人一方面不應該超出人類，修鍊得更像神、更像天，另一方面不應該戕害他們的人生，對事物建立人為的區分、是非的範疇，而只應該修鍊他們的「神」（此「神」不一定是氣），將人中之「天」發揚到完美（2002: 131-133）。依乎天理而活，同時也就協助了萬物自然的生長，促進萬物都做到天所賜予的秉賦（endowment）與分限（allotment, 2002: 132），「其神凝，使物不疵〔病〕癘〔惡病〕而年穀〔複語，穀熟曰年〕熟」（〈齊物論〉，2002: 124）。

陳靜認為莊子批判「對象性關係」中的我、形態的我、與情態的我。由於人有形態，所以就有外物的糾纏，結成物我、人我、彼是、是非的對待性關係，並產生情態（2004: 329-330）。人成為社會性的存在，在「角色的序列中擔當某個角色」（2004: 330-331）。因此，欲超脫這個我，就是要超脫世俗規範，世俗規範和真性是對立的：「所謂真性，是指人受之於天的本然之性，所謂俗偽，是指禮義法度規範下的世俗社會。」（2004: 254）真性也就是樸，而俗偽將我們造成了器（2004: 254），故莊子提倡顯真、保真、反真（2004: 254-259）。

動物、植物性說摘要

劉小楓認為道就是「本然生命」，想要返歸本然生命必須見素抱樸、復歸於樸。他以樸字作眼，申論人應以樹木為模範：「『樸』本為叢生樹木（『抱』），生命感覺歸於樸，是否指像植物一樣感覺？樹木不操心、不思慮、不辨是非，『相忘以生』，如果人像樹木一樣生活就成了聖人。」（2001: 190）除了樹木，天性和平的動物亦可為模範：「無知無識無憂無情的原初生命就是返回到植物性、生物性：『呼我牛也而謂之牛，呼我為馬也而謂之馬。』（《莊子・天道》）」（2001: 191）

自然說與動植物性說評論

物是否有物性，乃是一形上學問題。設若有，則主張萬物各按其本性生活運作便是最好的狀態，是主張一種自然哲學與政治哲學。可是這裏的「最好」是什麼意思？按此處所詮釋的莊子，是「雍穆和諧，各甘其食美其服安其居樂其俗境地」（劉光義 1986: 52），沒有一切戰亂、爭奪、貧窮、悲慘，只有雍熙太平、友善和樂，這種田園風情其實並不能從物性自然之中推導出來，而是哲學家偏為之說、美化之詞。此推論的問題出在物性的概念並不忠實囊括一物的所有特色，而是有選擇性的，只包含哲學家所喜歡之美善的成分。

這類哲學家對物性概念的涵括範圍作偏私的處理，顯出他們無法克服自然主義的弔詭。勞思光對此一弔詭的說明如下：

> 凡是自然主義的理論，必有「自然」與「非自然」的區分，然後將正面價值歸於所謂「自然」。這一類說法若只就常識看，或許不發現嚴重問題，但若嚴格分析，則會發現一個似乎古怪的難題，這就是：不知道甚麼事物可稱為「非自然」或「反自然」。這似乎與常識距離甚遠，但要說明也不難。舉例講，我們依常識的看法，大概都同意說謊欺騙別人是反自然的壞事；然而人之會說謊話或欺騙，顯然也由於人自然地具有此能力。我們倘略具動物心理學的常識，則更會知道猿猴也有欺騙行為。例如猴子偷取案上的水果，常會將水果藏起來，不讓人發現。猴子並不能創造文化，卻有欺騙的能力。這種能力豈不也屬於自然具有的能力？然則我們又如何能說欺騙是「反自然」呢？推而言之，所有的活動都以自然具有的能力為基礎；倘若嚴格界定「反自然」與「惡」或「壞」是可以互相代換的描述詞，則我們將發現在嚴格意義下，我們將找不出任何「惡」或「壞」的事物。自然主義要否定的東西最後都將成為不可否定的。這就是所謂“paradox”（弔詭）。
>
> （2003: 144-145）

勞思光所說的自然主義不是自然科學或自然界（大自然），此三者是三回事[43]。他說的是，如果對物性概念作忠實的涵括，則偷竊、衝突、疾病、貧窮也是自然的結果，世上將找不出「惡」或「壞」可供自然主義反對。因此，為了不犯這個弔詭，老、莊、郭象等哲學家就不能忠實的使用物性概念，他們只是打著物性的名號，實際上卻述說他們偏好的一些價值。

劉光義對於順任自然必有不愜人意之處，曾經靈光流露而說，莊子的漆園吏職務給了他機會，認識到自然界裏物物相食的事實：

> 莊周為漆園吏，自當工作生活在漆園中，漆園裏，必是茂林豐艸，諸多鵲蟬螳螂等屬，棲身其間。自然景觀中，弱肉強食的生態，無時不在持續的進行著，莊生日日接觸，靜觀萬物，初則寄興娛情，繼則悟及，置身環境，戰亂無已，民生亦以弱肉強食方式進行著，如蟬螳螂等弱小者，抗無力逃無方，生活持續在危機重重中。（1986: 6）

這是至為合情合理之論。義大利短篇小說家 Dino Buzzati 有一篇〈甜密夜晚〉短篇小說，對人眼中的自然界與真正的自然界做了對比，足以醒世。小說中的男女夫妻住在家傳的「破爛房子」，房子東側有個二十公尺寬、三十公尺長的花園，一天頗晚了丈夫還未睡，打開窗子看花園裏一派恬靜，渾然不知弱肉強食即將上演：

> 他站起來，打開窗子和百葉，一看外面，傻了。下午剛下過雷陣雨，此刻，檸檬般的月亮照亮整個花園，不可思議的純淨感覺，靜止、空靈、安靜，蟋蟀和青蛙都閉上了嘴。

……

他關上玻璃窗，拉下百葉，回頭說：「什麼都沒有，親愛的。今晚月光好美，從沒見過這麼寧靜的夜晚。」他重新拿起書，坐回沙發上。

十一點十分。

就在那個時候，花園東南方櫪樹的影子下，草叢中一片看起來像活板門的東西突然站了起來，移向另一邊，露出了通往地底下的一個洞。一個矮胖、接近黑色的身影從洞口冒了出來，左扭右擺地一溜煙跑不見了。

一隻新生蚱蜢趴在葉莖上，快樂的、軟軟的綠色肚子隨著呼吸的節奏上下跳動。蜘蛛的鉤子手惡狠狠地插入它的胸口，一撕幾片。小蚱蜢長長的後腿還想掙扎，也就踢了那麼一下。蜘蛛毛茸茸的腳已解決了小蚱蜢頭的部分，現在又在啃食腹部。體液從撕裂處汩汩流出，掠食者貪婪地吸吮。

蜘蛛全神貫注享受美食，沒來得及察覺一個巨大的黑色影子正向它逼近。咻！腳下還緊抓著獵物不放，蜘蛛已經消失在癩蛤蟆的嘴裏了。

儘管如此，花園還是一派祥和及詩情畫意。

毒針戳進正往菜園爬行的蝸牛柔軟的肉體，它轉過頭來，身體還繼續前進了兩釐米，然後發現腳已不聽使喚，知道自己完了，漸入昏迷，感覺到攻擊它的毛毛蟲正張口一塊塊咬下自己的肉，在它曾經自豪的、圓潤、有彈性的身體上留下一個個醜陋的凹洞。

死相難看的它最後一次抽搐時，欣慰地看到那該死的毛毛蟲被蜘蛛叉起，轉眼就撕成碎片。

過去一點，是平靜的田園生活。小燈籠一閃一閃的雄螢火蟲，在嬌滴滴伏在綠葉上的誘人雌蟲穩定的亮光附近轉來轉去。要，不要？要，不要？決定靠近她，輕撫她，她沒有拒絕。被愛情沖昏了頭，忘記月光下的草地是最無情的地獄，正準備要擁抱他的女人時，一隻金色的步行蟲一刀劃過，讓它開膛破肚。小燈籠還兀自閃著，要，不要，掠食者已經把它吞進肚裏。

不到半米外，同一時間正上演另一出慘劇。前後僅幾秒鐘的時間，巨大的黑影靜悄悄地從天俯衝而下。先前那隻癩蛤蟆背脊一痛，才想轉身，已經懸在半空中，死在經驗老到的貓頭鷹利爪之下。

可是光看，卻什麼都看不到，花園中一派祥和及詩情畫意。（2006: 122-124）

經過前面幾個微觀式的白描之後，就接著作巨觀式的總括：

死神隨著黑暗一起來臨，此刻進入最高峰，這樣要持續到黎明。到處是屠殺、慘死、血肉橫飛。鑿刀插入頭骨、鉤子切斷大腿、鱗甲被掀開、內臟流一地、鉗子夾裂外殼；無堅不摧的利爪、囫圇吞嚼的嘴、致死的毒針和麻醉針、隱形陷阱的絲線、活生生將俘虜液化的腐蝕毒液。從寄生苔蘚的微小生物開始，輪蟲、節肢動物、阿米巴變形蟲、毛毛蟲、蜘蛛、步行蟲、蜈蚣，一直到蜥蜴、蠍子、癩蛤蟆、鼴、貓頭鷹。無以計數的突襲殺手羣起廝殺、啃噬、撕咬、分食、殺戮……。

……夜晚一旦來臨，全世界每一個角落都上演同樣的故事：屠殺、毀滅、吞噬。當夜晚結束太陽出現，是另一場殺戮戰爭的開始，換一批殺手，冷血依舊。從創世紀至今未變，到世界末日也不會有所改變。（2006: 124-125）

小說的結尾，是丈夫上床前再開窗瞧一次花園，還是一派安謐：

他笑著搖搖頭，站起來，打開玻璃窗往外看。

無盡大地籠罩在月光下，同樣叫人陶醉的感覺，同樣難以言喻的惱人。

「安心睡吧，外面什麼都沒有，你沒看到有多平靜。」（2006: 125）

宋國的漆園和義大利宅院的花園，是由小見大。彈丸之地昆蟲和小型動物與飛禽之間的捕食，性質上無殊於由病毒、細胞、病菌、藻類、植物、動物共同構成的全球生態系統，而全球生態系統又受制於陽光、雨水、土壤、江海、洋流、潮汐、地震、火山、冰河期對生態的維持和改變，我們的地球仍然不是孤立的，還受到隕石、宇宙輻射的威脅，生命乃至物種都可以由於此許變化便輕而易舉的滅絕㊹。所以，以自然為各安其生，則事實是死於非命；以自然為相安太平，則事實是兇殘噬殺。自然不是田園風情，不是解決人類文明過盛問題的好模範。

以德性為本性，可以避免自然主義的弔詭，這個長處在下節說明。

德性說摘要

以仁義為天性，不必限於人類。莊子對商大宰蕩說：「虎狼，仁也。」並解釋說：「父子相親，何為不仁！」（〈天運〉郭 497 王 509）虎狼的仁，並不妨礙牠們獵殺動物，茹毛飲血，故也可以說，以仁義為人的天性，並不妨礙人類宰割羣生，器使萬物。所以仁義也可以做為貫通萬物的天性。

我曾經就《莊子》調和派（也稱為黃老派）的篇章[45]提出六段，說明其中性含仁義的學說（詹康 2010: 16-20）。〈繕性〉篇「古之治道者……冒則物必失其性也」一段，規定「性」有「和」和「理」兩個作用，和生出德而德又生出仁，理生出道而道又生出義，仁與義綰合而為忠，忠再生出禮和樂。然而後世人為的禮樂遍行，強天下以從之，遂戕害了原本的性和德。

〈天地〉篇「泰初有无……虛乃大」一段，規定「形體保神，各有儀則，謂之性」，「儀則」之詞呼應《詩經．大雅．烝民》：「天生烝民，有物有則。民之秉彝，好是懿德。」所以性是儀則而儀則指向懿德。

同篇：「上如標枝，民如野鹿。端正而不知以為義，相愛而不知以為仁，實而不知以為忠，當而不知以為信，蠢動而相使，不以為賜。」這段話說到遠古帝王無為而治之下，人會自願、且不自覺的行仁義忠信與互助。

同篇的「渾沌氏之術」要能「明白入素，无為復朴，體性抱神，以遊世俗之間」，這不只是守道抱樸，且還要能「因時任物」（郭象注語）、「隨時應變」（成玄英疏語），順利的周旋於世事俗務之中。如果只獨善其身而「羞為世事」（郭象注語），則會蒙受「識其一不知其二，治其內而不治其外」的譏評。

〈天道〉篇老聃問孔子「請問仁義，人之性邪」，提出天地有常、日月有明、禽獸有序、樹木有立，向孔子暗示所有東西都有它們的固定之處，而仁義就是人性的固定內容，所以孔子不必急急高舉仁義，愈高舉反而愈得不到仁義。

〈天運〉篇又述「孔子見老聃而語仁義」，老聃暗示性中已有仁義，不待提倡，就好像天鵝不用洗就已是白的，烏鴉不用染就已是黑的。郭象曰：「夫仁義者，人之性也。」（郭慶藩 1961: 519 注 9）又曰：「事至而愛，當義而止，斯忘仁義者也，常念之則亂真矣。」（郭慶藩 1961: 480 注 8）這就直揭了莊子懷藏不揭之旨。

莊子才性義申論

一、從本性到才性

莊子除了自然物性、動植物性、德性等說外，還有才性說。才性說似本於動植物性說而來，動植物的本性各有不同，乃不待多言而知者：

鳧脛雖短，續之則憂；鶴脛雖長，斷之則悲。（〈駢拇〉郭 317 王 313，作者自語）

鴟目有所適，鶴脛有所節〔適〕，解〔去〕之也悲。（〈徐无鬼〉郭 868 王 981，作者自語）

莊子從動植物各有不同的本性發揮到有不同的技能。按：「才」字原有「性」義，現今所說的才能、才幹，雖然也可由後天磨練出來，但是天賦的意含還是較強。莊子舉的動物例子如下：

今夫斄牛，其大若垂天之雲。此能為大矣，而不能執鼠。（〈逍遙遊〉郭 40 王 37，莊子語惠施）

梁麗〔樑欐。樑棟相附著曰麗〕可以衝城，而不可以窒〔塞〕穴，言殊器也；騏驥驊騮，一日而〔能〕馳千里，捕鼠不如狸〔野貓〕狌〔黃鼠狼〕，言殊技也；鴟〔貓頭鷹〕鵂〔字衍〕夜撮〔讀為最：犯取〕蚤〔跳蚤〕，察毫末，晝出瞋〔張目〕目而不見丘山，言殊性也。（〈秋水〉郭 580 王 600，北海若語河伯）

植物亦是，很多樹木由於材質不佳，或卷曲不中繩墨、裂開而不完整，或易於腐爛受蠹，或有毒性異臭，以致不能做成器用（〈人間世〉郭 171 王 150-151、郭 176 王 158、〈山木〉郭 667 王 719），但是好木也不是什麼器用都可做得，仍必須搭配不同器用的特性。有個故事是木匠削出敲鐘的木槌，製作精巧得像是鬼神做的，不像人工做的，這是因為他去山林裏找尋木形最合的原料，仿佛敲鐘槌就在眼前，所以做出來的成品才像是神工而不像人工：

然後入山林，觀天性〔宣穎曰：察木之生質〕；形軀至矣〔謂木形極合〕，然後〔二字疑衍〕成見

〔通「現」〕鐻〔宣穎曰：言恍乎一成鐻在目〕，然後加手焉；不然，則已。則〔是〕以天合天〔王先謙曰：以吾之天遇木之天〕，器之所以疑〔借為擬〕神者，其是與！（〈達生〉郭 659 王 707，梓慶語魯侯）

從技能、器用的角度來談動植物的本性，像是能捕鼠、能划水、能馳騁千里、能在夜間觀察細微，或木形極像敲鐘槌，是強調本性中的優長才能，這構成了才性概念的一個成分。

不過，動植物只要是同一個物種，就有相同的技能或器用。人類則各有技能和器用，分殊化的情形是動植物中所未睹的，誠如張起鈞說：「試看動植各物，那一樣不是世代往復，萬古如一，而……人與人間也你奇我艷各有各的活法，簡直不像是同一種類的動物。」（1988: 123）人與人的不同，從天賦的角度來講亦可名為天性，不過為了怕與人性混淆，我們習慣說是才性。

莊子說了一個故事，是鄭國有人名緩，學為儒者，使其弟學為墨者。後來儒墨相攻辯，其父助弟。十年後緩自殺，其父夢見緩來告：「使你兒子成為墨者的是我，何不來看我的墳墓？上面的楸柏已經結實了[46]。」作者批評緩託夢之語，說造物者之與人相應，不是與人相應而是與人的「天」（才性）相應，緩之弟有墨性，故成墨者，非緩之功。緩攬為己功，其自殺為遭天之刑：

夫造物者之報〔應〕人也，不報其〔於〕人而報其〔於〕人之天〔性也〕，彼故使彼〔郭象曰：「彼有彼性，故使習彼。」成玄英曰：「彼翟〔緩弟名〕先有墨性，故成墨。」〕。……自是〔以自己為是〕，有德者以〔所〕不知也，而況有道者乎！古者謂之遁天之刑。（〈列御寇〉郭 1043 王 1259，

作者自語）

莊子的評論表明了人的才性天生而各有不同，有宜為儒者，也有宜為儒者的死敵墨者，施教適合才性才能成材，違逆才性則不能成材。固然若無父兄為其選擇師傅、資助教育，則亦不能成材，但父兄是輔助條件，不是主要條件。

由為儒者、為墨者乃各適其性，可知一切思想意見之紛爭，皆因人的才性參差不齊之故。莊子三籟之喻，便說明言論之不齊源於人生而有不齊，並非出於理性思辨或意志自由的選擇。籟是並排竹管而成的樂器，所以莊子說籟是「比（緊靠，密列）竹」，其制則有二說。《說文解字》曰：「籟，三孔龠（ㄩㄝ）也。大者謂之笙，其中謂之籟，小者謂之箹（ㄩㄝ）。」龠有六孔，若三孔則為籟，依此說籟為笙竽之屬。另一說為排簫之屬，《淮南子・齊俗訓》高誘注：「簫，籟。」（張雙棣 2013: 1057 註 9）《爾雅・釋樂》郭璞注：「簫，一名籟。」郭象曰：「籟，簫也。夫簫管參差，宮商異律，故有短長高下萬殊之聲[47]。」（郭慶藩 1961: 45 註 2）簫在古代是排簫，現代用一根管子，稱為洞簫，古今不同，除前舉郭象注外，《說文解字》曰：「簫，參差管樂。」《廣雅・釋樂》曰：「籟謂之簫，大者二十四管，小者十六管，有底。」明是排簫。不論是笙或是簫，都以多根竹管組成，樂音依竹管長短不同而高低有別，所以笙籟簫的特性是每個發聲部件只能發一個音，和一般弦樂器可以以手指按弦、一般管樂器在一個管身中以氣孔啟閉而變化音階不同，與它們相似的有鋼琴、編鐘、編磬、木琴、定音鼓等打擊樂器，與豎琴。

莊子以地籟（地上的笙或排簫）比喻一棵百圍的大樹，其樹身的竅孔由於生長的方向形狀深淺不同，八種竅孔經風一吹遂發出八種聲音，風停則眾音皆寂，所以大樹的發聲方式和笙與排簫類似。由大樹可以推至天地間任一事物或若干事物的聚合，只要能發出數種聲音，就可比擬為天籟（天然的笙或排簫）。地籟不專指一棵大樹，天籟也應不限於一種可能。使它發聲的原因為何，莊子沒有明講，故凡是核心式的概念（不核心不能做為根源）皆有嫌疑，像是道、天（呂惠卿）、造物或造化（林希逸）、真君（陸西星）、真宰（憨山德清）、自己或自然（郭象）、心（褚伯秀）等。然不論發聲的原因為何、使其發聲的做法是敲擊還是磨擦，莊子想明說的是聲音「萬不同」乃由於發聲部件彼此特性不同，努力為此不同者不是別物，都是自己。若「吹」可釋為聲（陸西星、釋性通），則天籟乙段完全無關乎發聲的原因，只明發聲之不同：

子綦曰：「夫大塊（天地之間）噫（《說文》：「飽出息也。」）氣，其名為風。是唯无作，作則（二字疑衍）萬竅怒呺（借為號：吼）（郭象曰：言風唯无作，作則萬竅皆怒動而為聲也）。而獨（二字：猶「汝何」）不聞之（於）翏翏（《說文》：「高飛也。」引申為長風之聲）乎？

「山林（「陵」誤）之畏佳（山阜之高大。畏亦作嵔，佳亦作崔），大木百圍之竅穴（蔣錫昌曰：此猶言百圍大木之竅穴也）：似鼻（釋性通曰：有似鼻之兩孔者。蔣錫昌曰：有兩孔並列如鼻者），似口（釋性通曰：有似人之口橫生者。蔣錫昌曰：有匾孔橫生如口者），似耳（釋性通曰：有似人之耳垂下者。蔣錫昌曰：有旋孔斜垂如耳者）；似枅（正字作鈃：瓶罌之屬，似小鍾而長頸，又曰似壺而大），似圈（通「䀇」：

盂），似臼（釋性通曰：有孔內小外大似舂臼者）；似洼（深池）者，似污（小池）者（蔣錫昌曰：自「似鼻」至此，凡計八種，皆喻辯士心竅之異有如此也）。激者（①釋性通曰：故有聲如水之激石者。②激借作噭：呼喊，吼），謞者（①同「嗃」：大呼，大聲。釋性通曰：有似響箭之聲而孝（以孝注謞音）者。②陸樹芝曰：如吹筦聲），叱者（叱咄聲。釋性通曰：如人叱牛之聲者），吸者（吸噓聲。①釋性通曰：如人叱牛而聲細若收者。②陸樹芝曰：林木鼓動之聲，如人氣出入吸引），叫者（叫呼聲。釋性通曰：如聲似人高叫者），譹者（①譹同號：哭。②譹借為嗸，《說文》：「嗸，眾口愁也。」○釋性通曰：有低聲若譹者），宎者（宎同窅：戶樞聲。陸樹芝曰：似幽室中聲），咬（鳥鳴，鳥鳴聲）者（蔣錫昌曰：此喻辯士辯論之異，蓋辯士有八種之心竅，故有八種之辯論也）。

「前者唱于，而隨者唱喁（于、喁：舉重勸力，前後相和之聲。蔣錫昌曰：此喻同派之辯士自己唱和，樂此不疲；有人唱於前，即有人和於後：小唱則小和，大唱則大和；〈天下〉所謂「惠施以此為大，觀於天下而曉辯者，天下之辯者相與樂之；……辯者以此與惠施相應，終身無窮」也）。泠風（小風，和風）則小和（于、喁之和），飄風（疾風，暴風）則大和，厲（疑衍）風濟（止。借為霽，《說文》：「霽，雨止也。」）則眾竅為虛（釋性通曰：言眾竅之聲，因風鼓發而有。大風一止，則眾竅寂然，聲本無也。○蔣錫昌曰：此喻辯士驟然止辯，則眾論寂然，天地為靜也）。而獨（二字：猶「汝何」）不見之（於）調調（調借為匋）、之（於）刁刁（正字作刀。調調、刁刁：艸木實垂風止之狀）乎？」

子游曰：「地籟則眾竅是已，人籟則比（緊靠，密列）竹是已，敢問天籟。」

子綦曰：「夫吹（①如字。②陸西星、釋性通：聲）萬不同，而使其自已（他本作「己」，當改〕也〔藏雲山房主人曰：風吹萬竅不同聲，（而使其）自己有自己之聲。○釋性通曰：竅穴之聲，萬有不同，長風一氣鼓動，而使其自己發聲也。○蔣錫昌曰：〈秋水〉所謂「今予動吾天機，而不知其所以然」，是也。此言眾竅吹聲，萬有不同；而使其自成此種萬殊也，又皆眾竅自取〕。咸〔皆〕其自取〔陳壽昌曰：有是竅即有是聲，是聲本竅之自取也〕，怒者〔①使風之怒號者。②蔣錫昌曰：「怒者」即努力為此不同者〕其誰邪？」（〈齊物論〉郭 45-50 王 42-48）

最大的天籟是天地萬物合組的一件樂器，這最大的樂器會發出 n 種聲音，其有 n 種聲音是由於有 n 種發聲部件，每種負責發出一種聲音。發聲有不同是天性，而同類型部件還有發聲的細微差異，便是才性。譬如小提琴與大鼓的聲音截然不同，這是天性，而史特拉底瓦里小提琴的音色與別的小提琴不同，這屬於才性。人聲與其他動物的鳴叫聲不同，這是天性，而每人的嗓音不同，我們閉著眼睛也可聽出講話的熟人是誰，這是才性，猶如均為竹管，由於長短不同而發出不同樂音，或樹身竅孔因方向形狀深淺之不同，遂有聲響之異。然而嗓音不同事小，思想不同事大，人的喉部構造使人能說話，人類的近親黑猩猩不能，如果不考慮聲音所傳達的意義，則與鷇〔鳥子〕音俱為經由咽喉送氣發聲，但若考慮聲音中的意義，則與鷇音有別，言談遂有萬般不同。意見之分歧、百家之競艷、宗教之尋仇、文明之對撞，按莊子的想法屬於才性，思想信仰立場並非中性而自由的決定，辯士有天生不同的才性，故其辯說不同，如緩為儒而緩之弟為墨，這是三籟所欲明喻之理。

天生獨特的才性是自成其如此，萬有不同，無法屈己就人或強人從己，思想信仰立場既取決於才性，便永無達成協議之日。欲人類停止爭執指責，唯有人人不言，筌簫止音，而各過其適性的生活。言無可齊，唯有不言才齊，〈寓言〉篇曰：「不言則齊，齊與言不齊，言與齊不齊也。」（郭 949 王 1089，作者自語）風起而吹眾竅作聲，風止而眾竅歸於虛寂，有觀於此，當可明瞭起必繼以止，有必歸於無，而對於發言也就意興索然了，如劉辰翁曰：

> 世間無日無是非，非彼則此。小是小底風，大是大底風，古今不知其幾，終必寂然而止，此所謂齊也。識其所從生，則不待止而齊矣。（《南華真經點校》）

風濟聲止，眾竅為虛，並不要求將各隻竹管、各個竅孔都修改得一致，這就是在不齊中有齊了。

息辯止紛以後，人人互不干涉，各自生活，如郭象和陳景元曰：

> 夫利於彼者或害於此，而天下之彼我無窮，則是非之竟無常。故唯莫之辯而任其自是，然後蕩然（放縱，無拘束）俱得。（郭慶藩 1961: 95 註 5 郭象注）
>
> 從箕子視比干則愚，以比干視箕子則卑矣。從管晏視夷齊則戇ㄓㄨㄤˋ（同戅ㄓㄨㄤˋ：剛直），以夷齊視管晏則貪矣。趨舍相非，嗜欲相反，將使誰正之？若乃飛者棲巢，走者宿穴，各安所安，孰曰不齊哉。（褚伯秀《南華真經義海纂微》卷三引陳景元，1988: 216）

行其愚或行其卑，行其戇或行其貪，只要不互相攻擊，不妨各行其是，放任眾人自由發展。這對齊一的觀念來說，實是只齊了一半，還有行動未齊。思想言論既是基於才性，可知行動亦然，故也齊不來，要的話只能不行動，像南郭子綦據几而如槁木死灰般，然而這乃須臾間事，人需要應境使物，不能不常常起而行動。地籟乙段敘述從風吹眾竅作響至風止而眾竅為虛，雖是比擬言論的起滅，亦可擴及為像喻行為的動止，如陳景元曰：「『是為無作』，猶人坐忘時也。『萬竅怒號』，猶人應用時也。」（褚伯秀《南華真經義海纂微》卷二引，1988: 189下欄）人生以應用之時為常，獨處而心神寂滅之時短而零碎。寂滅而不行動是個人的最高境界，卻無法做為社會的理想，人羣不得如禪院眾僧入定，需為衣食奔走，為共同事務而集議解決，所以能滿足每人適性生活的社會，就已是最理想的了。

廣而言之，則各種業別與其癖性，亦是才性之開花結果：

> 知（智）士无思慮之變則不樂，辯士无談說之序（次第）則不樂，察（嚴急）士无淩誶（淩借為夌：越。誶：責讓）之事則不樂，皆囿於物者也。招（①高。②借為超。③借為撟：舉）世之士興朝，中（得）民之士榮官，筋力之士矜難（宣穎曰：多力故以禦難自矜），勇敢之士奮患（奮：武貌。宣穎曰：負氣故遇患則奮），兵革之士樂戰，枯槁之士宿（留）名，法律之士廣治（治：鞫治），禮教之士敬容，仁義之士貴際（成玄英曰：世有迍邅，時逢際會，則施行仁義）。農夫无草萊之事則不比（和樂），商賈无市井之事則不比，庶人有旦暮之業則勸（勸勉），百工有器械之巧則壯（疾速），錢財不積則貪者憂，權勢不尤（甚）則夸（虛名）者悲，勢物（「利」誤）之徒樂變，遭時有所用，不能无為也。此皆順比於歲，不物於易（三字乙為「易於物」）者也（郭象曰：方之歲序炎涼，不易於物。○馬其昶曰：「順比於歲」，逐時俯仰也，承上「遭時有用」言。○宣穎曰：各囿於一物，不能相易者也）。馳其形性，潛（沒）之（於）萬物，終身不反，悲夫！

（〈徐无鬼〉郭 834-835 王 936，作者自語）

文章廣說知（智）士、辯士、察士、招世之士、中民之士、筋力之士、勇敢之士、兵革之士、枯槁之士、法律之士、禮教之士、仁義之士、農夫、商賈、庶人、百工、貪者、夸者、勢利之徒，他們囿於不同之物，不變易於其所囿之物，是由於他們馳騁個人所稟賦之形性，汩沒於萬物而終身不返。「悲夫」之嘆，表示能抗己之才性、不願發揮長才而出色的人鮮矣。

社會基本上是由才性不同的人從事適性的行業所組成的羣體，但是我們不應重蹈自然主義的弔詭，以為社會分工合作是祥和平穩的。事實上社會分工合作形態變動不居，過程中間當然幾家歡樂幾家愁。我們可以回顧周長百圍的大樹，隨著它繼續生長，樹身上的竅穴原來大的會顯得小，小的會變成大，一個的長為兩個，兩個的合為一個，朝下的轉成朝上，深的變淺，但是竅穴沒有想法，不會洋洋得意或悲悽怨苦，它們的變化是自然的發展，也是必然的結果。社會也變遷無常，造成有的行業（或其從業者）勢微，有的興起，有的佔了好處，有的吃虧，這時應效法樹靜風止、眾竅為虛，默默接受自然的趨勢與命運的安排，別憤恨抗議、垂淚悲訴，也別自誇自擂、說風涼話。行業中與行業間的生滅現象無始無終，樂其生而順其變即可，有作為而無音聲，有意識而無言語，這樣才能在不齊中有齊，既得到自然才性的優點，又避免了其缺點。

柏拉圖的自然或天性概念是人人不同的，故是取才性的意義，與莊子的才性概念相同：

人的天性是被判分、鑄造成甚至於比這些更加細小的部分的。（《理想國》395b, 2010: 120）

天性的差異即是指職業技能而言：

> 有個婦女是有醫生天性的，而另一個，否；以及有的是賦有音樂天性的，而另一個，天性就是樂盲。（《理想國》455e, 2010: 219）

因此人的職業應該由天性來決定：

> 從一開始，我們每個人生來就和另一個人不完全一樣，而是相反，人人天性有別，不同的人適於不同的事。（《理想國》370b, 2010: 76）

> 不同的天性應該從事不同的工作。（《理想國》453e, 2010: 215）

當每個人都從事於他的天性所擅長的行業，並且只做一行，不兼差做別的或換工作，便實現了正義的原則，正義的原則是「一個單一的人做一項單一的工作」：

> 凡是與他的天性所契合的，就應該，按一個單一的人一項單一的工作的原則，分配他從事於每一件這樣的工作。（《理想國》423d, 2010: 165）

> 每一個單個的個人應該只照管有關城邦事務中的單一的一件事，對於這一件事，這一個個人的天性是最為適宜的。（《理想國》433a, 2010: 183）

眾多天性中有一種是適合做哲學家的，這種天性由於愛好那「是」的東西，所以喜歡真實無偽、有克制力、豁達大度、不怕死亡、正義勇敢、善於學習、記憶力佳、溫良優雅、平正和諧的（《理想國》

485a-487a, 2010: 269-273）。由於條件很高，所以擁有這種天性的人很稀少：

> 這樣的一種天性，並且它具有我們在上面所說的一個真正的哲學家所應備的一切特徵，這，在人類之中是稀有的，並且也是僅只限於少數人的事。（《理想國》491a-b, 2010: 280）

由於天性是天賦能力，非由後天所啟發，所以柏拉圖的教育目標不是普及哲學、使大家都學哲學，而是採用測驗，逐次篩選出最有哲學家天性的人，只給這些人學哲學（《理想國》412d-414b, 2010: 152-154）。

這裏舉出柏拉圖與莊子的相同性，是為了提出一個沒有人注意過的意思，即莊子的哲學並不是要給所有人採用的。就如同《理想國》雖然是本人人可讀的書，然若沒有柏拉圖所說的死心眼、嚮往純一而厭棄繁複、和其他天性，則不能成為他心目中的哲學家，同理，莊子的聖人之道需要有聖人之才，才能學會，若沒有聖人之才，則雖然理解他的文章，也不能真正做到。最後我們就要來看，什麼是他說的聖人之才。

二、聖人的才性

錢穆曾指出在莊子思想中，聖人與眾人是不同類的：

> 儒家言聖人，必為與人同類者。而至莊子則不然。蓋儒家重視人性，人性既稟賦自天，故人性善惡，不得有甚大之不同。莊周書〔此謂內篇〕則不言「性」而轉言「知」；智慧

> 則顯見有高下，不能人人同等一類。而莊子之言「知」，又無階梯層累，若不由學問修為而得；遂使具「大知」高出於人人者，使人有無可追蹤之概。……蓋就莊子思想言，「天」與「人」之界隔，固近泯滅，而人與人之距離，則反若加遠矣。（1998: 156）

但是錢穆欠缺下一步推導，即既以智慧為生知，則一般小智之人學不了莊子的哲學。莊子明言其理想人格需要有某種才性。女偊為南伯子葵講聖人之道，他說他自己沒有聖人之才，而南伯子葵亦是「子非其人也」，則兩人均無聖人之才：

> 南伯子葵曰：「道可得學邪？」曰：「惡！惡可！子非其人也。夫卜梁倚有聖人之才而无聖人之道，我有聖人之道而无聖人之才。吾欲以〔語助〕教之，庶幾其果為聖人乎！不然，以聖人之道告聖人之才，亦易矣。」（〈大宗師〉郭 252 王 237，女偊語南伯子葵）

無聖人之才，則雖受聖人之道，亦不能修成為聖人。女偊至少還有教師之才，能輔導有聖人之才的卜梁倚修得聖人之道，另一位教師庚桑楚是老子的弟子，僅得老子少許之道，又才小，不足以化人：

> 庚桑子曰：「辭盡矣，奔蜂〔小蜂〕不能化藿蠋〔蛾、蝶類的幼蟲〕〔疑脫「而能化螟蛉」五字。螟蛉：泛指棉蛉蟲、菜粉蝶等多種鱗翅目昆蟲的幼蟲，蜾蠃（一種寄生蜂）常捕捉到窩裏，並產卵到它們體內，卵孵化後就以它們為食，古人誤以為蜾蠃養螟蛉為己子，後因稱養子為「螟蛉」〕，越雞〔小雞〕不能伏鵠卵，魯雞〔大雞〕固能矣！雞之與雞，其德非不同也。有能與不能者，其才固有巨小也。今吾才小，不足以化子。子胡不南見老子！」（〈庚桑楚〉郭 779 王 869，庚桑楚語南榮趎）

傳道之才如同聖人之才，是天生而不能從後天的培養來成就的。學生亦然，無才則不能受聖人之道。另一個故事是孫休居鄉修身，處事有智，臨難有勇，卻不受鄉里鄰人歡迎，扁慶子告以至人之德，然亦揣測孫休驚聞而至於惑：

> 今休，款啟（款：空。啟：開。如空之開，所見小也）寡聞之民也，吾告以至人之德，譬之若載鼷（小鼠）以車馬，樂鴳（雀）以鐘鼓也，彼又惡能无驚乎哉！（〈達生〉郭 666 王 714，扁慶子語其弟子）

以人乘的車馬來載小鼠，以人聽的鐘鼓來娛樂雀，鼠雀必不以為安樂，以至人之道語才性不足的人，亦然。故至妙之要道只能告訴能理解接受的人，偕而同修共往，若告訴不能理解的人，冀與之同修，或將受害：

> 可與往者，與之至於妙道；不可與往者，不知其道，慎勿與之，身乃无咎。（〈漁父〉郭 1033-1034 王 1246，漁父語孔子）

無聖人之才的人聞聖人之道，既驚且惑，便會受害。

聖人專屬的才性有哪些呢？約書上所言，有以下四種。

第一種見於衛國醜男哀駘它，孔子評他是「才全而德不形」，關於才與德兩概念，王叔岷注云：

> 錢（錢穆）《纂箋》引陸長庚（陸西星）曰：「才即孟子所謂降才之才，自其賦於天者言；德指其成於己者言。」案才由天賦，德由修養。（王叔岷 1988: 198 註 13）

嚴復也釋此「才」字為出生時儲具的能力：

> 此「才」字與常訓異。孟子：「若夫其才，則足以為善矣。」所用「才」字，與此正同。《說文》：「艸木之初也。从丨上貫一，將生枝葉也。一，地也。凡才之屬皆从才。」艸木之初，枝葉畢具；生人之初，萬善畢具。蓋言其最初所蘊畜之能力，今世西人所謂儲能 Potential 是也。（1999: 71; 1986: 1116 闕錄）

故才即天生的才性，而「德不形」與德不脩（〈田子方〉，文見下）應該同義，謂不謀修養以獲致德。嚴復說：「莊生所謂聖人，皆言才而不言德。」（1999: 117; 1986: 1112 文字小異）可見聖凡之別為天生，有聖人的「儲能」者才能發展成聖，凡人則無可能。

孔子解釋「才全」是一種堅貞的態度，對自然消長的死生存亡、窮達貧富、賢與不肖、毀譽、飢渴寒暑等等一切求不來、守不住、躲不過、卸不掉的禍與福無動於衷，又是一種柔軟的心境，讓自己的心和豫，通達而不失於實，像日夜無間隙而相代那樣的與物推移，像四時一樣的變化：

> **死生存亡、窮達貧富、賢與不肖、毀譽、飢渴寒暑，是事之變，命**〔成玄英曰：天命〕**之行也。日夜相代乎前，而知不能規**〔測度〕**乎其始者也。故不足以滑**〔亂〕**和**〔〈庚桑楚〉篇作「成」，成、和義同。○詹康按：成即成心，也即下句之靈府〕**，不可入於靈府。使之和豫，通而不失於兌**〔兌當作充：實也〕**。使**〔「使」字疑衍〕**日夜无郤**〔借為隙：閒隙。句：日夜相代無閒隙〕**，而與物為春**〔推〕**，是接**〔合〕**而生時於心者也**〔心境有如四時之分，參〈大宗師〉：「凄然似秋，

煖然似春，喜怒通四時。」〕。是之謂才全。（〈德充符〉郭 212 王 190，仲尼語魯哀公）

哀駘它內在堅貞而外在隨順，內在堅貞便不患得患失，予人自在與獨立的好感，外在隨順就迎合他人，「未嘗有聞其唱者也，常和人而已矣」，所以男人願有他為友伴，女人爭願嫁予他為妾，甚至魯哀公有意禪位給他，在人倫上大為成功。

同樣受人親附熱愛的還有列御寇，他前往齊國，於道上十家賣漿的人有五家先將漿送上，他本人莫名其妙，不知何以如此。伯昏瞀人認為列御寇就算住在家裏，人也會往依附，果然後來列御寇家的外面擺滿了鞋子，伯昏瞀人對列御寇說，這是他的「本才〔性〕」造成眾人爭往依附的結果：

已矣，吾固告汝曰：『人將保〔依〕汝。』果保〔依〕汝矣！非汝能使人保〔依〕汝，而汝不能使人无保〔依〕汝也，而〔汝〕焉用之〔是，此〕感豫〔懽，悅〕出異也〔宣穎曰：何用此感人懽心，自為表異乎〕！必且有感，搖而〔汝〕本才〔性〕，又无謂也。……巧者勞而知者憂，无能者无所求，飽食而遨遊，汎〔浮〕〔補「乎」〕若不繫之舟，虛而遨遊者也！（〈列御寇〉郭 1040 王 1252-1253，伯昏瞀人告列御寇）

伯昏瞀人向列御寇指出，眾人對他的本然才性有感應，故往依附，從這一結果來看，他的本然才性應即與哀駘它相同。但是列御寇的修養不如哀駘它，他得意自滿，所以伯昏瞀人向他指出，出乎才性的自然便不是勉力奮為所掙來，不應自滿。又，哀駘它於權位無所覬覦，對他人的熱情無所依戀，故棄而逃之，列御寇不知為此，將落得「巧者勞而知者憂」的下場，從道家的觀點來看，不如無能者落得清閑，飽食而遨遊。

第二種才性是愛人，這和第一種不同，第一種並不愛人，僅是因和樂自立而人願往親附。第二種是個性上愛人，由於是性，所以不作意愛人或有心愛人，也不自覺自己愛人：

> 聖人達綢繆（纏綿，事理轇轕處），周盡一體矣（周身無非此理），而不知其然，性也。復命（靜也）搖作（動也）而以天為師，人則從而命（信）之也。……生而美者，人與之鑑，不告則不知其美於人也。若（或）知之，若（或）不知之，若（或）聞之，若（或）不聞之（其美不以不知、不聞而遂失也），其可喜也終（竟）无已，人之好之亦无已，性也。聖人之愛人也，人與之名，不告則不知其愛人也。若知之，若不知之，若聞之，若不聞之，其愛人也終无已，人之安之亦无已，性也。（〈則陽〉郭 880-882 王 1002，作者自語）

聖人有愛人的才性，可比擬為水有潤澤的才性，非出於有心，自會利益眾生。若是勉而為之，則是有意修德，可是聖人的態度是不修德，猶如天自有高的特性，地自有厚的特性，日月自有放出光明的特性，聖人也自有愛人的特性，故人皆往依之，不能離焉：

> 夫水之於汋ㄓㄨㄛˊ（《釋名》：汋，澤也，有潤澤也）也，无為而才（性）自然矣；至人之於德也，不脩而物（人）不能離焉（《德充符》：德不形者，物不能離也）。若天之自高，地之自厚，日月之自明，夫何脩焉（疑「為」誤：乎。作「焉」亦與乎同義）！（〈田子方〉郭 716 王 783，老聃語孔子）

舉例而言，舜就是這種有愛人特性的聖人，所以人民往歸依附，他搬家三次，而人民愈聚愈多，所以獲得堯的賞識，舉而禪之帝位。莊子將舜與人民比喻為羊肉和螞蟻，羊肉有羶味，故招螞蟻，舜之愛人，亦為不能自擇之天性：

> 羊肉不慕蟻，蟻慕羊肉，羊肉羶也。舜有羶行，百姓悅之，故三徙成都，至鄧〔邑名〕之虛〔墟〕而十有萬家。堯聞舜之賢，舉之童土〔地無草木〕之地，曰：「冀得其來之澤〔王先謙曰：云望得舜來施澤也〕。」舜舉乎童土之地，年齒長矣，聰明衰矣，而不得休歸。（〈徐无鬼〉郭 864 王 977，作者自語）

讓位於舜的堯，也以愛人之道治天下之民，然其有心為之，不如舜無心為之：

> 昔者舜問於堯曰：「天王〔天子〕之用心何如？」堯曰：「吾不敖〔借為傲：侮慢〕无告，不廢窮民〔無告、窮民：當指孤、獨、鰥、寡之輩。《禮記・王制》謂孤、獨、鰥、寡「此四者，天民之窮而無告者」〕，苦〔悲憫〕死者，嘉〔喜愛〕孺子而哀〔憐〕婦人，此吾所以用心已〔也〕。」舜曰：「美則美矣，而未大也。」堯曰：「然則何如？」舜曰：「天德〔讀為登：成〕而出〔「土」誤〕寧〔地平天成〕，日月照而四時行，若晝夜之有經〔常〕，雲行而雨施矣。」堯曰：「膠膠擾擾乎〔郭象曰：自嫌有事〕！子，天之合也；我，人之合也〔成玄英曰：子之盛德，遠合上天；我之用心，近符人事〕。」（〈天道〉郭 475-476 王 485）

愛人而無愛人之心，是乃天性使然，「利澤施乎萬世，不為愛人」（〈大宗師〉），故能受萬民擁戴，聖王賞識，躋升帝位，澤潤蒼生。

我們知道堯在讓位於舜之前，曾欲讓位於許由，許由拒而不受。許由和舜的大差異，就在於許由不認同應以仁義治天下，他明知仁義愛利可以聚民，卻批判這個做法：

> 齧缺遇許由，曰：「子將奚之？」曰：「將逃堯。」曰：「奚謂〔為〕邪？」曰：「夫堯，畜畜〔猶煦煦：溫潤〕然仁……。夫民，不難聚也；愛之則親，利之則至，譽之則勸，致其所惡則散。愛利出乎仁義，捐仁義者寡〔捐：棄，不居。句：有仁義而不居者少〕，利仁義者〔以仁義為利的人〕眾。」（〈徐无鬼〉郭 860-861 王 973-974）

因此我們得到了舜和許由在是否應該愛人上的大對立。舜有愛人的天性，所以當眾多人民追隨他以後，他不忍放下人民不管，這樣的話，是否接任天子也就沒有太大差別了。許由和哀駘它一個樣，沒有愛人的天性就等於有棄絕社會的決心，所以一個不接受讓國，另一個不接受讓天下，並都逃離人羣。成玄英以「性」來詮解逃遁之志與斷決之行，又以舜、禹對照之，這非常正確，許由和哀駘它都由於才性（或可說才性的不足）而堅決離棄人羣：

> 人有〔如〕能遊〔由〕，且得不遊〔由〕乎？人而〔如〕不能遊〔由〕，且得遊〔由〕乎〔成玄英曰：性之能者，不得不由性；性之無者，不可強涉〕？夫流遁〔①遯：逃。②流遁：披散，放任〕之志，決絕〔斷絕〕之行，噫〔抑，語詞〕其〔乃〕非至知厚德之任〔用〕與！覆墜而不反〔謂決絕者〕，火馳〔火為北誤。北馳猶背馳、舛馳〕而不顧〔謂流遁者〕。雖相與為君臣〔成玄英曰：如舜、禹應時

相代為君臣也〕，時也，易世而无以相賤，故曰至人不留行焉〔成玄英曰：夫世有興廢，隨而行之，是故達人曾無留滯〕。（〈外物〉郭936-937王1073，莊子自語）

政治上「至知厚德之用」，不能託付給許由、哀駘它的逃遁決絕之流，而應以舜、禹為榜樣。許由、哀駘它堅決棄絕一切的態度沒有商量的餘地，至人則隨時轉變，不一定接受權位，也不一定拒絕。

愛人的個性對政治特別重要，衛君輕用其國、輕用民死，激起顏回的仁心，想往衛國勸說之（〈人間世〉）。顏回還曾赴齊國遊說，孔子預料不會有好結果，因為齊君才淺器小，不能受堯、舜、黃帝、遂人、神農等遠古聖王之道。接著又舉魯侯以人的待遇養鳥、將鳥養死的典故，以明齊侯和理想人君的差距，猶如不同物種的差距。末言「奚以夫〔二字：用彼〕譊譊〔喧聒〕為乎」，語含雙關，既指海鳥不聽人聲，又指顏回不必在齊侯前譊譊為諫：

顏淵東之齊，孔子有憂色。子貢下席而問曰：「小子敢問，回東之齊，夫子有憂色，何邪？」

孔子曰：「善哉女〔汝〕問！昔者管子有言，丘甚善之，曰：『褚〔囊〕小者不可以懷大，綆〔汲索〕短者不可以汲深。』夫若是者，以為命有所成而形有所適也，夫〔此〕不可損益。吾恐回與齊侯〔蓋齊景公〕言堯、舜、黃帝之道，而重以燧人、神農之言。彼將內求於己而不得，不得則惑，人惑則死〔①顏淵死。②齊侯死〕。

「且女〔汝〕獨不聞邪？昔者海鳥止於魯郊，魯侯〔蓋魯文公〕御〔借為訝，相迎也〕而觴之於廟，奏九韶〔舜樂名〕以為樂，具太牢〔牛羊豕〕以為膳。鳥乃眩〔目搖〕視憂悲，不敢食一臠，不敢飲一杯，三日而死。此以己養養鳥也，非以鳥養養鳥也。夫以鳥養養鳥者，宜栖之深林，遊之壇〔通「坦」〕陸，浮之江湖，食之鰍〔泥鰍〕鯈〔小白魚〕，隨行列而止，委蛇〔同逶迤：寬舒自得〕而處。彼唯〔乃〕人言之惡聞，奚以夫〔二字：用彼〕譊譊〔喧聒〕為乎！」（〈至樂〉郭 620-621 王 652-653）

古聖賢王的治道即是愛人，不管是天性愛人還是有意為之，都適宜當統治者。

　第三種聖人的才性是言行的平正、正確，故能做為眾人的標準，改正眾人。孔子評王駘，先以止水為鑑作喻，然後說植物皆受命於地，唯獨松柏是正的，倣於此例，則人應皆受命於天，然而唯獨堯舜是正的，他們自正而又能正人：

人莫鑑於流水而鑑於止水，唯〔唯獨〕止能止眾止〔成玄英曰：「唯止」是水本凝湛，「能止」是留停鑑人，「眾止」是物來臨照〕。受命於地，唯松柏獨也〔應補「正」〕，在冬夏青青；受命於天，唯〔應補「堯」〕舜獨也正〔陸西星：如「各正性命」之正〕〔應補「，在萬物之首」〕。幸能正生，以正眾生〔王敔：自正而人正〕。（〈德充符〉郭 193 王 174，孔子語弟子常季）

孔子評哀駘它，也說他如水停之平，可以為法：

平者，水停之盛也。其〔此〕可以為法也，內保之而外不蕩也〔王叔岷曰：謂內保清明，則外不波蕩〕。（〈德充符〉郭 214 王 190，孔子語魯哀公）

植物中唯獨松柏為正，是植物的自然本性各有不同，人類中唯獨堯舜、哀駘它為正，則不可謂為人性有異，而應是才性的獨特。莊子進一步解釋才性的正，是能合於自然的法度，所以言論出其口，可以服人之口。眾人不能與聖人爭辯，等於眾人心服，故聖人出一言，能立即正天下於正，這是莊子對孔子的推崇：

> 孔子云：『夫受才〔性〕乎大本〔指天或天地〕，復靈〔復：①通腹。②通伏。腹靈、伏靈義相近，猶言含靈〕以生，鳴而當律，言而當法〔王叔岷曰：聲音合乎樂律，言語合乎法度，此自然者也。《史記・夏本紀》稱禹「其言可信，聲為律〔索隱：言禹聲音應鍾律。〕」與此二句義近〕。利義陳乎前而〔乃〕好惡是非，直〔但〕服人之口而已矣。使人乃以心服而不敢〔能〕蘁〔啎之借字：逆〕，立〔急速〕定〔正〕天下之〔於〕定〔正〕〔郭象曰：口所以宣心，既用眾人之口，則眾人之心用矣，我順眾心，則眾心信矣，誰敢逆立哉！吾因天下之自定而定之，又何為乎！○〈德充符〉：堯舜……幸能正生，以正眾生〕。』已乎，已乎！吾〔莊子自謂〕且不得及彼〔指孔子〕乎！（〈寓言〉郭953王1095-1096，莊子語惠施）

文中律、法所比喻的當是天倪，天倪是自然的分際，有客觀性，故能服人之口與心，無以辯駁。關於天倪，我在本書第二、三、九、十一型與末章均有解釋，請參閱。

第四種才性就是女偊輔導卜梁倚而修成的，包括外天下、外物、外生、朝徹、見獨、無古今、入於不死不生、攖寧（〈大宗師〉）。其說已見前面第七型之下，也請參閱。

第九型 樹立意識的先驗性部分

各家摘要

林鎮國主張莊子的哲學是關於主體性的哲學，而主體性在於成心與道心之間，其論文的導論對此做了清楚的概述（1978: 402-404）。成心是我人對應於經驗世界的主體，有兩方面的能力：認知、邏輯的能力，與情感的能力（1978: 428）。經驗世界「充滿紛爭巧偽」，對莊子的價值是負面的，而由於經驗世界的缺陷源自於成心，所以成心的價值也是負面的（1978: 428）。「吾喪我」即欲轉化邏輯的我與情感的我為真我，真我是脫離經驗世界、對應於形上世界的道心（1978: 428）。如何轉化呢？徐復觀已採用胡塞爾的現象學還原法，胡塞爾對經驗的客觀對象只做客觀的描述而中止判斷，莊子聽之以耳、以心、以氣的心齋工夫則是對「經驗我」中止判斷，「也就是杜絕成心的活動」與「對於成心所造成的偏執『存而不論』」。胡塞爾得到的「現象學剩餘」是純粹意識，以之把握事物的「本質」，莊子得到的是既虛又靜的靈臺心、真君，林鎮國統稱為道心，具有「智的直覺」，能觀照物自身（1978: 444-445）。道心以「智的直覺」覺萬物，所覺來的是萬物的無差別相、無對立相，此名為道：「道並不是宇宙生成的『第一因』，也不是『形上實體』，而是萬物之在其自己，萬物之本來面目。……天籟就是萬物之自己而然，亦即是道，也是最高價值之所在。」（1978: 403）以道心之知覺「物自身」來反觀成心，則成心乃執「物自身」而「緎成」經驗世界之種種定相，也就是通過感性以攝取外物，再通過知性以綜合判斷，構成經驗知識（1978: 440）。所以，證得道心的存在，「方得以證成道物二層世界的超越區分」，其用途是形上世界存在以後，逍遙、齊物方為可能（1978: 403）。道心只是觀照，並不創造和建構，所以對於形而下的經驗世界是「作用地保存」之，也就是要倚仗萬物自生自喜，撤除一切人為的造作干涉而已，對經驗世界並不是「本體地肯定」之（1978: 461、474-475），於是莊子以「詭辭為用」的寫作方式「使道心『虛態地』涵攝了客觀世界」（1978: 403），「客觀世界之秩序的和諧是『虛提』至主觀境界始為可能的」（1978: 474）。

林鎮國對成心與道心的關係，據「以無有為有」之言來解釋說，道心自我坎陷，而自執其自己，成為邏輯的我與情感的我，也即成心（1978: 440）。道心的內容是虛無自然，成心是自以為「有」，所以兩者之間是由無到有的辯證發展（1978: 462）。他推測道心之所以會起執的原因說：「道心因受到形軀感官的影響而起執，自執而為成心，不論此自執是自覺或不自覺，成心總是因道心之執而起現。關於這一點，莊子並無充分地說明。」（1978: 478）因此從成心轉為道心，其實是此心拾回它的本來面目，林鎮國仿佛學「轉識成智」之語，名莊子為「轉俗成真」之學（1978: 402）。

Eske Møllgaard 認為莊子對傳統倫理的批判是傳統倫理就是權力、支配、受苦、犯錯，而這些「天刑」都是起自於意志（will 和 intention）對規則的機械式遵守，從而流於僵化和枝節。莊學中的真我

（authentic self）是還未形成意志的純粹意識，它有意志的後設地位，享有形成、不形成意志的自由。純粹意識處於「天」與「人」（略等於康德的本體界和現象界）之中間地帶，這個地帶不是本體或形上的，只能勉強稱為「空的地方」或「盲點」。它在那裏做選擇，當它選擇形成意志時，它所導生的行動是不帶目的和不流於枝節的，也就是「無為而無不為」，是比傳統倫理更純真的倫理行為。至於非經驗性的純粹意識怎能導生經驗界的有效行動，這個問題只能永遠是個謎，就如同康德的純粹實踐理性如何化為有效的心理動機一樣，也是個謎。如果它不是謎，行動就必然會僵化和流於枝節，夠不上純真（2003: 360, 365-368）。

包兆會認為真君真宰章涉及了人的生理、心理活動背後的支配者，「『真君』、『真宰』近似胡塞爾所謂『先驗自我』，它是『經驗我』（『非彼无我』、『非我无所取』中的那個我）的支配者和奠基者」，但是莊子對這個先驗自我的描寫僅此一例，他把重點移向「遊心」以懸解人生的悲劇，未再對先驗自我予以反思（2004: 286-287）。

吳光明的出發點類似 Lee H. Yearley（見第十型），將人的自我分為「實證的我」和「反省的我」兩部分，「實證的我」在經驗界中產生因果關係，而「反省的我」對「實證的我」做判決，是第二序的自我。莊子反對現實中「反省的我」對「實證的我」之專制統治，為了解除此種專制所借重的工夫，可套用胡塞爾的術語「還原」來詮釋。在還原之前，世上各種成功標準都是桎梏，不論吾人努力去達成（「為」）抑或採取疏離態度而不去做（「不為」），都是殘害天性。在還原中，「心齋」的工夫將吾人的意欲力（conation）放進括弧，存而不論，吾人藉此逃出「為」與「不為」的兩難，而能「無為」，但是此時也有新的危險，那就是「反省的我」意圖凌駕「實證的我」而「為無為」。在還原之後，吾人新領悟的自我稱為「自然的我」，它既不偏袒「實證的我」也不偏袒「反省的我」，而是個「整合的我」。它發現它從沒脫離過還原前和還原中的階段，它的生命活動還是照舊，所不同的是它有新領悟，它不再受到「為」的概念所纏擾，而享有本體的自由，有時為，有時不為，隨意之所至，而無定準，故有時改變世界，有時隨世界改變（Wu 2006: 66-69, 72-73）。「自然的我」既不傷物，也物莫之傷，任物自化，不予限定，無知無識之時，萬物的真相全般大顯，所以「自然的我」既與萬物共同做成萬物，也與萬物共同顯現萬物，這就是「物物而不物於物」（Wu 2006: 70-72）。吳光明還認為，「自然的我」的一切行為都能洞中肯綮（Wu 2006: 70），但這部分的說理稍弱。

黃鶴昇認為，西洋哲學所謂的「我」是與我之外的「非我」相區隔的，此一「我」的觀念是有對的。中國哲學包括《周易》、《論語》、《老子》、《孟子》、《莊子》都有「吾」與「我」的用言區別，「我」是有對的，但「吾」卻是無對的、不涉及外物或他人的、在己的，「吾，代表本尊、本體、本心，不對外開放，是封閉式的；而我，是對外發言人，他與外界是有對有象的」（引文見 2012: 218）。當一個人停止察覺到他自己的存在，並停止思考人我、物我的一切纏絆，瓦解動機、欲望和意志，這時他的自我就從我轉成為吾。南郭子綦說「吾喪我」，「就是說有主體而無客體相對的『吾』在，吾是一個沒有外在表現，沒有對象，甚至沒有意識的我在」（本段至此見 2012: 206-227，引文見 221）。吾是無思無為的，但不是什麼都沒有，如按康德的先驗論來說，人腦的功能有：「一、感性：以空間、時間為形式，將直觀到的表象攝入腦袋中得到印象。二、知性：連結、綜合、統一感性的質料形成概念。三、理性：將知性的概念進行推理、判斷，得出總概念、理念等。」（2012: 237）在我們還沒有展開認識之前，人腦就已有了這一套認識程式在裏面，猶如電腦未啟動前已灌好了作業系統。啟動以後，我們不斷攝入表象，不斷產生意識，「意識多了，那個人的自身就被意識所綁架了」，猶如一直跑電腦，不斷輸入資料，不小心很容易中到病毒或木馬程式（2012: 238-239）。如果將「腦袋中的意識一一損去，一直損到無」，就會只剩下來人腦天生的功能，這也猶如為了要解除病毒和木馬程式，而將電腦中新增的東西刪除，回復到只有作業系統的乾淨狀態（2012: 240-241）。人徹底回到他自身以後，心性的程式和宇宙的程式就相通了，這個程式「能自動運作：連結、綜合，最後完成所有的程式，回歸本體，他才能抵達天人合一的境界」（2012: 241-243，引文見 241）。

康德與大乘佛學的先驗論

以上見到學者從康德的先驗論來論述康德與莊子在自我理論上的共通處，下面我想再補充一些學者的慧見。

康德區分了實徵自我與先驗自我，其《純粹理性批判》的〈先驗分析論〉說實徵自我有身體、個性、歷史、及各種適然條件，而先驗自我完全沒有這些，只是先驗統覺的統一（transcendental unity of apperception），其功能為對感覺與料加上形式以統合成經驗（Solomon 1988: 33-34）。先驗自我「是先驗知識的豐富來源」，「沒有時間性而有普遍性」，且沒有你的與我的之不同（Solomon 1988: 34）。

先驗自我對感覺與料所賦加的形式稱為先天範疇，有四類十二種，是先驗自我內具的一部分。牟宗三指出莊子有類似於康德的先天範疇：

> 莊子所說的八德（有左有右，有倫有義，有分有辯，有競有爭），亦是說現象，八德相當於康德的範疇，是爭論的標準，莊子是隨便舉的，而西方是決定地說：中國人對這方面是不行的，我們不可只憑一己之聰明，要借助康德的一大套。（1975: 9）

在莊子那裏，並沒有提出八德是自我的一部分，但若觀摩康德以先驗自我本有先天範疇的構想，則應該推論莊子的自我觀包含了八德。

章炳麟更早認為康德的十二先天範疇在莊子思想中有，不過他以為的是成心。成心除了相當於康德的先天範疇，也相當於佛學阿毘達磨中的不相應行法，和阿賴耶識中的某些種子、意根的我法二執：

> 〔本段釋〈齊物論〉「夫隨其成心而師之，誰獨且無師乎」〕此論藏識〔即阿賴耶識〕中種子，即原型觀念也〔原型觀念為章炳麟對阿賴耶識種子的現代名稱〕。色法無為法外，大小乘皆立二十四種不相應行〔二十四法屬大乘唯識宗，說一切有部立心不相應行法十四，上座部不立此位〕，近世康德立十二範疇，此皆繁碎。今舉三法〔教法、行法、證法〕大較，應說第八藏識，本有世識、處識、相識、數識、作用識、因果識，第七意根本有我識，其他有無是非、自共合散成壞等相，悉由此七種子支分，觀待而生。成心即是種子，種子者，心之凝相，一切障礙即究竟覺，故轉此成心則成智，順此成心則解紛。成心之為物也，眼耳鼻舌身意六識未動，潛處藏

識意根之中，六識既動，應時顯現，不待告教，所謂隨其成心而師之也。（1986: 73-74）

七種種子的前六種，解釋如下，第七種則是人我執、法我執：

> 世謂現在、過去、未來。處謂點線面體中邊方位。相謂色聲香味觸。數謂一二三等。作用謂有為。因果謂彼由於此，由此有彼。（1986: 73）

這七種種子當前六識未動時，只是伏於阿賴耶識與意根之中，而若前六識觸境，它們就顯現出來，為經驗添加時間、空間形狀、五官感受、數量、運動、因果、與我法二執，這種作用是先驗層對經驗層的功用，所以智不分聖愚，種族不分開化野蠻，年齡不分嬰兒耄老，皆當如此，甚至動物亦不得不如此，是故章炳麟認為符合莊生云「夫隨其成心而師之，誰獨且無師乎」。他以時間的世識為例說明：

> 〔本段釋〈齊物論〉「奚必知代而心自取者有之，愚者與有焉」〕此中且舉世識一例。節序遞遷，是名為代。夫現在必有未來，今日必有明日，此誰所證明者？然嬰兒初生，貍鼠相遇，寧知代之名言哉！兒嗁號以索乳者，固知現在索之，未來可以得之也；鼠奔軼以避貍者，亦知現在見貍，未來可以被噬也。此皆心所自取，愚者與有。故《大毗婆沙論》十四云：「若愚若智，內道外道，世間論者，乃至童豎，皆知有世〔時間〕，謂彼皆了有去來今。」此非取之原型觀念，何可得邪！（1986: 74）

嬰兒、老鼠也對事情有先後之分，可是他們沒有語言能力，沒有學過什麼叫做「時間」，他們對時間的意識從何而來呢？康德說從先天範疇來，佛學說從阿賴耶識的世識種子來，莊子說從成心來。章炳麟繼續以「有相分別」與「無相分別」來解釋，前者是諸根成熟、能理解名言以後所作的想法，後者是諸根未熟、不能理解名言而亦能作的想法（據《瑜伽師地論》），嬰兒索乳、老鼠躲貓屬於後者[48]，章炳麟又補充生物學天擇與性擇之說，以為動植物之所以為了延長生命或生育更多後代而演化出種種生物特色，是由於先天範疇（也即種子、成心）加諸經驗以構成意義，而非有意串講經驗、詮釋意義：

> 若夫有相分別，必待名言，諸想方起；無相分別，雖無名言，想亦得成。《瑜伽師地論》一云：「有相分別者，謂於先所受義，諸根成熟，善名言者，所起分別。無相分別者，謂隨先所引，及嬰兒等，不善名言者，所有分別。」《攝大乘論》亦稱此為無覺徧計。世親釋曰：「謂牛羊等雖有分別，然於文字不能解了。」彼其知代取之種子，現〔動詞，變現〕於無相分別，故得有此。又今世說生物者，謂蟲獸草木種種毛羽華色香味，或為自保生命，或為自求胤嗣，而現此相，然彼豈如人類能計度尋思耶？非說無相分別，義不得成。以是證知，師其成心，愚者與有，亦若日用不知焉。（1986: 74-75）

章炳麟以莊子的成心等於康德先天範疇、大乘佛學阿賴耶識種子的立論根據，在於〈齊物論〉說人人皆隨其成心而師之，與愚者亦知代而心自取之這兩句話。人不僅無分嬰兒耄老而皆有之，且所有的還相同，故章炳麟能推定這些是經驗的先天形式。

〈齊物論〉在以上兩句話之後，接著說：「未成乎心而有是非，是今日適越而昔至也。」此言是非亦來自成心，於是章炳麟又將人有判斷是非的能力，比附到佛學的意根中的我識種子，謂我識種子分派出是非之見：

次舉意根〔此指第七識、末那識，非第六識、意識[49]〕我識種子所支分者，為是非見。若無是非之種，是非現識〔現識：現行之識，即由阿賴耶識之種子所現行的異熟識（阿賴耶識）與能薰識（前七識，能薰阿賴耶識之種子成熟）〕亦無。其在現識，若不忍許〔認可，認為。忍通認〕何者為是、何者為非，事之是非，亦無明證。是非所印，宙合〔世間，天下〕不同，悉由人心順違，以成串習〔習慣〕，雖一人亦猶爾也。（1986: 75）

此言事物對象本身無是非（或其是非無明證），都是末那識執著有我，其中含有是非的種子，當六識觸境，即變現為是非之判斷。莊子其實有非常相近的思想，可以提供章炳麟有力的佐證。

莊子認為，判斷是非是生命體的能力，判斷性的是與非乃生命體賦加給這個世界的。有生命的生物有一個污點（黬），即紛然而移「是」，「是」謂是非之是，「移」是移徙、移易。「移是」是說生物對於何者為是、何者為非，會不斷改變判斷，由此可知是與非不在對象本身，而出自於生命體。是非以生為本，以每個生命體自己的意思為準，強使別人接受自己的法度，以通於他人為榮、不通於他人為辱。然而通與不通，即如蜩與學鳩由於體型同為細小、翅膀同樣只能拍擊小氣流，而一起恥笑大鵬般，二蟲共同的是非，不能做為公是公非，或來自物性的絕對是非：

有生，黬(ㄧㄢˇ)〔①疵。②塵之聚而留焉者〕也，披然〔紛然〕曰〔而〕移「是」〔郭象曰：「是」无常在，故曰移。○詹康按：郭象注語中移與常相對〕。嘗言〔試言〕移「是」，非所〔可〕言也。雖然，不可知者也。臘（大祭）者之有膍胲（膍：牛百葉。胲：胘之誤，牛百葉），可散而不可散也（散為橵之假：分離，此處指是否裸它肉物）；觀室者周於寢廟，又適其偃（屏廁）焉（成玄英曰：祭事既竟，齋宮與飲，施設餘胙於屋室之中，觀看周旋於寢廟之內。飲食既久，應須便僻，故往圊圂而便尿也。飲食則以寢廟為是，便尿則以圊圂為是，是非無常，竟何定乎？），為是舉移「是」（郭象曰：寢廟則以饗燕，屏廁則以偃溲；當其偃溲，則寢廟之是移於屏廁矣。故是非之移，一彼一此，誰能常之！）。請嘗言移「是」。「是」以生為本，以知為師，因以乘是非；果（誠）有名實（錢穆曰：因有是非，遂有名實），因以己為質（郭象曰：質，主也。物各謂己是，足以為是非之主）；使人以為己節（法度），因以死償（通賞：宣揚）節。若然者，以用為知，以不用為愚，以徹（通）為名，以窮（塞）為辱。移「是」，今之人也，是蜩與學鳩同於同也（郭象曰：同共是其所同。○成玄英曰：蜩鷽二蟲，以蓬蒿為是。二蟲同是，未為通見。移是之人，斯以類也。蜩同於鳩，鳩同於蜩，故曰同於同也）。（〈庚桑楚〉郭805-807王901，作者自語）

判斷性的是非來自於生命，無生命則不做是非之判斷（如慎到之土塊）。是非判斷不固定，永遠不斷移徙遷易，這構成生命的污點。是非判斷既然無常，則焦點不當在每一次是非的內涵，而當在生物的是非判斷力，故生命的污點實是落在是非判斷力上。是非判斷力是為生命和自我觀點而服務的，所以才會不斷改變其見解。蘧伯玉（衛之賢大夫）和孔子都在六十歲時覺悟到五十九歲時是錯的（〈則陽〉郭905王1026、〈寓言〉郭952王1095），聖賢猶且「移是」，凡人更要頻頻今是昨非了。

上節敘述 Eske Møllgaard 的解說，認為經驗界的意志有先驗的根，稱為純粹意識。只要人能瞭解到意志有先驗的根這一點，而毋須一定要形成意志，這便是自由。現既已明瞭判斷是非乃是生命體內含之一種為其生命服務的能力，那麼自由可以以兩種方式來表現：第一，不作是非判斷。第二，變亂固定的是非判斷。

第一種方式、不做是非判斷，並不是從自己的生活中驅逐走是非判斷。生活不依循是非判斷在現實中不可行，所以莊子建議我們從兩個地方取得是非觀念，代替自己做判斷：第一，事物自身的是非然否，第二，眾人所持的是非觀念。這就如寢廟的用途是饗宴，屏廁的用途是便溺，這既是建築物的特性，也是眾人使用建築物時的觀念，所以毋需別出心裁，另創新的觀念，變更建築物的功能和吃喝拉撒的處所。

人類社會形成的做法，一方面是眾人都這麼做而穩定下來的，另一方面也是事物本身固有的特性造成了一定的做法。懂得這個道理的話，就知道每個東西都有其可用與不可用之處，從這點上來說萬物相同，可直通至一律平等之境。因此如果不理會萬物的功能，則萬物不需做分別，且它們由於用途分化而予人迥異的主觀感覺（如怪異、美醜、香臭等），我們也可以在精神觀想中間予以忽略。但是實際的生活卻要用到事物，這時聖人由於已經瞭解到任何是非系統都沒有絕對性，所以他們沒有自己的是非觀念要堅持，樂於照著眾人的做法，以役使萬物。由萬物皆有其功能，推導出眾人也有其功能，他們的功能便是讓聖人採用他們的觀念，不必理出自己的觀念為何，命中目標，便差不多了。不需理解何以能成功，這便是道：

道行之而成，物謂之而然〔宣穎曰：凡路因所行，凡物稱名因所名。○釋性通曰：我無容心於其間〕。**惡乎**〔二字：何所〕**然？然於然。惡乎**〔二字：何所〕**不然？不然於不然**〔林希逸曰：我何所然乎？因其然者而然之。我何所不然乎？因其不然者而不然之〕。**物固有所然，物固有所可**〔林希逸曰：固，本來也，言物物身上本來自有一箇是底，故曰「固有所然，固有所可」〕。**無物不然，無物不可**〔釋性通曰：既是物固有然有可，則無一物不然，無一物不可，牛溲馬勃，無非藥也〕。**可乎可，不可乎不可**〔此二句從「道行之而成」上移來。①林希逸曰：可者，可之；不可者，不可之。②陸西星曰：若使不執有我，不起意見，人曰可，吾因而可之；人曰不可，吾因而不可之，此之謂因是。由是見之於行，則有同心協力之助，「道行之而成」矣；語之於人，無齟齬牴牾之患，「物謂之而然」矣〕。

故舉莛〔小木枝，小竹子〕**與楹**〔屋柱〕**，厲**〔借為癘：惡疾〕**與西施，恢恑憰怪**〔蔣錫昌說，《釋文》謂簡文帝本「恢」作「弔」，當從之，弔恑即下文之弔詭，皆奇異之義，單言之曰弔詭，複言之曰弔詭譎怪，其實一也〕**，道**〔馬敘倫引吳汝綸曰：《爾雅·釋詁》：「道，直也。」〕**通為一**〔釋性通曰：以此之短長美惡，以人情視之，其實不一，難其無是非。以道觀之，物物皆然，物物皆可，通而為一矣〕。**其分也，成也；其成也，毀也**〔釋性通曰：分莛分楹，乃所以成其莛楹之用也。其成也，乃所以有妍有媸之毀也。既恢恑憰怪，道通為一，妍媸好惡不可得而分矣。然則何以自別？以其分也，乃所以成也；其成也，乃所以毀也。○釋性通讀「毀」如毀譽之毀〕。**凡物無成與毀**〔釋性通曰：自沒有成，則無有毀〕**，復通為一。**

唯達者知〔插「萬物」看〕**通為一，為是不用而寓諸庸**〔陸西星曰：惟知者知通為一，愚者則有分別。分別人我，則自是自用之心生。通一無二，則自是不用，而寓諸庸。是不用者，不用己是也。寓諸庸者，因人之是也。蓋無物不可，無物不然，故庸眾之中，皆至理之所寓。如大舜之知，不過用中於民，非是「不用而寓諸庸」之謂乎！○宣穎曰：去私見而同于尋常）。庸也者，用也（釋性通曰：眾人用以為然，則然之；用以為不然，則不然之）；用也者，通也（陸西星曰：凡物用則通，不用則滯）；通也者，得（中）也。適（至）得（中）而（則。釋性通）幾（庶幾）矣。因是已（也）。已（此）而不知其然，謂之道。（〈齊物論〉郭 69-70 王 61，作者自語）

得道之人在需要做判斷的真實生活中借助眾人的判斷而避免自己做判斷，這樣便保持了未做判斷前的先驗自由。

第二個方式、變亂固定的是非判斷，與第一個方式正好對立，是向眾人的是非觀念開戰。莊子建議大葫蘆剖半可以汎舟，這不過是詼諧逗弄惠施而已。將不龜手之藥用於軍事用途，功至裂地封君，這就見得打破陳舊思想的利益了（〈逍遙遊〉郭 36-37 王 32-33）。莊子說聖人對應該堅持的也不會堅持，眾人則即使對不應該堅持的也堅持：

聖人以（雖）必不必，故无兵（郭象曰：理雖必然，猶不必之，斯至順矣，兵其安有）；眾人以（雖）不必必之，故多兵（郭象曰：理雖未必，抑而必之，各必其所見，則乖逆生也）。（〈列御寇〉郭 1046 王 1263，作者自語）

有些好人由於不懂，堅持做對的事情，所以慘遭非命；壞人反其道而行，堅持做錯的事情，也慘遭非命：

> 外物〔事〕不可必，故龍逢誅〔龍逢諫桀而桀殺之〕，比干戮，箕子狂，惡來死〔惡來，紂之諛臣，武王殺之〕，桀、紂亡。（〈外物〉郭 920 王 1043，作者自語）

所以不論是什麼倫理道德、科學學理、哲學人生上的正確觀念，聖人都不拘守，樂意變換其理念。拘守是偏頗，變換是通達：

> 雖相與為君臣〔參〈徐无鬼〉：藥也其實，堇也，桔梗也，雞廱也，豕零也，是時為帝者也〕，時也，易世而无以相賤，故曰至人不留行焉〔成玄英曰：夫世有興廢，隨而行之，是故達人曾無留滯〕。夫尊古而卑今，學者之流〔過，失〕也。且〔必〕以狶韋氏〔三皇以前帝號也〕之流觀今之世，夫孰能不波〔通頗：偏側〕，唯至人乃能遊於世而不僻〔偏側〕，順人而不失己〔參〈秋水〉：天在內，人在外。〈知北遊〉：外化而內不化。〈山木〉：形莫若緣，情莫若率〕。彼教不學〔順彼而教，非由強學，所謂「順人」〕，承意不彼〔承彼之意，非即如彼，所謂「不失己」〕。（〈外物〉郭 937-938 王 1073，莊子自語）

> 若〔或〕枉若〔或〕直，相〔隨順〕而〔汝〕天極；面觀四方，與時消息。若〔或〕是若〔或〕非，執而〔汝〕圓機〔成玄英曰：圓機，猶環中也。執於環中之道以應是非〕；獨成而〔汝〕意，與道徘徊〔轉變〕。无轉〔讀為專：一〕而〔汝〕行，无成而〔汝〕義，將失而〔汝〕所為。无赴〔趨〕而〔汝〕富，无徇而〔汝〕成〔成功〕，將棄而〔汝〕天〔自然〕。比干剖心，子胥抉眼，忠之

禍也；直躬證父，尾生溺死，信之患也；鮑子立乾〔鮑焦立枯而死〕，申子不〔字衍〕自理〔「埋」誤〕〔申徒狄抱甕之河〕，廉之害也；孔子不見母，匡子不見父〔匡章諫父，為父所逐，終身不見父〕，義之失也。（〈盜跖〉郭 1005-1007 王 1198-1199，滿苟得語子張）

聖人隨著時機情境而變換自己信守的理念，等於是作弄他們內在的是非判斷能力，在不得不做判斷時，做出反抗倫理學理哲理要求的結論。因不得不然，故作弄之，這就在必然中間開鑿出自由。

第十型 意識的取捨強化

五種次型

這型包含若干中心見解相異的解說，分別是：一、超越物勢流動的定見，二、接受物勢流動與互化，三、道德知覺或善意志，四、直覺，五、想像力。

一、以定見化解物勢流動

唐君毅為虛靈明覺心加了一些新的內容，他說：「莊子的用心方式，要在於其與物勢之變相接，而游於變化時，更求其心思直下透過亦超出於此物勢之變之上之外。」這段話的含意有三：第一，物勢之變源自往古，流向未來，若從無窮的時間看當前的物勢之變，則為須臾之事而已，如稊米之於太倉般不值得重視。第二，物勢之變雖然「密密相連而無間」、「此終彼始，中無間隙」，但若分開來看，每件事物在「有」之前都是「無」的，「有」之後也會「無」。所以「今更透過此虛無以觀其有，則有者亦皆若有若無，而芴漠無形。吾人之心知亦即可超出於其『有』與『形』，之外、之上矣。」

第三，由物勢之變的無窮，而知心知之所遊履亦無窮，故再「透過而超出之，則此心知遂宛若能窮此無窮，以及於造物者，便可與天地之『造物生物而有物之精神』相往來，而不與此所有、所造、所生之已成天地萬物，相往來矣」（1986b: 346-347）。這三個含意分別給虛靈明覺心增加了一種看透時間滄桑的覺悟、一個貴無賤有的特殊觀點、一套遺下受造物而上達造物者的假想（唐君毅說「宛若」），這三個東西都非虛靈明覺心所能有和宜有的。有了這些，他的解說就化為本型了。

Lee H. Yearley 認為莊子的自我觀乃由三種驅力（drive）所組成：dispositional（性情或習氣的）、reflective（反省的）、transcendental（超越的）。雖然超越的驅力這樣的命名似有不當，因為這三種驅力都是經驗內、非超驗的，但 Yearley 命名的理由是超越的驅力可將人從日常的雜沓疲役中昇華，以神乎其技的手法應付世事，使人己事物更加圓滿，這就是莊子所言的「神」和「神人」。超越的驅力來自於反省的驅力所做的反覆訓練，直到不假思索與無比靈巧，然後性情或習氣的驅力、與反省的驅力都會退位（1996: 153-154, 174-176）。Yearley 同樣也沒有用到「心」的範疇，我是因驅力在中文哲學範疇裏略屬於心，而把他的解說歸為心主體。他認為修道者不是靜觀的、中立的，而是思考和反省的，將所抉擇的重覆應用以致內化成第二天性。

Harold H. Oshima（1983）曾根據考古文物與古典文獻解說鏡子的功用，鏡面能生火、能聚水，兼含陰陽，具有神奇力量，莊子以鏡子比喻人心一定是因為人心也可以發揮神奇力量。柯愛蓮（Erin M. Cline）繼承 Oshima 之說而認為鏡映心不只有靜止之義，還有活動之義。靜止的心可以反映道和天地萬物，以及它們與人的關係，如〈天道〉篇說的：「水靜則明燭鬚眉，平中準〔疑脫「繩」〕，大匠取法焉。水靜猶明，而況精神！聖人之心靜乎！天地之鑒也，萬物之鏡也。」（2008: 340）人的活動也出自於心，最好的活動是對情境做恰當的反應，不要做刺激、挑戰、追求、阻攔的事，這就是「應而不藏」，也就是聖人回應時「不牢記或執著於他們先前的活動或回應」，「以自然的方式對每個情況一次一個做反應，不讓前一個情況干擾現在的情況」。心不但有意向和意志力（intentions and volitional powers）也有認知與情感能力（cognitive and affective capacities），所以聖人的「反應是其行動符合道並與宇宙諧和，可是他們並不被動的反映道，他們照明其他事物，好好用上他們的認知、情感、意向、意志力來作反應」，心的這些能力應該不受社會強加的範疇和區別所束縛，它們應該逍遙遊（2008: 339）。「當人的行動與道一致，需要有個自我以有別於萬物的需求就會減低，人開始理解自己只是世界中很多大模式與過程的一小部分。如此，聖人開始欣賞事物的如如，並倚靠他們逍遙、先於反省的直覺來引導他們。」（2008: 340）

二、接受物勢流動與互化

與上述「以定見化解物勢流動」反其道而行的是主張「接受物勢流動與互化」。

福永光司說，關於世界有無根源或主宰的問題，接子的「或使」說認為有，季真的「莫為」說認為沒有，莊子批評二說「未免於物」，即不能脫離以大小、長短、精粗、有無等性質來刻劃的現象界，不明瞭道與現象界是異其次元的。異其次元，意味了人類因果推理無法究知事物的終極根源，所以莊子將注意力轉回到眼前的事實本身，雞鳴的根據就在雞鳴一事之中，犬吠的根據就在犬吠一事之中，乃至於人的生死、世界的成毀，皆不可得而知有什麼居於超越地位的東西在其上或其外（如神、本體），若要強為之說明，則萬物的存在根據只在萬物的自體，也就是自生自化、自然。這方便假名為道：「道是使萬物以萬物而在之『自爾』的作用，不能用語言加以說明，也不能用知力加以認識。道是『自爾而然』。說是『自爾』意即是說超出了言語與知力。」（1969: 110-117，引文見 116）這個世界不停變化流轉，萬物的自生自化即在此變化流轉中展開，「而所謂道，則無非此一無限展開的自生自化的變化之流之假名而已」，此「流」不知其所始，不知其所終，自本自根，道是「使這一切的一切如彼而在的根源理法」（1969: 128-129）。從大化之流的觀點來看，生亦是死，成亦是毀，存亦是亡，引導我們得到生不復是生、死也不復是死的達悟，也就是在道的實在中本無生死、生死為一，遂也「從生與死的對立認取，從死依于生、生依于死之因果思考解放出來」（1969: 131-132）。於是永恆只在現在，實在無過於現象，吃喝拉撒之外，別無妙道：

> 在真實在的世界——道，無始亦無終，無古亦無今，無過去亦無未來，有之只是那亙無始以至于無終、無一瞬之或止、常在變化的萬物自生自化之流。這無始無終之流，或呼為始，或稱為終，無非是人類心知的分設，而所謂古或今的對立，亦無非人類的方便想法而已。在真實在的世界，始與終是無差別的（齊），古今是同一的。
>
> 因此，在這變化之流中出生了且又將死去的各個個物（人），也只有就其一己當下而在的現在、所謂「今」的時間，而充量盡情地去過活。我的當下而在，便即是道——真

實在的世界，現在便即是永恆。只有現在才是我所能有的一切時間，並不是離了現在還另有所謂永恆。充量盡情地去過活所謂「現在」這樣的時間，這便是我活著這一件事的全部了，並不是離了現在，還另有個個物（人）之真實活法存在著。

路旁的石頭以路旁的石頭而滾動，沒有名字的花以沒有名字的花開于野外，鳥隻高翔于青空，魚類深潛于碧淵，這是道——真實在的世界。或狗以狗吠，雞以雞鳴，人以人而吃飯而拉屎、而勞動而休息，這也是道——真實在的世界。（1969: 133-134）

凡自然自爾的事與不能免俗的事就是道，應該做：

人就是在這樣的至大世界裏，以自生自化的萬物之一而過其一己被限的人生。他是不知理由或更是無從得知理由地被投到這個世界，他便以一己當下活著為唯一的理由，去接受其一己的人生且活下去。只活下去這一事是他自己的決意，因之，他也只有負活下去之責而已。

他吃飯也拉屎；若吃飯拉屎是生事，則他也必定要吃飯拉屎的。他娶妻又生子——人本來就是有男女之別的；若因「雌雄之交」即生產子女是「自然」，則他也必定要娶妻生子的。他置身在人的現實社會之種種差別與對立之中；若種種差別與對立是人的現實社會之必然，則只要活在現實中，他便也不能不置身其間。他過活著現實的人生而或喜或悲；若悲喜是人之自然，則既出生為人，他也就一樣要有悲有喜。（1969: 136）

我們充量盡情的過「自然」與「現實」的生活，是由於瞭解到實在的世界無形無名，超越因果的理解，就是自爾（1969: 136）。

史華慈（Benjamin I. Schwartz）認為季真的「莫為」說和接子的「或使」說，爭辯的是萬物生成的問題。「莫為」意謂沒有人或物造成的，這是說萬物從道自然生發出來，此外沒有特定的成因，這偏向傳統道家的觀點。「或使」意謂某人或某物產生的，指物物由鄰近、特別、特定的形塑力量所形成，反映墨家的觀點。莊子認為這兩個說法都有缺陷，前者太強調各物的短暫、虛無性，後者太強調實質、具體、偶然、獨特性。莊子覺得宇宙充滿繁茂多樣的品種和驚奇獨特的事物，不是化約到事物最底層，找到一條客觀的「科學」原則就可以解釋得了的，這是為什麼他為道加上造物者的隱喻，以表明宇宙創造力有一種美感和藝術感，也可以說道對宇宙的創生，含有「為」和「無為」的雙重性質（Schwartz 1985: 227-229，另參 220-222）。這個道有統治的能力，所以又喚為真君，人的七情六欲即受真君之道的統治（1985: 227, 229），由於道不可言喻，不可思擬，不可得其朕，所以必須用密契體驗的方式才能獲得對於道的真知（1985: 217-218; mystic 這個字在其書中的莊子章節反覆出現）。一般人達不到真知，是因為受到成心之害（1985: 234），成心是心擅自以為自己是個完全裝封好、完全個體化的存有物，以為自己是自存的，因而脫離了道的流動（1985: 229-230）。其實萬物像是道的投射，雖然不至於像夢中的事物毫無真實性，但是絕對不能固定的自存（1985: 225）。萬物必須連結至道的流動（1985: 229-230）。

王又如主張莊子要人認識並接受物勢流動，「真人與凡人的差別在於前者敞開心胸面對無盡的變化」（Wang 2003: 36）。變化是無起點也無止境的，也沒有第一因或造物者（2003: 35, 36），萬物變化的連續過程即是道（2003: 46），道並非可以實質化（reified）的形上概念（2003: 39, 45, 47），也沒有自身的存在和自己的中心（2003: 50）。人的身體、情感、心思也都在變化之中，所以不能做為人的自我（2003: 40-42），能思與所思是彼是的一例，故是相待並互相轉化的，以能思之我與所思之非我為相對立之二元論應予棄絕，但是有我與無我的對立手法還是創造二元，所以莊子主張第三種辦法，此即忘我，這是遊走於自我與非我的分界上，超越自我的封限（closure）卻並不消滅自我（2003: 42-43）。忘我是首先「讓人心從主體與客體、自我與他者、對與錯、物與物之間的差異解脫出來」，然後「向自我與他者的動態關係、自我與他者的相對性與互涉關係、與世界的無盡轉化敞開心胸」（2003: 43）。最後還需要交待的是，王又如認為莊子對世界是無盡變化的看法，只是為了解救人類、治癒人心所採取的一種對世界的觀點（soteriological / therapeutic perspective），並不是對事物變化作出知識論或科學的解釋（2003: 31, 33, 38）。這種泯除區分、去異存同、融多為一的觀點只是一種觀點，並不消滅其他的觀點（2003: 38），其優勝之處僅在於能解脫人心以接受事物無盡變化這一點上（2003: 51）。

Alexus McLeod 指出，顏回懷抱自己的想法、計劃去見衛君，便蒙蔽了他自己而看不清衛君的個性，徒然遭到衛君施刑，自己的理想完全不能讓衛君聽進去。孔子教以心齋，即不要構思自己的想法，而應與情境互動，自然（spontaneous）回應情境的特徵：「根據我們的自然（spontaneous）直觀而為，是團結意向與行動、而又對真實情境的自然（spontaneous）與立即特徵保持敏感的唯一方法。」（2012: 454-455）

三、道德知覺或善意志

文哲（Christian Helmut Wenzel）認為鏡像的比喻無法用於道德領域，也就是我們如何對待他人的問題。他以葛瑞漢的「應對時要曉得（客觀狀況是如何）」為基礎，進而討論當我們對待他人時，不但需要曉得他人的情形和自己的內在狀態，而且需要詮釋所見所聞，反省其中的意義和價值。純粹的曉得，而不含有詮釋與反省，是不可能的。更重要的是，我們必須敬重他人與我們的平等地位，或者說，我們必須在心中接受道德律下的人的概念，把它看得比個人的名利欲望還要重。可是我們怎會這樣做呢？莊子沒有任何道理說服我們這樣做，只能信賴我們的善意，就好像康德信賴每人的善意志（good will），願意尊敬和接受無上命令，所以善意志是莊學的人論中隱含的一成分（2003: 120-124）。

方萬全採用了 John McDowell 的新亞里斯多德主義立場來說明莊子，McDowell 提出人有「道德知覺」（moral perception），會感知到客觀情境對行動者的道德要求，而與客觀情境中的道德要求無關的其他考慮、動機、或欲望，則會被有德者所沈寂下來（silencing them），所以有德者不需要任何掙扎或勉強，即可依其從情境中所覺知到的道德要求而為所應為（2009: 274）。莊子說「聖人之心是『天地之鑒也，萬物之鏡也』（強調外加），因此其道德的洞察力所察覺到的自然是（……）客觀存在的天地與萬物，或即客觀的道德要求」（2009: 276），莊子又說「聖人的靜使得『萬物無足以撓〔其〕心』，因此他能讓情境中所顯現的道德要求單一而直接地引導他的行為」（2009: 277），莊子還說聖人無為，這也是「在於他不需費心於找尋出正確的道德判斷，以及不需費心去排除干擾道德行為的各種因素，而只需『感而後應』」（2009: 277）。因此方萬全認為莊子的聖人和亞里斯多德的有德者非常近似（2009: 278）。

江文思（James Behuniak, Jr.）認為莊子的巧匠故事和杜威的教育哲學十分相通，杜威區別了學習技能時的個別法與一般法，後者要求每個人學會統一的做法，結果只能教出平庸的學生，前者則是基於後者，再由個別學生予以完美化，這即是庖丁的學習歷程（2010: 167-168）。個別法有四個美德：一、直接：直接關心到題材（subject matter），不關心別人對自己的表現有何眼光。二、開放的心胸：歡迎各種意見，願意改變做法，不僵硬死板。三、一心一意：杜威也稱為全心全意，是將興趣完全投入。四、責任：接受後果，將自我等同於自己的所說、所為、所思。一般法有四個禍端：一、忽視具體：每人做事都有特色，一般法的教育不利於從具體的處境中發展個人做事的特色。二、偽造興趣：當做法是現成時，它與題材分離，使人很難維持興趣。三、殺死意義：學習是學會一套做法，而不是努力做出什麼重要的結果，因此意義就降低了。四、減弱活動：活動只是機械式的應用步驟，最後造成人對後果不想負責任（2010: 168-169）。庖丁解牛的故事有規範性，展現了直接、開放的心胸、一心一意（或全心全意）、責任等四個特質（2010: 169）。

我自己也曾經就《莊子》調和派（也稱為黃老派）的篇章[50]提出後天養成道德心的解說。依〈在宥〉、〈天地〉、〈天運〉、〈繕性〉四篇的歷史敘事所說，黃帝破壞了遠古人民按照天性生活的純樸，以仁義攖人之心，歷代聖王繼之不改，以致人民去性而從心，莫安性命之情而性命爛漫（詹康 2010: 12-14）。心在聖王啟動之後，好動而難靜，能在相反心境間迅速切換（2010: 10），而危險的是它善惡不定，且通常寧願做壞事，不願做好事，所以需要用禮樂刑政來約束它（2010: 20-22）。調和派的篇章對於道、德、仁、義、法、技、與人倫尊卑有很多概念結構式的規定（2010: 26-28），並且設計了負責教化的君子、學者與負責行政的政府官吏，攜手合作，治理人民向善（2010: 25-26）。如果在政治力量與社會力量的引導之下，人心一直受到規訓，久而久之，漸漸能以仁義自我改進、自我省察，則人就修養成為聖人君子（2010: 29）。

四、直覺

艾文賀（Philip J. Ivanhoe）認為「社會實在」（social reality）是由人的智性（human intellect）所建構出的社會、倫理、美學系統，而人的智性構成了我們要理解道時的靜電干擾，唯有取消智性的干擾，才能讓我們自然的直覺（spontaneous intuitions）發顯出來（1993: 645-646）。直覺可以「看出這個世界真正的樣子，和提供標準以決定什麼是實情、什麼不是實情」（1993: 647），可以發現「世界所內含的倫理計劃」（1993: 646-647），可以發現事物內在的「天理」（如梓慶削鐻要「觀天性」，庖丁解牛要「依乎天理」），以及發現天對這個世界的觀點，和採用天的觀點來決定合適的行動（1993: 652）。直覺和行動特別有關，這是因為直覺知識近於 Gilbert Ryle 的「知道怎樣做」（knowing how）而智性知識近於「知道是什麼」（knowing that）（1993: 648），直覺知識可以助人本能性的符合天理（1993: 646），對每一情境做出十分有效率和有效果的反應（1993: 647），所以直覺知識等於技藝（skill）、訣竅（knack），是無法有效以言語來解釋的（1993: 650），甚至最高的技藝、訣竅不可言說，是任憑「神」行其所當行，使行動者「與深層的節奏一致，與強大的力量相諧」（1993: 651）。

對吳汝鈞而言，莊子的道既有主觀的精神意味，也有客觀的實體意味（1998: 61, 122），後者指道「有超越性、客觀性、實在性、獨立性、創生性、實效性和遍在性」（1998: 63-64），等於是終極實在（1998: 60），至於人如何體道，則是主觀的問題。莊子對於人應如何體道未曾提出積極的說法，但消極的指出兩點：「第一，感官欲望對道的認識會有障礙。第二，知解的方式是不能通於道的。」（1998: 65）這是分別基於墮肢體和黜聰明，也即離形與去知（1998: 66）。由於思考只能對著客觀的對象，而道非客觀對象，乃是終極真實、絕對真實，並也由於思考需要運用概念，一用概念便有限定，無法遊於道中，進而與道合一（1998: 69-70），所以對於體道，「需要一種超知解的能力或方式」（1998: 71），這暗示了直覺形式（1998: 64-65）。哲學上所說的直覺有兩種：「感官的直覺和超感官的直覺或智性直覺（intellectual intuition）。前者是在時空的模式之下進行的，只能接觸現象；後者則超越時空，而能接觸事物的本體，或事物自身，道也應包括在內。」由於莊子輕視感官，他應該是採取後一種直覺（1998: 73）。莊子說的靈台明覺作用或靈台心可以直見本源的道：「立腳於自己的靈台明覺的心，由此向四方照射開去，突破九州六合，直衝向原始的洪荒宇宙而奔赴。」（1998: 80）另外，此心還有照耀萬物的能力：「它照見萬物，是就萬物的在其自身的姿態而使之顯明起來，而不以它們是對象的身分而加以認識。它顯明萬物，亦即實現萬物。萬物都在它的靈明的照耀下而得以充量呈露……。以康德哲學的詞彙來說，天光不是感性直覺（sensible intuition），而是智性直覺（intellectual intuition）；而它所照見的人與物，是物自身（things-in-themselves），而不是現象（phenomena）。」（1998: 94）

吳汝鈞所說的靈台心在兩方面超越了康德的智性直覺：一、能照見康德哲學中所沒有的道。二、不只是照見物自身，還照耀之而使其光顯，乃至可說實現萬物。

五、想像力

大陸學界較常見以「唯心主義」將莊子與道和萬物成為一體的意圖，解說為莊周個人主觀上的想像。關鋒晚年對莊子的理解，是莊子的「我」吞吃了「道」，「是莊子自己的精神世界把他的主觀當做客觀」（古棣、周英 1995: 866）。馮友蘭也說，莊子「所謂與道同體，實際上就在自己的思想中創造出來一個混沌的境界」（1991: 130），夏甄陶說：「莊子學派想像的與道同體的『坐忘』，不過是一種主觀幻想的精神解脫。」（1992: 111）李澤厚解釋莊子的「真我」從「人的本體存在與宇宙自然存在的同一性」而得到無限、絕對的自由，但又批判莊子的自由觀念，說自由是人類集體對事物的支配、人類將「自然」予以人化，也就是「物役」，因此莊子不役於物的思想其實是「逃避，這實際不可能成功」，「實質上不過是一種心理的追求和精神的幻象而已」（2008: 148-152）。

劉笑敢認為，莊子的道論為世界萬物的存在提供根源和依據，不過道本身並非物質，也非精神，「不是構成萬物的元素或物質力量，不具有物質的屬性，……也不具有精神主宰的特點」，而是超越物質與精神世界的絕對觀念（1988: 110）、「自在客體」（1988: 229）。對於這個絕對觀念與自在客體，只能以直覺主義來加以認識（1988: 208, 209）、以神秘主義來加以體驗（1988: 155, 156, 205）。可是劉笑敢又進一步從後設的觀點主張，莊子的道是他「思維的產物」、「思維活動構想的結果」（1988:

111），「道只是思維的構想，是被當做世界本根的抽象化的概念」（1988: 113）。連帶的，莊子關於神秘體驗的說法，說穿了只是他一己的想像，是「思想虛構的幻化之境」（1988: 155），莊子「是在想像中與道融為一體」（1988: 156, 205）、「是在想像中與世界之絕對合而為一」（1988: 156）。想像力可以脫離現實（現實是苦），至高的想像「沒有任何客觀內容」（1988: 158），這種想像力的運用即是莊子提倡的精神自由。

臺灣學者中以想像力來詮釋莊子的自我觀的有蔡梅曦和蔡英文。蔡梅曦所談的想像力是採用十九世紀浪漫主義者 Edgar Allen Poe、John Keats、Samuel Taylor Coleridge、William Blake 的用法。她指出莊子將人心分成兩部分，一部分是對五官得來的知覺予以理性化，且又向外求索和沈溺物欲，另一部分則是由道所呈現的神或精神，相當於現代所謂富於創造的想像力（Tsai 1981: 228），後者的發用可以使人忘記前者而有無我的感覺，並在接物之際使事物發出美學的興味和價值（Tsai 1981: 233）。美的創造力來自人的最深處（Tsai 1981: 241），在美的感知中，每物是平等的（Tsai 1981: 237），萬物是一體的，此時主客對立的關係消解（Tsai 1981: 235），乃至一切對反關係從美的角度來看也沒有真正的張力，也都可以調和（coincidentia oppositorum, Tsai 1981: 236-239）。

蔡英文所談的想像力則是黑格爾的「化解與消融實相」（reconciliation of reality）之功能作用，「透過心知的想像作用而融合化解一切相對待的人間實相」（1982: 313-314）。

吳祥輝的書《驚歎愛爾蘭》封面印了一行話：「愛爾蘭人的心一無所有，除了想像。」想像力是可貴的，但若變成只會想像，而對世界萬物的實相一無所見，以想像代替探求真實，則亦無何貴之有矣。

論意識與道的關係

我將保有與強化某種特定意識的解說全都歸入本型，可以看到，各家的意識解說是針對不同的病症提出處方，因此雖然彼此相異，尚可在不同情況下輪流採用，沒有何者是絕對的對或具有全面性，乃至於排擠其他解說。

其中較可商榷的是艾文賀與吳汝鈞的直覺解說，簡單來說，他們的解說由兩部分組成：一、有某種天理、天的觀點、宇宙內含的倫理計劃、或物自身，只有直覺才能知道。二、莊子沒有直接提出直覺，但是他提出要否定我們的智性，這隱含了直覺可以不受智性的壓抑而突顯出來。第一點關係到莊子哲學的終極真理或終極目標，因難有定論，可暫且不談。第二點是關於莊子否定智性是否即是釋放直覺，這是可以檢討的。

智性和直覺是人的兩個能力，這兩個能力可以並行，不會行使一個便不能行使另一個，更不會一個永遠主導而另一個永遠埋沒。當然，這兩個能力所得致的知識不見得一致，這時的矛盾就需要另外加以裁決，不見得智性永遠都對，而直覺永遠沒機會。這麼看來，艾文賀和吳汝鈞以為直覺必須待於智性的停用才能發用，是不合乎一般看法的。

再就莊子的意思來討論。莊子似乎依不同的目的而對人有不同的組態設定，例如逍遙之時、履行道德行為之際、發揮高超技藝的場合，當事人的身心構成狀態皆是不同的。莊子在人的各種組態狀況中，的確有一種對身心都加以否定的做法，這種做法由於關係到得道途徑、得道狀態，所以比別種組態狀況來得重要。莊子關於否定身心有幾種常用的說詞，第一種是槁木死灰：

1. 形固可使如槁木，而心固可使如死灰乎？（〈齊物論〉郭 43 王 40，顏成子游語其師南郭子綦）
2. 形固可使若槁骸，心固可使若死灰乎？（〈徐无鬼〉郭 848 王 960，顏成子語其師南郭子綦）
3. 形若槁骸〔人百骸猶木眾枝〕，心若死灰。（〈知北遊〉郭 738 王 813，被衣自語）
4. 身若槁木之枝而心若死灰。（〈庚桑楚〉郭 790 王 877，老子語南榮趎）
5. 向者先生〔老聃〕形體掘〔①借為柮：斷木。②借為崛：特出貌〕若槁木，似遺物離人而立於獨也。（〈田子方〉郭 711 王 779，孔子語老聃）
6. 吾處身也，若橛株拘〔橛：木本。株：木之在土上者。株拘：斷木。三字：斷木〕；吾執〔執、處互文，執猶處也〕臂也，若槁木之枝。（〈達生〉郭 640 王 677，痀僂丈人語孔子）
7. 上〔君主〕如標枝〔陸德明曰：言樹杪之枝，無心在上也〕。（〈天地〉郭 445 王 458，赤張滿稽語門无鬼）

8.无入而藏（入而又藏，則過於入），无出而陽（出而又陽，則過於出）（〈人間世〉：「形莫若就，心莫若和。雖然，之二者有患。就不欲入，和不欲出。」與此二句義近），柴立其中央（郭象曰：若槁木之无心，而中適是立也）。（〈達生〉郭 647 王 686，孔子自語）

第二種是身體不動，有如喪忘其身，或似乎不是人：

1.嗒焉（焉：然。蔣錫昌曰：「荅焉」，不動貌，並與「輒然」、「慹然」文異誼同。〈達生〉：「輒然忘吾有四枝形體也。」《釋文》：「輒然，不動貌。」〈田子方〉：「慹然似非人。」司馬云：「慹然，不動貌。」以上詞例均同，可為證也。《釋文》解此文「荅焉」云：「解體貌。」蓋由郭注「荅焉解體」而來，誼與上下不協，非也）似喪其耦（偶，匹，對，此處指與神相匹偶之身，見《經典釋文》司馬彪注。王叔岷以為司馬彪訓耦為身，乃誤解）。（〈齊物論〉郭 43 王 40，作者形容南郭子綦）

2.齊（通「齋」）七日，輒然（不動貌。《廣雅》：「㘨，靜也。」輒與㘨音近義同）忘吾有四枝形體也（忘身）。（〈達生〉郭 658-659 王 707，梓慶語魯侯）

3.慹然（慹叚為贄：不動貌。亦借為蟄：靜。靜則不動）似非人。（〈田子方〉郭 711 王 779，作者形容老聃）

4.嘗（試）語君，吾相狗也。下之質執飽而止，是狸（貓）德也（羅勉道曰：狗，所以獵。下等之質，所捕執者小，足飽其腹而止）；中之質若視日（王叔岷曰：視日必凝目，以喻其專也。○釋性通曰：專其目于視而不妄瞚，一其視也）；上之質若亡其一（《釋文》曰：一，身也。謂精神不動，若無其身也。

○釋性涵曰：其志在搏執，而不知有身〕。（〈徐无鬼〉郭 819 王 917，徐无鬼語魏武侯）

第三種是墮肢體、黜聰明：

1. 墮〔毀廢〕枝體，黜聰明，離形去知，同於大通，此謂坐忘。（〈大宗師〉郭 284 王 268，顏回語其師孔子）

2. 墮爾形體，吐〔「咄」誤，同黜〕爾聰明，倫〔叚作淪，入也〕與〔於〕物忘；大同乎涬溟。（〈在宥〉郭 390 王 397，鴻蒙語雲將）

3. 汝方將〔複語，猶當也〕忘汝神氣，墮汝形骸，而〔乃〕庶幾乎！（〈天地〉郭 435 王 445，漢陰丈人語子貢）

4. 吾願君刳〔屠〕形去皮，洒〔洗〕心去欲，而遊於无人之野。（〈山木〉郭 671 王 726，市南宜僚語魯侯）

第四種是忘〔借為亡〕肝膽、遺耳目：

1. 忘〔借為亡〕其肝膽，遺其耳目；反覆終始，不知端倪；芒然〔①无係之貌。②芒借為忘〕彷徨乎塵垢之外，逍遙乎无為之業〔始〕。（〈大宗師〉郭 268 王 250-251，孔子語弟子子貢）

2. 忘其肝膽，遺其耳目，芒然彷徨乎塵垢之外，逍遙乎无事之業。（〈達生〉郭 663 王 714，扁慶子語孫休）

第五種是反轉耳目與心的運作方向，讓它們不能發揮功能：

1. 夫徇〔使〕耳目內通而外於〔其〕心知〔宣穎曰：耳目在外而徇之於內，心知在內而黜於之外，虛字也〕，鬼神將來舍〔舍止〕，而況人乎！（〈人間世〉郭 150 王 134，孔子語弟子顏回）

2. 以目視目，以耳聽耳，以心復心〔成玄英曰：夫視目之所見，聽耳之所聞，復心之所知，不逐物於分外而知止其分內者，其真人之道也。〇王先謙曰：不外視，不外聽，不外用〕。（〈徐无鬼〉郭 866 王 981，作者自語）

第六種是心不能知、口不能言、形不能動：

1. 予口張而不能嗋〔合〕，〔脫「舌舉而不能訒」。訒：頓〕。（〈天運〉郭 525 王 536，孔子語弟子）

2. 吾聞子方〔田子方〕之師，吾形解而不欲動，口鉗〔閉〕而不欲言。（〈田子方〉郭 703 王 767，魏文侯語其臣）

3. 心困焉而不能知，口辟〔借為闢：口開不合〕焉而不能言。（〈田子方〉郭 712 王 779，老聃語孔子）

第七種是如木雕泥塑的偶像：

1. 寓〔偶〕六骸，象〔像〕耳目〔章炳麟說將六骸、耳目變成偶像，是形如槁木之意〕，一〔動詞〕知之

〔與〕所〔當據《淮南子・覽冥訓》補「不」字〕知〔成玄英曰：知與不知，通而為一〕，而心未嘗死者乎〔《淮南子》高誘注：心未嘗死者，謂心生與道同也〕！（〈德充符〉郭 193 王 174，孔子語弟子常季）

2. 列御寇為伯昏无人射，引之盈貫〔貫通彎，《說文》：「彎，持弓關矢也。」段注：「引弓將滿是之謂彎。或叚借為關。」〕，措杯水其〔於〕肘上，發之，適〔通「鏑」〕矢復沓〔重疊〕，方〔今〕矢復寓〔寓於弦〕。當是時，猶象〔像〕人也。（〈田子方〉郭 724 王 795）

3. 望之似木雞矣，其德全矣。（〈達生〉郭 655 王 700，紀渻子語齊王）

其他還有：

1. 至道之精，窈窈〔窈與杳通，《說文》：「杳，冥也。」〕冥冥；至道之極，昏昏默默。无視无聽，抱神以靜，形將自正。……目无所見，耳无所聞，心无所知，女神將守形，形乃長生。慎女內，閉女外，多知為〔則〕敗。（〈在宥〉郭 381 王 390，廣成子語黃帝）

2. 解心釋神，莫然〔無知〕无魂。（〈在宥〉郭 390 王 397，鴻蒙語雲將）

3. 去汝躬矜〔二字：為身矜脩善行〕與汝容知〔通智。二字：飾智為容好〕，斯為君子矣。（〈外物〉郭 929 王 1060，老萊子語孔子）

這些說詞一再出現，顯示甩脫身體、停用心智是一種典型做法。這個做法有什麼意義呢？可能有五方面的作用。

首先，身體不動是用心專一的表徵（用心專一見第五型述錢穆對精與神的研究），痀僂丈人承蜩、列御寇射箭、上等的狗準備撲搏、上等的鬬雞準備戰鬬，都身體如雕塑般不動。這不是說身體從頭到尾都靜止不動，而是只在出手、出擊前不動，他們專注於對象（蜩、箭靶、對手），是為了一擊而中。用心專一的情形很難說是直覺或不是直覺，不過與艾文賀的解說可以相容。

第二，身體不動、心念死寂是讓心智背離世間，靜觀冥思，例如老聃「形體掘〔①借為柮：斷木。②借為崛：特出貌〕若槁木」時，是「遊〔郭象注本無「心」字，成玄英疏本以後有「心」字〕於物之初」（〈田子方〉），前列的許多文句也都關於遊於無何有之鄉、彷徨乎塵垢之外而逍遙乎無為之業。靜觀冥思亦很難說是直覺或不是直覺，因為思考和想像這兩種心智活動也能做到，非直覺所得而專擅。我們可以看盧梭如何從行動的生活退縮到靜觀的生活，後者有豐富的精神活動，產生活躍的思想和激烈的感情：

> 既然隨便想做什麼好事，結果總會變成壞事，想做什麼事情不是害人就是害己，我的唯一的職責就只能是閃避在一邊，我將盡我所能恪守這一職責。不過，我的身體雖然無所事事，我的心卻還活躍，還在產生思想和感情，而由於任何人間的世俗的利害都已在我心中泯滅，內心的精神生活似乎反而更加豐富。（Rousseau 2005: 9）

莊子的槁木死灰也在於將心思導向到形上學和宇宙論，專注的思考，並獲得無比的暢快。

第三，雖然莊子也說身體不要動，但有時說此語時他是要身體動的，例如：「兒子動不知所為，行不知所之，身若槁木之枝而心若死灰。」（〈庚桑楚〉）身體的這種動，來自於無意識，或有意識而無意向，這和直覺完全沒有關係。

第四，以上兩點說的是槁木死灰狀態下心智和身體仍然保有動能，但是這些動能是自主的，人的身心還有龐大的非自主機能，非意願所能左右[51]。就此而言，直覺是人能自主的能力，因此離形去知時應也一併停用，不能說離形去知是為了對其重用。

第五，對身體和心智的否定本身另可有一正面的作用，即是停止對道的體驗、停止對道的思考。這涉及對道採取不可知論的立場，要到第十七型才能予以說明。簡單來說，道的充分內涵是人不可能得知的，莊子也安於人類能力的有限性，不曾主張人有康德認為只有上帝才有的智性直覺，以認識道。

無法思慮言說的事物，可以形容為玄冥。前文見到「大同乎涬溟」（〈在宥〉），涬溟與玄冥字似義同。勞悅強指出，五經和儒家都重視「明」，例如《尚書》說帝堯「欽明文思安安」、「克明俊德」，帝舜「濬哲文明」，孔子的「九思」之一是「視思明」，孟子的「王者之堂」名為「明堂」，《大學》要「明明德」，《中庸》要「自誠明」與「自明誠」(2009: 176-179)。老莊則反之，重視玄冥，主張掩蓋自己的明，把自己變得昏冥：

> 表示晦暗的詞彙不見於《論語》，而在儒家文獻中也甚鮮見。確切地說，「玄」、「冥」這類概念在儒家文獻中極為罕見。這恰恰反映出儒、道兩家對「明」的認識根本相異。

對儒家而言，人內在的先天之「明」照耀外在世界以及萬物。「明」幫助人們清楚地界定一切等級與人倫秩序，因此，它不能包容事物之間的模糊不清。反觀道家聖人卻塞兌閉門，摒棄一切感官功能，罷黜聰明，從而在內心世界中鑄造一面玄覽（一面不具有映照功能的鏡子，見該文頁180），深根寧極。虛敞的靈府能夠包容模糊，廣納眾理。最終，內明返照，聖人的精神境界復歸一種原初的「混沌」狀態。（2009: 185）

離形去知，塞兌閉門，是將原本可知的對象界化為不可知，所以冥己的同時亦是冥物，始於冥己而終於冥物。由此而論，吳汝鈞說智性直覺可以光照物自身，從而使萬物充量呈露，乃是儒家的思想特色，而非道家的。

以上五點各可推導不同的主體論解說，莊學主體論難以定於一尊，由此可見。

第十一型　一與不一

一與不一的兩行

一、一與不一釋義

前章結束時說，道可能是人不能得知的，這麼界定道，並非要故弄玄虛，其實可以很平易來理解。比如說，人不能接受P是~P，而如果有人說道既是P也是~P，則對他人就成矛盾之說，無法理解而貫通之，無法說明以信服人。本章即要舉出一種P與~P的可能性，這就是一與不一。

莊子的「一」有齊一和合一這兩種主要理解，「一」是對「不一」的否定，齊一否定的是物物的參差，合一否定的是物物的分離。雖然否定，其實物與物有參差和分離的現象是取消不了的，而莊子也沒有想以「一」排擠「不一」成為人的唯一認知，他是平衡的兼顧兩端。一些看似支持「一」的名言名句，都應該重新認識：

> 自其異者視之，肝膽楚越也（肝膽喻近，楚越喻遠）；自其同者視之，萬物皆一也。（〈德充符〉郭190王174，孔子語弟子常季）

「自其異者視之」和「自其同者視之」是並列的觀點，後者並不更為殊勝。肝膽是兩個器官，負擔兩種功能，健康時分不清何者是何者並不要緊，生病時肝是肝，膽是膽，可不能亂醫，亂醫就雪上加霜。楚國和越國方向不同，自然景色與人文風情有別，經濟出產和敵友態度有異，弄錯了就要付出經貿、和平的代價。我們當然仍然可以視肝膽為一、楚越為一，更視遠近為一（齊一或合一），這種放達對某些談話情境、個人心境可能特別適宜，可是一旦牽涉到實務的智慧和行動，則分別異同、衡量輕重，才能有效達成目標。當差不多先生，鮮不誤事。再看另一段名言：

> 民溼寢則腰疾偏（借為㾫：半枯）死，鰌（鰍）然乎哉？木處則惴慄恂懼（四字疊義，皆恐貌也），猨猴然乎哉？三者孰知正處？民食芻（牛羊）豢（犬豕），麋鹿食薦（草），蝍蛆（蜈蚣）甘帶（小蛇），鴟鴉者（嗜）鼠，四者孰知正味？猨猵狙（猵狙，傳說中的動物，似猿而狗頭，喜與雌猿交）以為雌，麋與鹿交（游），鰌與魚游。毛嬙（越王美姬）麗姬（晉獻公之嬖），人之所美也；魚見之深入，鳥見之高飛，麋鹿見之決驟（疾走不顧），四者孰知天下之正色哉？（〈齊物論〉郭93王80，王倪語齧缺）

這段話常常釋為沒有絕對的正居、正處、正味、正色，以衡決我們自以為是的觀念，解除舊有視野的侷限而能出入各種觀點，殊不知這段話的真義正好相反。試問，有人能長久睡在潮溼的地方而不得風濕嗎？即使我們的知性可以放棄人類的觀點而逍遙，我們的身體也不容許我們不檢點而糟蹋掉，它會產生病痛，用痛苦來強迫我們就範，至遷離潮溼環境而後已。同樣的來說，我們人類能在樹上行走如在平地，能覺得野草、小蛇和老鼠的滋味比牛羊犬豕甘美，能愛上猿猴麋鹿魚鰍並產生性慾嗎？這些質問揭露一個定理，是物種決定了觀點，我們生為什麼物種，就襲得某些專屬於該物種的觀點，這是不能自由甩掉的。是以莊子借孔子之口說，要以「鳥養」來養鳥，不要以「人養」來養鳥，再以音樂和水裏生活為喻曰：

> 咸池九韶之樂，張〔奏〕之洞庭之野，鳥聞之而飛，獸聞之而走，魚聞之而下入，人卒〔眾〕聞之，相與還〔環繞〕而觀之。魚處水而生，人處水而死。（〈至樂〉郭 621 王 653，孔子語弟子子貢）

這段話明白回答了〈齊物論〉王倪問齧缺的問題，答案就是：人類管自己就好了，別管其他動物的觀點。是以錢穆說：「宇宙一切物，既可各自有其寢處與飲食之標準，則人生界之自可有其人生之獨特的寢處飲食之標準，亦斷可知。」（1998: 135；另 Connolly 2011: 495 同）推而言之，我們生為什麼性別，生在什麼國家，生於什麼種族和社經階層，在兄弟姐妹中排行第幾，生下來是健全還是殘缺，這些都會影響我們如何看待自己、周遭人、世界。雖然忘記這些觀點，轉換到別的觀點，可以產生奇妙的樂趣和學會如何體貼別人，可是這必然是點綴的、餘興的、伸出援手的、非本質的。幻想著蝴蝶怎麼看自己的花園，是很助逸興雅緻，而自己邁步走路不能學蝴蝶翩翩飛舞，飲食不能學蝴蝶吸蜜餐露，睡眠不能學蝴蝶倒吊枝頭，這是不待申說而自明的[52]。

肝膽、楚越、正確的居處食色是天天發生、不容規避的事例，顯示不一根深蒂固、屹立不搖，反思後的一排擠不了原生和早生的不一。不一的重要，影響了莊子著名的卮言論。雖然卮的意象迄無定論，然而莊子形容要「日出」，也就是要日日更新，這指的不是今天說一事，明天說另一事，像是今天說六朝詩賦，明天論汽車變速箱，而是要不斷更換觀點。更換的觀點也並非隨便什麼都可以，而是要能和自然的分際（天倪）相呼應，這自然的分際之大者就是物種的區分。故卮言所採取的觀點輪替，是以物種的觀點為基礎，諸如人、鳥、魚、獸對居住、飲食、美女、音樂的觀點等皆是。以一與不一來解釋，則不一乃是萬物各自有其然與可，而我們必須承認這一點（即我們「然」萬物、「可」萬物；無物不然，無物不可）；一則是理解到個體可以歸併到種屬，種屬又來自於同一種物質（「種」），對一或「種」而言，多元觀點都是短暫間歇的。從極端的不一合或齊為極端的一，與從極端的一分或不齊為極端的不一，可以合成一個循環而毋庸標出端點，是以我們只要順隨著不同物種而用他們的觀點來說話，不斷更新，就自然達到均平了：

> 有自也而可，有自也而不可；有自也而然，有自也而不然。惡乎然？然於然；惡乎不然？不然於不然。惡乎可？可於可；惡乎不可？不可於不可（林希逸曰：「有自」，有所由來也，言凡人之所謂可、所謂不可，所謂然、所謂不然，其言皆有所自來，故各是其所是，我則何從而然可之？惟隨其然者可者而然之可之，隨其不然者不可者而不然之不可之）。物固有所然，物固有所可。无物不然，

无物不可〔林希逸曰：「物固有所然」，謂凡物各有所是也。既各有所是，則物物皆是，故曰「無物不然，無物不可」，此意〈齊物〉中論之甚詳〕。**非卮言日出，和以天倪**〔天：自然。倪、崖、研，雙聲互通，分際〕，**孰得其久！萬物皆種也，以不同形相禪**〔陸樹芝曰：言物本無不同，但異其形以相禪繼耳。○宣穎曰：各以其類，禪於無窮〕，**始卒若環，莫得其倫**〔宣穎曰：無端〕，**是謂天均**〔陸樹芝曰：物同種而不同形，不同形而究歸于同種，其始卒如環之連屬，無庸區其倫類，因而齊其是非之論，此正所謂休乎天均也。○宣穎曰：此乃天理之均徧，無所不在者〕。**天均者，天倪也**〔宣穎曰：天倪即是天均，卮言和之以此，可見止是隨天理普偏所在，因物肖形耳，此卮言二字取義之妙也〕。（〈寓言〉郭950王1090，作者自語）

此所達到的均平，不是一的觀點下的不分或齊同，而是給予種種不一平等表達的機會，所以是不齊之齊。不齊之齊有其後設的語言理論，即是個物、種屬、與一之間的循環通路，因此不同觀點表達機會的均平，雖然貌似民主政治之有一人必有一票投票權，可是它的內在邏輯是從任一個不一可以反思到一，以及從一可以生出種種不一。

〈齊物論〉等齊泰山與秋毫之末、彭祖與殤子的齊物之旨，也關連到不一、與種種不一者的言說。莊子說，以萬物為齊一，則就不需言其差異了。可是既謂萬物為齊一，已有個「一」字。齊一之旨與表達此旨之「一」字，是為二。然後，既然有「一」字以表達一個意旨，則基於彼是相生，就可以有「不一」之文字概念來反對它，於是成為三。有「不一」的文字概念後，就可以生出種種「不一」之說，於是言論便多到算不完了。所以如果從齊一開始，都已有了三，何況是從不一開始呢！這裏我將「無適有」與「有適有」的「無」理解為齊一，「有」理解為不一，如此方能與全段的討論相應。由齊一到不一（無適有）至少還存留齊一與不一之間的聯繫，可是若由不一到不一（有適有），那麼言論便光怪陸離，無所不可了。然則莊子對言論的態度是什麼呢？既然不能無言，則只能希望言論能有限度，不要無止境的增生下去。他的建議是「無適焉」，王叔岷解釋說要「止於自然之分」，而上面看到自然之分是天倪的意思：

既已為一矣，且得有言乎？既已謂之一矣，且得無言乎？一與言為二，二與一為三。自此以往，巧歷（善巧算歷之人）不能得，而況其（於）凡（凡夫）乎！故自無適有，以（已）至於三，而況自有適有乎！無適焉（王叔岷曰：無適，謂言說當止於自然之分，庶不致失其本旨也），因是已！（〈齊物論〉郭79王70，作者自語）

從〈寓言〉篇對卮言、天倪、天均的用法來看，王叔岷「止於自然之分」的解釋雖然於「無適焉」的字義上分析不出來，但思想上可以成立。發言能立足於不同物種的特性，則言論會止於某種限度，不致無所不可主張。故符合自然之分的言論，與齊一的最終無言之間，有一種互相綁縛又互相掙脫的張力。關於末句「因是已」，王叔岷似乎視為虛句，而很多注家視為實句，意謂因任各物自是其是而不加爭辯，我想莊子對於言論的無政府狀態不致束手無策，應該有收拾的辦法，止於天倪的自然之分是積極一點的解決之道[53]。

關於一與不一各有其職，雖相反而互補，最深入淺出的說法便是朝三暮四的故事。猴子主人決定每天按口發七顆果子，向猴子提出前三而後四，猴子不喜歡此一發放方案，猴子主人改變方案為前四而後三，猴子對此歡喜接受：

> 勞神明為（於）一而不知其同（一、同互文，一猶同也）也，謂（譬）之（若）「朝三」。何謂「朝三」？曰：狙公賦（付與）芧（借為柔：橡栗），曰：「朝三而暮四。」眾狙皆怒。曰：「然則朝四而暮三。」眾狙皆悅。名實未虧而喜怒為用，亦因是也。是以聖人和之以是非而休乎天鈞，是之謂兩行。（〈齊物論〉郭 70 王 61，作者自語）

猴子在 3+4=7 和 4+3=7 之間斟酌，是謂「勞神明為一而不知其同」和「名實未虧而喜怒為用」。「勞神明為（於）一」是計算 3+4=7 和 4+3=7，「不知其同」是猴子以為 3+4=7 與 4+3=7 不同。「名實未虧」是 7 仍是 7，不因 3+4 變為 4+3 而減少。以為 3+4=7 和 4+3=7 兩個式子相同就是「一」，而以為兩個式子不同就是「不一」。雖然莊子說 3+4=7 和 4+3=7 兩個式子其實沒有差別，可是我們不能那麼簡單的來看。生活實踐中不能由於 3+4=7 和 4+3=7 相等而隨意使用，民間習俗在過年時忌吃藥，有人就在過完年後將數日未服的藥一次服下去，這從「一」來說是沒有差別的，從「不一」來說，則對健康的危害太大了。七天份的藥不能併成一天服用，這和將 7 個 1 連加起來等於 7 的簡單算術題不同，因為將 7 拆成 7 個 1 時，摻入了時間（七日）的因素，任何實踐上的作為都有時程上的設計，不能囫圇以「一」來辦理。回到 3+4 和 4+3 的例子，莊子的故事太簡略，我們很容易設想，3+4 有它的理由和優缺點，4+3 也有它的理由和優缺點，兩者之間應該有場大辯論。這就好比儒墨的辯論，或剛過去的資本主義與共產主義的辯論，或現在基督教與回教的辯論，從「一」的觀點來看，你可以說就如 3+4 等於 4+3 一樣，沒什麼好爭，爭就是無聊瑣屑，然而身為人類，有人倫問題，有生活方式問題，有終極關懷問題，能無爭勝乎？能無明辨乎？

以為各種算式相等的「一」和以為各種算式不相等的「不一」，是不同層次和不同作用的。不論是 3+4 或 4+3、2+5 或 5+2、1+6 或 6+1，都等於 7，這是「休乎天鈞」，答案只有一個，所以爭端不起。然而在 3+4、2+5 等等之中，選出一個大家最滿意的方案，這要經過是非的混戰。莊子的故事太簡化了，猴子甚至不經討論就有共識，人類事務鮮少那麼順利，所以要「聖人和之以是非」，將責任加諸聖人以引導眾人討論出一個定論，盡量讓多數人滿意而又不犧牲少數人的權益，這需要聖人發明更周全的是非系統來說服大眾。如此，則聖人理解到的「一」和眾人需要的「不一」就貫通為一體的兩端了，並且兩不相礙，這就叫「兩行」[54]。

二、「兩行」下的三種人格形態

由於一與不一雖相反卻需兩存，所以人就可以分成三種：能一的人、能不一的人、與兼能一與不一的人。莊子對這樣的分類有好幾次論述，像是分為與天為徒、與人為徒、和真人：

> 故其好之也一，其弗好之也一。其一也一，其不一也一。其一與天為徒，其不一與人為

徒，天與人不相勝也，是之謂真人。（〈大宗師〉郭234-235王215，作者自語）

這段話（尤其是前四句「故其好之也一」至「其不一也一」）甚難解釋，許多注者假定真人沒有自己的好惡，我覺得不需要這種假定。注釋時的大困難在於重覆的字樣「也一」「其一」「其不一」不能各自意義一貫，我提議「也一」是一個要點、一種情形，「其一」「其不一」是齊一萬物與否，將全段淺白的譯成：真人愛好它，是一個（一點、一種情形）；不愛好它，（又）是一個（一點、一種情形）。齊一萬物，是一個（同前）；不齊一萬物，（又）是一個（同前）。齊一萬物是與天為徒，不齊一萬物是與人為徒，天與人不相勝，是謂真人。齊一與不齊一各有其存在之必要，不可以任一者排擠另一者，能兩者並有者稱為真人。與天為徒和與人為徒的人，也稱為畸人和君子：

子貢曰：「敢問畸人。」曰：「畸人者，畸（通奇：異）於人而侔（等、同）於天。故曰：天之小人，人之君子；人之君子，天之小人也。」（〈大宗師〉郭273王256，孔子語弟子子貢）

臨屍而歌，未符俗禮，是異（畸）於人而同（侔）於天。與此相反的人，則是人世間的君子。畸人和君子各得一半，唯真人乃天與人不相勝，實務上侔於人而與人為徒，靜觀時侔於天而與天為徒。類似的分別還有，全人善於天和人，聖人善於天而拙於人，后羿善於人而拙於天。雖然天、人二字在這裏的主要意思不見得是一與不一，例如郭象就注為「任其自然」和「有心為之」，但與一和不一亦能相通。無為則不分萬物而為「一」，「一」不能任事，所以不能贏得稱譽。射箭術是有為，每種術都是一種「不一」，這是工（俍）乎人：

羿工〔巧〕乎中微，而拙乎使人无己譽〔如謂：后羿巧於人的技能，而拙於天之不邀譽〕。聖人工乎天而拙乎人〔郭象曰：任其自然，天也。有心為之，人也〕。夫工乎天而俍〔叚為良：善，引申為工巧之義〕乎人者，唯全人能之。（〈庚桑楚〉郭 813 王 911，作者自語）

與天相和及與人相和、天樂與人樂之分，亦依無為與有為、一與不一之分而立。天地雖然是大宗大本，人雖然是微末枝葉，可是無為與不分必須攜手聯合有為與劃分，才能完備，莊子並不主張只要有天地無為之德就好：

夫明白於天地之德者，此之謂大本大宗，與天和者也〔郭象曰：天地以無為為德，故明其宗本，則與天地無逆也〕；所以均調〔複語，均亦調也〕天下，與人和者也。與人和者，謂之人樂；與天和者，謂之天樂。（〈天道〉郭 458 王 472，作者自語）

又作開人之天、開天之天的區別，此二詞諸注不同，下面採用陸樹芝的注解，以人生而能知覺欲惡做為人之天，以無思無為做為天之天。前者勢必導向不一，而後者必混而為一。混而為一，便不用精神，有得於生；計較不一，故耗散精神，有損於生。雖然如此，我們不能只要一而不用不一，所以雖然愛生卻不能過於愛生，雖然要避免損害於生卻不能過於少用知覺欲惡。無思無為和知覺欲惡兩者皆有，才是近於有「真」：

不開人之天，而開天之天〔陸樹芝曰：知覺欲惡，不學而俱能者也，此在人之天也。渾然太極，而無思無為者，在天之天也。不開人之天，去其情識也。開天之天，即造乎不形之先，止於無所化之始也）。**開天者德生，開人者賊生**（陸樹芝曰：開天則能全其神而保其生，是於此生為有得矣，故曰德生。開人則必耗散其神而戕其生，是於此生為大害矣，故曰賊生）。**不厭其**（其、於互文，其猶於也）**天，不忽**（厭則過，忽則不及）**於人**（陸樹芝曰：方子及曰：「『德生』謂天德出寧，『賊生』謂六賊相攘。故天可常也，不可厭也；人可慎也，不可忽也。」此說得之，其餘諸說皆謬），**民**（人）**幾乎以**（有）**其真**（陸樹芝曰：「民幾乎以其真」者，言民能不厭天、不忽人，雖未能如至人之與混芒合一，亦可幾於全其真也）。（〈達生〉郭 636-638 王 674，關尹語列子）

下文「交食乎地」可以是喻有為的人倫、政刑，「交樂乎天」則是喻無為、逍遙無待，也與不一、一相通：

夫至人者，相與交食乎地而交樂乎天。（〈庚桑楚〉郭 789 王 877，老子語南榮趎）

以上是關於一與不一、天與人應該平衡並行的說法[55]。

此處還可附談「不得已」和「我」既相反又並存的區分，這是動的兩種情形。第一種動是不得已的，這大約是由情勢決定，或源於性的自動，這種動稱為「德」。另一種是有「我」的動，稱為「治」，郭象扣住「我」和「治」而從反面角度注曰：「動而效彼則亂。」這是由於每人都有成心可師，所以出於自我則有條理，沒有自我在內以主導，反而效顰他人，則他人又各有主義，盡效他人則一定會亂。不得已之動，正顯得紊亂無章。不得已之動是無心，接近無我，與有我之動相反，但是莊子也要我們兩種動都要做到，二者「德」與「治」的名義相反，而實質相順：

> **動以不得已之謂德，動无非**（「无非」猶「不失」）**我之謂治**（郭象曰：動而效彼則亂）（胡遠濬曰：「動以不得已」，天也，無為也。「動無非我」，人也，有為也），**名相反而實相順也**（郭象曰：有彼我之名，故反；名得其實，則順。○王叔岷曰：德在內，實在外，德與治名相反而實相順也）。（〈庚桑楚〉郭810王906，作者自語）

下文在「不得已」之上，更提出「同乎天和」的層次。此文區分了敬之有喜有不喜、侮之有怒有不怒的相反反應，如果修養到了平氣順心，得靜與神，萬變不動其心，則對一切皆不喜不怒，這是同乎天和，即前面所談的一、天、「明白入素，無為復朴」。而如果有喜有怒，則還需再做檢別。如果遭逢人所不堪的劇變、面臨持續暴戾的橫辱，或睹絕世的美景、遇曠怡的至樂，則不由得不怒、不由得不喜，且任何人不分種族宗教黨派性別，也都會有此至喜至怒，無人會對此情緒反應予以責怪、驚怪，則稱之為當發的情緒與適當的情緒。這是「不得已」的喜怒，也是有為出於無為、有怒出於不怒。至若依奉自己所深信的是非系統，而喜其所喜、怒其所怒，則我之所喜所怒，非必盡同於人，既不適當，而爭執由此起矣。這是「動无非我之謂治」，不在這段文義之內：

> **故敬之而不喜，侮之而不怒者，唯同乎天和者為然。出怒不怒，則**（以，因）**怒出於不怒矣**（出怒不怒，是因為怒是出於不怒）；**出為无為，則為出於无為矣**（出為无為，是因為為是出於无為）。**欲靜則**（以，因）**平氣，欲神則**（以，因）**順心**（郭象曰：平氣則靜理足，順心則神功至）（詹

康按：本段是排比的形式，這二句承「故敬之而不喜」等三句〕。**有為也欲當，則緣**〔順〕**於不得已。不得已之類，聖人之道**〔詹康按：這四句承「出怒不怒」等四句〕。（〈庚桑楚〉郭 815 王 911，作者自語）

「不得已」的喜怒是建立於無為之上的有為，可是聖人之道也是一偏，另一偏是與人為徒的君子之道，有明顯的自我，積極爭取實現自己的主義。

明瞭莊子如何據「兩行」來區分不同的人格形態後，就可以理解莊子關於個人處於社會中應如何抉擇的討論了。

社會需要鉅細靡遺的制度規範來整合眾人過合羣的生活，每一條制度規範都是一個「不一」，將人與人、財富和權力裂解成不平等的狀態，或平等而分離的狀態。從實踐的角度來說，差異和分離是必要的，儘管有人逃掉了，可是他們變成了畸人，是不足取法的。大部分人生活於社會之中，受禮法拘束，如果能做到合乎社會要求的人倫互動，而又能透視到超越社會要求的平等與不分，那麼一個人就不離社會而又創造了精神自由。當孔子解釋了什麼是「遊方之內」和「遊方之外」，然後自陳是受天理所桎梏的「天之戮民」時（〈大宗師〉郭 267, 271 王 250, 256），他是既了知方外的精神意境，而又實心來做方內的俗事，這證明了他是真人或全人。也唯有他才能批評漢陰丈人「識其一，不知其二；治其內，而不治其外」，一與內是此處所談之一，二與外是此處所談之不一：

孔子曰：「彼假修渾沌氏之術者也〔假：偽。郭象曰：以其背今向古，羞為世事，故知其非真渾沌也〕。

識其一，不知其二〔郭象曰：徒識脩古抱灌之朴，而不知因時任物之易也〕；治其內，而不治其外〔成玄英曰：抱道守素，治內也；不能隨時應變，不治外也〕。夫明白入素，無為復朴，體性抱神，以遊世俗之間者，汝將〔尚〕固〔固讀為胡，胡猶何也〕驚邪〔言有道之人，不使世驚。郭象曰：此真渾沌也，故與世同波而不自失，則雖遊於世俗而泯然無迹，豈必使汝驚哉！○俞樾曰：言汝與真渾沌遇則不驚也〕？且渾沌氏之術，予與汝何足以識之哉〔郭象曰：在彼為彼，在此為此，渾沌玄同，孰識之哉？所識者常識其迹耳〕！」（〈天地〉郭438王450，孔子語弟子子貢）

孔子說的渾沌氏之術是既有一也有二、既有內也有外，一與內對應於「明白入素，無為復朴」，二與外對應於「體性抱神，以遊世俗之間」，這和〈應帝王〉篇末的中央之帝渾沌是相符的。中央之帝渾沌本身是素樸的，但也應酬朋友，待朋友甚善，他不會像孟子反與子琴張臨屍而歌，反世俗之禮，大駭眾人之耳目，或像漢陰丈人一番話說得子貢「卑陬〔借為顰蹙，皺眉蹙額，形容憂愁的神情〕失色，頊頊然〔寒縮〕不自得」（〈天地〉郭436王445），他的作為符合社會要求人與人交往的禮俗。所以孔子才說，如果有個人在我們面前行渾沌氏之術，我們將無法辨識他有任何異於俗人之處。他順從禮俗的部分顯露於外，他越過禮俗而看一切為一的部分是他內心的秘密花園，頂多向少數道友敞開，難為俗人道也。

孔子評漢陰丈人是假的修渾沌氏之術，而真的修渾沌氏之術者，亦自有人，如楚國人市南宜僚〔出現於〈山木〉、〈徐无鬼〉、〈則陽〉）隱跡於市，孔子評曰：

> **是聖人僕**〔徒〕**也。是自埋於民，自藏於畔**〔通「伴」〕**。其聲**〔名聲〕**銷**〔消：滅。成玄英曰：一榮辱，故毀滅其名〕**，其志無窮**〔成玄英曰：冥至道，故其心無極〕**，其口雖言，其心未嘗言**〔郭象曰：所言者皆世言〕**。方且與世違**〔成玄英曰：道與俗反，故違於世〕**而心不屑與之俱。是陸沉者也**〔郭象曰：人中隱者，譬無水而沈也〕**，是其市南宜僚邪？**（〈則陽〉郭 895 王 1015，孔子語弟子子路）

市南宜僚隱身於市，不隱棲於山林海濱，言世俗之言而無損於其心之向道，與人民為伴而又保持了精神自由，此即真修渾沌氏之術者。

莊子居妻之喪，「箕踞鼓盆〔瓦缶〕而歌」，這方面有似畸人，但敖然自樂並不是他的本來反應，他在喪妻之初亦有感嘆（〈至樂〉郭 614 王 645）。另外，他也送葬（〈徐无鬼〉郭 843 王 948），並和朋友相交，住到朋友家，接受朋友殺鵝款待。作完客後，又應弟子請求，對山木不材而終其天年、鵝不材而被烹的相反結果，發表看法，所以他還盡人師之責。他把處世方式分成兩種相反類型，一種是「乘道德而浮遊」而「不可得而累」的，這是做事沒有一定的成法，一上一下，一龍一蛇，隨時變化，不能得到稱譽，也不受謗訾。更常可能是無所作為，浮遊於萬物之祖，隨它一起物物而不物於物，超然物上而不受繫累。另一種是受制於物情、人倫而「不可得而必」的，此時有成就必也有虧缺，堅持原則必也有折傷，贏得稱譽必也受到對手以反謀略對之，成功和榮譽都無法長久維持：

莊子笑曰：「周將處夫材與不材之間。材與不材之間，似之〔是〕而非也，故〔猶〕未免乎累。若夫乘道德而浮遊則不然。无譽无訾，一龍一蛇〔《管子．樞言》：「一龍一蛇，一日五化之謂周。」《淮南子．俶真訓》：「至道無為，一龍一蛇，盈縮卷舒，與時變化。」東方朔〈誡子書〉：「聖人之道，一龍一蛇，形見神滅，與物變化，隨時之宜，無有常處（一作家）。」〕，與時俱化，而无肯專為；一上一下，以和為量，浮遊乎萬物之祖；物物而不物於物，則胡可得而累邪！此神農、黃帝之法則也。若夫萬物之情，人倫之傳〔轉，變〕，則不然。合則離，成則毀；廉〔銳利〕則挫〔缺傷〕，尊則議〔讀為俄，傾貌，「尊則俄」，謂崇高必傾側也〕，有為則虧，賢則謀〔〈外物〉：雖有至知，萬人謀之〕，不肖則欺，胡可得而必〔猶今語「肯定」〕乎哉！悲夫，弟子志之，其唯道德之鄉乎〔王叔岷曰鄉字「讀如字較長」，又曰：「道德之鄉」，與時俱化者也〕！」

（〈山木〉郭668王719-720，莊子語弟子）

「乘道德而浮遊」而「不可得而累」的處世方式就是「一」，由於一，所以不執著於格套，可以穿梭於各種做法之間。由於不以目標來衡量行動的成功與否，所以無譽無訾。由於靜觀而不行動，所以感覺自己令一切都能自我成就。周旋於人倫與物情之中而「不可得而必」的處世方式則是「不一」，且還常有成法與規範要指導我們的行動，不容許出入，要求我們扮演好社會制度中的角色。若不循規蹈矩將角色扮演得有模有樣，偏要隨興任意，行徑令人無法預測，那就成了「不可得而累」的模式[56]。

故事中的莊子是位好朋友、好客人、好教師，所以他對「不可得而累」的一番說明，和結束時對

「不可得而必」嘆為「悲夫」並要弟子志於道德之鄉，只是說說，未見實踐，此時的莊子猶如孔子，甘為受天理所桎梏的天之戮民，主力放在扮演好俗世的身分角色。「處夫材與不材之間」的夢想在實踐上會失敗，蓋在人倫、物情的巨大漩渦中間，維持非材非不材的中性，最後總會顯得似材或似不材，而有其可喜可悲的結局，莊子已明見於此，才會說中性做法似之而非，未免乎累，這已將中性做法歸類到屬於人倫、物情之「不可得而必」上去了。在人倫、物情的領域中，解決一個問題，還會再生出新問題；分配價值時，順了姑意，卻負了嫂意；人心叵測，再怎麼誠以待人，總會受到疑忌中傷。要材乎，要不材乎，要非材非不材乎？不管怎麼做，分合成敗毀譽都放不過你，莊子沒有要我們一切束手，而要我們按著世俗常情來做，然後不擇地而安之若命。

最後要說，一與不一、天與人是說理上的概念分別，當事人不必曉得此理論知識，便自然能在一與不一、天與人之間轉換。所以莊子講后羿、聖人、全人的一段，以「厭惡理論」（misology）作結：

> 全人惡〔無〕天，惡〔無〕人之〔與〕天，而況吾天乎人乎〔王叔岷曰：此蓋謂全人無天，無人與天，而況吾所謂天乎人乎〕！（〈庚桑楚〉郭813王911，作者自語）

如果理論只是解釋已經存在的能力，那麼對施展此能力的人當然沒有用。但是對於只得其半的畸人和君子，則理論可以告訴他們，他們欠缺的另一半是什麼，這便是理論的用處。

關於一與不一的兼有與自然交插，程兆熊有極佳的大聖人例子：

> 要知方內之聖人，非僅能引進於方外之學，且必然是直通方內方外，冥合方內方外，泯

除方內方外……。方內與方外，方外與方內，又何嘗有方內？何嘗有方外？耶穌是上帝的兒子，於此，父子之間，又何能言方內方外？模罕默德是上帝的僕人，於此，主僕之間，亦難言方內方外？孔子是天縱之聖，又是「天生德於予」，於此，即是天縱天生，更不必言方內方外。只不過，耶穌為世人贖罪，上十字架時禱告過：

「父啊！如屬可能，請去此苦酒。」

於此，父子可以一體，但耶穌的苦酒，不能去除。模罕默德叫山過來，但山不過來，於是穆罕默德說：

「山不來，我們去。」

於此，主僕可以一家，但模罕默德的對著山，也不能不遷就。

由此以言孔子，他說：

「惟鳥獸不可以同羣，吾非斯人之徒與，而誰與？天下有道，丘不與易也。」

於此，正因為是天縱天生，就更須與人為徒；而天地無憂，聖人有憂，其伋伋惶惶，亦必不可免。耶穌自稱是上帝的兒子，模罕默德自稱是上帝的僕人，而孔子在這裏，則自稱是：天之戮民。要知：既已為天之戮民，自更為方內之聖人！聖人之心，會正如勝鬘經所云：「有二法難可了知：謂自性清淨法難可了知；彼心為煩惱所染，亦難可了知。」

（1985: 387-388）

程兆熊之論，雖然混淆了《論語》能出命之天與莊子以一、天相等，但以孔子、耶穌、穆罕默德相提並論，很精闢的說清楚了天與人、方外與方內不必分，而又時時必定有分。從心能「兩行」一與不一並自動轉轍來說，此分對自我的意識與境界是多餘的，但從造作來看，一事一事都是方內的，畢生言教則是方外的。於此亦可以明一不一、天人、方外方內之使用時機矣。

各家摘要

以一與不一的意識做為主體性，可以依其是否強調不一的臨時性與可換性，而分為兩種次型，下面先舉出以不一為穩定不變者，然後再舉出以不一為容易替換者。

一、觀想萬物的獨化與採用不齊的物論

莊子的一與不一，至郭象就變體為冥跡，冥是無、無為，跡是有、無不為，以堯為例，則堯之治天下是跡，堯之治本於無為，是他的冥（例如郭慶藩 1961: 34 注 8）。跡是用世的結果，用世必區分為不一，故跡即不一。冥的內涵與一不同，然而冥不能直接用於世，冥跡相對亦相反，跡有多個而冥只有一個，這些性質顯示冥和一是相當重疊的。

高柏園的莊子研究對郭象與牟宗三對郭象的詮釋亦步亦趨，而將人的主體分為虛靈明覺心與成心兩個成分。虛靈明覺心是觀物時的態度，視萬物為自生與自化，「不再去追問此萬物現象之外、之內、

之上、之下、之前、之後，更有何物為之根本或緣由」（1992: 75），郭象稱此為獨化。人實踐此態度時，將如南郭子綦之吾喪我與喪耦，乃是「我自忘」，此時雖是形如槁木，心如死灰，但實則是一進行獨化之物，與他物無殊，故「形不必去，心不必捨，任其形之自生，任其心之自爾」（1992: 81），自然即物性，無為即自然與順性（1992: 24）。真君與真宰，既非實體的道也非實體的自我，而是「自然無為的境界」（1992: 80）。此時與外物相遇，一方面外物的地位不再是與我相對，遂「都忘內外」，而成就萬物各自的獨化（1992: 73），萬物之自吹即是天籟，是「萬物只是其自己，此即自然」（1992: 74）；另一方面「物不再以大小、長短、美醜等面貌呈現於吾人之前，而是以其唯一無二之獨與吾人相見」，則物雖有客觀的不齊，而吾的主觀心境上只見其如是而無其他意想，這是「不齊之齊」（1992: 85, 88）。

自我與萬物的同時獨化，「作用上的保存了」每個個體的自己、自然，唯每個個體的自己、自然皆是不同的，這是由於成心之故。郭象對成心並不貶斥，注云：

> 夫心之足以制一身之用者，謂之成心。人自師其成心，則人各自有師矣。人各自有師，故付之而自當。（郭慶藩 1961: 61 注 22）

高柏園據此而論成心是「人之有限生命所不能免，此即如萬竅之竅，而足以制一身之用者」（1992: 80）。人的有限性造成人不能任物獨化，而發明物論：「蓋物論之起乃起自於人之有限性，以人無法以一無限角度掌握對象，是以不得不採取角度、使用方法，而在此特殊之角度、方法之下，便會形成人對事物的種種特殊看法。」（1992: 86）物論有其實用價值，「使吾人之生活得以安頓」（1992: 88, 91），在此限度之外，不可誇張自己所持的物論為唯一的真理，甚而傚法儒墨之相非，莊子齊物論之旨「原不在物論本身之齊，而在去此物論之執」（1992: 87）。虛靈觀照之心無此我見之執，故能接受每個個體之各是其所是與各非其所非，看待每個個體皆「個自圓足而無偶我之衝突」，這就是道樞、環中、以明，「通彼我之是非而渾化一如」（1992: 89）。

物論來自成心，從「渾一而見無是無非之自然」來說，有如「畢竟空」，但從它們的實用價值來說，又如「假名有」（1992: 91）。我們既知物論並非真理，而能洞見萬物本來的如如，又能出於生活實用的需要來利用物論，前者為「渾一」，後者為「分解」，兩者相加，則成為「圓融」（1992: 93）。我們也可以說，在高柏園的解說裏，虛靈觀照心是靜觀的，而成心是行動的。

謝文郁認為莊子企圖將各家爭辯真理的狀況帶回到生存問題上，不管各家對真理的主張為何，人的生存問題都不變，莊子要從人的生存起點論證到終點。莊子關於人生起點的說法是「寓諸無竟」，竟與境通假，無境意謂「一個不受限制的境界或環境」，代表「一個各種可能性都開放的生存世界」。但是無境只是起點，從一方面來說，人無法和無限的可能性打交道，在冥想中窮盡演算一切的可能性，從另一方面來說，可能性是需要實現的，人也需從冥想走入行動，所以莊子接著提出「物化」的說法，談可能性的實現。人應走上哪一個可能性呢？莊子認為應當順其自然，不要做決定，這種方式可以避免在人的生存問題上作真理之爭。以戀愛為例，一開始有很多可以打動你的人，可是你不能總是與所有人保持同等的戀愛關係，必須進一步與其中數人發展親密關係，最後挑選一人發展最親密關係，這個歷程最好不由自主，聽任愛情自然滋長，是誰就是誰。真人把一切事變都當成造物者的工作，所以不追問「哪一個可能性才是真正的好」，他一方面與所有的可能性同在，另一方面與那唯一實現的可能性同在，毫無貳心。「按照莊子的思想，沒有真理，照樣生存。」（2010: 234-236）

二、對概念系統的增長能力，和對多個概念系統的輪替能力

黃百銳採用心靈哲學家 Fred Dretske 對人類感知（perception）的說法，將感知分為外延的（extensional）和內含的（intensional）。內含的感知是吾人的感官對外物所得到的一切經驗材料，這些材料經過認知中樞處理後，簡化為信仰並套入概念範疇中，便成為外延的感知。舉例來說，感知到對象物有鴨子的所有特徵，是內含的感知，而感知到對象物即是鴨子，則是外延的感知（Wong 2005: 98-99）。與 Dretske 的感知理論有關的還有 William James 對注意力（attention）的分類，也就是分成集中注意（directed a.）和非自主注意（involuntary a.）兩種，前者將焦點放到某一工作上並摒絕外界一切干擾，後者則為突如其來或引發興趣的刺激物所吸引（Wong 2009: 579-580）。莊子希望我們破除成見，若換作這兩位學者的說法，是將注意力從集中於某一事物改為任其漫遊以逢遇意外之喜，將簡化了的外延性感知還原為內含性感知的豐富材料，加以新的詮釋以形成新的外延性感知或信仰，例如莊子要惠施拿大瓠做大樽而浮乎江湖，便是在內含性感知的基礎上，以新的外延性感知取代舊的。然而人的感知活動常常以人際交往之間為主，莊子則希望我們不僅要侔於人，也要侔於天，因此他喜歡舉鵬、鯤、樹、菌、鳥、風聲等自然事物來激活我們對自然界的感知，進而讓我們自己不受人類形態、

居所、壽命的拘束，拓展更多的觀點和不同的價值（Wong 2009: 573-577）。我們對自然界的感知之中已有一種結構，這是心理學家 James Jerome Gibson 的「affordance」之說，這個概念是指環境會向能感知的生物提供意義和滋補價值，就如潮溼的處所吸引魚鰍定居、樹上吸引猿猴定居的道理，所以我們是什麼生物，自會向環境中找尋對我們有意義的特性。感知者與環境是互補的，主客也沒有二分（Wong 2009: 577-578），最後會達到一種對我們處境來說、對我與他者的關係來說最適宜的狀態，這種牽涉雙方的適宜狀態同時也是詮釋和故事（Wong 2009: 568）。

方克濤（Christ Fraser）說世界本是混成的整體，為了言說方便，可稱其為「一」或「道」。人類的認知運作模式將世間事物予以分類，然後據以判斷和作為，這種有指導作用的分類稱為「是非」，也稱為「道」，它對促進我們的生活有功，然而也造成我們僵化、不知改變、對其他做法視而不見。我們的「道」對原本的混成整體而言是「成」亦是「虧」，其意是我們從原本朦朧不定的「道」中「生成」了特定的「是非」，而這「是非」又「虧損」了原本沒有定型的「道」。莊子稱為「明」的實踐智慧是瞭解到原本的「道」並無指定任何一套分類是正確的，故也就知曉潛存的做法有多樣性、和以無限多種方式處理狀況的可能性。聖人在實踐時仍要有「是非」之分，但他的分辨是開放的、適應時地的，並非教條式的假定只有一種真正的「是非」，這種依情境脈絡而改變的分辨做法稱為「因是」，與之相對的、固定而恆常的分辨做法則稱為「為是」。簡而言之，我們需要能適時退出由文化、教育、習俗所養成的第一序能力，行使第二序的應變能力，這樣我們的人生才能更美好（2006: 535-540）。

蕭振聲對觀點主義作語意分析，說「任何判斷必出自某一觀點」是重言句（tautology），因為「判斷」就蘊含了「立場、角度、前提、理由或原因」，而這些就是「觀點」（2010: 127）。就此而言，道不是觀點，也不做判斷，可是實際生活裏的人卻不能免於觀點主義的宰制，並出於生活需要而時時判斷。於是莊子主張，最好能隨處境變化而改變判斷，進而更張行動，切忌以不變的行動應付所有的狀況。故第一序的判斷和行動沒有普遍性、絕對有效性，只有後設、第二序的立場才有「以不同而又相應的行動方式去應付不同的狀況」此一普遍原則（引句來自 2010: 135）。觀點的轉換來自於人的審慎抉擇：「在面對無窮的變化時，我們必須根據形勢選取最恰當的觀點作為行動的指引。」（2010: 136）「在面對不同的狀況時，必須率先考慮各種行動方式在當下的優劣，然後作針對性的抉擇。」（2010: 138）。以儒、墨、法家的政治哲學來說，莊子的立場會是：如果一個國家（或時代）適合儒家的德治，就採用德治；如果適合墨家的尚賢，就實施尚賢；如果適合法家的酷法，就貫徹酷法。順應國家（或時代）的需要而採取最適當的方式，不主一是而靈活變通，稱為「因是」，掌握「因是」的道理稱為「明」（2010: 136）。

Tim Connolly 以為莊子說的大知、小知是比較上的說法，大是較多，小是較少（2011: 496），而不是以大知為絕對、無錯誤的知識（2011: 497）。知識必須依賴觀點而成立，沒有獨立於觀點以外的知識。因此大知（較多的知）是有能力比別人從更多的觀點來看事物，且還懷有謙恭之心，不以自己的廣博自滿。小知則知識狹窄，卻又自以為滿足（2011: 498）。有能力建立更多看待事物的觀點，並在觀點之間替換，有三個益處：一、發現價值：例如一個觀點認為無用之物，由另一個觀點就可發現其用處。二、和君主打交道時的務實智慧：像是許由舉鷦鷯、偃鼠為例，勸退堯讓位之舉，蘧伯玉以虎、馬告顏闔如何為衛太子傅，狂接輿以鳥、鼷鼠告肩吾如何治天下，老聃以虎豹之文、猨狙之便、執斄之狗向陽子解釋明王之治。三、自我知識：反省自己的狹小與不足（2011: 501-502）。

重釋庖丁解牛

本型的兩個次型在不一是否容易變動替換上有差異，然而實情也許兩者皆是。我們對生疏的事情和不關緊要的小節，比較願意改變想法，而對於上手的事情和基本信念則傾向堅持到底。另外，這個世界也不是一成不變，一開始行不通的觀念也許由於堅持不懈而為人所接受，改變了世界，而一向順利的觀念也許會因情勢人心的變化而不合時宜，所以一個不一應該堅持多久，何時應該換成下一個不一，沒有通則可以遵循。

第二次型對於從感知到形成概念系統、與概念系統有所不足而重返感知的雙向過程，對於庖丁解牛的故事可以比其他解說更契合。「始臣之解牛之時，所見无非（他本有「全」字）牛者」，是說庖丁的全副注意力都放在牛體上，用感官來捕捉牛體各部位的結構與特徵。在他熟悉牛體的一切性質後，「三年之後，未嘗見全牛也」，就是說他看著待肢解的牛體，看到的卻是一塊塊切開的牛肉，所以其實這時不是用視覺看，而是用「神」去想：「方今之時，臣以神遇，而不以目視，官知止而神欲行。」這個「神」的概念可以從很多理論架構來解釋，如果考慮到前文說庖丁花了三年時間熟悉牛體的特性，與後文說解牛還會遇到意外的困難而讓他暫停下來，那麼諸如庖丁以氣遍行牛體、或庖丁以身體思維感應牛體等解說，都有扞格，他這裏說的應該是他將多年經驗予以通則化並給予誤差範圍，也就是在意識中建立一個一般化的牛之立體模型，讓他可以閉著眼運刀，而刀行之處又符合實體中筋骨經脈的間隙。但是，總會有筋骨經脈複雜交錯的地方是觀想中的牛立體模型無法詳細指引的（或者，由於間隙太小而致立體模型無用，或由於不同的牛在細節處有不同的生長情形，以致一般化模型無參考價值），這時庖丁就得暫停用刀，重新啟用感官，分析現況，「雖然，每至於族（交錯聚結），吾見其難為，怵然為戒，視為止，行為遲」，形成適合個案的新意識以解決問題57。庖丁解牛的事例推而廣之，是一切事務都可分為通則和例外兩種，教育學習和經驗累積是達到通則不可替代的法門，而例外和異常則必須實地分析與就地解決，兩者各有領域，前者可以減少感官使用而後者必須重用感官。

任博克的萬用牌

任博克（Brook Ziporyn）將莊子的道樞比喻為萬用牌（wild card），不管是何種不一，都可與之搭配。下面簡述其想法（據2009年書網路版導論）。

假設有一種牌戲，其中有三種牌。第一種是正常的花色點數牌，像是1到10與J Q K等。第二種是玩法牌，例如一張上寫「點數最高的人贏牌」，另一張上寫「點數最低的人贏牌」，如此之類。第三種是萬用牌，由打牌者共同指定某一花色點數的牌為之，拿到這張牌可以將它當做任何牌。

現在開始打牌，每人都看手上的花色點數決定要怎麼打。這時一人抽到了「點數最高的人贏牌」

的玩法牌，他決定遵照這個玩法來打，所以打掉小牌，留下大牌。過了一陣子，他抽到了萬用牌，他可以用這張牌代表最大的K，增大他的點數，所以他一定會留下來，不打出去。再過許多輪以後，他又拿到一張玩法牌，這次規定的是「點數最低的人贏牌」。他可以有一個自由的決定：要嘛他接受新牌的玩法，開始降低手上牌的總點數，要嘛他可以不管這張牌，繼續按照他先前的玩法，增加手上牌的總點數。萬用牌和正常牌的差別就在這裏：正常牌要留要出，要看玩法規定怎樣才贏牌，可是即使中途換一種玩法，萬用牌也不會打掉。

提出這個牌戲的用意是：「點數最高的人贏牌」比喻儒家，「點數最低的人贏牌」比喻墨家，萬用牌比喻莊子哲學。一個人可能最初受儒家教育，立志一輩子信守儒家的信念，在生活中有所捨棄也有所增益，慢慢修養成為儒家的聖人君子。到了某一天，他突然接觸到墨家，也許他被墨家拉了去，或也許不會。但是，不管他要繼續當儒家還是變成墨家，他都可以同時擁抱莊子的哲學，因為莊子的哲學是像萬用牌這樣的寶貝，可以為任何學派加分，加快這個人到達儒家或墨家修養目標的時間。

將莊子哲學比喻為萬用牌，可以幫助我們看到它兼有一與不一的雙重性。在還沒有人抽到以前，萬用牌不代表任何花色點數，像渾沌一般無內容。一被人抽到，它就按照贏牌規則而被指定為某一花色點數，成為贏牌的大功臣。若贏牌規則換了，它代表的花色點數也跟著換，無不如意。本身做為渾沌一般的牌是一，在贏牌規則下指定了某一花色點數是不一，即使換贏牌規則，它的地位也屹立不搖，是在各種不一之間穿梭自如。

Alan Levinovitz 吸收任博克的萬用牌比喻，提出莊子的遊就是這麼一張萬用牌，雖然 Levinovitz

的目的是要解決莊子認為語言有限的問題，與相對主義的問題（2012: 484, 493-495），這仍然給予我們很大的啟發。仲尼和顏回不需要捨離他們的儒家本色，只要他們能遊方之內的同時也能遊方之外（遊方之外才是真遊），那麼儒家人物同時也能是莊子的道家。

第十二型　非自主意識

我在第十型提到槁木死灰、離形去知、墮肢體黜聰明等言論，並指出人去除自主的部分以後，還有龐大的非自主機能，非意願所能左右。光就意識而言，也有自主與非自主之別，停止自己的有意識活動之後，可以發現另外有些意識自行出列並串成長流。有的學者認為莊子要講的就是我們的非自主意識，這種非自主意識只有當我們的自主意識退場後，才能出頭。

各家摘要

Joel J. Kupperman 以藝術創作為例來討論，莊子所提倡的「自然」並不來自於肌肉放鬆、內心放空後靈感突然萌現，而是從選擇題材之始就是一趟艱辛的歷程。題材要慎選那種不容易用分析、理性方法所控制的，然後嘗試去捉摸那不易捉摸的題材，由於捉摸不著，人原本清楚、有對焦的意識就會轉化為「無意識的掃瞄」，像是「朝虛空中瞪視」（blank stare）即是無意識的掃瞄之一例。用力既勤，就會一旦豁然開朗，想出一個先前苦思不得的絕妙方案。藝術創作的艱辛過程大家多少都知道，但最後的「得來全不費工夫」是怎麼發生的？Kupperman 嘗試對此做一解釋，他認為人從小到老的經驗、想法，在心中堆疊出許多層（layers），其中某一層自動和現前的創作需求連結起來，這個發展不是意識所自主的，甚至起作用的這一層也常是下意識的，以致引起當事人的驚愕或恐慌。莫札特就說過，那些音樂構想並不是他的思想。事實上，我們的下意識當然還是我們心中的一部分，我們必須努力剔清僵化的心理模式（如 Gestalt 完形），好讓心中久已死寂的成分能重新發用（1996: 189, 193-194）。

蔡振豐提出人的意識有三階段，首先是心知對感官傳來對外境之知覺的反應，其次是心知對第一階段念頭的反省，最終是心知對第二階段之念頭的自覺。他舉例說，人站在高崖上，會有害怕之念，繼而想到自己立足之地甚為安全，於是產生「我實際上很安全，害怕是不必要的」之提醒之念，最後則又有「我知道我曾經害怕墜崖，而這個恐懼是沒有必要的」之記憶，這就是心知的三個階段。蔡振豐將第三階段稱為「意識反映作用」（1996: 232）。他認為莊子要斬斷全部三階段的心知，讓心境變得空和虛(1996: 232)，以致身體每一個感官都能成為其自身，而又因同處於一身而彼此渾然無別(1996: 230），「我與所有的感覺成了波動的氣流，既不知它有何形狀、意義，也不知它（有）何意向、意欲；既不知有外，也不知有內，而只有氣」（1996: 232），氣是「意識深層中一種前意向的妙用」（1996: 228，此命題得自楊儒賓）。不過，這種前意向的階段不能做任何行動，所以體道者在實際生活情境中必須在意向和前意向之間轉換，「前者使活動的人能正確的接物，而後者則讓自我處於無疑的自由之中，如此才能以道的姿態，達成世俗種種的活動」（1996: 235）。

劉文英認為老莊所說的精神有兩種，一種是天地的精神，另一種是人體的精神，前者是「存在於肉體之先、之外，不依賴於肉體的」（2001: 116），而後者又分為現代所謂的意識和潛意識兩個範疇

（2001: 117）。老莊對意識範疇所含的感情、欲望、認知、思慮、自覺都不贊同，認為天地的精神與人體的精神互相溝通、交流的條件，是將人體的精神中的意識強度降低到零，使人的直觀與活動全都出自潛意識（2001: 117, 119）。做到兩種精神的互相溝通、交流，人就會得到「一種一體感、同一感、和諧感，自我就好像與大道完全融合，不可分割」（2001: 120），這種個人與大道的一體化之體驗是不能從意識層次獲得的，這是由於自我意識雖能承認大道存在，但只能想像個人與大道的合一，卻不能證明這種合一，反而能「證明這種合一是虛假的、不真實的」（2001: 120）。除了與大道合一的體驗外，人還會得到逍遙的快樂和自由，這也是在意識層次所不能獲得的，這是由於「人的意識活動總是追求一些具體目標，總是受利害好惡的欲望所左右」，唯有在潛意識的精神狀態「才能擺脫人生的各種負累」（2001: 121）。

莊子一再主張不論個人或羣體的成功都來自於無為，葛浩南（Romain Graziani）認為無為的真諦類似於 Jon Elster 所提出的「副產品狀態」（by-product states），也就是對目標不著意去追求而在無意間達成目標的狀態，反之，若對目標有所意向，進而有理性的制定追求的方法、策略，則不能達成目標（2009a: 443-444）。我們的日常經驗可以印證這種副產品狀態，像是失眠時愈想睡就愈睡不著，游泳時愈注意頭手足動作就愈僵硬，演戲時愈有意演得自然就愈不自然，我們在這些情況都需將心意轉離目標，然後才能在無意間達成目標，所以意向性（intentionality）會毀掉我們追求目標之努力，而無意向性的妙處在於解放我們每人內在的不知名力量，讓它們逍遙遊，自發性的替我們達成目標。但是 Elster 的理論仍有不足之處，因為無意向性只是我們達成目標的過程，至於目標之所以是目標，不能不說是來自意向的抉擇，例如我們是先想睡，然後忘記想睡的目標，才睡得成，所以在無意向性的階段之前應有一有意向性的階段，唯此種意向與 Elster 所批評的、兼含策略設計的意向有強弱的不同（2009a: 452-454）。莊子對前一階段的意向提出了一些工夫，以助人順利進入後一階段的無意向性，所以用「思想機制」（regime of thought）的概念可將人心變化分為三階段：起初是能設計策略、強度很高的心，然後採用莊子的工夫論降低心的強度，不再堅持己意是因、目標是果，給自己充裕的時間讓內在的不知名力量萌現，最後這些不知名力量充分活動，自由流動，替我們達成目標。

葛浩南所謂「我們內在的不知名力量」是很鬆散的說法，不只是心理或意識層面的，也不只是身體層面的，也不限於氣，還包括「逍遙遊的意向」、「時間所引發的悄然轉化」、「把我們自己看成事件和狀態會冒出來的『場所』」（Graziani 2009a: 452），所以其範圍至廣。他不能將內在的不知名力量確定下來，會造成人的自我或主體性沒有確定的歸屬。我對莊子的想法則是，莊子雖然認為人的自我或主體性沒有永遠不變的歸屬，但是每個場合中的自我或主體性歸於何處，是可知而確定的。這是由於人的「思想機制」在第二階段時，採取了莊子的工夫論來降低意向性，而莊子的工夫論有很多套，不同的工夫論會雕塑出不同的自我。

評論

Kupperman 拿藝術創作的心理過程來與莊子互相闡發，劉文英取心理學的潛意識來說明，葛浩南用 Jon Elster 的「副產品狀態」來相互印證，都很精彩。潛意識和無意向性的意識[58]雖是現代科學與哲學的新發現新發明，中國古代沒有這些名言，但是莊子仍然可能在論述中開出了人心中這一幽微潛沈的領域。

反對意見來自其他解說形態，例如蒙培元說：「『無心』、『忘心』同時又是心靈的自我覺醒與超越，決不是回到無意識或前意識狀態，崇拜所謂的自發性。『心齋』、『坐忘』做為修為方法，需要某種高度的自覺，並不是一切放任。」（1996: 186-187）這個反對意見顯出了學者對於無心、忘心可以有不同的理解，如果只是針對不好的意識或心的不好狀態，如發若機栝和留如詛盟的心、情緒日夜相代的心，則無心、忘心的工夫就是要保留意識的良好成分或保住心的良好狀態。而如果無心、忘心是針對全部的意識，那麼斬除自主意識之後，浮出的就會是非自主意識與身體機能機制。何者為正解，是永遠無法決定的問題。我們巡閱過非自主意識的解說後，下面就轉到身體類解說。

第十三型　身體中多種次級部分互相平等而沒有何者一定做主

宇文所安（Stephen Owen）說，春秋時代的觀念以肉體為內在自我的當然外在表現，至戰國時代一變，認為肉體內所住的「人」與肉體是分離的，內涵和外貌可以不必相稱，於是自我就得以變化，可以隨意決定供給他人辨識的品質（Owen 2003: 50-56），及在肉體上做欺騙（Owen 2003: 59）。他詳細討論了豫讓和聶政，他們是戰國初期人（三家滅智伯瑤在西元前四五三年，聶政刺韓相俠傀在西元前三九七年），都遠早於莊子，一毀身行刺，一行刺毀身，只有極少數的人（如趙襄子和聶政之姐聶榮）能不受身體外貌的誤導而認出他們。宇文所安不忘提到莊子談及百骸、九竅、六藏的遊戲筆墨，認為莊子假設了「『自我』不等同於肉體或者肉體的任何組成部分」（Owen 2003: 52-53）。

此起的三章和宇文所安的研究相反，屬於以身體為主體的解說，此類解說如由章炳麟來看，患了佛學的薩迦耶見（梵文 Satkāya-drsti），也就是眾生（補特伽羅）認為五蘊組成的身體中有「自我」，並起「這是我」、「這是我所擁有的」之見，意譯作身見、有身見、虛偽身見、移轉身見（1986: 106）。莊子曾說身體是向氣借來而成形的，與佛學說五蘊假合異曲而同工，所以身體不像應構成我人的主體性，古人與二十世紀前期的今人也不會將莊學主體性安置於身體上，可是二十世紀後期起陸續有人提出身體主體性的解說。

各家摘要

李約瑟（Joseph Needham）認為道家不採用機械式的因果論來解釋世界，而採用有機的觀點，認為世界各部分互相協調。「真宰」一段的疑問句答案應都是否定的，這是由於道沒有意識而能對世界有其作用，身體器官也不以意識為統治者，如若不然，就成了因果論。莊子對人的見解與現代比較生理學極為相通，在腔腸動物的神經網、哺乳動物和脊椎動物的內分泌系統和神經系統裏，沒有何者居於指揮的地位，而是有時某條內分泌腺與某個神經中樞取得因果層級的制高點，有時是另條內分泌腺與另個神經中樞如此，它們中間不斷上演「層級的波動」（Needham 1956: 50-54, 288-289）。

莊子認為人心的特色是做是非判斷，陳漢生（Chad Hansen）解釋說人心的是非判斷能力經過長期重覆實踐的累積，會形成固定的模式，可以比喻為心靈的老化，使人不再能採取新觀點或視野，相較而言，年輕的心靈則有重新劃分、區別、應付事物的彈性（Hansen 1983: 40-41）。但是即使心靈尚未老化，心靈也不該有統御其他官能的地位（1983: 41），人的情慾、欲望、懷疑等種種性向與心靈的判斷能力同樣平等，且同為天所賦予（1983: 40）。莊子批判的不是人心做是非判斷的能力，這是因為他認為是非判斷是依據約定俗成的看法而成立，本就不可能超越約定俗成的理解而符合事物的自然狀態，所以批判人心的判斷力是無益的（1983: 44-46）。他批判的是任何以良心或直覺指引行為的倫理學理論（1983: 42），心不應做為「真宰」，否則任何有權威地位的本能、器官、感受也可以做為「真宰」（1983: 43）。陳漢生並沒有明言人的理想自我應該由人的所有性向綜合而來，不過可以看得到他降低人心的地位至與其他官能、性向平等，所以人的自我應該是各種性向與能力的綜合。他又將除心之外的其他性向而來的行為稱為「自然的」（spontaneous, 1983: 41），有抬高其他性向的意思。

莊子問：「百骸、九竅、六藏，賅而存焉，吾誰與為親？……其有真君存焉？」由於莊子只問問題而未給答案，所以于連（Francois Jullien）認為我們也無法確定莊子到底要說什麼，各種解說如心、造物主、自然、道、精神等，都未必然是答案。全段最近似答案的話，就是「百骸、九竅、六藏」（心為六藏之一），也就是身體。南郭子綦介紹外在世界的交響樂，歸結於萬物各有的「自然」（于連稱為「內在性」），接著莊子將話題轉到吾人內在情慮的狀態，可見修道就是在我們的身體裏去體驗，也是通過我們的身體來體驗。在我們的身體內所體驗到的內在性，與世間萬物的內在性，是同一的（2004: 139-141）。

周克勤（Chris Jochim）檢閱了莊子書中的身、心兩字，發現「身」字是「整個人」的意思，所指的遠較身體為大，而莊子對「身」的態度很正面，一方面身是需要修、保、養的，另一方面忘身、喪身、輕用其身是不好的。「心」字在莊子書中則有毀有譽，虛靜之心好而成心不好，遊心好而騷亂的心不好，所以心在人的主體性中也有它的角色，不能完全將它摒棄。但無論身、心都不是單一的實體，身是各種生活習慣座落的場所，而心是各種心理習慣座落的場所，兩者都包含了多種成分，總的來說，莊學中的人觀是種內部多元的構想（1998: 47-53）。

印證

這型學者的共同看法是我們人類的內部有多種成分，彼此沒有君臣之分，各唱各的調，就好像大宇宙中的天籟咸其自取，一個人的內部像是小宇宙，各個成分各自為政。大宇宙中永遠不會出現一個強有力者統合眾物，人的內在小宇宙也一樣，不過雖然沒有主使者，還是會有協合，然而每次的協合都是新的，與前不同的。這種多重成分的人觀講究的是每次協合時的美感，而不能要求以某種死板的秩序律定各部分的動向。

西洋哲學有近似的主張，如Gilbert Ryle重視人的各個生理部分而否定心靈存在，下面是徐克謙的摘述：

> 人們以為在肉體四肢之內還另外有一個叫做「心靈」（mind）的東西，這只不過是一種「範疇錯誤」（category mistake）。好比一個外國人被領了去參觀牛津大學，看過了圖書館、實驗室、運動場以及各個學院後卻問道：「那麼大學在哪裏呢？」他誤以為在圖書館、實驗室、運動場以及各個學院等等之外，還有一個叫「大學」的東西在裏面。同樣，人們以為除了身體四肢五官及其運動之外，還有一個叫做「心靈」的東西在身體裏

> 面，也是一種「範疇錯誤」。（徐克謙 2005: 141）

這是 Ryle 在一九四九年出版之 *The Concept of Mind* 中的見解，很可能影響了李約瑟。

另一個近似的思想是遠古的荷馬史詩所反映對人之理解，Arthur W.H. Adkins 研究指出，荷馬時代的希臘文中使人有思想感情的字眼，有 thumos（精神）、kradie、etor、ker（三字皆心臟）、phrenes（心靈或橫隔膜或肺臟）、noos（心靈），它們有時相衝突，不生衝突時也很少顯出統一的狀態：

> 但是，沒有衝突的時候，這種統一狀態只是輕微的感受到，以致像我們看到的，不只可以感覺到 thumos、kradie 和個人的其他類似面是行動的發條，還可以感覺到手和腳也是。Thumos、kradie 和其他等等所展現的功能大重疊可以解釋為：當感覺到 thumos、kradie 或任何其他面在推動行動或提供觀念時，且當沒有衝突之際，這是人格的全部主動面在這個特定「器官」顯現，好比是全體流入任一提到的器官。類似的是，當「我」由個人代名詞的統一性來代表，並對某一「器官」說話，那「器官」在那一刻充滿全副人格的接收面。即使容許詩人有格律的方便，可用的字數表示了荷馬時代的人感受到他的心理經驗中統一性和融貫性甚低：他裏面有個（好比是）「小人物」在另一個之後對他說話和推動他，或者聽他說話或被他推動。（1992: 43）

荷馬時代的人認為人身上有些器官或性質可以單獨做為「我」或我的思想與感情的源頭，故而輪流做主，這和本型解說一樣。

有意思的是，荷馬時代的觀念到今天還有人肯定接受，臺灣的重要演員和劇作家金士傑從事表演藝術三十多年後，於五十九歲領悟了：「就像越來越公平尊重我的器官，不再只崇拜大腦。」（黃哲斌 2010）所以這不是個書齋空想的理論，而是真實可以做到的。

第十四型 身體中有一個主宰

蔡璧名批評以心性之學來研究莊子猶如笛卡兒將身心二分，以心為主動而不佔空間、身為被動而具空間擴延性，對兩者實際上有的因果關聯提不出滿意的說明（2011: 5-6）。莊子哲學中的心與身是本末、主從的關係（2011: 24）：一方面，心神、靈魂就是真君、真宰，也就是「真正的我」，形體有死而「心神不死，靈魂恆存」（2011: 21）；另一方面，形軀是「假於異物，託於同體」而從屬於心神（2011: 23）。莊子對這兩者所提出的修養工夫是相同的，對心需黜聰明、去知，以達到「心若死灰」，而對身需墮枝體、離形，以達到「形若槁骸」，前者「保全真『吾』」，後者「解消肢體的自動妄為」與解消對此世有生命之我的執著（2011: 23）。不過，在從事修養工夫時，原本心與身的核心與邊陲差異卻變為兩者「一併升進」（2011: 23）、「從來一體的日常修行」（2011: 24），這是因為離形與去知之際，另有一條修行原理自然浮現，此即「緣督以為經」。督是沿著脊髓處於人體縱線的督脈，莊子之所以用到督脈，並非提倡吹呴呼吸的內丹氣功，也非提倡熊經鳥申的導引體操，這些都不符合他「不刻意」、「自然」、「常因」的條件（2011: 11, 24）。緣督脈，是說身體坐立的姿勢必須筆直，與地面垂直（2011: 30），這關係到身體技術，這是因為我們站立、行走、坐下的姿態並非天生，而是從傳統、文化而習來的（2011: 28），從舉手投足可以看出不同社會與文化的特異處（2011: 43），莊子即是提出新的身體技術，不刻意、自然的在平時行止坐立中間，通過身體的技能輔助心境的臻升（2011: 24）。但是莊子並未詳述此項身體技術的具體做法，因此蔡璧名從太極拳和德國人 Joseph H. Pilates（皮拉提斯，1883-1967）所發明的 Contrology 運動來尋求參照。這兩種武藝和運動其實著重身體的伸展與肌肉的鍛練，與莊子要求的不刻意、自然極為相反，但是太極拳「頂頭懸」、「豎起脊樑」、「閭尾中正」等原則（2011: 30-34），和 Contrology「維持身體中心線（body alignment）、也就是脊柱位置的正確與穩定」的「最重要原則」（2011: 35），都非常重視「身體縱軸正確地直立與穩定」（2011: 41），與莊子要求緣督脈以為經若合符節。由於「百分之九十五的人口患有不同程度的脊椎側彎」，所以大多數人都偏離了自然的平衡，為身體帶來大小疾病，緣督以為經，可以通過體態姿勢的改正、頭頸四肢的擺放與相對位置，而治癒疾病，收到保身、全生、養親、盡年的功效（2011: 39, 41-42），並可藉由平時站、坐而通往「常因自然」、「道法自然」之中國傳統文化的最高境界（2011: 43）。

蔡璧名注意到老子傳世本的「守靜篤」在帛書本作「守靜督」（第十六章），認為老子意謂在「致虛極」而「致力持心於虛靜狀態」時，身體也「守靜督」而「中正安舒的維持督脈縱軸的穩定」（2011: 25-26）。在修養過程中，「守靜的主體由『心』變為『督脈』，由心靈、意識擴展為投身世界的身體主體」（2011: 26）。據此，她對莊子主體論的解說，表面上是以心神或靈魂為正式（de jure）主體，但是在修養進行中乃是以督脈為主體，主宰全身和寧靜心靈，而又由於她認為修養工夫應該生活化、時時進行（2011: 34, 41-43），造成人永遠都在修養中，督脈將會成為實際生效（de facto）的主體，心神、靈魂也將長期處於主體性退位的狀態。

傳統注疏對「緣督以為經」反對以督脈作解釋的理由是怕涉及氣功（見 2011: 15-16 所集各家意見），蔡璧名找到了一條以督為督脈而不涉及鍊氣的解釋出路，這是很難能可貴的。不過，由於對於身體縱軸維持直立，在行進站坐轉身之間要如何擺布頭手腳的操作問題，莊子缺乏任何說法，所以她不得不借用太極拳與 Contrology 中與莊子極相似的原則來充實之，承認如果不如此做，則「一條垂直地表的身體縱軸」只是一句空乏的話罷了（2011: 44）。然而，此說薄弱之處不僅在於莊子書中沒有提供身體縱軸維持直立的規訓技術而已，還在於莊子舉出不少與此相反的人做為典範。一位「闉跂支離無脤」若從正面看他，則因拐腳（闉跂）而左右不正，從側面看他，又因駝背（支離）而前後不正（〈德充符〉郭 216 王 197）。一位「甕㼜大癭」因長了大瘤，體重不均衡分佈，也很難站直、坐直、走正（〈德充符〉郭 216 王 197）。一位「支離疏」他「頤隱於臍，肩高於頂，會撮指天，五管在上，兩髀為脅」，體前的任脈與背脊的督脈早就跟著身體扭曲了（〈人間世〉郭 180 王 163）。兀者幾人，獨腳行走很難維持縱軸垂直。一位南郭子綦，他隱机而坐、仰天而噓的模樣，恐怕遠遠不是背脊打直、精神渙發的體相（〈齊物論〉郭 43 王 40）。還有患痔病的人，坐不端，走不直，卻是「神人之所以為大祥」（〈人間世〉郭 177 王 158）。莊子要「德有所長而形有所忘」（〈德充符〉郭 216 王 197），這直接的是要求我們對別人的外形缺陷視而不見，然而這首先還需要他們本人對自己的身體缺陷毫不掛心，因此身體縱軸是否需要維持正直和穩定，恐怕不會是莊子注意的問題。

再說一個關於樹的故事，於此問題也有啟發。商之丘的大樹，「仰而視其細枝，則拳〔卷〕曲而不可以為棟梁；俯而視其大根，則軸解〔軸：年輪。軸解：木橫截時，見其由心而裂至於外也〕而不可以為棺槨」

（〈人間世〉郭 176 王 158），莊子之教，外形的筆直不如卷曲，內部的密實不如有裂隙，有才不如不才。「直木先伐，甘井先竭。」（〈山木〉郭 680 王 738）身體縱軸與地面垂直和穩定近於有才，不垂直和穩定則近於不才，後者如果不能說是好事一樁，至少可能好處大於壞處。

第十五型 身

各家摘要

莊子活在混亂、衝突的時代，但同時也是思想非常活躍的時代，畢來德（Jean François Billeter）相信莊子針對人的有意識活動陷入死路、或被禁閉於一些錯誤的觀念系統裏，而為大家指引的明路是返歸渾沌與虛空，拆解再重組我們與自我、與他人、與事物的關係（2009a: 129-130）。渾沌和虛空是比喻詞，指涉的是「我們所擁有的或是支配我們的，所有已知或未知的官能、潛力之總合」和它們的「自由互動」，簡稱為身體（2009a: 107, 132）。換個方式來說，莊子所談的是行動機制的轉換，希望大家從平常意向性、有意識的行動機制，換到由體內的深層力量（所有已知和未知的官能、潛力的總合）自發而必然的行動機制。兩種機制分別稱為「人」和「天」，前者是低級機制，成為各種錯誤和失敗的根源，後者則是我們的救贖之道（2009a: 33-48）。說是救贖，是因為「人是一個自然的存在，卻必須對自己施加暴力，才能夠把自己社會化，而等他做到了，又很難再將他自身身上運作的自然的各種力量整合在一起」（2009a: 55），「我們的精神有一種自然的趨勢，就是容易迷失在事物當中，在其中異化」（2009a: 97），也就失去了主體自由。主體自由來自於身體在無意識下可以做出許多極端複雜動作的能力，所以意識最好從主管的地位退下來，要它退下來並不是要它完全退場，它可能仍在場上，只不過是當旁觀者，觀看身體的作為，這時它會有「遊」的感覺（2009a: 55-57）。意識之「遊」不僅發生於身體在動時，也發生身體靜止時，此時意識所注意觀看的是「自身活動的自我知覺」、「自身的自我感覺」，這便是經驗的基本素材，也是我們的意識和主體性的基礎（2009a: 82-83）。

龔卓軍著重於莊子所提到的（廣義的）匠人，如解牛的庖丁、種田的漢陰丈人、斲輪的輪扁、捕蟬的曲背老人等，他認為這些人有意棄絕機械幫助，堅持長期不斷的身體勞作，在反覆的技藝性動作中間覺察「身體思維和感覺邏輯」，也就是從經年累月來來回回的動作裏面強化感覺的作用，去「感覺對於感覺內部各種力量變化的掌握與屈從，從而能夠掌握運動過程中的力量重心，由此重心展開其反重力的節奏運動」（2007: 35），等到身體與外界諸力量之間所有消長迎拒被他們感覺純熟以後，他們可以脫離對象（牛、輪、菜等），獨自的在虛擬的時空中把一套技藝動作做出來，做的時候好似真有對象的存在，好似真實碰觸到對象中間含的阻力、偏滑力、柔軟處、空竅，這種境界稱為「神」（2007: 35，此說非常類似下段宋灝「逆轉回收」之說）。追求「身體思維和感覺邏輯」是種非常好的「自我治理技術」，這是因為知識和權力已由社會所部署，而唯有追求「身體思維和感覺邏輯」才能讓我們超越社會既有的部署，達到事件未完成未命名之前、逸出時空之外的不固著、音樂性狀態（2007: 36），「保全自我在當下歷史時空中的生發力與創造力」（2007: 37），啟動「朝著一般社會部署反方向的生猛之思，在強化的感覺張力中，進行創造性的部署」（2007: 33）。

宋灝（Mathias Obert）指出物理學上的運動，除了前進、後退、停止這幾種簡單的典型之外，還有一種「逆轉回收」，這是一種似乎有阻力的前進，但其實阻力並不存在，乃是前進者將他前進的力量稍做逆轉回收，彷彿遭到阻擋，需要與阻力相搏，才能前進一般。書法上稱這種運筆的感覺為「澀」，這是在運筆寫字時，從自己的手（而非筆紙的磨擦中間）發出一種拘窒感，這種拘窒感「先行」導回往前運筆的動作而形成新的動作，即有拘窒的前進。逆轉回收這種特殊的動作方式不可能由理智、思考邏輯來構想出，必須是「身體自我」「於意識之外、之前來引發該運動模式」（2012: 170-172）。宋灝認為莊子的自我理論是身體自我做逆轉回收，外表看起來還是在前進，「這樣的自我與一般的自我，亦即匆匆忙忙沉淪於世俗中之世俗自我或平常自我並無差別」，可是內在的情況是「讓某生活運動反而反射到進行之身體自我本身，轉化其自身的狀態或情境」（2012: 173-174）。他以庖丁和孔子心齋之教二例來解釋身體自我做逆轉回收的意義。庖丁「視為止，行為遲，動刀甚微」，決不風行電掣，用最短時間支解牛體，書法名家也不是三兩下揮毫就輕鬆完成一幅曠世傑作，放慢動作的用意是讓動作有機會反射到身體來，而對動作模式引起某種轉化。庖丁解牛之際，又「『逆轉』而『回收』該動作」，解牛是庖丁的修道場域，他的特殊解牛動作就是他個人的修道方式（2012: 178）。孔子心齋之教是讓顏回「遺離主體意識」以「回歸到虛化的身體自我和氣」，以利於進入「間主體性的互動架構」，和情境、他人完美的感應（2012: 183），然後需將氣機感應予以逆轉回收，縮緊自身，以俟衛君之自然轉化（2012: 184-186）。

我已在前面介紹過方萬全的詮釋，但他還有一些莊子論述是關於身體特性的。他借用 Gilbert Ryle

對「見聞之知」（knowing that）和「技能之知」（knowing how）的區別（2009: 261），認為莊子所敘述的各類技師工匠的故事都在闡述後者，也就是主張「由身體接管」，意為「讓懷有技藝能力的身體能充分去發揮」（2009: 266）。但是方萬全又採信了郭象說的「寄道理於技」，而認為莊子的巧匠故事只是幫助理解聖人境界而已，莊子的終極主張是落在道德知覺上（2009: 282-283），因此我在此對方萬全在「技能之知」上的見解，就僅是簡略敘述如上。

莊子的巧匠故事

莊子寫了許多巧藝工匠的故事，為人津津樂道，這些故事有：

一、庖丁解牛（〈養生主〉）。
二、輪扁斲輪（〈天道〉）。
三、痀僂者承蜩（以下〈達生〉）。
四、津人操舟。
五、丈夫游水。
六、梓慶削鐻。
七、工倕旋指。
八、北宮奢為鐘（〈山木〉）。

九、捶鉤者（〈知北遊〉）。

這些故事有的有利於以身體有主體性的詮釋，有的則否。

如就本型解說來看其弱點，是鮮能跨出巧藝工匠的故事，進而對莊子的其他言論也有解說能力。其他型的解說既有較佳的全局性，當然也會試圖解釋這些巧藝工匠的故事，這也就是說，巧藝工匠的故事並非只能解釋為以身體為主體。例如錢穆認為莊子主張用心專一於道，而「就其淺顯可指導人者，其先則莫若能使之用心專壹，繫於一物，如痀瘻丈人之承蜩，牢繫吾心於承蜩之一事，而遂能忘卻其他之萬物，是亦足以使其心知凝於神而得近乎道矣」（1998: 237），然此「猶之佛家之所謂『方便法門』，而非『究竟法門』也」，方便法門是心繫一物而忘記其他萬物，究竟法門則是盡忘萬物而心繫於道（1998: 239）。

書法上的「澀」理論頗具啟發趣味，龔卓軍與宋灝只說明了體內筋肉自主拘窒的力道，未及於外顯的表現，例如：一篇澀的書法作品與一篇不澀的，有何不同？這也就是問：「逆轉回收」式的支解牛體，與他人的支解結果有何不同？我們可以想到兩者的肉塊大小與形狀必不一樣，然而這是如何的不一樣呢？書上說庖丁操刀時「依乎天理」，則他切出來的肉塊可能符合牛體各部位的天然區分，旁人看到那些肉塊也很容易辨認出是什麼部位，並觀想所有肉塊組合回一頭牛。可是逆轉回收的操刀法，結果很可能不是這樣，反而是肉塊的形相怪裏怪氣，在觀想中拼合起來也大費周章。怎麼說呢？

我想取另一種藝術形式來說明，那就是詞。清代後期提倡南宋吳文英（號夢窗）的詞，王國維疾之，於《人間詞話》至訾其為齷齪小生（2011: 121），力倡五代北宋，意欲扭轉一代風氣。彭玉平為

《人間詞話》撰疏證，錄清末詞家對吳文英的推崇並綴以他自己的評語，其中潛氣內轉、無厚入有間、重大寓於拙、厚其底蘊、空際轉身而神力自強等語都有老莊精神，而「澀」一字也在其內：

靜安〔王國維字〕生當清末民初，詞壇因半塘〔王鵬運，1904年卒〕、彊村〔朱孝臧，1857-1931年〕之倡，偏尊夢窗〔吳文英〕，一時俊彥，咸趨其後，斯風由是愈烈。或高言外澀內活，或放論潛氣內轉，或以無厚入有間，或以重大寓於拙。雖文采無愧密麗，而詞氣往往滯塞。誠如蕙風〔況周頤，1859-1926年〕所言：「非絕頂聰明，勿學夢窗。」又曰：「作詞須知暗字訣。凡暗轉、暗接、暗提、暗頓，必須花大氣真力斡運其間，非時流小惠之筆能勝任也。」蓋夢窗詞非不能學，要在於操翰之時先具氣魄而厚其底蘊，於提頓之間空際轉身而神力自強，如此方能得夢窗之神髓。若一意堆垛七寶，刻削詞采，則都無筋骨矣。

靜安素持「北宋風流，渡江遂絕」之說，生平最惡夢窗，以其雖具格韻，然如霧裏看花，終隔一層。視時人追摹夢窗為棄周鼎而寶康瓠〔空壺，喻無價值的東西〕，故力倡五代北宋，以糾其弊。（王國維 2011：彭玉平自序 1）

此處可專就「外澀內活」一語來解釋夢窗詞的特色。「外澀」是引文說的「堆垛七寶，刻削詞采」，與彭玉平另外解釋的「意象跳躍，詞采華美」、「金碧輝煌，眩人眼目」（王國維 2011: 131），缺乏文義的連貫，以致詞氣滯塞。「內活」則是彭玉平解釋的「思索安排」、「講究結構安排」（同上書：124, 125, 129），這要用到暗轉、暗接、暗提、暗頓等技巧，花大氣真力斡運其間，這樣的話，文義不銜接而暴露空隙不但不是缺點，反而展現騰挪轉移的強勁力量。倘若沒有聰明與氣魄，學夢窗詞徒得其外表，而於結構安排有所欠缺，則將「意旨飄忽、意象零亂，缺乏深沉之思而徒有外在形式之眩目耳」（同上書：131），也就只有外澀而無內活。反過來說，空有結構安排的巧思，而學問不浩博、文藻不豐麗，則亦無從將結構巧思付諸實現。

當然夢窗詞並非只有一種風格，亦有生動飛舞之作（同上書：131），此處是專借其外澀內活的作法來理解莊子。以外澀內活法來切開牛體，陳列一堆有藝術性的肉塊，則肉塊本身既有人為、奇特的形相美，不隨於自然紋理，且肉塊與肉塊的接面也構造複雜，彷彿無法拼合，但是精思之後，能察覺看似不能拼合的接面其實都可拼合，看似不全的一堆肉塊其實不多不少恰是一隻牛體的全部（現代的立體拼組玩具是很相近的東西）。這就好似夢窗詞，表面看去詞藻繁麗，典故豐贍，而嫌其意旨飄忽，意象零亂，詞氣滯塞，仔細讀後，才發覺各句間有暗轉暗接、暗提暗頓，前後關連，構成整體，實無飄忽零亂之弊。這種作詞法顯然不求整體渾成，也不求思想情感直接流露，所以彭玉平介紹王國維的反感為「終隔一層」。然則庖丁支解出來的肉塊，是類似夢窗詞的這種情形嗎？可惜我們沒有材料來討論此一問題。

以文章言，莊子的氣魄與筆力在萬萬人之上，但是他的文章直寫其思，暢達飛揚，說不上在各句間潛藏了思索安排的機關；文辭縱然瑰偉，也比不上後代詞作之盛腴。「終隔一層」的感覺，莊子讀者不可能有。就此而言，莊子並不用澀法來搖筆成文。我們還當思考顏回向衛君遊說時應怎麼開口，如果他的說詞像夢窗詞中外澀內活的作品，需要細細批註才能彰顯各部分的轉接提頓，闡明其妙處所在，那麼對於君主想要理解來說，就吃力了。所以心齋的行氣模式不應該造就澀滯生硬的文學作品，而是在感應對方的氣機之際，立即修正自己的發言，保持流利縱肆，汪洋旁溥，一舉攫住聽者的耳目，不忍捨離，這也才接近莊子本人的文學風格。

印證

畢來德舉了學倒水、切麵包、外語、自行車等來說明由身體主導的行動機制如何令人嘆為觀止，這些舉證都很親切有味。他也從催眠醫療記錄找到很有說明力的佐證（Billeter 1995）。我們的身體有很龐大的自主機制，當我們無意識時身體還可以運作得很好，完成很多困難的動作（當我們細想才發現不容易），至於是否應以身體的自主機制做為主體性，則是這裏的問題所在。

從事藝術創作、表演的人似乎比普通人更常體悟到身體自主機制的重要，並願意賦予主體性。例子多不勝舉，像林懷民的跳舞體驗，是愈來愈以身體為主體：

> 對林懷民來說，雲門是他與社會聯繫的方法，也是尋找身體認同的過程。只是在那禁忌的年代，他光是要找到「我」，就花了廿五年。
>
> ……
>
> 儘管林懷民相信，「到現在，我的身體還是有戒嚴留下的內分泌沒有排除」，然而

從九〇年代起，自靜坐、拳術、太極導引、書法等東方文化得來的養分，大大改變了雲門。尤其「行草三部曲」，已真正是「舞者之舞」，不再執行情節或意念，「他們的身體清清楚楚告訴你，可以這樣、那樣，再無禁忌。」

但林懷民的身體尋找還沒結束。「我找到了路子，可是這沒有止盡。我永遠在厭棄昨天。」林懷民的明天，永遠有更多可能性。（何定照 2009）

再如德國名指揮家卡拉揚（Herbert von Karajan）發現脈搏對音樂節拍有重要關係，兩者相合才能演奏出好音樂：

> 每位指揮的脈搏頻率是不一樣的，而他們選定的樂曲速度又常常跟自己的脈搏頻率成正比。巴哈的作品差不多是他的心跳速度。另外，我也從自己長期瑜珈練習的體驗中，得悉自己的心跳速度；我在全身各部位去摸去量，一旦摸到的脈搏跟作品速度差不多，身體就會產生快感。這樣一來，你全身都會產生音樂。（轉引自 Holmes 1992: 122）

林懷民和卡拉揚是國際頂尖藝術家，兩人都屬於表演藝術，此再多舉一位練習書法的平凡女士之證詞：

> 幾年過去，我發現寫著寫著，有時會有一種感覺悄悄出現，我稱之為「手感」，它就像寫作時的「靈感」一樣，來去無蹤，出入無時，但當它出現時，筆隨意走，如王羲之附身，字寫得順手極了。雖然它不常來，但也不必氣餒，拿出字帖依樣畫葫蘆，心想總有一天等到你，這種互動真是神祕又期待，不足為外人道也。（陳秀娟 2011）

從他們的證詞可以想見以身體為主體是可行和正確的。

運動是另一個令身體引導意識的好方式，當意識專一為身體動起來而服務之時，新的意識會不由自主的誕生，而且那是不運動時專意思考卻求之不得的好想法：

面對外人問他：「你跑步的時候都在想些什麼？」村上的回答也耐人尋味：「這應該是不怎麼愛跑步的人才會問的問題。跑步的時候，光是調勻呼吸、注意腳步協調性及路況都來不及了，偶爾留心路上美景美人，都屬自殺行為，怎還有空想東想西？」

無論如何，村上春樹在跑步這件事上的持之以恆，許多職業運動員都不見得辦得到，他從三十二歲開始跑，跑到六十多歲還在跑，中間曾中斷一陣子，最後這一段也持續了十年，後來不但年年參加全程馬拉松比賽，還參加一百公里的超級馬拉松。而且他練跑，周休一日，月跑三百公里，此等毅力，堪稱超人。

我也跑步，但跑得很隨興，屬於懶人式的跑法，一周只跑一次，一次十公里，無法跟大師相比。但跑的時候，身體只有在這時可以很開心的跟自己講話，很多想法突然這時跑出來，很多想不透的事，突然都想透了。多棒的感覺！

當然，我也不想神話這項運動，因為游泳時，我也同樣有這些感受。我相信真的不是所有人都適合跑步，遑論長跑。但找到一項可以讓自己發大汗，讓自己身心靈相互對話的自爽式體操，真是人生一大樂事。（邱祖胤 2014）

哲學上提倡身體主體最力的是法國的梅洛龐蒂，龔卓軍明顯受其影響，畢來德亦有（見 Billeter 2009a: 85 註 1）。但也有人以較一般化的說法來提倡這個意思，鄧育仁提出他自己的學思取向，含有三個基本觀點：第一、人際觀點，第二、身體觀點，第三、跨領域的情理調節觀點（2009: 75-76）。第二觀點的說明是：

身體動起來，是人接觸世界最原初、最基本的模式，而由此接觸，人同步取得並校準衡量世界的尺度。這意味著情境中身體的感覺、感知與運動，節制了人得以有的推理與瞭解世界的方式。因而許多哲學問題，必須由身之動與身體感的觀點重新檢視。（2009: 75）

這是鄧育仁二〇〇九年就任國科會人文處哲學學門召集人之初，應邀所寫的，這不只是從學理來論如何研究哲學，也是論人的心靈如何通過身體而與世界相接觸，這一意見對於身體主體性在哲學上的可行與正確性，值得參考。

第十六型 「我」是受限的和有限的

三種次型

人不是全能，也不能為所欲為，我們經常覺得自己是受限和有限的。至於限制的種類和來源，則有各種各樣。最常掛在嘴邊的是命運和機運，這特別是指發生在我們身上的幸運與不幸的事，幸運的事不是我們能強求的，不幸的事也不是我們能躲避的。莊子把這種情形稱為「事之變，命之行」（〈德充符〉郭 212 王 190），所以下面稱為命運的事變義。

比命運擺弄各人際遇更大、更基本的限制，來自於人之為人，也就是人類有其物種上的特性，只要生而為人，就有他的框限和格局，一方面做不到其他動物能做的事，或上帝能做的事，另一方面又必然會做某些事，或必然以某些方式來做事。我將此稱為生而為人的限定義。

莊子之書說過兩次「知（其）不可奈何而安之若命」，一次是孔子對魯國派赴齊國的大使葉公子高說的，以子之愛親為命，不可解於心，不擇地而孝（〈人間世〉郭 155 王 138），另一次是兀者申徒嘉對同門師兄弟子產說的，以幸運則不受刑罰、不幸則受刑罰為命（〈德充符〉郭 199 王 181）。

這兩處所談的命，分別即是生而為人的限定義與事變義。

基於生而為人的有限義，而又允許自我認同和自由選擇更進一步的限制，打破了全人類一體受制的一律性，化為多色、多音、多義、多元的宏富交織，這是匠心獨運的解說，我把它列為本型的第三個次型。

一、命運的事變義

趙衛民將海德格對本真、非本真的區分套用到莊子談的成心與機心、賊心，說海德格分析此有的「此」類似於莊子的成心等心，是將此有的存有弄成工具的存有，也就是「為了……」，這造成非本真的人生（1998: 72-73）。另外，「海德格把死亡也視作此世存有的構成，……把此有稱為朝向死亡的存有」（1998: 68），這也和莊子相信「人生是來自無而歸去無」所見相同（1998: 180）。莊子「將一切事變與命運的運行這種偶然性的變化，均視為命運的必然性」（1998: 183），他不但是宿命論者，「且是愛命運」（1998: 182），所以：「要守住萬物的自然如此（天），守住人之得於天者（德），守住我們的命和形，這就是返回人的真實性（authenticity），人的本真。」（1998: 185）

徐克謙認為，莊子從不同角度質疑「我」的存在。莊周夢蝶、「蘧伯玉行年六十而六十化」（〈則陽〉）、「今之隱机者，非昔之隱机者」（〈齊物論〉）等段落，表明了「『我』之所『是』（存在）始終處於變幻不定之中，……所謂『我』隨時都可能『化』為非我」，而〈齊物論〉用一連串疑問語句表達對真宰、真君之「不得其眹」，更表明心靈的存在是值得懷疑的（2005: 140-141）。但是，仍有可以確立的，那就是「命」。「命」既有生命之義，包含生之渺小短暫和死之在所難免（2005: 138），也有命運之義，後者指「對個人生命存在的限定或規定」（2005: 174）。每個人的「命」都是獨特的，故「『命』正是『我』區別於他人的『此在』」（2005: 178），「所謂我的『命』其實就是『我』本身」（2005: 179），「如果離開這個『命』的獨特性，『我』也就不成其為『我』了，『我』也就死了，沒『命』了」（2005: 179）。由於對生命之短促、命運之苦難、死亡之可怕無可奈何，所以莊子才講求保身、全生、盡年之術，並希冀長生不死（2005: 139）。

韓林合說經驗世界是「不計其數、千差萬別的事物組成的整體」（2006: 2），由於「萬物來來往往，生生滅滅」（2006: 19），所以世界整體也是整體物化的過程（2006: 17），這個合為整體、不斷變化的現實世界就是道（2006: 17）。整體中哪些事物存在而哪些不存在、各個事物怎麼發生又如何結束，稱為命或天，換成今語即為世界意志（2006: 7-8, 40-41）。人是由「做為一種簡單實體的心靈加上『某種物質（或許就是兩種不同精細程度的氣）』所構成（2006: 38），人生問題來自於自作聰明，背離了世界的整體而迷失本性，既然人原本以世界整體「來構成人的本質和內在的命運」，所以解決人生問題的方法在於「無條件地接受發生於世界之內（特別是發生於自己身上）的任何事情（飢渴寒暑、窮達富貴、生老病死、福禍壽夭等），也即安命」，這就是回歸於道、與道同一（2006: 40）。

馬耘認為，莊子主張人心的背後沒有掌控者，所有懷疑人心背後另有「真君」、「真宰」的猜想皆為不實（2008: 214）。莊子對人心的看法多屬負面，人心是「危險的事實」（2008: 212），具有「危險的能力」或「犯錯的能力」（2008: 211），其中包括會妄執一個「我」，而形成有一個我或主體、真宰或真君支使人心的錯誤印象（2008: 214）。其實「我」的認定是「心自取」的，故是妄執，而這一有「我」的自覺造成了「行動是自主的」這一自我專注，這是人生禍害的根源，因此莊子提出坐忘、喪我、心齋等工夫論，以直攻問題的要害，減少心之妄動（2008: 217-219）。實則人生的自主性甚低，一方面由於凡物均有無窮盡變化，而主宰變化之造物者其意圖不能為人所知（2008: 204-208），另一方面「『人間』之事，皆為無奈之『命』，妄圖『主』之，妄圖有所『成就』，則徒自取無窮之禍患也」（2008: 211）。坐忘等工夫是對治「我」執，至於對治到什麼程度，莊子有不同說法。一說是將「我」完全取消，馬耘認為這會造成慎到「土塊」之見，無法與世偕行，故評此說「實甚怪異，而歧於其學說之主脈」，在所不取。另一說是存「我」但不堅持「我」的內涵必須如何，也就是不斤斤以某種內涵作「我」，如莊周與蝴蝶之相化，「即安於『化』對我之安排，『自我』究竟有何具體內容，皆不足以撓心也」。後一說符合莊子對「命」的主張，蓋心之妄動也是吾人必然之「命」，所以允許人心執定一「我」，僅要求不對「我」之內涵加以認定。等到形軀解消之死期，心停止活動，「我」執也才會解消（2008: 219-221）。

二、生而為人的限定義

莊子說人住在潮溼處會生病而魚鰍不會，住到樹上會危懼而猿猴不會，劉紀璐認為這是主張不同的本性和生理構成狀況（以及文化、社群特性）會形成不同的觀點和取捨（Liu 2003: 285-286），而使用符號指涉事物時，也只有在依本身特性所形成的概念架構裏才能成立（Liu 2003: 284）。任何生物都無法超脫它的構成狀況並突破它的觀點和取捨，以達到一種絕對、沒有與之相敵相待的真，這種真也稱為道。如果有人以為他能論說道，則他所說的一定不是道，這是因為人的論說必然都可加以反對，而道不出自任何特定觀點，故無法加以反對，因此道非人的論說所能及（Liu 2003: 286-287）。莊子是人，他的言說也無法不依憑他的概念架構，所以他「訴諸隱喻、寓言、諧擬、故事等來給我們一個心理圖象，顯示目標應該為何」（Liu 2003: 284）。按照劉紀璐的見解，人是有限的存有者，受到先後天條件的限定，決無可能突破其有限性而邁向無限，也不可能超越屬人的觀點而獲致勝義的觀點。

三、對生而為人的限定義加以自我認同

郝大維（David L. Hall）與安樂哲（Roger T. Ames）對莊子自我觀的詮釋可分為兩層。較低的一層牽涉到「做詮解活動的自我」（construing self）和「實踐恕道的自我」（deferential self，或譯：順應的自我）的區別，而各有其繫屬的世界觀。前者是西方的思維，認為世界是實在的（realist），世上的事物是具體固定不變有分際的（1998: 55），並有一些不變的本質（1998: 51），還有個存有學在場的東西（ontological presence），那就是存有本身（Being, 1998: 59），故人會當這個世界有單一的條理（order），並求取原則（principle）以理解之，鑒別事物的不同並加以歸屬到各個種類（kind），將世界和事物納入不同的範式（pattern, 1998: 50-51），這便成就了做詮解活動的自我，此種自我對外界不僅做詮解，還有侵略性和佔有慾（1998: 57），這些活動展現了人的意志。莊子沒有意志的概念，故他哲學中的人類並不在彼是中選擇（1998: 48）。他提出物化的世界觀，世界只有眾多存有物（beings）

而沒有存有本身，只有在場與不在場的交替變換而沒有存有學上在場的東西（1998: 60-61）。也可以說莊子承認有「生成自身」（Becoming-Itself）：「『生成自身』一詞指的只是眾多未匯集的生成過程本身。」（1998: 61）無盡變遷的事件或世界是流動的，無法以數量有限、含義固定的語言概念從認知上加以割裂（1998: 51, 55），也無法執以佔有（1998: 55），人應做的是鏡映這個世界，鏡映出萬物與我的關連（1998: 49）。人的行動如果鏡映了外界，就會是自然的（spontaneous）行動，也就會「安頓自己所反應的他者，接受他者的條件，……認識到自己與他者的連續性，所做的反應能增進自己和他者的福利」，握手、擁抱、相擁共舞、太極拳推手等是很典型的例子（1998: 53）。所以知也是行，能知與所知屬於同一個事件，互相實現（1998: 62），共同形塑一個世界（1998: 59）。這是郝、安二人對莊子論述的較低層，這一層與本書所述的第一型虛靈之心不殊。

郝、安二人在此層之上又翻出一層。他們進而申論，物化過程中的萬物都有其特殊性，這在中國術語中稱為「德」而在英文中稱為「卓越」（excellence），一物之德提供給它一種觀點來詮解周遭環境中的事物，每個詮解活動既命名也創造出一個約略描摹的（adumbrated）世界，所以世界整體就依萬物的總數而有同等數量之約略描摹形式（1998: 61-62）。「莊子的物化思想似乎令他相信，這個世界的存在方式，是諸多存在方式無盡變換的組合、諸多互相重疊的世界之無窮組合、諸多彼與諸多是的混亂一團、諸多條理的多樣聚集。『渾沌』意為所有條理的整體，所命名的就是事物的存在方式。」（1998: 71）對郝、安二人而言，渾沌不是未分化的太極，也不是條理誕生前的混亂，而是「所有條理不融貫的總合」（1998: 65）。這對鏡映（含實現）世界萬物的活動有嚴重的後果，聖人雖然鏡映出每一物觀看世界的觀點及其所生出的無數重疊世界（1998: 65），「實踐恕道的自我……自然的致力於鏡映反應，在反應裏對其所遇到的事物或事件的德有所斟酌」（1998: 71），但是鏡映中引進的無數世界將有無數中心，會令人無所措手足。對此困境，以兩個因素加以化解。首先，世界萬物在存有學上的同格（parity）並不等於平等，每一物有獨特性，造成萬物有高下的等級（hierarchy, 1998: 59）。其次，聖人身為萬物之一，也有他獨特的觀點，向世界注入他的德。故聖人不免和常人一樣的做區分，只不過他知道這些區分是世俗約定的、過渡的（1998: 66-67），是「軟性的焦點」而不應執著（1998: 57）。雖是軟性、荃蹄的，這和鏡映的理念其實嚴重的不相容，因此郝、安二人對莊子的最終詮釋不是鏡映，而是投出：「萬物要求我們這些實踐恕道的自我要採取諸多立場和抱定諸多信念，而這些諸多立場信念會導致嚴重的不協調。換言之，有些不協調即使聖人不斷提高知覺也不能調和。實踐恕道的聖人沒有辦法逃避這種境況，他也不想逃避。」（1998: 69）不做區分、不判高下、法爾如是的鏡映並非莊子的主張。

從翻出的新層來說，由於萬物有等級和聖人保有他的特殊性和德，所以聖人與世界德與德相遇的關係，是不平等的（聖人高而萬物低）。這樣的洞見用到莊子的技藝故事裏，可以契合巧匠的高尚性：

> 庖丁把自己延伸得和牛之德一樣，支解牛體時能刺入自然的結節和竅隙而無旁騖，故能成為能力高強的屠夫。梓慶把自己延伸得和木之德一樣，故能對他的材料之品質與潛在用處有敏銳感受而無旁騖，而能成為能力高強的匠人。……這些模範人物向自然環境中

> 的德敞開自己，結果是環境對他們有貢獻，讓他們有創造力和有產能，而他們也對環境有貢獻，對組成他們世界的那些事物的種種可能性加以說明，且增大之。（1998: 64）

郝、安二人更用了這樣的比喻來形容聖人與物的連結：「他的手表現了陶土，而陶土也表現了他的手。」（1998: 64）這個比喻既表達了聖人與物的互補性和協調性（complementarity and coordination, 1998: 53），也設立了聖人高於物的地位。

摘述到此，剩下的關鍵便在於聖人對世界注入他的德時所選擇的焦點，是從何而來，是落在當事人之內還是之外。郝、安二人似乎沒有充分意識到這個關鍵問題，他們只留下這麼一段簡略的話：

> 世界是個遼闊的無差別之境（a Vast Indifference），是個萬象森然的福地（a Blessed Multifariousness），它未經安排。以一種有軀殼和脈絡化的方式存在於世——不論是像一條鰍、一頭象、一隻學鳩還是一個人——意味著我們憑我們自認是何種存有者，依照此種存有者的便利需求而自動喜好某些詮解世界的眼光。光是認識到存有方式的多元性還不夠，我們還必須爽爽快快的肯定我們暫時的喜好和承諾；只要它們還在，它們便重要。它們所遺留下來的矛盾則無可避免。（1998: 75）

莊子的讀者是以有軀殼和脈絡化的方式存在於世，每種存有方式有其不可否認的便利需求，這些都不是能自由選擇的，因此郝、安二人對莊子自我觀的理解，是接受物化而來的限制並樂於擁抱限制。遺憾的是這可能只是郝、安二人的局部見解，他們對此論述得還不夠多與充分。

陳少明說，「自我是身—心的統一體」，有其平生經驗。莊子希望「喚醒自我對生平經驗的反思」，以認識到所有零散的個人經驗同屬於一個經驗主體，這個經驗主體有其同一性。由此可進而言人格，「人格就是自身獨特的體驗而形成的心理結構」，莊子的成心概念「當可理解為成熟的人格結構，它決定了每個人面對新的生活情境時的態度或反應方式」。每個人成熟與否，取決於他是否反思自己的經驗，而識取具有同一性的自我（2004: 225）。

Nathaniel F. Barrett 對於其他學者採用 Mihaly Csikszentmihalyi 的「流」（flow）理論來解釋莊子的「技藝高超」概念（skillfulness）（2011: 683-684, 691-694）提出反省，指出「流」理論近年來的發展著重於人對工作目標的專注，可是人的注意力是有限度的，這使得「流」或技藝高超只能偶然實現。即使偶爾能採取最佳觀點，也不見得能將技藝完善的發揮，這是因為個人同一性在肉身中有其連續性，強制我們只能擁有有限數量的觀點，和限制我們將技藝發揮到極限。因此，「流」不能克服人性的限制，及人性限制所造成的失意和痛苦，從而不能帶來精神上的平靜（spiritual equanimity）（2011: 697）。

人由於人生不圓滿而嚮往超越性（transcendence），如果採用「流」理論來賜給人超越性，有兩種直接的做法：將「流」誇大為超級的「流」，以為人生一切問題只要能做到「流」就都能解決，或將「流」做到每天二十四小時、每週七天的永不間歇，以期儘量用「流」來應付人生問題。Barrett 認為在人性的限制下，這兩種做法都是畫餅，所以提出第三種做法，是為自己採取一個與日常生活不相連貫的詮釋架構，把一切人生經驗放進去解釋，人生經驗裏既有種種不如意，也有間歇之「流」的成功經驗，我們的詮釋架構便來解釋「流」，以指引我們自我轉化和重新應世接物。例如，「流」之中不會察覺到自我意識，這可以為我們重新解釋行動者的特性（agency）；「流」之中的全神投入和豐富饗宴的感覺，可以重新解釋為源自道或天的終極實在，而不是源自個人意志，或重新解釋為自發的實體合成一個和諧的複合狀態對我們所造成的結果。這樣我們就能銜接起「流」與超越性之間的斷裂，而獲得超越性、精神上的平靜、與自我轉化（2011: 698-699）

Barrett 提出「道或天的終極實在」和「自發的實體合成一個和諧的複合狀態」做為「流」的兩個可能來源，後者即是中文習稱的「與萬物合一」，所以這兩個對「流」的解釋分別就是本書所論的第二與第三型解說。他所未提到的主體性概念，如果能夠推導出技藝高超的概念，自也可列為推薦我們採用的詮釋架構。Barrett 不想對人的詮釋架構定於一，他只著眼於緩解人的有限、限定性中必然蘊含的苦難，我們對於必然苦難的人生，首先可以培訓一些技藝，用「流」來得到一些勝利和快樂，然後我們再各自找一個詮釋架構來解釋「流」的性質，這就完事了。他基本上認定人類事務大部分不能使出「流」來解決，所以人生大部分是煩惱痛苦的。

評論

一、論第一次型

命運的事變義是不論哲學或凡俗、中國或外國都很熟悉的想法，莊子是所謂的衰世哲學家，當然要處理這個重要主題。就命運給人打擊或祝福而言，莊子希望我們不要重視，心情不要受到影響，書中兩度出現不足以滑和（或滑成，和即成也）、不可入於靈府（或靈臺）的話，都是關於這個主題：

> 死生存亡、窮達貧富、賢與不肖、毀譽、飢渴寒暑，是事之變，命之行也。日夜相代乎前，而知不能規〔測度〕乎其始者也。故不足以滑〔亂〕和，不可入於靈府。（〈德充符〉郭 212 王 190，仲尼語魯哀公）
>
> 備〔具〕物以將〔養〕形，藏不虞〔億度〕以生〔養〕心〔宣穎曰：退藏於不思慮之地以活其心〕，敬中以達彼〔敬內以通外〕。若是而萬惡〔災患〕至者，皆天也，而非人也，不足以滑〔亂〕成〔和〕，不可內〔入〕於靈臺。（〈庚桑楚〉郭 792-793 王 885，作者自語）

關於靈府和靈臺，舊注有以為是心，以今日的哲學術語來說，則可當做是主體。因此這兩段話與本書的主題有關，它們表面上說，命運與事變對我們人生歷程所造成的一切，都不應該納入我們的主體，成為我們的主體性。這樣的話，以命運的事變義為主體性的解說，就會有問題，需要再雕琢。

莊子除了不許幸運與不幸的事變擾亂我們的主體性，更還主張應該順應事變而彈性變化我人的作為，這稱為「外化」和「與物化」。當我們深耕到言行模式的改變，我們的主體狀態就改變了，這時我們由於向環境成功的調適而豁免了煩惱不安，於是心中可以從容維持自身的靜定，情不牽於外物的盈虧與目標的成敗，這稱為「內不化」和「一不化」。反之，堅持言行模式不論在順境和逆境中都僵固不移，稱為「外不化」，而心計對於一成不變的目標謀劃成功之道，不斷注意環境變化而設計策略，稱為「內化」：

> 古之人，外化而內不化〔陸樹芝曰：外，物交於外也。內，心存於內也。化者，推移變遷也。古人於物之交於外者，任其推移變遷，而心之存於內者，並無推移變遷。〇徐廷槐曰：外順應，內有主。〇林雲銘曰：應物而心不與之俱〕；今之人，內化而外不化〔徐廷槐曰：內無主，外膠乎物。〇藏雲山房主人曰：心逐物移也〕。與物化者〔指外化〕，一不化者〔指內不化〕也。安〔安於〕化安不化，安與之〔指物〕相靡〔順〕，必〔而〕與之〔指物〕莫多〔莫多，猶言不過。沈一貫曰：必與之靡順，亦中節而止，無所求多，此古之人所謂外化而內不化也。〇阮毓崧曰：多，猶過也。雖與物相順，而亦必不太過，即〈田子方〉篇「緣而葆真」，所謂「順人而不失己」也〕。（〈知北遊〉郭 765 王 847，仲尼語弟子顏淵）

> 日與物化者，一不化者也，闔嘗舍之！（〈則陽〉郭 885 王 1005-1006，作者自語）

外是我人處世的外在行為，內是我人內在的構成狀況，王叔岷舉出其他道家書籍解釋了莊子外化而內不化的意義（1988: 848 註 2）：

> 達於道者，不以人易天〔高誘：性〕，外與物化，而內不失其情。（《淮南子．原道訓》，張雙棣 2013: 38）

> 得道之士，外化而內不化。外化，所以入人也；內不化，所以全其身也。故內有一定之操，而外能詘伸、嬴縮、卷舒，與物推移，故萬舉而不陷。（《淮南子．人間訓》，張雙棣 2013: 1962）

> 得道之人，外化而內不化。外化，所以知人也；內不化，所以全身也。故內有一定之操，而外能屈伸，與物推移，萬舉而不陷。（《文子・微明》，王利器 2000: 326）

這些段落解釋了外表行為應該順應物勢而俯仰屈伸，無有定則，而內在的情實則必須一以貫之，堅定不改。外化而內不化也稱為順人而不失己：

> 唯至人乃能遊於世而不僻〔偏側〕，順人而不失己。彼教不學〔順彼而教，非由強學，所謂「順人」〕，承意不彼〔承彼之意，非即如彼，所謂「不失己」〕。（〈外物〉郭 938 王 1073，莊子自語）

還稱為「有人之形，无人之情」，前者要求合羣於人，後者要求自有主見：

> 有人之形，无人之情。有人之形，故羣於人，无人之情，故是非不得〔在〕於身。（〈德充符〉郭 217 王 197，作者自語）

下文的正平用於內在狀況，更生用於外表行為，正平即穩定不變，更生即不斷改變：

> 棄世〔世事〕則无累，无累則正平，正平則與彼〔宣穎曰：彼，造化〕更生〔日新之謂也〕，更生則幾〔近〕矣！（〈達生〉郭 632 王 667，作者自語）

下文在內之天謂天然的內在狀態應由我們自得，在外之人謂我們應與他人的行為一致，所以或屈或伸，進退不定，而又內返而悟在內之天極：

天在內，人在外，德〔得〕在乎天〔王叔岷曰：「天在內」，是循天也；「人在外」，是隨人也。天者自然，人者人為，德者自得。「德在乎天」，自得在乎自然也。失其自然則不能自得矣〕。知天〔「夫」誤〕人之行〔承上文「人在外」〕，本乎天〔承上文「天在內」〕，位〔居〕乎得〔應作「德」，與上文一致〕；蹢躅〔進退不定貌〕而屈伸〔成玄英曰：至人應世，或屈或伸，曾無定執。○承上文「人在外」〕，反要而語〔悟〕極〔王叔岷說，本句猶言「反本而悟源」〕。」（〈秋水〉郭588王610，北海若語河伯）

這種人的例證有工倕「指與物化」，他的手指順著材料而動作，而心不在材料上，所以靈臺一而不變，不受材料的阻礙：

工倕旋〔周旋，引申為運轉〕而蓋〔借為盍，合也〕規矩，指與物化而不以心稽，故其靈臺一而不桎〔叚借為庢，俗作窒，礙止也〕。（〈達生〉郭662王711，作者自語）

莊子的夫子自道，也強調他能外化，沒有固定的作為：

若夫乘道德而浮遊則不然。无譽无訾，一龍一蛇〔《管子・樞言》：「一龍一蛇，一日五化之謂周。」《淮南子・俶真訓》：「至道無為，一龍一蛇，盈縮卷舒，與時變化。」東方朔〈誡子書〉：「聖人之道，一龍一蛇，形見神滅，與物變化，隨時之宜，無有常處（一作家）。」〕，與時俱化，而无肯專為。（〈山木〉郭668王719-720，莊子語弟子）

雖然，其應於化而解〔達〕於物也，其理不竭，其來不蛻〔蟬蛇所解皮，引申為形跡〕。（〈天

下〉郭 1099 王 1344，作者評莊子）

與外化而內不化相反的情形是外化而內化隨之，這表示內在狀況不恆定：

> 方且為緒使〔為細事所役〕，方且為物絯〔絯，纏束也，言為物所拘〕，方且四顧而物應〔酬接不暇〕，方且應眾宜〔事事求宜〕，方且與物化而未始有恆〔宣穎曰：屢為物變而不能定〕。（〈天地〉郭 416 王 426，許由評齧缺）

下文「其形化」有的注家解釋為物化，指死亡，而正確的意義是外化，所以次句的「心與之然」是外化內亦化，郭象、成玄英並申此義：

> 其形化，其心與之然〔郭象曰：言其心形並馳，困而不反。○成玄英曰：念念遷移，新新流謝，其化而為老，心識隨而昏昧，形神俱變，故謂與之然〕，可不謂大哀乎？（〈齊物論〉郭 56 王 53，作者自語）

因此，雖然書上勸我們要「知不可奈何而安之若命」，然而莊子的外化觀念宣示了安於不可奈何的命運並不意味無所作為，而是要隨時順勢，屈伸俯仰，既維持人際關係的和諧，也做好事情。內不化的觀念則宣示了內在的靈臺不繫戀於物勢的流變，而堅守其自身。外化而內不化形容了具有主體性的行動者之內外狀況與風格，內不化有充分自主性，外化也有半自主性，如果能把兩者考慮進來，則主體性觀念就比較完善了。

二、論第二次型

本型解說中結合西洋哲學的有：趙衛民援用海德格，突顯「朝向死亡」的命定性；劉紀璐借用 Hilary Putman 對內在實存論（internal realism）的界說，建立語言符號的牢籠；郝大維與安樂哲雜揉了好幾種後現代哲學流派，他們所見的限定既來自每個人自視為何種存有物、銘刻了哪些甩不掉的便利需求和喜好，也來自萬物特性所造成的等級。

關於生而為人的限定義，西洋哲學中與此最相近的應該是叔本華。叔本華以意欲做為決定宇宙萬有的原因，意欲沒有目的性，對萬物的生存和幸福快樂漠不關心。我們每人的自我也無非就是這一非個人化的意欲，它決定了我們的情感和欲望，也決定了與倫理行為有關的品格（character），至於理性和自覺則是我們的幻想，其實我們大部分時候都不知道自己的動機。意欲的盲動造成人生只是受苦，降低欲望可以減緩痛苦，不過沖銷悲觀的方法是藝術和哲學。藝術活動以不含利益盤算的審美角度看待藝術對象，故能暫時免除意欲的宰制，而哲學揭穿人生種種期待的虛幻，故能徹底免除意欲的宰制。我們通過藝術和哲學而沈思屬於本體界的事物，也即那唯一的意欲。

以生而為人的限定義來界定主體性，也有人質疑。王邦雄就命在莊子哲學中是否有根本重要性，有所反省。他比較莊子與孟子，孟子將仁義從命限提昇為「吾心所不容已的道德擔當，所以君子不說是命，而說是性」，反觀「莊子卻把愛親之仁與君臣之義，下降至『命』限的層次」，也就是心認知其不可解、無法逃，故從工夫修養上來無心、不擇，也就是不擇地不擇事，以不求安為求安，認命以後，就是孝之至與忠之盛（1999: 225）。按王邦雄的意見，孟子將命限高貴化而莊子予以「無奈化」，「無奈化」則做仍是做，但不很樂意。拿仁孝忠義來說，孟、莊都承認是內發而非外爍的，但在莊子那邊，那是虛靈明覺之心觀照世間處境的絕對限制後所採的順應行為，命與心是截然有別的，不可以把命抬高到主體的地位。

王邦雄對莊子「命限」的討論，建立在對莊子主體性理論的不同解說上。本型的第二、三次型，接受觀點主義的不可避免性、或知識論上的限定性，以及人的存有身分的有限性。本書第一型解說的虛靈明覺心，可以透徹觀照萬物而如實獲知萬物的情狀，與本型主張縱使聖人也不免有觀點、不免受語言結構的限定，正針鋒相對。而本體類、心性類解說，正相信人的存有之有限性可以突破、人的地位可以提昇。

三、論第三次型

從學術創新來說，郝大維、安樂哲從較多人主張的虛靈明覺心之解說，翻轉到較少人主張的有限存有者之解說，做出的貢獻更多（他們早在 1987: 225 已提出基本輪廓）。可是，我想對他們的翻轉所生的不一說一點話。關於聖人與萬物的地位不平等，很少受到研究者正視，但巧匠和原料的確不平等，雖然施作過程中間主被動關係會變動，但從過程的始點來說，是巧匠決定了原料的命運。不過郝、安二人並沒有把平等、合作、互惠的論述掃蕩乾淨，這有時會有荒謬的效果。譬如他們說庖丁讓他的德與牛的德一樣廣延，才能在解牛手法上技高一等，然而如果牛有德，有牠看世界的觀點，有牠的焦點以將牠的獨特性注入這個世界，牠難道不首先希望自己不要被屠宰嗎！庖丁解牛的藝術向度和精神向度，雖和牛體的特性密不可分，但是郝、安二人將庖丁運刀時對牛體特性的敏銳察知，講成庖丁與牛之間的良性互動、相互貢獻，以成就兩者分離時不可能成就的、更大的善，這就顯得美化過度了。此處的問題需要追溯到郝、安二人的「焦點與場域」理論架構，或甚至到他們實踐主義的哲學立場，做些讓步以避免套用解釋莊子的巧匠故事時發生荒謬效果。

我們可以以艾文賀（Philip J. Ivanhoe）來比較，他對同一問題就不採用平等、合作、互惠的看法，而採用只有一個唯一正確做法的看法：

> 結果是莊子確實有一個正確的觀點：天對這個世界的觀點。莊子在其他情境要我們採取樹、魚、麋鹿的觀點，可是在鐻匠梓慶的故事裏，不要我們採取他所削之木的觀點，這是由於他「觀察天使木生長的天性」，在庖丁的故事裏，同樣不要我們採取他所解之牛的觀點，這是因為他說解牛時「依乎天理」。遵守天、符合自然，是決定合適行動的首要標準。天地間有文理，聖人遵從之。從天的觀點來看，每個事物的價值相等，不過各個事物都有其正確的位置和該扮演的角色，道家聖人認識到他們的正確位置和做好他們的角色。（1993: 652）

艾文賀建立了人優於萬物的地位，從而不會發生庖丁的觀點與牛的觀點平等而有的衝突，表面上看起來比較好，其實他犯了一個混淆，那就是把「按木料和牛的天理來切開木料和牛，可以比較順利」，混淆為「有一個天理規定木料和牛應該被人類切開」，造成他所謂「天對這個世界的觀點」等同於人看這個世界的觀點，所以艾文賀的理論實質和郝、安二人一樣，獨厚人類。

郝、安二人的第三次型解說，可以和第一次型互通，這可以取馬耘為例來說明。馬耘之說可歸納為：一、命限使人心產生自我觀念。二、「化」使自我的內涵有遷變。三、我們不應執著與「化」不協調的自我內涵。然而，由於馬耘認為自我觀乃以生命死亡為終點，這大大限縮他立論基礎的「化」概念，因此他對於自我內涵的遷變是用莊周夢蝶為證。這個例證能帶來的理論實質有限，因為常人並不會將短暫的夢境當真，以致造成莊周的自我將以莊周為唯一的內涵，而不能接受蝴蝶為內涵。接著下來，就當爽快肯定莊周的喜好，並以此過完一生。馬耘第二、三點的內涵因此是非常瘠弱的，我想他的命題可以用現代哲學來補強，郝大維、安樂哲對於歷程哲學之自我觀的說明，可以充實入馬耘的架構：

> 呼籲把自我當成過程，是當代哲學中形而上學和唯名論兩個傾向的特徵。對「自我即過程」（self-as-process）的精心分析，可見於受到柏格森、懷海德、Charles Hartshorne 影響的哲學系統中。依懷海德所表述的歷程哲學來說，自我是由人有體驗的每個緣會（occasion）所合構成的一條時間路線。可以想一下在時間中延伸的一串珠子——但是沒有串線。自我其實就是人的經歷，人的經歷由實際的緣會所構成，緣會又由一點一點的片刻經驗所構成，這一點一點的經驗由於目前緣會向其先前緣會繼承了相關材料而鬆散

的串連在一起。而不以任何實體或核心的觀念來界定自我的常態特徵，則以為必定有時間上持續的、嚴格連續的自我，這種信念就會受到質疑。（1998: 15-16）

馬耘傾向於增加人的一生中自我的遷變，這與美國哲學「自我即過程」、「自我即生成」相近。此一無核、無實體之自我觀，與莊子哲學有結合之可能，我將在末章詳說之。

第十七型　「我」是個自我疑問

各家摘要

蔣錫昌指出，莊子說天道化而萬物生，造成事物的是與不是、然與不然，可是其所以然（也就是天道）卻不可知（1935: 1-2）。天道「無形色，無大小，無生死，無古今」（1935: 4），「絕離一切名相」（1935: 180），其本體「不可思議，不可言說」，即如西洋哲學（如柏拉圖、康德、斯賓塞）劃分本體界與現象界，感官能感覺到現象界，對本體界則不可知（1935: 5）。甚至我們對現象界，也囿於別、小、時、地等四限，而不能盡行聞知理解，遂感到客觀事物也很神秘（1935: 17-18）。故人應「知其不知而有自知之明」，此種自知謂為真知，具有真知者為真人（1935: 19）。聖人以天道為依據，對事變採取隨世、隨化、安命、無情的態度（1935: 29），其內心則與天道相親相遊、與天道為一，寄精神於天道之中，最後地步是將意識消滅盡淨，「一切不知，一切都忘」，成為寂滅狀態，便完成內心的最高修養。喪其耦、喪我、心齋、坐忘、忘己、忘其肝膽、無無等說法，「無非將人之意識完全消滅淨盡，而入於一切寂滅之狀態也」（1935: 32-33, 181）。

傅偉勳對老莊道家的創見，是認為道家和大乘佛學都一面主張破除哲學思維的二元對立，另一面又容許在多層遠近距離上形成各種二元對立。此義理在他論述道家時多稱為「超形上學的弔詭」，而在論述大乘佛學時則多稱為「不二門」，二名同指。超形上學的弔詭是說，其他哲學家尋求對事物作形上學解釋，用到諸如體用、有無、常變、心物、一多、虛實等成雙對立的概念，而莊子等人則告訴我們，最高真理非一也非多、非有也非無（與非「既有且無」、非「非有非無」等），這是以弔詭之言告訴我們最高真理並不在形上學中，不可往形上學裏求。破除形上學的迷戀後，就會發現一切思想構築物皆不可得，剩下的只有一切如如，自然法爾，平等平等，這就是第一義諦。了悟弔詭之言而破除二元對立，進而棄絕語言思辨而認識一切如如，所憑藉的是心性達到理想狀態，這種理想狀態在莊子稱為無心，在大乘佛學稱為無住心，在慧能稱做「本心本性」，在久松真一稱為「絕對主體性」（absolute subjectivity）和「無相的自己」（the formless self），其肯認與醒悟使「人存在從非本然性轉成本然性」（1986: 47；關於「本然」（authenticity）參見 1990: 283）。心性達成理想狀態後，又自然展現弔詭理趣，建構形上學以啟示後人加以超越而達到悟解。故在二而不二之後，又有不二而二的後一段事，二失去不二則無依據，不二不生二則偏枯（本段自始至此綜括 1986: 45, 409-414; 1990: 36-38, 41-42, 388-395）。若要問這理想的心性、莊子的無心是什麼，則由於超形上學與絕對主體性「乃是原本一如，無有主客之分，體相（或體用）之別」（1986: 414；另參見 1990: 256 說禪宗的絕對主體性與不二法門究竟無異），最高真理既是言亡慮絕、心行處滅，絕對主體性也就非思慮可及、言語可說的了。故心性的由迷至悟，也只是從實存的（existential）角度來說，若從超形上學的角度說，則看待心性亦是一切如如，自然法爾，於是乎「絕對主體性」一詞也變成弔詭之言（1990: 256），做為實踐上的設準（如康德所說）則可（1990: 302），但若將其實體化為心體或性體，則鑄成大謬（1990: 156）。

謝啟武解釋〈知北遊〉篇舜與丞的對談，說：「身、生、性命、子孫都不是我所有，只是天地之所委。我不過是身、生、性命、子孫可以流過去的一個不知怎麼稱謂的東西而已。」〈大宗師〉篇「庸詎知吾所謂吾之非吾乎」更表示「連我是什麼也不知了」（1989: 125），莊子之所以以「不知自己為何」為理想，乃是取法於嬰兒，嬰兒其實有正面和負面，負面「是無時無刻在活動，而且是隨時準備涉外的」，正面是他「不知我是什麼，物是什麼」。嬰兒長大成人而有知，所以需要棄、虛、靜、忘的工夫，進入槁木死灰的狀態（1989: 123, 134-135）。灰枯與嬰兒是同一指謂，成人練到灰枯後再「增加到有新生兒般的血肉生機」，或如嬰兒而去其活動與涉外，做到「不知我是什麼」、「能保住他本來所有的不使之走樣」、「能使他所本有的不外跑」、「能不使外物跑到圈內來或影響到圈內的」，就成為莊子的理想的人（1989: 136）。

任博克（Brook Ziporyn）認為，南郭子綦問到「怒者其誰邪」時，並未意味該有答案。讀者應該停留在這句疑問句本身，問這個問題正是主體呈現之時。如果認為「自我」這個概念有任何內涵，不管說它是心、是道、是氣、是什麼，都是成心在作祟。唯有當我們否定一切答案，不知答案為何，詢問「什麼是自我」時，這就是自我。故說：自我同時在場又不在場，自我既要做真君又不做真君，真君就是我們找不到真君（2003: 42-43, 57）。

道是不可徹底解答的謎

本節分五個小節來講道的不可知與人能知的限度。

一、玄冥（與相關詞彙）

中國哲學各家都把人所應追求之終極的真理、最高的實在、宇宙的本根、人生的真諦、政治的理想稱為道，從用言來講，實有不妥。古人今人皆曾批評，「道」是道路，為行走之所由，意象既有定，便不足以名最高觀念，如王弼說：「凡物有稱有名，則非其極也。言『道』則有所由，有所由，然後謂之為『道』。然則『道』是稱中之大也，不若無稱之大也。」（《老子道德經注》第廿五章，1980: 64）章炳麟將最高觀念稱為「究竟名」，認為超出「道路」之表詮：「道本是路，今究竟名中道字，於所詮中偏一切地，云何可說為道？」（1986: 87）是以莊子說，「道」字是借來用的，並非本質上必須用這個名不可：「道之為名，所假而行。」（〈則陽〉）又曾表示，「道」本不當以名言稱之：「道不當名。」（〈知北遊〉）張起鈞曾有一個辦法，是仿效代數以X代表未知數，而把人應追求的終極答案稱為X（1964: 2-4）。這個辦法很好，所以下面的行文會以道和X並用。

諸子百家對於這個X應等於什麼，有各式各樣的見解。常情是一張嘴一個調，可是莊子不一樣，他先後對這個X提出過許多各自獨立的答案。以宇宙生成的問題來說，他有形上實體生、造物者（神）生、氣生、萬物自生等說法。以人生真諦的問題來說，他提出過無為、上無為而下有為、人孰得能無為哉等說法，也提出過要有用、要無用、要介於有用無用之間的說法，還有貶低仁義禮樂與採用仁義禮樂的相矛盾說法。如果我們擴大到學者的詮釋，則對X還有合一、齊一、造化、自然、身體技能、現實世界整體等更多的說法。現在我們要看的最後一種說法，是莊子說這個稱為道的X是不可知的，因不可知所以不能答，因不能答所以不應問。

莊子對X所曾給予的答案之中，有一種含有不可知的意味，那是玄冥（一次，另用做人名二次），以及與玄冥同聲、同韻、通假、義近的語彙，包括冥冥（五次）、混冥（一次）、涬溟（一次）、窈冥（三次）、芒芴（三次）、混芒（一次）等[59]。這些語彙還有一個重要性，是莊子「大」的二字語——包括大通、大同、大順、大得、大妙、大寧等——都結合玄冥等詞彙（見本書第二型）。玄冥等詞彙的地位因此而抬高，它們做為X的答案，比其他答案更應優先受到考慮。

道為玄冥，不可知、不能言、不得聞，則人便只能就此不可知而為知，以此不能言而為言（「言无言」，〈寓言〉郭 949 王 1089：「至言去言」，〈知北遊〉郭 765 王 847），以此不得聞以為聽。人想善用人的理智來理解道、陳述道，然而所構築的僅是對於道的粗略意見，不等於最終的謎底。雖然如此，對道所試擬的粗略意見可以接引世人，改善他們的身心與生活，且當他們有更深悟解之後，會對先前的粗略意見感到不滿意，而揚棄一切對道之說法，認識到道之不可知。

二、无无：不可對道存有「無」的認識

無是對有之否定，然而說道是無（如朱伯崑 2001: 518, 550），並不是否定有道，乃是肯定有道這

個東西，而其無有內容。可是內容是無卻空有其名，這又有何意義呢！況且名既不去，道便有了「無」的言說、概念為其內容，那就不是百分之百無了。所以必須再加一步驟，取消對於無的言說，打消人關於無的概念，達到對於道一無所理解。

莊子用「光曜」和「无有」加以擬人化而作了一段寓言，光曜是一片光亮，无有則是一片虛無，一片光亮問一片虛無說：「先生您有嗎？還是您沒有呢？」一片虛無什麼都沒有，當然就不回答[60]，一片光亮於是就瞪著一片虛無仔細瞧，只看到黑冥冥，空無所有，對一片虛無是怎麼看也看不到，怎麼聽也聽不到，怎麼摸也摸不到。於是一片光亮讚嘆說這是最高的境界，它自己能「有无」，卻還不能「无无」，如果它能「无无」，就不會是現在這樣子了：

> 光曜問乎无有曰：「夫子有乎？其（抑）无有乎？」（《淮南子．道應》有「無有弗應也」一句，應據補），光曜不得問，而孰視其狀貌，窅然（窅，借作杳，冥也）空然，終日視之而不見，聽之而不聞，搏（摸索）之而不得（《淮南子》〈道應〉與〈俶真〉篇有「望之而不極」一句）也。光曜曰：「至矣，其孰能至此乎！予能有无矣，而未能无无也。及為无有（二字應從《淮南子》〈道應〉與〈俶真〉篇作「无无」）矣，何從至此哉！」（〈知北遊〉郭 759-760 王 839）

一片光亮想要做到一片虛無的「无无」，我想並不是把自己的有光變成無光，如果是這樣，它就不能再名為光曜了。它的意思應是知解上的「无无」，即訪道者需要將「道是無」的答案也拋到腦後，才是真正得到了道。

與「无无」相同的說法也見於莊子關於天門的論述（見本書第三型）。莊子說萬物出於天門，由於天門是星空上的虛空處，所以是「无有」。莊子要我們更向上一步，「无有一无有」，將「无有」給忘了，然後說：「聖人藏乎是〔指「无无」〕。」（〈庚桑楚〉郭 800 王 895，作者自語）故聖人會忘記「天門生萬物」之說。

拋掉「无」的概念之「无无」境界是對道的遺忘。從「有」到「无」再到「无无」是三個層次，相當於從「有始」到「有未始有始」再到「有未始有夫『未始有始』」的三層次（〈齊物論〉郭 79 王 70），「始」的問題是關於時間的起點或宇宙的起源，第二層是推到起點或起源之前，第三層並不是就時間或發生程序再往前推，而是我們可以忘記第二層，也即忘記宇宙起源或始點的問題。莊子更有四層的說法，是從「有有」到「有无」、到「有未始有无」、再到「有未始有夫『未始有无』」（〈齊物論〉郭 79 王 70），第三層已經是「无无」或遣無了，第四層又再遣第三層，也即遣無無，於理似是多此一舉。

按同樣的道理，莊子常說道是玄冥，在終極說法中也要抹除：

> 視之无形，聽之无聲，於人之論者，謂之冥冥，所以論道而非道也。（〈知北遊〉郭 755 王 833，弇堈弔論老龍吉之死）

「冥冥」在這裏是X的答案，是人對那見不得、聽不得者而有的論道之語，非道本身，故不得言「道是冥冥」，蓋「人謂道是冥冥」不同於外於人類認知之「道是冥冥」也。正因為如此，女偊要在玄冥之上，覆以參寥和疑始這二個更高的層次，參寥是精神高邈空虛，意無所主，拋却心中對玄冥之知，疑始是懷疑對本源問題的任何答案（〈大宗師〉郭256王240）。無知、無記憶、懷疑正是對終極X為何的正確態度。

三、宇宙生成問題之不可解答

我們在本書第三型已見到莊子說，萬物從根（本根）而生、從門（天門）而出的說法，只在尚未受到否證前成立，所以我們以其為知識，是倚靠於我們不知它未來是否會被否證這一條件（〈則陽〉郭905王1026，作者自語）。於是，若以宇宙生成問題的答案為X，則X不見得是本根、天門，其他如造物者（神）生、氣生、自生的說法當然也一樣，不見得是正確答案。我們對於宇宙生成的問題，還沒有能力將答案定於一。

還有一則寓言更明白的說X不可知、不可言、不可問。泰清問无窮知不知道，无窮答曰不知。問於无為，无為答以「道之可以貴、可以賤、可以約、可以散（約、散對文，約：聚）」。按此答案，道屬於宇宙生成的概念。泰清請无始鑒定二人，无始斬釘截鐵說，對道的言說必是錯的，道不可問，問不可答：

> 不知深矣，知之淺矣；弗知內矣，知之外矣。……道不可聞，聞而（則）非也；道不可見，見而（則）非也；道不可言，言而（則）非也！（脫「孰」）知形形之不形乎！道不當名（〈則

陽〉：道之為名，所假而行〕。……有問道而應之者，不知道也；雖〔豈特〕問道者，亦未聞道。道无問，問无應。无問問之，是問窮〔通空。問窮：責空〕也；无應應之，是无內〔無內，亦是窮也〕也〔四句：無可問而還問之，是問空；無可應而還應之，所應亦是空〕。以无內待問窮，若是者，外不觀乎宇宙，內不知乎大〔太〕初。是以〔則〕不過乎崐崙，不遊乎大虛〔成玄英曰：崐崙是高遠之山，太虛是深玄之理。○錢穆曰：崐崙，地之極高處，過乎崐崙，則大虛矣〕。（〈知北遊〉郭 757-758 王 837，无始語泰清）

那對物可以貴之賤之、聚之散之的X，是不形而形形者，且不當以道名之。所以，當有人詢問什麼是道，既然道不是那X，則什麼回答都不是關於X。

王葆玹也主張莊子對宇宙生成問題的立場是不可知論，他認為莊學研究中的精氣論、虛無創生論、唯物論、本體論等，「在莊子學派的思想裏，這些理論都是略見端倪，卻又都不能完全地涵蓋莊子學派的自然觀。從根本上來講，莊子學派在自然觀方面是懷疑論者或不可知論者。」（2012: 234-235）王葆玹以為不可知論是莊子的主要立場，此意見較我為強烈，我認為宇宙生成問題不可解答只是莊子的眾多立場之一，沒有哪個是他的主要立場。

四、人生真諦之不可得

莊子對於人在亂世中立身行事提出過許許多多的指引，對於如何修道也提出過各種辦法。但是這裏我們要看的是他關於人生真諦不可得的主張。

太公調與少知有四回合的問答，太公調在第一回合給了少知一些人生道理，我分為七條：一、合眾則公正。二、大人之化。三、不私愛。四、無為而無不為。五、變化無定。六、人各有所長有所短，有所宜有所不宜。七、集異材為大業（近於第一條）：

(1)是故丘山積卑而為高，江河合水（「小」誤）而為大，大人合并（合羣）而為公。

(2)是以自外入者，有主而不執；由中出者，有正（「匹」誤：合，應）而不距（通「拒」）（王叔岷曰：大人之化由外而入，有主見而不執著；民物之性由中而出，與應合則不違拒）。

(3)四時殊氣，天不賜，故歲成；五官殊職，君不私，故國治；文武（疑脫「殊能，」）大人不賜，故德備；萬物殊理，道不私，故无名（疑「功」誤）。

(4)无名故无為，无為而无不為。

(5)時（四時）有終始，世有變化。

(6)禍福淳淳（流行貌），至有所拂（戾）者而有所宜（郭象曰：於此為戾，於彼或以為宜）；自殉（逐）殊面（通偭：向）（〈駢拇〉：小人則以身殉利；士則以身殉名；大夫則以身殉家；聖人則以身殉天下），有所正者有所差（郭象曰：正於此者，或差於彼）。

(7)比（譬）於大澤（叚借為宅），百材皆度（量）（郭象曰：无棄材也）；觀於大山，木石同壇（山田不耕之地）（二例，合異以為同也）。（〈則陽〉郭909-910王1031-1032，太公調語少

知）

這七條人生道理看似很好，但太公調說這些不能稱為道。至第四回合的問答，少知問季真的「莫為」說和接子的「或使」說，何者正確。這個問題可以理解為關於宇宙生成是有主使者或無主使者的問題（如福永光司 1969: 111-113; 林鎮國 1978: 467; Schwartz 1985: 227-229; 王威威 2009: 64-66），這種理解也有道理，不過我這裏採取王叔岷的訓詁，以「莫為」即「無為」，「或使」即「有為」，在一般的意義上探討無為與有為之爭。太公調的回答分為很多小段，他先以雞鳴狗吠為例，人人都知道雞鳴狗吠，但再聰明也不能以言語說明雞和狗所以能自化之理，和以不可言之意測知雞和狗下面要做什麼。若將此不可言、不可意之理離析起來，則其精細將至於無形，其弘大又將至於不可範圍，非有為無為二說所能盡。二說都是從物起論，不能離於物，所以會有過失，此所謂過失是指超越其有效性而言那不可言、不可意之理：

少知曰：「季真之莫〔無〕為，接子之或〔有〕使〔為〕。二家之議，孰正於其情，孰徧〔偏之借字〕於其理？」

太公調曰：「雞鳴狗吠，是人之所知；雖有大知，不能以言讀〔語〕其所自化，又不能以意〔疑脫「測」字〕其所將為。斯〔離，析〕而析之，精至於无倫〔馬敘倫曰：倫借為形。〈秋水〉篇曰：「至精無形，至大不可圍。」辭義相同〕，大至於不可圍〔陸西星曰：若將此理精而析之，小至於無倫，大至於不可禦，豈彼二人之說所能盡乎！○陸西星釋圍為禦，應從王叔岷 1988: 594-595 註 1 改釋為範圍〕。或之〔所〕使，莫之〔所〕為，未免於物而〔故〕終以為過〔陸西星曰：或之使，莫之為，是論物而非以論道也。論物則未免為物所囿，而終有失言之過矣〕。

太公調繼續說，有為則實，無為則虛，而萬物是實是虛呢？有為說把萬物講得過於實了，無為說則講得過於虛了，所以講得愈多、意度愈多，離真相愈遠：

「或使則實，莫為則虛。有名有實，是物之居〔成玄英曰：夫情苟滯於有，則所在皆物也。○宣穎曰：此或使之說之過也〕；无名无實，在物之虛〔成玄英曰：情苟於無，則所在皆虛也。○宣穎曰：此莫為之說之過也〕。可言可意，言而愈疏。

他又繼續說，萬物該生的，不能禁其不生，該死的，不能阻其不死。死生之事近在眼前，我們卻不能知道生死之理是什麼。由於不知道，所以不論是有為說或無為說，都是很可懷疑的。過去已死者已無窮，未來將生者亦無止，所以往前尋找不到起點或根本，往後尋找不到結局或目的。既然往前看和往後看都是無窮，那就不必說了，不說便與物同理。至於有為說和無為說，它們是一切言論的根本，而言論與其根本是與萬物的生死一塊兒生死：

「未生不可忌〔禁〕，已死不可徂〔阻之借字〕。死生非遠也，理不可睹〔四句就物之生死而論〕。或之使，莫之為，疑之所假〔假之借字，假：至。世所至疑也〕。吾觀之〔其〕本，其往无窮；吾求之〔其〕末，其來无止〔宣穎曰：欲究其始，則往者已無窮，不知何始也。欲究其終，則來者方無止，不知何終也〕。无窮无止，言之无也〔無言也〕，與物同理；或使莫為，言之本也，與物終始。

他再繼續說，道不可以為是有，也不可以為是無，連「道」這個字也是借用。有為說和無為說是在物一曲，怎能有助於大道。前說與物終始，此說在物一曲，義相連貫：

「道不可有，有〔又〕不可无。道之為名，所假而行。或使莫為，在物一曲，夫〔此〕胡〔何〕為〔助〕於大方〔道〕？

他批評夠了有為無為二說，最後便講道物與言的關係。他說，如果言語足以傳達道，則終日講就是了，但如果言語不足以傳達道，則講再多也僅止於物。此處的言外之意是不如緘默不語，或能間接明道，如此看來，言默二途必有一者可行。然後他將主題作了延伸，說若要窮究到底，推道至極處，也推物至極處，則那極致者將不落於道與物之任何兩邊，而適才的言默二途也將技窮，對它說亦有不足，或應該默；默亦有不足，或應該說。說亦不可，默亦不可，則表述方法就困窮了，無法令人知其為何：

「言而〔如〕足，則終日言而盡〔止於〕道；言而〔如〕不足，則終日言而盡〔止於〕物〔四句，郭象曰：求道於言意之表則足，不能忘言而存意，則不足〕。道物之極〔①成玄英曰：道物極處，非道非物。②王先謙曰：窮道與物之極〕，言默不足以載〔記載〕；非言非默，議有所極〔窮〕[61]。

（〈則陽〉郭 916-917 王 1036-1037）

太公調認為道還不是究竟，可以再追問，然而此種最高的東西、境界、或知識將無法說明（廣義的，以言默並用為議），所以終極而言，我們止於不知。

以上太公調的見解也曾由北海若以較省略的話說過，那比小還小、比大還大的東西已經不是有形之物了，有形之物中之粗者可以用言語說，細者可以用思慮得，然而那無形之至小者、不可範圍之至大者便不是言語和思慮所能及的了：

> 河伯曰：「世之議者皆曰：『至精〔猶至細、至小〕无形，至大不可圍〔範圍〕。』是信情〔二字：實理〕乎？」
>
> 北海若曰：「夫自細視大者不盡，自大視細者不明〔釋性通曰：夫自細視大者，直不盡而止，非大止于此也；自大視細者，至于不明而止，非細而無形也〕。夫精，小之微也；垺〔特大〕，大之殷〔大〕也：故異便〔馬敘倫曰：此三字當在上文「自視細者不明」下〕。此勢〔形。精、微、垺、殷，皆形也〕之有也。夫精粗者，期〔定〕於有形者也；无形者，數〔說，見王叔岷 1988: 837 註 3〕之所不能分也；不可圍〔範圍〕者，數〔說〕之所不能窮也。可以言論〔當作「諭」：告〕者，物之粗也；可以意致者，物之精也；言之所不能論〔當作「諭」：告〕，意之所不能察致者，不期〔定〕精粗焉。」（〈秋水〉郭 572 王 593-594）

太公調和北海若都以言與意做為人的兩種並行能力，意是非語言的思考途徑，但是即使是言與意互補，尚不能囊括一切，有的東西是不可意與言的。

無為不能做為人生的真諦，莊子還有一個故事重覆此點。故事的主角是「知」，這個名字很不祥，暗示他很難得道。他北遊，遇到「无為謂」而問「何思乃知道，何處乃安道，何從乃得道」三個問題，

「无為謂」人如其名，不說一話，他不說是因為他不知要回答。「知」往反方向去，又遇「狂屈」，問同樣的三個問題，狂屈是無心之人，纔說知道答案要回答，就忘了想說什麼。「知」回到黃帝之宮，終於從黃帝口中得到答案，是無思、無處、無從。可是說出答案的黃帝卻坦承自己不如人，「无為謂」不知什麼是道，是最上乘的，「狂屈」知而又忘，次之，他知道什麼是道，就不近道：

知〔單名〕北遊於玄水之上，登隱弅之丘，而適遭无為謂〔三字名〕焉。知謂无為謂曰：「予欲有問乎若〔汝〕：何思何慮則〔乃〕知道？何處何服〔借為伏：處〕則〔乃〕安道？何從何道〔由，從〕則〔乃〕得道？」三問而无為謂不答也。非不答，不知答也。

知不得問，反於白水之南，登狐闋之上，而睹狂屈〔無心之人〕焉。知以之〔是〕言也問乎狂屈。狂屈曰：「唉！予知之，將語若。」中欲言而忘其所欲言。

知不得問，反於帝宮，見黃帝而問焉。黃帝曰：「无思无慮始知道，无處无服始安道，无從无道始得道。」

知問黃帝曰：「我與若知之，彼與彼不知也，其孰是邪？」黃帝曰：「彼无為謂真是也，狂屈似之，我與汝終不近也。夫『知者不言，言者不知，故聖人行不言之教』〔引《老子》〕。……」

知謂黃帝曰：「吾問无為謂，无為謂不應我，非不我應，不知應我也；吾問狂屈，狂屈中欲告我而不我告，非不我告，中欲告而忘之也；今予問乎若，若知之，奚故不近？」

> 黃帝曰：「彼其真是也〔者〕，以其不知也；此其似之也〔者〕，以其忘之也；予與若終不近也〔者〕，以其知之也。」
>
> 狂屈聞之，以黃帝為知言。（〈知北遊〉郭 729-734 王 805-809）

無思無慮、無處無服、無從無道，籠統言之就是無知無為，可是知曉這個道理並有志去做，反而於道為遠，知曉而又忘記了的似是有道者，絕不知的是真有道者。

再一則故事是老師教以端正體態、目視專一、收攝知覺思考，這些道理也很好，可是學生卻不用聽，更不必做：

> 齧缺[62]問道乎被衣，被衣曰：「若正汝形，一汝視，天和將至；攝〔收攝，同前句之專一〕汝知，一〔「正」誤〕汝度〔形〕，神〔鬼神之神，〈人間世〉：鬼神將來舍〕將來舍。德將為汝美〔德將盛美於汝〕，道將為汝居。汝瞳〔通僮：未有知，愚〕焉如新生之犢而无求其故。」言未卒，齧缺睡寐。被衣大說，行歌而去之，曰：「形若槁骸〔人百骸猶木眾枝〕，心若死灰，真其實〔所〕知，不以故〔巧〕自持。媒媒〔晦貌〕晦晦，无心而不可與謀。彼何人哉！」（〈知北遊〉郭 737-738 王 813）

學生自己問道，卻不聽老師講道，這受到老師大大稱讚，此其說何哉？問道，是表示自己不知道什麼是道，並有意願去知；不聽人講道，是己已明知沒有人能知曉道，及說明什麼是道。學生睡去，而老師唱歌說「形若槁骸，心若死灰」，這不是形容人睡覺的模樣，而是換個方式來說道不可知、不可聞，所以人應該變得槁木死灰，才是聞道、得道的正確模式。

再推進一步言，則老師應該至死都不言X是哪一種人生真諦。神農聽聞老龍吉的死訊，謂老龍吉未以其狂言啟之，而遂先死。弇堈弔聞死訊，謂老龍吉於道未得秋毫之端的萬分之一，「猶知藏其狂言而死，又況夫體道者乎」（〈知北遊〉郭 754-755 王 833）。

老師對學生問道是否可得，應斷然告以不能：

> 舜問乎丞（官名）曰：「道可得而有乎？」曰：「汝身非汝有也，汝何得有夫道（成玄英曰：道者，四句所不能得，百非所不能詮）！」（〈知北遊〉郭 739 王 816）

齧缺的另一則故事也表達同一理念，不知如何回答，才是做老師的作風，而學生得不到答案，反而踊躍大喜：

> 齧缺問於王倪（齧缺之師，見〈天地〉篇），四問而四不知，齧缺因躍而大喜。（〈應帝王〉郭 287 王 275）

齧缺喜什麼？喜的是「不知道」即是正確答案。

又再推進一步言，則應該不問道、不求道。黃帝和「知」還有另一則寓言，是黃帝在野外遺失了玄珠，遺知解最好的「知」、視力最好的「離朱」、言辯最好的「喫詬」三人先後去尋找，都找不到，最後派沒有形象的「象罔」，反而將玄珠帶回來：

> 黃帝遊乎赤水之北，登乎崑崙之丘而南望，還歸，遺其玄珠。使知（比喻知解）索之而不

得，使離朱〔比喻視力〕索之而不得，使喫詬〔比喻言辯〕索之而不得也。乃使象罔〔似有象而實無〕，象罔得之。黃帝曰：「異哉，象罔乃可以得之乎？」（〈天地〉郭 414 王 424）〈大宗師〉篇稱許黃帝之「知」最為高超（〈大宗師〉郭 280 王 264），所以此處知、離朱、喫詬、象罔不是四人，而是隱喻黃帝的四個性能。道不可知、不可視、不可言，唯有冥而合之。

五、知與言的限度

莊子常說知應止於其所不知，言應與知一致，言其所知而休於其所不知，這不知、休言的指的就是X：

1. 夫大道不稱〔稱謂〕，大辯不言……。道昭而〔則〕不道〔道為冥，昭則非也〕，言辯而不及……。故知止其所不知，至矣。孰知不言之辯，不道之道？若有能知，此之謂天府。注焉〔之〕而不滿，酌焉〔之〕而不竭，而不知其所由來，此之謂葆光〔若有若无，謂之葆光〕。（〈齊物論〉郭 83 王 73，作者自語）

2. 學者，學其所不能學也；行者，行其所不能行也；辯者，辯其所不能辯也〔宣穎曰：三者皆不知止〕。知止乎其所不能知，至矣；若有不即是者，天鈞敗之〔矣〕。（〈庚桑楚〉郭 792 王 885，作者自語）

3. 彼〔孫叔敖、南市宜僚〕之謂不道之道，此〔孔子〕之謂不言之辯，故德總乎道之所一，而言休乎知之所不知，至矣〔又見〈齊物論〉、〈庚桑楚〉〕。道之所一者，德〔郭象釋為得〕不能同〔成玄英所見本作「周」〕也；知之所不能知者，辯不能舉也……。狗不以善〔喜好〕吠為良，人不以善言為賢。（〈徐无鬼〉郭 852 王 962-963，作者自語）

4. 夫知遇而不知所不遇〔知：見。遇：見。句云：見見而不見所不見〕，知〔衍字〕能能而不能所不能。无知无能者，固人之所不免也。夫務免乎人之所不免者，豈不亦悲哉！至言去言，至為去為。齊知〔平凡之知，淺知〕之所知，則淺矣！（〈知北遊〉郭 765 王 847，作者自語）

莊子又說，「不知」是可恃的。人不知的事物、事理不勝其多，就算是聖人亦猶如此，莊子主要說的是對道、終極的X等於什麼這個問題的無知：

故足之於地也踐〔通「淺」〕，雖踐〔通「淺」〕，恃其所不蹍而後善博〔博大廣遠〕也；人之〔補「於」〕知也少，雖少，恃其所不知而後知天之所謂也。（〈徐无鬼〉郭 871 王 988，作者自語）

人皆尊其知之所知，而莫知恃其知之所不知而後知，可不謂大疑乎！（〈則陽〉郭 905 王 1026，作者自語）

蓋知是有限的，只能知一偏、一曲，故不知曉道，無足為異：

知者之所不知，猶睨也〔宣穎曰：如目斜視一方，所見者不多〕。（〈庚桑楚〉郭 810 王 906，

作者自語）

我們看到了莊子提出了宇宙生成問題的答案再予以否決，與提出了人生真諦再予以否決，以及將答案忘掉的做法，與不求知道的做法。這樣一來，得道者對道的內涵、特性將一無所知，這聽起來像弔詭之言，但也理有必然，下節將解釋這一點。

由無知不言到暫知假言

一、原始無知與後得無知

象罔之名，槁木死灰之喻，以及做老師的不知道、不言道，做學生的不問道、不聞道，都是得道的表徵。表面看來，莊子此說法非常弔詭，不過其實並非如此，莊子把道劃入人絕對不能知的領域，因此求知、以為道可知，是還未知，而以道為不可知，也就不再求知道，則是已知。所以一般說的「不知」應區分兩種情形，俗人不知有道，不知應求道，這是一種，而得道者不知道為何物，不知如何求道，是另一種，兩者不要混為一談：

則其解之也，似〔以〕不解之者〔也〕；其知之也，似〔以〕不知之也，不知而後知之。（〈徐无鬼〉郭 873 王 989，作者自語）

另外，也不應將槁木死灰與土塊的無知混為一談。患有某種腦疾的人沒有自發的心智活動，心中一片空白，身不動如槁木[63]，他們和土塊不知道之不可知、不可求，這是真無知，得道者知曉道之不可知、不可求，是寓無知於有知。馮友蘭對莊子哲學中這兩種無知（真無知、知無知）曾經解說過：

> 道家求最高知識與最高境界的方法是去知。去知的結果是無知。但這種無知，是經過知得來底，並不是未有知以前底原始底無知。為分別起見，我們稱這種無知為後得底無知。（1945: 47）

馮友蘭接著說，原始的無知有似於後得的無知，兩者都是渾沌，但是仔細來看，仍有差別。前者是「不知對事物作許多分別」，後者是對事物已作分別後，「忘其對事物所作底分別」。他接著指出，道家往往不能清楚認識兩者的差別，他們所讚美的原始社會與嬰兒、赤子、愚人，其渾沌無知，有似聖人，「其實這種相似只是表面底。其境界的差別，是兩個極端的差別。」（1945: 47-48）馮友蘭批評得也對也不對，前面看到「知」問道於「无為謂」和「狂屈」的寓言，是以「无為謂」高於「狂屈」，而實際上「无為謂」是原始的無知，「狂屈」則是後得的無知，後者才是可勉而至的境界，莊子這則寓言同樣犯了道家崇尚原始無知的毛病，實際上我們只能做到後得的無知，也應該以後得的無知為目標。但是達到後得的無知的聖人，既然已經悟解到無知才是答案，則他們當會嚮往原始的無知，而自以為終遜一籌。所以馮友蘭的批評，也對也不對。

二、嘗試言道

雖說道不可知、不可言，但是莊子有更多關於道的正面表述。從理論意義上來說，莊子對道的正面表述無疑是違規的，但從實踐或教育上來說，為了開化世人，則不得不有言：

莊子曰：「知道易，勿言難。知而不言，所以之（為）天也；知而言之，所以之（為）人也；古之人，天而不人。」（〈列御寇〉郭1045王1263，莊子自語）

得道者不應言，可是為了世人也可以言。世人尚不知「道」，遑論知「道」之不可知，他們對道有疑惑，正應該發問。得道者自然可以對世人的疑惑答以「我不知道答案」，但是世人不懂得「不知道」即是答案，還會再找別人詢問，所以得道者應該還有另一個接引眾生的方法。莊子認為道有充實的內容，雖然錯亂不同卻沒有時間相（變遷不分先後），因此慕道者對X仍可以發問，而由於X不落於「有崖」與「無崖」的兩邊，所以對它只能說個大略：

其問之也，不可以有崖，而（亦）不可以无崖（呂惠卿曰：則學者之欲問是，不可以有崖，以有崖則係乎有也；亦不可以無崖，以無崖則係乎無也。崖者，自其邊徼而求之之謂也。雖然，亦不可以求之有崖無崖之間也，儻然委之，則脗合而已矣。○陸西星曰：又為初機立箇方便法門。設欲講求此理，則不可以有崖，而又不可以無崖。蓋「大方」似無崖，而「大定」又似乎有崖，如釋氏所謂空而不空、不空而空。○楊文會曰：此誡學人發問，不可墮有無二邊也。蓋有則墮「增益過」，無則墮「損減過」。若欲免此二過，心計亦有亦無，則墮「相違過」。又計非有非無，則墮「戲論過」。離此四過，方可問道）。頡滑（複語，不同，錯亂）有實（沈一貫曰：雖頡滑無常，而各各實在），古今不代（易。楊文會曰：古未嘗往，今未嘗來，見有時代遷流者，皆妄情耳〕，而不可以虧〔楊文會曰：既無往來，何虧之有〕，則可不謂有大揚搉〔大揚搉：大略，大凡〕乎〔此四句指道〕！闔不亦問是已，奚惑然為〔乎〕！以不惑解惑，復於不惑，是尚〔進於〕大不惑〔以道的大略，解人對道之惑，然後人便不惑，這就進於大不惑。○劉鳳苞曰：道不可知，而實有其可知。問則可以解其惑，不問則必妄用其知。一問而即復於不惑，其所謂不知者乃所謂大不惑者也〕。（〈徐无鬼〉郭 873 王 989，作者自語）

莊子傳道解惑的限度是以道的大略解世人對道的疑惑，使世人由惑復於不惑，可是這不惑又分兩種。以得到大略的答案為有知，是一種不惑，而以大略的答案為不足，進而瞭解到怎麼樣也無法對 X 說個清楚，是「大不惑」。這段原文前接的話，是：「則其解之也，似〔以〕不解之者〔也〕；其知之也，似〔以〕不知之也，不知而後知之。」（已引於上小節）以不解來解，以不知來知，這便不能安於大略的答案，必須跳升到以道為不可知，以此不知為知。

莊子許多對道可知可行的正面表述都只是解惑，若以為道即是此，反生大惑。因此傳道者需要運用三個手法，第一個是聲明他們只能說個大略，不能精確也不能完整：

1. 夫子〔孔子〕以為孟浪〔較略，不精要，不委細〕之言。（〈齊物論〉郭 97 王 85，瞿鵲子引述孔子之言）
2. 我為汝言其大略。（〈大宗師〉郭 281 王 264，許由語意而子）
3. 願先生之言其風〔讀為凡：大凡，崖略〕也。」（〈天地〉郭 431 王 441，將閭葂語季徹）

4. 嘗〔郭象曰：未之敢必〕為汝議乎其將〔①主：宗主。②齊：分齊，分劑，大劑：粗略而不能委細。③大。三義相近〕。（〈田子方〉郭 712 王 779，老聃語孔子）

5. 將為汝言其崖略〔約略〕。（〈知北遊〉郭 741 王 818，老聃語孔子）

第二個手法是聲明他們並不能講道，這有點類似電影開演之前打出「本片故事純屬虛構」那樣，請聽眾勿把他們接下來要提出的大略說法當真[64]。長梧子對瞿鵲子講道之前，先聲明：

予嘗為女妄言之，女以妄聽之〔王叔岷曰：妄則不執著〕，奚〔何如〕？（〈齊物論〉郭 100 王 87，長梧子語瞿鵲子）

既然妄言，則隨口說出的話，有多少真實的成分？意而子問造物者於許由，許由說：

噫！未可知也。我為汝言其大略。（〈大宗師〉郭 281 王 264，許由語意而子）

既然未可知，則說出來的話，是知還是不知？另一回，孔子見老聃的身體特立如槁木，不像是活人，覺得驚異無比，老聃說自己剛才「遊於物之初」，孔子請他解釋，他在嘗試解釋之前，先聲明：

心困焉而不能知，口辟焉而不能言。嘗〔郭象曰：未之敢必〕為汝議乎其將〔①主：宗主。②齊：分齊，分劑，大劑：粗略而不能委細。③大。三義相近〕。（〈田子方〉郭 712 王 779，老聃語孔子）

既然難言，則勉強擠出來的辭令，可信的有多少？又有一回，孔子直接向老聃問至道，老聃開講以前，也聲明：

夫道，窅〔冥〕然難言哉〔成玄英曰：至道窅冥，難可言辯〕！將為汝言其崖略〔約略〕。（〈知北遊〉郭 741 王 818）

講了一大篇後，結束時卻照應開講前的警告語：

彼至〔至於道〕則不論，論則不至；明見无值〔借為直：正見。以不見為明見〕，辯不若默；道不可聞，聞不若塞：此之謂大得。（〈知北遊〉郭 746-747 王 823）

要將聽到關於道的說法闔塞之，才能大得。

第三個手法是令自己講話等於沒講，和隱而未講的等於講了：

无謂有謂，有謂无謂。（〈齊物論〉郭 97 王 85，瞿鵲子轉述孔子之語）

故曰〔脫「言」〕无言〔此句可有二義，一為說而未說，已言者皆可抹去，另一為以無法說者為說，說那無法說的。○王叔岷曰：言則離道，不言不足以明道，故當言如無言耳〕。言无言，終身言，未嘗不〔字衍〕言；終身不言，未嘗不言。（〈寓言〉郭 949 王 1089，作者自語）

傳道者說了什麼不重要，重要的是那隱而未說的。可是那隱而未說的不是任何東西，而乃以傳道者說的內容為提示，讓聽者去揣摩什麼是傳道者欲說而無法說的。這便是從不惑進於大不惑之意，亦得魚忘荃、得兔忘蹄之意：

荃〔①捕魚器。②香草，可以餌魚〕者所以在〔得〕魚，得魚而忘荃；蹄〔繩〕者所以在兔，得

> 兔而忘蹄；言者所以在意，得意而忘言。（〈外物〉郭944王1082，莊子語）

魚兔荃蹄之論，牽涉到言意之辨。言不能盡隨意與情而傳之，即使匯言而成書，仍不足貴：

> 世之所貴道者，書也。書不過語，語有貴也。語之所貴者，意也，意有所隨。意之所隨者，不可以言傳也，而世因貴言傳書。世雖貴之，哉〔「我」誤〕猶〔則〕不足貴也，為其貴非其貴也〔郭象曰：其貴恆在意言之表〕。故視而可見者，形與色也；聽而可聞者，名與聲也。悲夫！世人以形色名聲為足以得彼之情。夫〔而〕形色名聲，果〔實〕不足以得彼之情，則〔故〕知者不言，言者不知，而世豈識之哉！（〈天道〉郭488-489王496，作者自語）

是則莊子之書亦不足貴，然而這並非作焚書之論，而是說莊子明知「道」不可言而嘗試妄言之，與嘗試言其易言之概略而迴避難言之至大與精微，希望讀者善加體會而自行悟得莊子欲明之道。由於書中對道的正面表述多半沒有作警告性聲明，所以我們必須作上述的自我提醒，不要把書上寫的當成真確不移，應要得意忘言。

三、分辨大夢之言與大覺之言

以上是關於X不可完全、詳細解答，但可嘗試言其概略，藉此概略說法來提示無法言表的真理X，請聽者讀者自行解悟，這種特異的表達手法在〈齊物論〉中有進一步論證。莊子對有無和生死現象舉出未始有物、以生為喪以死為返、「始無、既生、終死」等三種看法（見第五型解釋〈庚桑楚〉「道通」章），三種看法皆打破常人貴生的思想，看重生命以外的存在或不存在，故應該要著眼於生命之外，方能對X做正確的解答。我們為生命所拘，雖然盡思維之力思索更周全的觀點，也用文學方法想像超越人生之所知（例如〈至樂〉篇莊子夢見髑髏與之語），但是不能實際移步到未生、已死的階段，或真正消融身心為未始有物的狀態，所以無法確證X是什麼。有生之年如果對X嘗試求解，不管已經動用過何種手段（如神秘體驗、想像、智的直覺、「四句」等），都仍然可以接受挑剔，極度不具同理心的話也完全有資格予以駁回。

〈齊物論〉此章是設為瞿鵲子與長梧子的對答，其中含有人生為夢、死為大覺的思想，另含有辯論無法得到真理的分析，讀莊者無不熟悉這兩者，可是大部分人（尤其是現代研究著作）都將這兩者當做獨立的兩段思想。林雲銘認為這兩段分別演繹章中「參萬歲而一成純」與「萬物盡然，而以是相蘊」二命題，我覺得仍不夠理想。王叔岷與新近發現的呂惠卿《莊子義》足本對「丘也與女，皆夢也；予謂女夢，亦夢也」指為瞿鵲子和長梧子一開始的交涉，從而全章才有一以貫之的軸線。我對這條軸線稱為大夢之言與大覺之言的對比，下面我解析全章，重要處依王叔岷之說，亦兼採他人注釋或以己意解之，以對X可初步說明而不可全知再進一解。

瞿鵲子問乎長梧子曰：「吾聞諸夫子（孔子）**，聖人不從事於務**（強，勉強）**，不就利，不違害，不喜求，不緣道**（①成玄英曰：夫聖智凝湛，照物無情，不將不迎，無生無滅，固不以攀緣之心行乎虛通至道者也。②王叔岷曰：《方言》一三：「緣，廢也。」道讀若守。「不緣道」，猶言「不廢守」，與「不喜求」對言）**；无謂有謂，有**

謂无謂〔成玄英曰：謂，言教也。夫體道至人，虛夷寂絕，從本降跡，感而遂通。故能理而教，無謂而有謂；教而理，有謂而無謂者也。○陸樹芝曰：心止於不知，則無是非之辨矣，而正非無說以處此也，故云「無謂有謂」。止於不知，則有「葆光」之說矣，而要非以辯守勝也，故云「有謂無謂」〕，**而遊乎塵垢之外**〔王叔岷曰：此喻不為世俗所累也〕。**夫子**〔孔子〕**以為孟浪**〔較略，不精要，不委細〕**之言，而我以為妙道之行也。吾子以為奚若？」**

關於瞿鵲子、長梧子二人名之寓意，呂惠卿有極浹洽的解釋，他從梧樹為鳳所棲、及鳳鵲之別，而說瞿鵲視梧樹而趣之，築巢其上，象徵「以知而入道者」，長梧無擇於鳳鵲，任鵲作巢，象徵「體道而無心者」：

> 鵲之為物，工於為巢，而知歲之所在，則鳥之智者也。「瞿」則視而趣之也。長梧則鳳之所棲也，鵲而巢之，為非其所。然瞿鵲知擇長梧而集之，則以知而入道者之譬也。長梧不知擇瞿鵲，則體道而無心者之譬也。（2009: 46）

我稍不同意呂惠卿對長梧子的解釋，我認為長梧子可代表體道之人，不過他所體的是大夢中之道，非大覺中之道，大夢與大覺的分辨後詳。

本章還有未出場之第三人，即瞿鵲子所稱的「夫子」和長梧子所稱的「丘」。夫子和丘是否為第三人，原成問題。自東晉崔譔說夫子是長梧子、其名為丘（見郭慶藩 1961: 98 註 1 引《經典釋文》）以來，很多古代注者都如此以為，這影響到本段的「聖人不從事於務」至「而遊乎塵垢之外」八句成為長梧子的話，而後面長梧子說「旁日月」至「而以是相蘊」，成為重新發揮他自己這段話（例如劉鳳苞之注）。也有古代注者認為夫子和丘是孔子，俞樾指出後文長梧子說「丘也與女，皆夢也；予謂女夢，亦夢也」，既云丘又云予，所以長梧子不可能名為丘，丘和夫子都應指孔子（郭慶藩 1961: 98註1），此辨甚確。此後長梧子的聖人論，是反駁孔子的聖人論以後提出他自己的論述。

瞿鵲子稱引孔子的話是：聖人不從事於勉強，事來則應之以自然。不趨利，也不避害。不喜營求，不廢持守。無言教而有言教，有言教而無言教。還有，遊於塵垢之外。林雲銘以為「聖人不從事於務」接「而遊乎塵垢之外」，中間六句發揮第一句，此讀於文章更順。

八句話有少數需要說明。「不緣道」這句話以道非聖人所循行，多數注者以為這太不可能，所以發揮巧思來變通其義，像是說聖人無心於緣道、乃自然合道，或聖人行道而無跡等。王叔岷出於訓詁學識，將不緣道解為不廢守，作用與他人注解一樣。例外者是真常的解釋，如成玄英主張真常不可云為將、云為迎，不可云為生、云為滅，所以也不可以為它循行於道，章炳麟說「所證無有境界，……故雖隨俗言緣，其實不緣也」（1986: 105）。

「无謂有謂，有謂无謂」，是並排「說」與「沒說」，並調動次序，反覆兩遍，很難明白兩詞的相互關係是什麼，有的注者乾脆缺注，或雖注而無所發明。至於願意解釋的注者，則勢需摻合某些理論架構。成玄英從真常和其跡來解釋，以真常無言說，為教導世人而言說；言說後，得其理者則不言說。陸樹芝以「心止於不知」來解釋，說不知則無是非，無是非則不言說，但有話可以說明此狀態，此狀態即葆光：「其心虛明廣大，直是天府矣。天府之包涵何極，自注而不滿；天府之蘊蓄無窮，自酌而不竭。……能葆其光，而不至炫以待盡也。」（2011: 27）葆光的狀態雖有話可以說明，可是說明不是為了辯勝，故又等於沒說。兩種注解所含的理論很不同，但是對於言說為何相當於不言說，解釋的理路差不多。

沒說等於說，說等於沒說，孔子既出此言，就首先應該適用於他自己，因此他的八句聖人論應依「說等於沒說」來自我推翻。呂惠卿敏銳察覺這一特性，解釋孔子自謙其聖人論是梗概言之，便是藏其妙理未說：

〔夫子〕未之嘗言，則藏其妙理，以為孟浪之言。而學者……苟用其言以求之，則未免於為夢也，故其寓如此。……瞿鵲子未足以與此，是以夫子雖嘗言之而藏之，「以為孟浪之言」也。雖然，自長梧子之不知所擇觀之，則以為妙道之行者固非也，以為孟浪而不與之言者亦非也。所謂道者，非言默之所得載也。（2009: 46-47）

凡有言說，即如捕魚之荃、捕兔之蹄，不等於魚兔。若給人荃蹄，其人珍而貴之，則不能得魚兔。但若不給人荃蹄，則魚兔永不可得。正確的觀念是持荃蹄捕魚兔，而荃蹄和魚兔是長相性質完全不相干的事物。同理，書不可以傳意，但若廢書，則無以導人於會意。孔子明白揭示其聖人論只是入聖的門徑，入門之後的進境決非任何語言（以及沈默不言）所能描述，瞿鵲子卻未悟解得魚忘荃之旨，執之以為究竟之言，這就錯了。呂惠卿以執著於孔子之言為「夢」，這是照應後文而來的關鍵字，非常要緊。

孔子自認為他這些關於聖人之說是疏略、不精要的講法，而瞿鵲子聽了卻認為是妙道之行，故提出來請教長梧子，孔子和他何人為是，此聖人論是粗是精。孟浪，亦有解為無所趨舍（向秀）、無邊岸（宣穎、劉鳳苞）、不著實（陸西星、林雲銘、宣穎、陳壽昌、陳鼓應 1983: 86 註 6）、虛浮（釋性通）、荒唐不羈（吳怡 2000: 60）等，諸義並近。注家採用這類詞義解釋，是將孔子看做儒家，先傳述道家之言再擯斥為不切實際的無稽之談，後文由長梧子替道家辯護，於是孟浪成了譏訕語。這麼讀不如將孔子當成道家人物，正面提出道家的聖人論，再自謙為疏略之言。王念孫（轉引於王叔岷 1988: 86 註 7）、郭慶藩（1961: 99 註 7）提出莊子之「孟浪」、墨子之「摹略」、《廣雅》之「無慮」、《昭明文選》劉逵注之「莫絡」，皆一聲之轉的聯綿詞，義為郭象注的率略，或諸家注的較略、不精要、不委細，而左思〈吳都賦〉曰：「若吾之所傳，孟浪之遺言，略舉其梗概，而未得其要妙也。」（轉引於王叔岷 1988: 86 註 7）此已自行解釋孟浪之義。此釋正確，不可不從[65]。又，莊子常說發言要言其大凡、概略，與此言孟浪同一道理（見上小節）。

長梧子曰：「是黃帝之所聽熒（熒，有的版本作瑩，二字並借為瞀，惑也。聽熒：疑惑。○陸樹芝曰：言此道難知，即黃帝聽之而猶惑也）**也，而丘**（孔子）**也何足以知之！且女**（汝）**亦大**（太）**早計，見卵而求時夜**（雞），**見彈而求鴞炙。**

長梧子認為問題不是在妙道之行與粗略之言中間二者擇一，為孔子的聖人論做一定位，因為其說連人類中知解最高的黃帝（見〈大宗師〉郭 280 王 264）聽到猶感疑惑，所以孔子不可能得知、傳授那種說法。然後他批評瞿鵲子太猴急，猶如看到蛋就覺得雞已經長大，見了彈丸就想到鳥肉燒烤好了，這是比喻瞿鵲子聽聞孔子之言便遽促尊信，踴躍實行，其實孔子的話一點也不可靠。

這裏必須追究瞿鵲子和孔子兩人分別錯在哪裏。孔子的聖人論可以通往聖人境界，但本身不是對聖人境界的說明，瞿鵲子錯在將他聽聞的話當成妙道本身了。呂惠卿解釋仍然很好：

> 時夜生於卵，而卵未可以為時夜也。鴞炙得於彈，而彈未可以為鴞炙也。妙道因於所聞，而所聞非妙道。則聞道者必勤行之，至於脗合而後止。今以所聞為妙道之行，是見卵以為時夜，見彈以為鴞炙，則太早計者也。今之聞道者，自以為悟，而不知日損以至於無為者，皆瞿鵲子之徒也。夫道，不可以言傳、不可以耳聽者也。（2009: 47）

從呂注可以瞭解到，瞿鵲子不只是對孔子的話歡心聽聞，而且是立即踐行。至於孔子錯在哪裏，要到後文才明朗。

「予嘗（試）**為女妄言之，女以妄聽之**（王叔岷曰：妄則不執著）**，奚**（何如）？**旁**（借為方，《說文》：「方，併船也。」）**日月**（郭象曰：以死生為晝夜，「旁日月」之喻也）**，挾宇宙**（王叔岷曰：挾宇宙，喻懷萬物）**，為其脗合**（陸樹芝曰：言不存彼此之見。○鍾泰曰：用其齊也）**，置其滑涽**（複語，亂。鍾泰曰：舍其不齊也）**，以隸**（成玄英曰：隸，皁僕之類，蓋賤稱也）**相尊**（成玄英曰：一於貴賤也。○王叔岷曰：謂忘貴賤）。**衆人役役**（馬敘倫說，役通吺，《說文》：「吺，讘吺，多言也。」）**，聖人愚芚**（複語，愚。芚為萶省，通鈍）**，參**（合）**萬歲而一成純**（①章炳麟曰：夫愚芚者，其觀萬歲猶一純束之中，纏縛不解。②馬敘倫說，純借為均，《說文》：「均，平徧也。」）**，萬物盡然，而以是相蘊**（馬敘倫曰：陸德明曰：「蘊，本亦作緼。」倫按當作緼，《說文》：「緼，紼也。」「紼，亂枲也。」亂枲相依以成。○枲：麻類植物的纖維）。

長梧子否決孔子的聖人論後，嘗試為瞿鵲子提出他自己對聖人的理解，是：並排日月，以將生死視為晝夜輪替般的規律；挾宇宙，表示懷萬物；做到事物互相吻合而消除彼此、分別的間隙，不立異同之見；擱置棄絕事物之紛亂，不求分辨之明；用卑賤的地位互相尊稱，以一人我之貴賤。眾人嘵嘵多言，聖人愚鈍默默，因其愚鈍無知，故合千秋萬歲而齊一均遍觀之，觀其纏縛不解，也任萬物之盡自以為然，以此「然」見相依相疊。

這裏可以來分析長梧子和孔子的聖人論有何不同。長梧子之說很單純是齊一的思想，別無其他高見，孔子之說表面上分列為幾條不相統屬之行動和說話原則，可是大部分可與齊一的思想相通，所以重要的差別可能不在於兩人聖人論的內涵，而在於定位。瞿鵲子想得知妙道，長梧子現在就提供給他，和孔子不同之處就在這裏，孔子的學說定位不是妙道，而是粗疏之說[66]。

雖然長梧子的聖人論定位為妙道而孔子定位為粗疏之言，這並不是說長梧子自以為高於孔子，因為長梧子的「妙道」說法是在嚴重受限的條件下成立的，此所以他先聲明是「妄言」。下段他會說明，「妄言」是因為他作的是夢囈之語，非覺醒之言。

「予惡乎知說〔悅〕**生之非惑邪！予惡乎知惡死之非弱喪而不知歸者邪**〔郭象曰：少而失其故居，名為弱喪。夫弱喪者，遂安於所在而不知歸於故鄉也〕**！麗之**〔語助〕**姬，艾封人**〔典封疆者〕**之子也。晉國之始得之也，涕泣沾襟；及其至於王所**〔通「處」〕**，與王同筐**〔借為匚（ㄈㄤ）：方〕**牀，食芻豢，而後悔其泣也。予惡乎知夫死者不悔其始之蘄**〔通祈：求〕**生乎**〔陸樹芝曰：以上言聖人之所以愚芚無知者，以人之大和小知皆非真知也。即如生之可悅，死之可惡，誰不自謂知之无疑者？然生，寄也；死，歸也。未死則死可惡，既死安知不以死為可樂，如麗姬之始而泣，既而悔乎？然則人固無一定之知，自無有一定之是非矣。且人生一大夢耳，不特無一定之知，並其知亦原算不得知，不過夢中之幻見而已。故下文又以夢覺喻之〕？**夢飲酒者，旦而哭泣；夢哭泣者，旦而田獵。方其夢也，不知其夢也。夢之中又占其夢焉，覺而後知其夢也。且有大覺而後知此其大夢也，而愚者自以為覺**〔釋性通曰：此責瞿鵲子妄聽一言半句，便以為妙道之行〕，**竊竊**〔通察察：細語〕**然知之。君乎，牧**〔牧人，喻賤〕**乎，固哉**〔①王叔岷曰：無論貴、賤，皆自以為覺，何其固陋也。②釋性通曰：君乎，是瞿鵲子自以為妙道之行；牧乎，指夫子以為孟浪之言也〕**！丘也與女，皆夢也**〔呂惠卿曰：則丘也，藏其言以為孟浪，而汝言之以為妙道，皆夢也。則「方其夢也，不知其夢」之類也。○王叔岷曰：此謂丘以為孟浪之言，汝以為妙道之行，皆夢也〕；**予謂女夢，亦夢也**〔呂惠卿曰：今子（「予」誤）謂汝夢者，亦夢也。則「夢之中又占其夢」之類也。何則？以其皆言悅知識，而非道之真也。○詹康按：此謂「且女亦大早計」等言〕。**是其言也**〔王叔岷曰：指上文「吾聞諸夫子」之言〕，**其名為弔詭**〔猶〈德充符〉、〈天下〉篇「諔詭」，奇異也〕。**萬世之後而**〔如〕**一遇大聖知其解者，是**〔猶〕**旦暮遇之也**〔王叔岷曰：旦暮乃極短之時，意謂萬世之後，亦不易遇一大聖能了解其言也〕。

這段不算短、關於生死為大夢和大覺的話，讀者一般都以為與前後文不相連屬，好像是獨立的思想，但是釋性通指出「愚者自以為覺」譏瞿鵲子以孔子之言為是，呂惠卿、王叔岷指出「丘也與女」指代丘謂為孟浪之言而汝謂為妙道之行，「予謂女夢」指向長梧子對瞿鵲子的指責，「是其言也」指向孔子的聖人論，於是這段話便和前面的文章連繫起來了。

長梧子的說理分為四層。首先，夢中的知識見解是幻見而非真知。第二，睡眠之夢乃嵌於人生之中，而人生又可比做大夢，死後才是大覺。因此人生中的知識見解仍是幻見而非真知，上至君主，下至牧人賤役，只知睡眠與清醒之別，而以清醒時的知見為真，實在固陋得很。第三，孔子以為自己的聖人論是粗略之言，以及瞿鵲子認為是妙道之行，這兩種自評和評價都是大夢之言，難說孰正孰誤。長梧子批評瞿鵲子聽聞孔子之說便太猴急，也還是大夢之言。他的反對和批評，說穿了是「夢之中又占其夢焉」，缺乏真實性。

第四，長梧子既然自覺到他並不站在確定的基礎上批評孔子「何足以知之」，便需要承認孔子之說或許是對的。可是，其說太奇異（弔詭）了，以致從人生中間找不到觀點來予以認同。他誇張的說，如果三十萬年（萬世，三十年為一世）後能遇到一個懂得此說的人，那像是只等了從旦到暮的半天時間而已，這是形容絕望之辭，孔子的聖人論幾乎不可能找到懂得的人，他自己是決不認同。

為什麼是這樣呢？從長梧子做夢覺、幻真之別來看，是把X之所以不可知，解釋為我們活著的生命造成了侷限。他把孔子持荃所捕的魚，定位於死後的大覺才能得知的真理。因此才會稱其說太過奇異，超過了人生所能想見的所有觀點。這不僅對長梧子為然、對黃帝為然，且應該對所有活著的人皆然。是則孔子聖人論的精義完全不在它本身的八句話，而在於超離那八句話，這對長梧子而言，已經臻入大覺之言了，也就是貫通死生兩界之言。此所以長梧子批評瞿鵲子輕信孔子表面所言。他自己的聖人論則完全不同，是來自於人生中的觀點，因此他能很肯定的提出一己的論述。董懋策對長梧子批判孔子的立場有很精湛的衍述：

> 人知大覺，便想如何大覺，不知又增一大夢，自以為覺，夢莫大焉。「吾汝皆夢」，覺

> 莫大焉。離夢覓覺，轉展成夢。旦暮等觀，即大聖也。（《莊子翼評點》卷一頁二）

的確可以說，長梧子認為孔子在大夢中妄想大覺，只成另一種無法確知的知識，而唯有身在大夢中而自覺在大夢中，才是唯一可行的覺醒，針對大夢的境況提出只對大夢有效的知識才是人應該動腦努力的。

「弔詭」者，舊時二字拆開作解，《經典釋文》釋弔為至、詭為異，合言為至異、至怪。或釋弔為弔當（義在當、「理之不可易」），詭為卓詭（「俗之所驚」），如郭象、呂惠卿。俞樾找到弔與淑在古書上互通的例子（郭慶藩 1961: 205 註 2），現在更知甲骨文、金文借弔為伯叔之叔，及古書中弔有淑（善）義（陳初生 1987: 786），於是弔詭、〈德充符〉與〈天下〉之諔詭、《呂氏春秋・侈樂》之俶詭（郭慶藩 1961: 205 註 2）都是同一詞[67]，《經典釋文》引李頤釋諔詭為奇異，王叔岷並以二字分釋為非（1988: 90-91 註 18）。陳鼓應逕注為「怪異」，並稱與恢詭、譎怪同義，此亦是也（1983: 87 註 19）。張默生提出一個輔證：「今黃河流域之人，謂人說話不可信，謂之『掉詭』，此當古方言之流傳於今者。」（1993: 127）諔詭，成玄英一釋為奇譎，一釋為滑稽（郭慶藩 1961: 205 註 2 與 1101 註 12），自己不相一致，後釋為誤，不應再沿用。常有學者不識弔詭古義，以今語之「弔詭」、即英文 paradox（又作「悖論」）讀之，對於長梧子實是在大夢中，卻能想見大覺，並立足於大覺而反觀人生的大夢，稱為詭辯之論。雖然自成義理，卻並非文義。此處之文無何悖論，乃是長梧子受限於人生之大夢，無法認同大覺之言，故稱其言為奇異。

〈德充符〉的諔詭同此處的弔詭，而作諔詭之論者又正是孔子，可與長梧子之論相發明。故事是叔山无趾往見孔子，孔子先以其受刖刑而輕詬之，无趾回答說，他從前雖然不知該好好從事（「務」）於學，以致犯罪受刑，現在他來孔子處，是由於有比腳更尊貴的東西，他希望能好好從事（「務」）於保全它（或發展之以至於完整）。然後反譏孔子不能廣大如天地，包容受刑之徒。孔子遂承認其態度不當，客氣稱呼无趾為「夫子」，延之入，以講己之所聞。无趾聽完後就走了，沒有任何意見。孔子舉无趾勉勵弟子，說刖足之人尚還「務學」，何況全德之人呢。无趾和老聃談起向孔子問學之事，先說他覺得孔子聚生徒、勉力為學是不妥的，後說孔子希望（以怪異之言）成怪異之名，這種念頭對至人來說是桎梏，欲去之而後快。老聃問无趾說，既然他有這個感想，當時為什麼不開導孔子以齊生死、齊可否的道理，解其桎梏，卻默然離開呢。无趾回答說，孔子是受天之刑，那是他解不開的：

魯有兀〔借為跀：斷足〕者叔山无趾，踵〔至〕見仲尼。仲尼曰：「子不謹前，既犯〔遭〕患若是矣。雖今來，何及矣！」

无趾曰：「吾唯〔以〕不知務〔馬敘倫曰：務下疑奪學字〕而輕用吾身，吾是以无足。今吾來也，猶有尊足者存〔嚴復曰：尊足，謂尊於足者。○成玄英曰：形雖虧損，其德猶存〕，吾是以務全之也。夫天无不覆，地无不載，吾以夫子為天地，安知夫子之猶若是也！」

孔子曰：「丘則陋矣！夫子〔王叔岷曰：前云「子不謹前」，稱无趾為子，此改稱「夫子」，知其非常人也〕胡不入乎，請講以所聞！」

无趾出〔郭象曰：聞所聞而出，全其無為也〕。孔子曰：「弟子勉之！夫〔彼〕无趾，兀者也，猶務學以復補前行之惡，而況全德之人乎〔王叔岷曰：全德之人，蓋已由務學而超學矣〕！」无趾語老聃曰：「孔丘之於至人，其〔猶〕未邪？彼何賓賓〔通頻頻：成羣結隊〕以學子〔語助詞的之，或指事詞的之〕為〔乎〕[68]？彼且蘄〔求〕以諔詭〔奇異〕幻怪之名聞，不知至人之以是為己桎梏〔桎：木在足。梏：木在手〕邪？」

老聃曰：「胡不直〔徑，直接〕使彼以死生為一條〔齊生死〕，以可不可為一貫〔齊可否〕者〔邪〕！解其桎梏，其〔或〕可乎？」

无趾曰：「天刑之，安可解！」（〈德充符〉郭 202-205 王 184）

老聃「以死生為一條」的齊生死、「以可不可為一貫」的齊可否之理，和長梧子齊同生死、萬物、人我的聖人論相當，只能開導活人不貪生、不畏死等等，對死人卻沒用。孔子不知對无趾說了什麼諔詭幻怪的理論，无趾默然受之而未反駁，惟他心裏並不認同，這種反應值得分析。不認同，是因為孔子與弟子之間講求的是「全德之人」之學，和他與老聃之間講求的齊同理論不一樣；未反駁，是因為无趾將孔子諔詭幻怪的思想來源推至於天，天不是无趾反駁得了的。一般注解以為孔子在這個故事裏是遊方之內的人，未達无趾、老聃遊方之外的境界，孔子受到天刑的結果是周遊列國期間屢犯危難，這樣的理解完全忽視了「諔詭幻怪」這一形容語。如果孔子只是踐行仁義，遵用禮樂，堅守倫常，恢復周文，這何怪異之有。而莊子書中以反仁義禮樂、超仁義禮樂之談開導孔子的，也頗有其文，何曾屈從於方內的檻錮。諔詭幻怪，推本於天，天是大全，是兼含生死，是比勸導活人平等看待死亡更加超越的觀點。老聃、无趾齊生死、齊可否只是「超生」之談，孔子尋求兼攝生死的觀點，則是超乎齊生死、齊可否之談，兩者是小巫大巫之比，此所以无趾之「小」開導不了孔子之「大」，「人」開導不了「天」。陳景元曰：「至人以生死為大夢，超生死為大覺。」是也（褚伯秀《南華真經義海纂微》卷四引，1988: 213 中欄）。在无趾的眼光裏，孔子迷戀上一個幻想出來的觀點，那是他無法認同卻也無能反駁的，所以默然離去是當場最合適的做法，只能在背後形容孔子的學說諔詭幻怪，批評為至人所欲擺脫者[69]。這正也是長梧子的感受，雖然他有自知之明，在大夢中批評另一人宣稱的大覺之言，其批評只是夢裏占夢，沒有真實基礎，但他仍勇於提出自己齊一之論，做為自覺在夢中而提出的夢語。與他的自我節制相比，孔子泛濫而越界，所以其弔詭之言黃帝猶感疑惑，不會信從孔子而會信從他長梧子。

「〔釋性通曰：此下釋上我與若皆在夢中之辯，無能正者，結明「吾惡能知其辯」，以見前「亦有辯乎，其無辯乎」之意也。〇並參周拱辰、孫家淦注〕**既使我與若**〔汝。我為長梧子自謂，若謂瞿鵲子，見吳世尚、陳鼓應、陸永品注〕**辯矣，若勝我，我不若勝，若果是也？我果非也邪？我勝若，若不吾勝，我果是也？而**〔汝〕**果非也邪**〔陸樹芝曰：既執夢中之見而辨其是非，則辨雖勝，其是非總不可定矣〕？**其**〔抑〕**或**〔有〕**是也？其**〔抑〕**或**〔有〕**非也邪？其**〔抑〕**俱是也？其**〔抑〕**俱非也邪？我與若不能相知也。則人固受其黮闇**〔不明〕**，吾誰使正之？使同乎若者正之？既與若同矣，惡能正之！使同乎我者正之？既同乎我矣，惡能正之！使異乎我與若者正之？既異乎我與若矣，惡能正之！使同乎我與若者正之？既同乎我與若矣，惡能正之！然則**

我與若與人（第三人）**俱不能相知也，而待彼也邪**（謂待大聖正之，亦非良策。彼：指大聖、大覺之人）！

這是另一段常獨立來讀的話，主旨是人類的思想爭辯毫無客觀的裁決標準，不能以辯贏的一方為真理，也不能以人數多的為真理。但是釋性涵等人注出，本段的言辯是夢中之見的言辯，這就承接了上段，讓論證得以繼續發展。其實更需要一改既往讀法的是，「我」就是長梧子，「若」就是瞿鵲子，故此段實際上是關於長梧子之說、孔子之說、和瞿鵲子所理解的孔子之說（執著其文字表面）三者優劣的問題。把具體的問題抽離掉之後，不妨將本段當做否定有客觀真理以裁決爭議，不過現在我們通讀全章，需要將本段放回全章的脈絡。

按長梧子的意思，他的學說、孔子之說、和瞿鵲子所理解的孔子之說，三者都是在大夢裏說話，其中唯有孔子尋求穿透生死的界線，達到貫通生死的觀點。他自己之說與瞿鵲子所理解的孔子之說在定位上相同，只對人生大夢內有效。且前面已分析，由於孔子的文字表面大致可以歸納到齊一之理，與長梧子的思想同質性高，所以瞿鵲子和長梧子應該不致激烈辯論。但是兩方同意、無爭論，並不就是真理，這在長梧子的辯論觀中已講明了。

孔子的文字表面和長梧子的思想有同質性，所以兩人若辯論，應是為了孔子聖人論的深層意義。孔子認為X超出言表，長梧子卻將能知這個X的觀點劃出此生之外，並認為從此生的內部無法論證有沒有這個X，孔子會同意嗎？長梧子樹立生死的大別，認為只能在有生的界域內提出妙道，以及言論可以充分表達思想，孔子會滿意嗎？轉過來檢討長梧子，他屈就於人生的限度，提出對人生有效的妙道，其本身又能成立嗎？抑或如他的辯論觀所說的，人與人只有辯論，達不到真理？

他講完他的辯論無益論以後，便要另謀出路，提出一種不必辯論的方式，促成真理顯現，以裁決他和孔子之間的是非。

（「化聲之相待」以下五句二十五字，原來錯簡在「亦無辯」之下，現移至此，以便閱讀）**「化聲**（郭象曰：是非之辯為化聲。○林希逸曰：化聲者，謂以言語相化服也）**之**（乃）**相待**（待：即前句「而待彼也邪」之待，待人而決。宣穎曰：是非變化之聲，欲待人正。○陸樹芝曰：是非之辯，是執而不化之聲，待人而決）。**若其**（或）**不相待**（王叔岷曰：謂若或遣去相待也。此句文義當與下文相屬），**和之以天倪**（郭象曰：自然之分也。○倪、崖、研，雙聲互通，分際），**因之以曼衍**（《釋文》：司馬云，曼衍，無極也。○馬敘倫：借為氾濫），**所以窮年也**（窮年：盡年，如林雲銘、馬其昶注）。**」**

「何謂和之以天倪？」

曰：「是不是，然不然（是與不是並存，然與不然並存）。**是若果是也，則是之異乎不是也亦無辯；然若果然也，則然之異乎不然也亦無辯。忘年忘義**（詹康按：忘年，謂不必顧念生死夢覺的分限；忘義，謂擱置我與若之孰是孰非[70]），**振**（馬敘倫說，振借為氐，《說文》：「氐，至也。」）**於無竟**（極，窮。《說文》：「樂曲盡為竟。」段注：「曲之所止也。引伸之凡事之所止、土地之所止皆曰竟。」），**故寓諸無竟。」**

長梧子說，本來以言語相化服的，都要待人而決，也就是要受制於前面說的辯論程序。若要不必待人而決，則知識見解需與自然之分（天倪）相應和。人應將那些能應和的知見予以無窮的倍增，用此方法來過一輩子。瞿鵲子問，何謂知見需與自然之分相應和。長梧子答，對於萬物之是與不是、然與不然，即使一己見得甚真，也不去管它，一切付之不議不論，否則是之非之，議論又生。把時間、壽命給忘了吧（忘年），把什麼是義、正確、是非也給忘了吧（忘義），只要依恃自然之分就好了。將這三個準則（和之以天倪、忘年、忘義）推行至於無窮，真理的正見便也就寓於無窮盡之境了。

長梧子最後提出天倪，是為了解決他與孔子誰對誰錯的問題。自然之分不受夢覺的限隔，是客觀成立的，所以理論上自然之分能協助我們克服不能窺見死後世界的障礙，如果孔子那意在言外的X能符合自然之分，則孔子的聖人論就是對的，否則就是錯的。忘年，是因為自然之分對有生命和沒有生命之物都成立，因此追求真理的方法不受限於時間和壽命。忘義，是因為自然之分是決定真理的判準，所以再繼續是己非彼，呶呶喋喋，囊囊突突，又何必呢。

長梧子提出了裁決他和孔子異同的方法，但未進行下去，得出答案，這章的故事就結束了。這是因為答案還是確定不了，不過原因現在不同了。前面我們只能攤開雙手，做不了事，因為大夢之中看不到大覺之境，所以客氣點說孔子之論是奇異，不客氣則說連黃帝都要疑惑，現在從理論上來講，自然之分是死後的世界也要成立的東西，故可用來檢覈孔子之論。可是理論雖好，實際做起來卻有新的困難，是我們不知道哪些自然之分到死後會失效。只有不分有生命無生命而皆有效的自然之分才是真的，對死後世界無效的自然之分就不是真正自然的了。用類似的例子來說，我夢到我原在一地，一瞬間後又在另一地，人在夢境可以輕易跨過遙遠的距離，清醒以後不能，這是一個很普通的夢覺之異，而大夢與大覺兩個世界的運作邏輯一定也有差異，只是我們受到生命的侷限，無法推想那些差異是什麼。當我們分辨不了此世的自然之分有哪些是真的和假的，那便可能誤用假的區分以否決孔子那超越言表的X，這當然就不是解決問題，反而還製造誤會了。

如果有一個上帝的觀點，由此觀點可將生命誕生之前的無生與死後返歸虛無都納入眼底，那麼就可發現普遍有效的自然之分。然而在生命的幅度內，去想像脫離生命與脫離人類生物性的觀點，則是玄思狂想，不是論理，不能從人生內部予以理解，第十六型解說即是強烈主張這個論點。因此孔子之說就其蘊含了要超離其說的這一層意義來說，是人以其有限性不能予以證立的。長梧子雖然發明了理論上成立的判定方法，實際施行時仍還受生命有限性的束縛，無法貫徹到底。

我們同樣可以說，莊子儘可對大覺之後才能悟得的 X 提出觀念，事實上他的書充滿了這方面的揣想，他評自己的文辭是「諔詭可觀」（〈天下〉郭 1099 王 1344），可是那大大超過了他的生命限制。那些奇思異想的弔詭之言深深吸引了讀者，以致讀者傾向相信那些是莊子主張的真理。其實莊子清楚知道，沒有大覺，就無法了知大夢之言何者才是真的。

此章後有兩短章，再申夢覺的限隔是人求知 X 時無法跨越的障礙。罔兩和影子的對談是擬人化的虛構，實際上影子不能出聲問其主人（生物體或非生物體），主人也不會向影子回答問題。因此影子拿它自己的行動機制（「有待而然」）來揣測主人，無法確知其必是或必非，只落得提出疑問後又從其反面補問：「惡識所以然！惡識所以不然！」無從得到解答的絕望之情，溢於言表。蝴蝶自喻適志，無從覺知自己是一人的夢中幻物，它怎麼也想不出莊周的存在、莊周的特性、和莊周的生活世界。這是「物化」所產生的「分」，小夢與小覺已是如此，大夢與大覺之分使兩邊的存有者更難以相知。

〈齊物論〉最後數章關注知與不知的主題（參王叔岷 1988: 79 註 5），「知止其所不知」和「不知其所由來」（〈齊物論〉郭 83 王 73，作者自語）是為貫穿這數章的宗旨，齧缺之師王倪對物與己、價值與標準有四個不知，長梧子謂黃帝猶不知妙道，罔兩不得景而問，蝴蝶不知莊周，莊周不知自己是能夢抑是所夢，故人類對一些重要問題的答案永遠追求不到。

未始有吾

一、從大覺之言到未始有物（與吾）

〈齊物論〉瞿鵲子與長梧子章中由長梧子提出大夢與大覺的分辨，以此來建設人在生命限度內對X不可知之立場，與批判孔子企圖超出生命限度來對X提出解答。到了〈大宗師〉孟孫才章（郭 274-275 王 258）就換由孔子提出大夢與大覺的分辨，用以推出不知所以生、不知所以死、不知我如何形成、不知X之答案為何的立場。

呂惠卿看出〈大宗師〉子祀等四人章、子桑戶等三人章、孟孫才章等連續三章，分別就是〈庚桑楚〉「道通」章「始无有，既而有生，生俄而死」、「以為有物矣，物以生為喪也，以死為反也」、及「以為未始有物」的三個觀點（該章見第五型），因此他持「以為未始有物」來詮釋孔子對孟孫才的評介。這是閱讀此章時的正確思想，並也與本型主張從「有始」到「有未始有始」再到「有未始有夫『未始有始』」的三段知覺進程相一致。此章的精蘊已由呂惠卿發之，所以下面抄錄他的釋文，然後我再疏釋各段與呂注，有時也指出近現代字詞解釋對呂注改進之益。只有末段的呂注與近現代注釋參差太大，所以不抄呂注，而由我闡述其義。

顏回問仲尼曰：「孟孫才其〔之〕**母死，哭泣无涕，中心不慼**〔憂〕**，居喪不哀，无是三者，以善**〔若干本有「處」字〕**喪蓋魯國。固有无其實而得其名者乎？回壹**〔①語助。②則〕**怪之。」仲尼曰：「夫孟孫氏盡之矣**〔釋性通曰：極盡喪禮矣〕**，進**〔盡、進互文，進亦盡也〕**於知矣！**

呂惠卿：孟孫才，魯人，蓋與顏回皆仲尼遊者也，子祀、子輿、子犂、子來則不及子桑戶、孟子反、琴張者也，而三子者又不及孟孫氏者也。雖然，其出於〈大宗師〉則一也。蓋孟孫氏則〈庚桑楚〉所謂「古之人以未始有物者，至矣，尽矣，不可以有加」者也。夫唯知其未始有物，則不見有內外之異，有死生之變，則奚必遊方之外而以死為可樂，而至於臨尸而歌哉！是以居喪哭泣與人同，而獨不為哀戚之所累，則與人異也。是以寓之孟孫氏，以明至至者，常不離乎世俗之閒也。故曰：「孟孫氏盡之矣，進於知矣。」則其知有所至矣，盡矣，而無以復加之謂也。

呂注以〈庚桑楚〉「道通」章統攝〈大宗師〉子祀等四人章、子桑戶等三人章、孟孫才章等連續三章，故以子祀等四人不及子桑戶等三人，而後三人又不及孟孫才。注文著重於比較子桑戶等三人與孟孫才，指出孟子反、子琴張臨子桑戶之屍而歌，羨其已反於真，嘆己猶為人兮，與孟孫才舉母之喪，躬行俗禮，是兩種相反的態度。據孔子的意見，孟孫才不鄙薄俗禮，才是知解達於盡致的人。

「唯〔雖〕**簡**〔馬敘倫：易野，無禮文〕**之而不得，夫**〔彼，謂孟孫才〕**已有所簡矣**〔林仲懿曰：孟孫氏本欲簡棄世俗之禮而不為，但拘於世法，故簡之而不得。「夫已有所簡」，指無涕不慼不哀而言，謂於世法之中行出世之法也。〇另參程以寧、劉鳳苞註〕。**孟孫氏不知所以生，不知所以死。不知就**〔疑「孰」誤〕**先，不知就**〔疑「孰」

誤〕**後**。

呂惠卿：為知其未必有物，則生猶是也，死猶是也，哭泣猶是也，雖欲簡之而不可得也，胡為而獨不與人同哉。彼三子者，雖不知死生存亡之所在，而以生為喪，以死為反，則未為不知所以生、不知所以死也；以反其真為樂，而以猶為人為嘆，則未為不知就先、不知就後也。孟孫氏「不知所以生，不知所以死」，則生無所喪，而死無所反也；「不知就先，不知就後」，則已反無足樂，猶生無足嘆也。

呂注開始引入〈庚桑楚〉「以為未始有物」而變化為「有物」但「知其未必有物」，所以懷疑生未必為有，死未必為喪。既然孟孫才對於「生而有、死而無」的命題不能肯定為對或不對，則臨母之喪，哭亦可能對，不哭亦可能對。於是禮文可以要，也可以不要，但是一件事上不能既有禮文又無禮文，只能採一種做法，所以還是要吧。寧可假設生為有，則履行禮文，對生者死者兩皆無憾。

再與子桑戶等三子相較，三子崇死抑生，自以為有確定之理念，反而落於孟孫才的無知之下乘。孟孫才不知所以生、不知所以死，也不知先生後死，還是先死後生，一切都不理解，所以犯不著歡慶死亡，卻不妨照著禮俗來悼弔亡母。

「若〔借為川：順〕**化為物，以待其所不知之化已**〔已猶而已〕**乎！且方將**〔方將，複語，將亦方也〕**化，惡知不化哉？方將不化，惡知已化哉？吾特與汝其**〔殆〕**夢未始覺者邪！**

呂惠卿：非特如是也，凡化為物者，固待其不知之化，而彼亦不知也。蓋「方將化，惡知不化；方將不化，惡知已化哉？」此為周之與蝶俱不相知也。則吾今與汝知之，其夢未始覺者邪！

呂注此處穿插莊周夢蝶的典故，這正是物化理論與夢覺思考的交疊點。莊周夢蝶故事的第一節說，在一段意識中自以為是莊周，在另一段意識中自以為是蝴蝶，都只知現在的自己，不知另外一個「自我」，這我所不知的另一個「自我」就是此文所說的「不知之化」。夢蝶故事第二節續說，不知是蝴蝶夢見莊周，還是莊周夢見蝴蝶，這就是此文所說的將化、惡知不化，與將不化、惡知已化，意謂當下所自覺的「我」到底是能化者還是所化者哩？這是因為，既可能是能化者將化為所化者而忘記自己原是能化者，也可能是所化者將返歸於能化者而誤以為自己便是能化者。譬如，當下我自覺為莊周，我真是莊周嗎，還是我乃蝴蝶夢中的莊周呢？

「化」的事實，攪亂了我們每個人對自我的確定知識。此刻孔子與顏回在討論孟孫才，也是自知為孔子和顏回，不知「化」後的其他自我，且也不知現在的自己和另一個自我誰是能化者、誰是所化者。因此孔子覺醒到，他與顏回的自我意識說任何話，都是大夢之言，這也就是孟孫才所覺醒的事。

呂注以孟孫才為不知而以孔子為知，並以不知為是，知之為非，似與我所釋相反，其實呂注與我所指不同，呂注是知或不知將化、已化者為何，我是知或不知「化」造成隔膜之理。由於知曉「化」造成隔膜，故不能知曉將化、已化者為何，只能安心順化。

「且彼有駭〔同〈外物〉篇駴，通戒，借為革：改，更〕**形而无損心，有旦**〔借為嬗、禪〕**宅**〔喻身〕**而无情死**〔二字乙為死情。死：秏。情通精：精神〕。**孟孫氏特覺，人哭亦哭**〔無人來弔時，己不哭。王叔岷曰：人哭亦哭，如秦失之弔老聃死，三號而出（〈養生主〉篇），乃從俗耳〕**，是自**〔即〕**其所以乃**〔乃、以雙聲，借為然：①宜。②如此〕。

呂惠卿：彼有人之形，故有駭形。而心則不動，故無損心。死生為夜旦，故有旦宅。而無人之情，故無情死。此孟孫氏之所以特覺也。夫唯如此，故人哭亦哭，而無涕不哀戚，是自其所以乃，而不足怪也。乃者，有彼而繼以此之辭也。

原文首二句對仗，言孟孫才有見於形骸之更改而無心靈之損減，有見於身體之轉變而無精神之耗盡，呂注對幾個單字的理解不對，需從現代注解。孟孫才已知人生為大夢，雖然他不能穿出這個夢，抵至夢外的大覺境地（任何人都不能），但是他已經比平常人更加覺醒了，故母之喪亡不能知其為真的喪亡，遇弔喪者哭時他亦哭，卻「哭泣无涕，中心不慼」，無損於心，無耗於精神，這是由於他唯是跟著人家哭而哭而已。

孟孫才的覺醒，乃是對道家原來有答案的事情，像是生死的由來、生死的先後關係等，重新加以懷疑，將道家的答案改為代數的X，以示他還沒有答案。

「且也相與吾之耳矣，庸詎知吾所謂吾之乎？

呂惠卿：夫吾之為吾者，未始有吾也，則吾與汝且相與吾之耳矣，庸詎知所謂吾之乎！蓋吾未始有吾，則不知其吾之者也。

孟孫才在此生中為孟孫才，或孔子和顏回在此生中為孔子和顏回，都是此生間的事，如果由「未始有物」的觀點來想，則「未始有吾」。故孔子自稱為我，對顏回稱為你，對孟孫才稱為他，這你我他的稱謂在此生中有效，卻不是絕對為真。努力從「未始有我」的觀點來想「我」的問題，則使此生有一個我的那個東西，與此生中有的那一個我，這兩者的真相是什麼，又有誰能知道呢？

莊子原文的兩次「吾之」和呂注的三次，其中的「吾」極像作動詞用，既可以指孔子自稱的「我」

由不存在變為存在，也可以指「所以吾之」、「所謂吾之（者）」的那個隱身於更底層的東西，由於它，才得以有孔子。也許它是真君、真宰，是我們真正的主體，但我們對它的真相就是無法知道。

這兩句是此章最重要的話，孟孫才對自己的看法，與對母親、萬物的看法，都建立在這兩句話上。

「且汝夢為鳥而厲（通戾：至）**乎天，夢為魚而沒於淵。不識今之**（所）**言者，其**（是）**覺者乎？其**（抑）**夢者乎？**

呂惠卿：「且汝夢為鳥而厲乎天，夢為魚而沒於淵」，方其夢也，不知其夢也。則今之言者，覺與夢不可知也，以明孟孫氏則忘吾而特覺者也。

前二句就是莊周夢蝶的相同說法了，也呼應了長梧子「夢飲酒者，旦而哭泣；夢哭泣者，旦而田獵」之舉例。孔子說顏回還沒有修成作夢時自知是夢的功力，夢為鳥時自以為是鳥，夢為魚時又自以為是魚，清醒時是顏回，就以為一己確定是顏回。孟孫才不然，他懷疑他活著是場大夢，所以他並不一定是孟孫才，然則他是誰呢？或應該反過來問，誰才是孟孫才呢？孟孫才也沒有答案，就說它是個X吧。

「造（猝）**適不及笑，獻**（章，彰，顯）**笑不及排**（推排）（二句：宣穎曰：人但知笑為適意，不知當其忽造適意之境，心先喻之，不及笑也。及忽發為笑，又是天機自動，亦不及推排而為之。是適與笑不自主也。〇王叔岷曰：猝然適意，尚不及笑。既顯為笑，則不及推排。蓋不得不笑也）**，安排**（推排）**而去化**（去化與順化義近）**，乃入於寥**（通廖：空虛）**天一**（程以寧曰：而神遊於寥天一，即疑始也，大宗師也）。**」**

宣穎和王叔岷對前二句解釋得很明白，說的是心裏猝然感到適意，尚還來不及笑出來，這是心中真實起意的速度快過於神經傳導到身體的速度，然後是臉上現出笑容，尚還來不及推排，這是神經傳導到身體的速度又快過於心意想要偽裝某一情感的速度。孟孫才哭泣无涕，中心不慼，很缺乏哀痛的情意，所以當他接待弔客，人哭亦哭時，他的哭是推排的、擠出來的。對自己的虛情假意他並未心有不安，而是很安心於推排出哭喪的面容，順於不知何時會啟動的「化」。呂惠卿注「安排」是「非有為而排之」，注「去化」是「知其不可禦而順之」，從「安」與「去」的反義來補足二句之意。最後的「寥天一」之寥字字義並不明確，三字是分作三義還是合為一義也有爭論，不論如何，都不影響本章之要旨，故此處可不做解釋。

孟孫才居母喪的故事要教導的是，我並不能知道我是不是真的，這是因為我也不能知道是否有另一個東西構成了我（類比為：那個東西作夢而夢為我），與那個東西是什麼。我能確知的只是：「我」是生命中的現象，在我的一生中，我知道我是什麼。可是這個知識是不確實的，它建立在未知的基礎上，也許我這輩子的我就是真正的我，或者也許死後還有一個我才是真正的我，我對這兩種可能性無法做一判斷。任何人皆然，母親亦然，於是執母之喪，我可以依母為真的假設而履行俗禮，也可以依母非真的假設而不興哀情，換言之，我外化而內不化。

本型主張「我」是個自我疑問，意為：長梧子和孟孫才所不敢言知的，是包含生前與死後、貫通生死的那個東西。因此他們雖然這輩子自覺到有自我，卻永遠對他們的自我抱持懷疑。

二、從未始有物（與吾）到未始有真理

孟孫才故事與呂惠卿注提出了「未始有物」和「未始有吾」做為中心思想。我明明存在，卻構思種種理由來打消我的真實存在，例如揣想我是另一個生物的夢中人，或比擬我為另一個行動者的投影，又或將我包括於死後的我內，承此思想，則我這個人沒有真正出生過，我的死也不是真死：

> 列子行，食於道從〔「徒」誤，借為涂，俗作塗〕，見百歲髑髏，攓（ㄑㄧㄢ）〔拔〕蓬而指之曰：「唯予與女知而〔汝〕未嘗死，未嘗生也。」（〈至樂〉郭 623 王 657）

我是那「能吾之者」所顯的外相，那「能吾之者」卻在我的知解能力之外。由於人是物的一類，我是人的一員，所以「未始有吾」是「未始有物」思想的一個特例，我們應從「未始有物」開始看起。

「未始有物」的思想在莊書中有四次（〈齊物論〉、〈庚桑楚〉、〈徐无鬼〉、〈則陽〉），莊子說是古人的思想（不是他的發明），並推崇為知見的極致。「未始有物」的命題可以擺到多種理論脈絡呈現不同含義，在宇宙論上是提出宇宙從無到有，在形上學上是提出物的形上基礎是無，而在更加寬泛的意義上，是將有物當做無物，且從來未曾有過有物。由於我們舉目所見、舉手可觸的周遭一切都是物，所以這一命題明顯違反事實，可是莊子卻無比推崇：

> 古之人，其知有所至〔極〕矣。惡乎至？有以為未始〔未曾〕有物者，至矣，盡矣，不可以加矣！（〈齊物論〉郭 74 王 66，〈庚桑楚〉郭 802 王 895「不」作「弗」，其餘全同；作者自語）

莊子以「以為未始有物」的知見為極致，優於「以為有物」而以生為喪、以死為返，此又優於以為有物而奉無為始、繼以生、終以死（〈庚桑楚〉郭 802 王 895，全文見第五型），從以上三種知見的名次排列來說，承認物有短期的存在，或物存在與不存在的樣態交替，都不是最上乘的，需要徹底的使心靈超離實物的世界，將有物看成無物。這樣不免會造成心靈的錯亂和矛盾，因為心靈一方面努力忽視實物，另一方面卻又不斷感知、思維到實物，所以需要有個化解的辦法，那就是以感知、思維到的實物為假有，並非實有。

以物為假有而未始有物的命題，涵蓋了有天而以為未始有天、有人而以為未始有人、有始而以為未始有始等等。這裏的天和人也有多重脈絡下的多重含義，可以是兩個存有項目，可以代表對世界本質的兩種看法，可以是天道和人道，而「未始有天」和「未始有人」是黜落它們為假有。「未始有始」則是視一切事物的開始為假始。莊子認為有這樣知見的聖人會不拘一格，因而特別能隨順萬物。既在主觀認識上無天無人、無始無物，所以他們沒有任何準則與方針，能與世並行而不偏廢，行事周備而不壅塞，他們能夠合於世間事物的情狀。他們的外部言行「化」，可是內核「不化」，後者像個環，各個側面都一樣，且又內心真空，不持一見。可以和聖人對照比較的是另一種人，這種人設定好了自然（天）做為他們的主義，但凡自然便決心順從，所以也與物相順相靡。莊子對這兩種典型都問「若之何」，請讀者判斷，選擇要做哪種人。要分辨這兩種人並不容易，既然他們與物交際時都以己隨物，所以兩種人的高下之別，不在於他們的「外化」（這方面他們相同），卻在於內核之空或不空，與是否似環之各側面相同。莊子認為即使侍天以為宗主都是不當：「天時（郭象注作「時天」，正文「天時」蓋「時天」誤倒。時當為寺，經典假寺為侍），非賢也。」（〈大宗師〉郭 232 王 209，作者自語）「師天而无地，師陰而无陽，其〔必〕不可行明矣！」（〈秋水〉郭580王600，北海若語河伯）故轉而以主觀上見得天和人（例如天道與人道）不存在、起點不存在、世界也不存在，無不證而自明的真理可依，無阿基米德支點可恃，才足以為聖為賢為聖王：

> 冉相氏〔三皇以上聖君〕得其環中以隨成，與物无終无始〔陸樹芝曰：「無終無始」，循環不已也〕，无幾〔期，會〕无時〔林疑獨曰：得真空之理，運轉無窮，隨順萬物，以成其道〕。日與物化者，一不化者也，闔嘗舍之〔羅勉道曰：何嘗棄置事物，不與之交際哉〕！
>
> 夫師天而〔則〕不得師天〔若知有天而師之，則不成，聖人未始知有天也〕，與物皆殉〔逐〕，其〔此〕以為事也〔以師天為事〕，若之何？
>
> 夫聖人未始有天，未始有人，未始有始，未始有物[71]，與世偕行而不替〔偏廢，與「偕行」正相反〕，所行之〔已〕備而不洫〔成玄英所見本為「壚」：塞。不塞，則自然流通〕，其合之也，若之何〔王先謙曰：兩言「若之何」，欲人之自審擇〕？（〈則陽〉郭885王1005-1006，作者自語）

這段文章中有幾個思想，有莊子相關的話可以補證：未始有天、未始有人、未始有始、與環中。

莊子對「師天」之人的微詞，也見於他對暖姝者的輕貶。暖姝是柔順之意，這是對人、對物的迎合，莊子說這種處世態度是學自某位教師級人物的教誨（未詳暗指何人），他們以能克制、柔順而自悅自足，但是尚未知曉「未始有物」的境界。知曉「未始有物」的話，就一併知曉「未始有天」而不至於師天了：

所謂暖姝〔暖：借為緩，柔貌。姝：順貌。二字：柔順貌〕者，學一先生之言，則暖暖姝姝而私自說也，自以為足矣，而未知未始有物也〔郭象曰：意盡形教，豈知我之獨化於玄冥之竟哉〕，是以〔所〕謂暖姝者也。（〈徐无鬼〉郭863王976，作者自語）

立志師法好的教師、好的主義，即使這主義是自然、柔順之教，也將付出將自我實質化的代價。自我一旦實質化為遵奉某種教師或主義，便生出另一種剛性，與柔順之教互相矛盾。需要不立意以教師、主義為法，隨俗從眾而又離眾獨立，與環境交涉時才會應變無窮。

「未始有人」的思想是秦失弔老聃之喪時提出的。秦失赴老聃的喪禮，痛哭三聲就弔祭完了，老聃的弟子大概初次見到秦失，便問他是老師的朋友嗎，秦失回說他是，弟子再問，是朋友的話可以這樣弔祭嗎，秦失回說沒錯，一開始我以為老聃大概是人，現在他死了，我領悟到我從前錯了，他其實不是人。秦失此言的效力不只以為老聃一人未曾是人，而是以為所有人都未曾是人：

老聃死，秦失弔之，三號〔借為号，《說文》：号，痛聲也〕而出〔王叔岷曰：老聃死，秦失之號哭，猶孟孫才之母死，人哭亦哭也〕。弟子曰：「非夫子之友邪？」〔阮毓崧曰：弟子乃老聃門人，怪秦失感情太薄，故疑非聃之友。或誤以為秦失門人，以「夫子」為稱失者，則何至聃為失友，尚不知之耶？〕

曰：「然。」

「然則弔焉〔之〕若此，可乎？」曰：「然〔可〕。始也吾以為其〔殆。馬敘倫〕人也，

而今非也〔董懋策曰：庖丁章言養生之理極矣，此又推之未嘗有生，方為探本之論。○馬敘倫曰：傷死當慟，失僅三号，弟子怪其哀戚未至，故見責以非友。失答乃謂始以老君亦猶夫人，則當致戚，今見老君非人而天，故隨順俗情，三号而已。下文「向者」至「古者謂之遁天之刑」，乃斥其他哭者，亦不定斥弟子〕。

這是秦失解釋他自己臨喪不哀，接著他將話鋒轉向侍喪事者（家屬、弟子等），批評他們因有感觸而過度哀痛，其實本應無須哀痛，哀痛是不通天命與實理，忘了自己所稟受的性分，古人稱之為逃遁上天之理。有的註釋說這段話將哭者的哀痛坐罪於老聃，從人之哭反推老聃生前必有用情相感之處，所以人痛惜其死。但是莊子說過很多典型人物都受到廣大的喜愛和稱讚，像王駘、哀駘它、孟孫才、孔子「不言而信，不比〔親〕而周〔合〕，无器〔爵位〕而民滔〔同「蹈」〕乎前」（〈田子方〉郭 707 王 774）等，可知老聃深受懷悼是至人應有的結局，不應該是老聃的錯，而是哭者想不開，責在哭者。其實死者換做普通人，秦失都可對哀感者如此批評：

「向吾入而弔焉〔之〕**，有老者哭之，如哭其子；少者哭之，如哭其母。彼**〔指哭者〕**其**〔之〕**所以會**〔感觸〕**之，必有不蘄**〔二字：無須〕**言**〔痛悼之言辭〕**而言，不蘄哭而哭者。是遁天倍**〔反〕**情，忘其所受**〔董懋策曰：本非人，何須哀？故三號而止。老少之哭，忘其所受矣，故曰遁天。○又曰：「吾以為其人也」，非嫌老子，乃贊之也，言已遊於天也。……蓋秦失已悟無生，故忘哭也。諸解似未然。○阮毓崧曰：倍，陸云：「本又作背，當從之。」情，實理也。言死生，命也，定於天者也。凡有生必有死，亦循環之實理如是，又性量之有限而不可強求者。今彼感傷過甚，乃至有欣生惡死之心，是豈非違反天道，背恆物之大情，並忘其稟受之性分耶〕，**古者謂之遁天之刑**〔陸西星曰：刑者，型也。型者，成也，蓋理之一成而不可易者。○憨山德清曰：刑，猶理也〕。

破後需有立，秦失最後解釋生為偶然應時而來，死為偶然順理而去。生命現象繫縛於生死之理，慶生而樂、悲死而慼，對此毫無幫助。應該對生命現象不興哀樂之情，這樣心情便從繫縛中解開而自由了。秦失所說的也就是孟孫才居喪的態度，包括「若〔借為川：順〕化為物，以待其所不知之化已〔已猶而已〕乎」、「彼有駭〔同〈外物〉篇駴，通戒，借為革：改，更〕形而无損心，有旦〔借為嬗、禪〕宅〔喻身〕而无情死〔二字乙為死情。死：耗。情通精：精神〕」等，此章和孟孫才章的思想頗為重複：

> **「適來，夫子**〔指老聃〕**時也；適去，夫子順也。安時而處順，哀樂不能入也**〔劉鳳苞曰：適然而生，時有必至，受而勿喜。適然而死，理自當死，順而毋違。○阮毓崧曰：適者，適然，猶偶然也。夫子，謂聃。處，上聲。樂音洛。時來者，應時而生也。順去者，順理而死也。安於時則不欣其生，處於順則不惡其死，既不欣生惡死，又何哀樂之入於胸次耶〕，**古者謂是帝之縣解**〔阮毓崧曰：縣即懸之本字，本書縣字皆同。帝者，天也。夫人一受其成形，皆必有天然之係縛，此之謂縣。惟能喜怒哀樂不入於胸次，則係縛自倏然釋矣，故曰解。郭云：「縣解而性命之情得矣，此養生之要也。」○倏音蕭，無係貌〕。」（〈養生主〉郭 127-128 王 111）

哀樂不能入於生死的問題，有人之形無人之情，這種態度的理論基礎是以為未始有人，以為未始有人則從人的存在看出人的不存在，雖生猶死，等到人死而不存在，就印證了生前之所見，故無須對死有感了。

自覺將「未始有人」的思想用於自己，是顏回聽聞心齋之教後的領悟：

> 顏回曰：「回之未始〔未曾。阮毓崧注〕得使〔事〕，實自〔自、有互文，自猶有也〕回也；得使〔事〕之也，未始有回也。可謂虛乎？」夫子曰：「盡矣！」（〈人間世〉郭 148 王 130）

顏回覺悟到「未始有回」，超過了郭象說的忘身或陳鼓應翻譯的忘我，或鍾泰說的故我之從前種種見解與伎倆（1988: 85），而應如秦失、孟孫才、長梧子、夢蝶之莊周般，對他自己的實在性起疑，懷疑他自己介於存在與不存在之間。孔子盛讚以「盡矣」，同於莊子說「未始有物」的思想是至矣盡矣。這樣顏回入衛國遊說才會成功，猶孟孫才以善處喪蓋魯國。

「未始有始」的相關思想有擬人化的「疑始」（〈大宗師〉郭 256 王 240）和「无始」（〈知北遊〉郭 757-758 王 836-837），前者是傳道之祖，後者鑒定何者為道。莊子還說：

> 彼至人者，歸精神乎无始，而甘瞑〔瞑、眠古今字〕乎无何有之鄉。（〈列御寇〉郭 1047 王 1263，作者自語）

這說到了至人的意識以為未始有始和未始有物。

未始有天、人、始、物的思想效果是「得其環中」，莊書另一次「得其環中」見於〈齊物論〉，謂「彼是莫得其偶〔對〕」的知見好似「得其環中」而應對無窮，莊子將這種知見取名為道樞。莊書中樞字不多，有哲學意義的還有一個是「冥有樞」。這段話一開始說，腳所踩之地很淺，雖然淺，然而地表要靠底下的厚土才得存在，所以人需間接憑藉踩不著的地底厚土才得以從容展足，行走廣遠。人於知識也所知不多，雖然少，卻有賴於不知一些事情而能知天之所謂。知天之所謂，就是接著條列出的七大，這七大的語句極短、用字極虛，很難參詳其義，注家言人人殊，理解歧異甚巨，下面所採的註釋偏於闡釋「未始有物」和不可思議，期與上下文義連貫。條列七大之後，再將七大收攏回到天的概念，依吳伯與注，「循有照」和「冥有樞」將「天」拆成明覺和幽冥的對立兩元，「始有彼」則是告示人應運用「未始無物」的道理以打消彼是之相生。然而以上對知的解說，需要重新對上開始時說的人有知與有不知，重新提醒讀者，能知、能解是由於不知、不解其他一些事：

> 故足之於地也踐〔通「淺」〕，雖踐〔通「淺」〕，恃其所不蹍而後善博〔博大廣遠〕也；人之〔補「於」〕知也少，雖少，恃其所不知而後知天之所謂也。
>
> 知大一，知大陰，知大目，知大均，知大方，知大信，知大定，至矣！〔楊文會曰：上舉七大名，下述七大用〕大一通之〔陸西星曰：於大一則通之。通之也者，未始有物之先，可以潛孚而不可以思慮求，故曰通〕，大陰解之〔陸西星曰：於大陰則解之。解之者，至靜無感之時，可以心融而不可以名相得，故曰解〕，大目視之〔劉咸炘云，大目、視疑誤〕，大均緣〔因〕之，大方體之〔劉咸炘曰：大均即大圓，與大方對。均即鈞，鈞，石圓也。圓動故云緣，方定故云體。○詹康按：於大圓則因之，於大方則體之，似謂因天而體地。此天為天地之天，非上下文之天〕，大信稽之〔陸西星曰：大信則「其中有信」之信也。○大信則可稽其方動之期〕，大定持〔守〕之〔陸西星曰：大定則「以止眾止」之止也。○大定則

可執其有常之柄〕。

盡有天，循有照，冥有樞〔①褚伯秀曰：冥中有樞，寂而常運。②陸西星曰：樞謂主張綱維之者。是在冥漠之中，有非見聞之所能及〕，始有彼〔林疑獨曰：有始則有彼，無始未有物，無彼亦無我也。○楊文會曰：有始則有彼，自他宛然。無始則無彼，自他雙泯〕。則其解之也，似〔以〕不解之者〔也〕；其知之也，似〔以〕不知之也，不知而後知之〔小段，①羅勉道曰：知太一、太陰、太目、太鈞、太方、太信，皆是不拘於小處，吾以為盡於此矣，而又有不盡之天。吾以為自循其所當行而已，而又有照臨之者。吾以為杳冥矣，而又有執其樞者。吾以為自此始矣，而又有彼焉，則彼又自為始。因上文「太陰解之」，言如此究竟，則解之也似不曾解之，知之也似不曾知之，然惟不知而後能知之。②吳伯與曰：自「大一」數至「大定」，歷歷可名，而盡歸自然，所謂天也。循之則無非覺觀，冥之則得其樞要。乃知未始有物之先，非彼無我，應彼是者無窮，而當解以不解、知以不知也，又奚容問〕。（〈徐无鬼〉郭 871-873 王 988-989，作者自語）

後文接著說，問問題不宜有崖也不宜無崖，X有大略的說法，問得答案便從惑進於不惑，之後還應進於大不惑。從後文看來，知天之所謂（知七大）是大略的說法，如果止於知此，就會忽略所知的前提：那些所不知的事。我們所不知的事才更重要，知曉我們的知有限度，才進於大不惑。顯然我們對天之所謂（七大）之知不能礙事，而這對於「樞始得其環中」和「冥有樞」的意義，是以「環」界定窈冥的範圍，將道樞安置其中，環以內的區域窈冥而莫能窺測，道樞像在黑盒子裏發揮其應變無窮的能耐。

再者，由於知曉「始有彼」故用「未始無物」來達到無彼和無我，無我則現下的行動者是什麼，即成為一個疑問。冉相氏得其環中，是因他未始有天、人、始、物，他沒有任何主義，卻能成事成物，他是怎麼做到的呢？我們和他自己都看不出來，是冥；他做得到，是由於樞。

未始有我，那麼所自覺的我只是暫時的我、或不夠真實的我。莊子既能寫長梧子、孟孫才、顏回，便不能不承認自己亦在夢中占夢。然則「未始有我」是真理嗎？從懷疑一切真實的立場來說，執一道理做為真理也是不可取的，所以「未始有物」的思想蘊含了「未始有真理」。此義楊文會已先發之，他藉〈德充符〉王駘章闡言幻與真。佛法言「幻化人」，人雖幻，而離幻即覺，可是覺只是知幻為幻，不妄計為真，並不另外覺知什麼是真。他將此種思辨從莊子虛構的仲尼故事擴及到作者莊子本人，莊子亦幻化人耳，其學說亦非真，當識其為另一種幻：

此文出於莊周之手，稱王駘盛德，由常季發問，而仲尼答之。究竟王駘有無其人，而常季仲尼有無其言耶？皆不必問也。以慧眼（二乘所證之眼，能照見諸法實相）觀之，莊周者，幻化人也。王駘常季仲尼，幻中之幻者也。乃至三界（眾生所居之欲界、色界、無色界）四生（卵生、胎生、濕生、化生，為三界六道有情如何誕生的四種類別）六道，無一而非幻也。幻化之中有知幻者，知幻即離，離幻即覺。

覺則非幻乎？曰：否也。經云：「若有一法過於涅槃，我亦說為如幻如化。」（鳩摩羅什譯《小品般若波羅蜜經》卷一：須菩提知諸天子心所念，語諸天子言：「我說眾生如幻如夢，須陀洹果亦如幻如夢，斯陀含果、阿那含果、阿羅漢果、辟支佛道亦如幻如夢。」諸天子言：「須菩提亦說佛法如幻如夢？」須菩提言：「我說佛法亦如幻如夢，我說涅槃亦如幻如夢。」諸天子言：「大德須菩提亦說涅槃如幻如夢耶？」須菩提言：「諸天子！設復有法過於涅槃，我亦說如幻如夢。諸天子！幻夢、涅槃，無二無別。」〇參玄奘譯《大般若波羅蜜多經》卷五三九。〕

然則如之何而可也？曰：不起妄計而已矣。

太史公作〈項羽本記〉，述戰時之言行。太史公親見之而親聞之乎，抑從他人傳聞而筆之於書乎？誰得而究詰也！「一切唯心造」一言，足以概之矣，古今人同此心也。此心之妙，同而別、別而同者也。（2000: 305-306，此下還有一小段，主張「一真法界」，與我的論旨無關，故略而不錄。）

楊文會據佛學而說莊子是幻化人，莊子則從蝶夢來推想自己可能為幻。二千年後的讀者可能與莊子共在蝴蝶的一夢中，也可能我們與莊周都是真的，到底幻和真哪個才對呢？這個謎是解不開的，既然我們不能偵知我們是幻是真，則幻與真就不妨平等不二了，這是老莊、大乘佛學與其他解脫哲學的大差別。對前三者而言，覺其為幻，是在幻中的覺（覺不離幻），覺不能以離幻為覺。所以覺後於幻中仍有工夫可以講求，又因不能知真（能提出的真其實是另一種幻），故工夫的目的並不在於離幻求真。故「未始有吾」並不是說從現在起我當我自己不存在，並也要求旁人當我不存在，在社會上當起隱形人，而應有內外兼修的工夫，此工夫即「有人之形，无人之情」和「外化而內不化」，如孟孫才所體現者。

「以明」新釋

雖然從內篇到外篇到雜篇表示道不可知、不可言、不可聞的意思有非常多次，但好像都敵不過兩個字，那就是「以明」。〈齊物論〉在三段的結束語用上這兩個字（「莫若以明」郭63王56與郭66王58兩次、「為是不用而寓諸庸，此之謂以明」郭75王66），將語言、知識、判斷、價值之根本問題用「明」來應付之。「明」原是光線和視覺的概念，在〈齊物論〉可能轉喻為知解上的犀利透視，也可能轉喻為道的明照，以明見問題的本質、糾結的核心而一舉解決之，無怪乎「明」成為學者解莊的焦點。

我以為莊子對宇宙人生問題提出許多局部可成立的答案與可行的方案，因此莊子哲學是個複合體，其中的各部分充滿矛盾。按此理解，「以明」解作以道明照，和道冥冥不可知且無法引以明照，這裏對道的理論矛盾本來就是莊子哲學的一部分，可以不用調解。不過，現在學者對「以明」提出新解，此一新解可以與上節所述人見道為冥冥，無可能對道作犀利的透視，互相濡沫，所以我闢了本節，願加以發展。

蔣錫昌很早從三處「以明」綜合論定不用私智是謂認識上的「明」，既然不用私智，便渾噩迷糊，不譴是非，接受世俗之是為己是、非為己非：

> 由上之語，可得二義，一曰，是非兩無窮盡，非人類私智所能窺其究竟也。二曰，平庸之德，含有「用」「通」「得」等作用也。故人如能不用私智而寓於平庸者，自其認識方面言，可謂之「明」；自其應用方面言，可謂之「道」，二者名異誼同。〈天下〉：「莊周……不譴是非，以與世俗處。」「不譴是非」，即「不用」之誼；「與世俗處」，即「寓諸庸」之誼。此即齊物論之要道，莊子固自主張之，而又實行之者也。（1935：128）

此解釋美中不足處是「明」字和不用私智、矇瞶庸碌明顯相反，所以後人加以改進。現代的新解是「以」和「已」可以互假，而「已」有止、竟、畢、訖、終、盡、休、去、棄、退等義，所以「已明」非但不是「用明」，且是「不用明」。首先提出這個解釋是樓宇烈[72]，其後還有王鍾陵、張和平、勞悅強等人。

樓宇烈整理出古代對「以明」的三種詮釋，第一種「把『以明』解釋為一種『反覆相明』或『反覆相喻』的思想方法」，如郭象、成玄英，第二種「把『明』解釋為《老子》所謂『知常曰明』（五十五章）或『照之以天』、『照之以本然之明』」，如呂惠卿、焦竑、宣穎、王先謙，第三種「把『明』解釋為儒墨各自的一偏之見，自以為『明』的『明』」，如王夫之（2004: 67-70）。他提出「『以』、『已』二字在古代互相通用」，而「已明」是「『止明』、『去明』、『棄明』、『不用明』的意思」（2004: 72），對齊物論的三段文字，他簡述大意如下：

一、儒墨各有它的是非，他們各自肯定他所認為的是，而否定他所認為的非。現在想要判定他們究竟誰是誰非，那是永遠也不可能的（如下文所謂：「然則我與若與人俱不能相知也，而待彼也邪」？），所以「不如不用智慧（認識活動）。」

二、是與非都是一個無窮無盡的「環」，想要擺脫那無窮無盡的是非之「環」的困境，那「不如不用智慧（認識活動）」。

三、用華麗的言辭來顯耀自己，這是被聖人所鄙棄的，所以不用這些言辭，不作是非之分，而回返到混一不分的「常」（「庸」。按，在《齊物論》看來，世界混一不分原是最平常的道理，所以他稱此為「庸」，即「常」的意思），這就是所謂「不用智慧（認識活動）」。（2004: 73）

他認為〈齊物論〉的本旨是取消是非、取消求知活動，「用明」則問題益劇烈而不可治，「不用明」才能不起爭執、跳出是非之環。

王鍾陵也如樓宇烈，批評舊注各路解說之謬，此外也批評了今人譯注之誤。他主張「明」是如王夫之說的「一曲之明」，也就是小智小明，而「以」當釋為「已」，止也（1996: 54-55）。

張和平觀察到莊子使用的「明」字，以貶義較多而肯定意義的甚寡（2009: 143）。他認為「以」通假為「已」，作「停止」解，依據有二。首先，《莊子》書上有「以」、「已」通假之例，是王博提出「彼為己，以其知得其心，以其心得其常心」的二「以」字都應讀為「已」，作停止解。第二，

〈天下〉篇敘宋鈃、尹文的作風曰：「以為无益於天下者，明之不如已也。」（郭 1084 王 1320）第二句說的是「明之」不如「已之」，而「已之」意謂「不明之」，所以〈天下〉篇所說的「已」和〈齊物論〉的「以明」是同一意義（2009: 143-144）。

勞悅強注意到莊子對冥的重視，認為將「以明」解為「用明」與莊子哲學背道而馳，因此「以明」應該讀為「已明」（2009: 192）。他認為「明」是儒家提倡的觀念，所以老莊講到「明」是對儒家作反諷，其實老莊要用冥而不用明（2009: 175, 180）。不過他又作了一點讓步，容許莊子在某方面「用明」，那是對渾沌「照之於天」、以得其真的時候，此時的「用明」是不用「人耀」之明而用「『天』這一統攝萬物」的視角（2009: 190）。他認為莊子既「不用明」也「用明」，符合莊子不固執一端、不停轉換視角、玄妙莫測的性格（2009: 192-193）。

以上學者將「以明」讀為「已明」既有訓詁根據，也合於莊子的哲學精神與〈齊物論〉的文脈，不過書無達詁，我想提出另一個解釋。「明」通常是光亮、照明、明察、明智的意思，但是古代還有不同的理解，那就是與用作昏黑的「冥」有親近的關係，這在先秦古書中有些例子。

《越絕書・越絕外傳記吳王占夢》記吳王夫差夢入章明之宮，醒來後召太宰嚭與公孫聖占之，太宰嚭解釋章明之宮說：「夫章明者，伐齊克，天下顯明也。」（李步嘉 1992: 250）公孫聖則解釋說：

> 夫章者，戰不勝，走傽傽（《吳越春秋・夫差內傳》作「傽偟」，驚慌失措貌）；明者，去昭昭，就冥冥。（《越絕書・越絕外傳記吳王占夢》，李步嘉 1992: 252）

這裏說「明」是去昭而就冥，和常人一般以為掃除黑暗、大放光明相反。又，《鄧析子・轉辭》說：

> 視昭昭，知冥冥。（《鄧析子・轉辭》，徐忠良 1997: 87）

這可以讀為兩句平行的話，謂既要視昭，也要知冥，但也可以讀為一件事，謂視昭而知冥，從昭中見冥。後一讀法比較接近《呂氏春秋・離謂》的話：

> 惑惑之中有曉焉，冥冥之中有昭焉。（《呂氏春秋・離謂》，陳奇猷 2002: 1187）

這是說昭含於冥中，若然，則此昭必不甚光亮。又，荀子說昭出於冥：

> 是故無冥冥之志者，無昭昭之明（明通名，「昭昭之名」與下文「赫赫之功」相對成文）；無惛惛（與冥冥同義）之事者，無赫赫之功。（《荀子・勸學》，王天海 2005: 18）

韓非論道之語云：

> 以為暗乎，其光昭昭；以為明乎，其物（色）冥冥。（《韓非子・解老》，張覺 2010: 388-389）

這裏昭與暗、冥與明似乎亮度非常接近，以致覺得暗時又嫌有點光，覺得亮時又嫌有點不亮。

漢代去先秦未遠，語言相近，思想相承，故也有昭、冥相親的用法。司馬談論六家要旨：

> 乃合大道，混混冥冥。光燿天下，復反無名。（《史記・太史公自序》，司馬遷 1981: 3292）

此以大道為混冥，正合本型對道的解說。聖人有冥冥之道乃有燿燿之光，則此光一定不強，老子已言「光而不耀」，司馬談也節制之以「復反無名」。《淮南子》是道家大書，昭、冥同見的文句較多，無助問題者可以不論（如〈俶真訓〉張雙棣 2013: 243、〈泰族訓〉張雙棣 2013: 2128），下三則以冥冥喻道，並以昭昭與冥冥互相通達，或由昭至冥，或由冥至昭：

> 人能貫〔通過〕冥冥入于昭昭，可與言至矣。（《淮南子‧繆稱訓》，張雙棣 2013: 1116）

> 人能由昭昭於冥冥，則幾於道矣。（《淮南子‧人間訓》，張雙棣 2013: 1946）

> 〈覽冥〉者，所以言至精之通九天也，至微之淪無形也，純粹之入至清也，昭昭之通冥冥也。（《淮南子‧要略》，張雙棣 2013: 2173）

下文將光線之全黑至全亮分為五個階段，首先是在密室之中，全是漆黑，第二是有牆縫，透過細縫看到雨滴那麼小的景象，第三是開闢門窗，「從冥冥見炤炤」，第四是出房間到正堂，可以看到日月光，第五是在泰山上看天地萬物。開闢門窗，光線便可進房不少，但遠不能與第四、五階段比，所以炤炤並不是說非常亮：

> 凡人之所以生者，衣與食也。今囚之冥室之中，雖養之以芻豢，衣之以綺繡，不能樂也，以目之無見，耳之無聞。穿隙穴，見雨零，則快然而嘆〔叚借為歎，歎美，近於喜樂〕之，況開戶發牖，從冥冥見炤炤乎！從冥冥見炤炤，猶尚肆然而喜，又況出室坐堂，見日月光乎！見日月光，曠然而樂，又況登太山，履石封〔封禪有記功之刻石，其儀式有金冊石函、金泥玉檢之封〕，以望八荒，視天都〔帝都，指天帝所居處〕若蓋，江河若帶，又況〔二字衍〕萬物在其間者乎！其為樂豈不大哉！（《淮南子‧泰族訓》，張雙棣 2013: 2143）

漢武帝悼李夫人賦，以昭昭喻活著，冥冥喻死了，這仍以昭通向冥：

> 去彼昭昭，就冥冥兮。（《漢書》卷九十七上〈外戚傳・孝武李夫人〉，班固 1986: 3955）

東漢應劭說昭昭為外顯、為後起，冥冥為根本、為先有：

> 推當今以覽太古，自昭昭而本冥冥。（《風俗通義・皇霸》，應劭 1981: 1）

綜合以上先秦兩漢的用例，昭、明、冥的相親關係有：第一、昭與冥互相通達，可以由昭至冥，也可以由冥至昭。如果以冥冥喻道，則昭冥之互相通達，就是關於道器的關係，也是關於修道的進程。如果冥冥比為內在的心志，則昭昭比為外在的行為和事功。或以昭昭比生，冥冥比死。

第二、昭中有冥與冥中有昭（或曉），這種情形應該理解為黑暗中的微明，此時不再是一片漆黑，但亮度仍然不足以看得真確。

第三、由冥轉昭，這種情形亦如上條，宜理解為黑暗中開始有了微明，有似於夜空的黑色開始變淡，不是一蹴而就麗日當空，普世光明。從夜色變淡開始，還要經過魚肚白，然後太陽露臉，而即使太陽已在半空，天上的陰色也未完全褪盡，這中間有很多階段的變化。

這三點告訴我們，雖然昭為明義，但是理解時必須審酌上下文與思想，有時需要理解為微明，而非老是至明盛明。像是《淮南子》下文就直接以昭為小明：

> 故言之用者，昭昭乎小哉！不言之用者，曠曠乎大哉！（《淮南子・繆稱訓》，張雙棣 2013: 1074）

謹慎的注解者也不會囫圇將昭盡注為明，像《中庸》以天是由很多小塊合成的，形容其數量為「斯昭昭之多」，鄭玄注曰：「昭昭，猶耿耿，小明也。」（《禮記正義》卷五十三，孔穎達 2000: 1697）這就是注意上下文和思想的典範。我們對於「明」字也應同樣細心審酌之，不得無時無處皆光明十足、光亮無比。對於上面看到的《越絕書》，夢中的「明」字如解釋為大明，則是武功名聲顯明於天下，但若解釋為小明，則就成了去昭就冥。哪個才對，要由後繼的事實來裁決。吳王夫差先伐齊大勝，不思凱旋歸國，即移師伐晉，遭到大敗，率其餘兵至秦餘杭之山，越王追至，圍兵三圈，迫夫差自殺，佞臣太宰嚭夫妻皆被誅（《越絕書・越絕外傳記吳王占夢》，李步嘉 1992: 252-253）。所以兩個解夢者中，預言不祥的公孫聖言皆應驗，而他所理解的明便應是小明。小明速竭，所以先勝齊，後敗於晉，身死國滅，盡歸於冥。

有了以上對昭、明、冥三字的理解，我們就可以來看莊子。他寫作中的昭、冥二字也有糊成一團的情形，如上述第一點的昭與冥互相通達：

> 夫昭昭生於冥冥。（〈知北遊〉郭 741 王 818，老耼語孔子）

也有第二點的昭（曉）在冥中：

> 視乎冥冥，聽乎无聲。冥冥之中，獨見曉焉；无聲之中，獨聞和焉。（〈天地〉郭 411 王 421，孔子自語）

更重要的是下面這段，在陳述過什麼是聖治和德人以後，陳述神人之所以稱為神人，是因為他們的精神乘著光而與光同亮，掩蓋了他們的形跡。他們似乎很發亮，可是莊子最後要說他們是混冥。文中「照」字是因諱昭字而改，「曠」字《說文解字》與《廣雅》都解釋為「明」：

> **「願聞神人。」曰：「上神乘光**（〈在宥〉：吾與日月參光）**，與**（其）**形**（形跡）**滅亡，是謂照曠**（晉人諱昭，皆書作照。《說文》：「曠，明也。」《廣雅・釋詁》四：「曠、昭，明也。」）。**致命盡**（致、盡互文，致亦盡也）**情**（性）**，天地樂而萬事銷亡**（宣穎曰：與天地同樂，而物累皆捐。○王叔岷曰：逍遙於天地之間，而行其所無事也）**，萬物復情**（猶返真、歸根）**，此之謂混冥。」**（〈**天地**〉**郭 443-444 王 456，諄芒與苑風對談**）

照曠即昭明，可是昭明怎又謂為與其相反的混冥呢？按莊子說：「道昭而（則）不道。」（〈齊物論〉郭 83 王 73，作者自語）道若昭，則不是道。道應無光可借，若勉強要說有光可借，也僅是近乎黑暗的微光。所以只有精神活動而無形體活動（或善於藏匿形跡）的神人，他們從道借來的光，不是大明，只是小明。他們沒有形跡或能匿其形跡，是由於他們行其所無事，故不只不會光輝燦爛，眩人眼目，而還幽昧隱微，難以察覺。萬物的目標都是致命盡性復情，合同於道之混冥，混冥則無光，所以即使神人一開始有點小明，其亮度最終也會調降，至無光而後已。

一些現代學者主張「以明」應作「已明」，意為不用明，我提出的解釋則是「以明」仍然可以意謂用明，可是用明並不是引進更多的光線，照亮問題最棘手的部位，反而是由昭明通向冥冥，去羨知、黜聰明、息神光，玄冥一切，與道冥合。由此而論，〈齊物論〉三次「以明」不是針對問題，澄清其關鍵而解決之，乃是混同為冥而不解決之。這意味了道無關乎解決問題，而問題如能解決、人的生存境況如能改善，與道無關。既然道不可知，則我們不知如何用道解決問題，亦是應有之義。若可用道照明問題而解決之，則人對道必有部分知識矣。

最後要聲明，我對「以明」提出由明通向冥的解釋，並非要取代舊有解釋，成為唯一正確的解釋。我這解釋只是依道是冥冥而做的，至於其他對道的詮釋也可以保有與它們一致的對「以明」之解釋。莊子的道論不齊是「禍首」，學者儘可擇自己以為是者而從。

中國大乘佛學的中道觀

傅偉勳對老莊、中觀佛學、禪宗的研究（合稱為禪道教）應是受到牟宗三的啟發[73]，但是二子的論證歸宿不同。牟宗三在《才性與玄理》說老莊與中觀佛學相同：

> 蓋老莊之學，主觀言之，為玄智之學，客觀言之，為玄理之學。亦猶佛家之有「般若」[74]。（1989: 172）

他從郭象的迹冥論出發，發揮了一段冥在迹中、迹在冥中、即迹即冥、非迹非冥、迹而無迹、冥而不冥、全迹在冥、全冥在迹等套用佛學公式的論述，然後說：

> 即世即出世，即出世即世，亦非世非出世也。是謂雙遣二邊不離二邊之圓極中道也。（1989:

192）

這是牟宗三「抽象地明之」，他接著轉到「分解言之」，將冥迹的關係分為三點：一、觀冥，二、觀迹，三、觀迹冥圓。然後說：「後來天台智者大師，根據佛教之三智三眼，開為一心三觀，亦不能外此模型。」於是敘述智者大師從假入空成一切知、得真體，從空入假成道種智、得俗體，雙遣二邊成一切種智、得中道體，這三方面的理論梗概。末云：

> 此為由智心，以詭辭為用，所必至之模型。在道家，即為玄智之模型，在佛教，即為般若之模型。在道家，莊子發之，所謂一大詭辭，而向郭探微索隱，則發為迹冥圓融之論。千哲同契，非謂誰取自誰也。若必謂佛家所獨有，莊子、向、郭，何能至此，則偏執之謬也。實則，若自中國之佛教言之，其發此「詭辭為用」之般若模型，反在老、莊、向、郭之後也。而老、莊、向、郭早已具備此玄智之模型矣。夫以「詭辭為用」所達之圓境，乃各聖心之共法也。（1989: 194）

這是牟宗三應用印度中觀與中國天台佛學較為完備的理論架構和語言，來闡發郭象（與向秀）粗略表達的魏晉玄學辭義，間接論定莊周所說的一段寓言（堯見四子於藐姑射之山、汾水之陽）不必理會其他可能的詮釋，而應作如是解。

牟宗三不獨解釋莊子是「雙遣二邊不離二邊之圓極中道」，他解釋老子亦如此：

> 王弼註曰：……「何由致一？由於無也。」用禪宗的話說：「心行路絕，言語路斷。」

> 完全不能用心行的道路來表達，任何語言的表達通通不對，這就是「無」的境界，就是《道德經》同一章所說：「道可道，非常道；名可名，非常名。」這是客觀的，我的心境處在這個「一」之中，我的修道達到這個「一」的境界，……既然是「一」，我的生命大而化之，那麼，沒有話講了嘛。（2003b: 5-6）

最後所謂「沒有話講了嘛」，不是主觀意願上之予欲無言，而是客觀能力上的無法說明、無法心行。至於無法說明、無法心行的原因，則是任何概念（例如上帝、梵天、天道、天命、如來藏）都有限定性，而老子的道不該有限定性。既然沒有限定性，則道可以生出相反的事物，好比「有」和「無」，而對「有」和「無」加以雙遣和不離之操作，可以提示什麼是道，這種提示方法稱為玄。老子的語言表達比莊子素樸，莊子是「一大詭辭」，而老子只是用有和無的詭辭來提示道的玄義[75]。

牟宗三雖然判定莊子以一大詭辭來講述不能講述、不落思議的道，但是他並未推論人的主體性一如道的不可思議、無法解釋，這是因為他承繼郭象的見解，以自爾、獨化來界定人與萬物的主體性（1989: 204）。同時，在抽象言之的迹冥相融與分解言之的圓極中道之外，又提出渾化做為莊子化除一切相待的做法，且渾化既為莊子的正宗做法，詭辭中道便需避一頭地矣。他一方面對詭辭而說，一切無執之圓教必以「詭辭為用」，以化沾滯：

> 欲了道家之玄理，須順詭辭之路進。故以詭辭為用，一切沾滯皆化矣。……向、郭此注，可謂極玄談之能事。後來佛教方面，談般若者，亦不能離此型範。故其辭語，多相類似。

自迹上言之，可謂取之於老莊，及魏晉之玄學家，然自理境言之，則凡至乎無執之圓教者，皆必以「詭辭為用」也。（1989: 191）

另一方面則說，莊子所取之路徑是由人的主體來渾化一切：

有始、無始，有有、有無，俱是分解的追溯。雖溯而至於其極，究是辨解之執。莊子不取此路，故收於主體之上而一起渾化之。……將辨解追溯中之有無之滯，（抽象的有無），渾化之而至一具體之無。此無是超然之玄冥之無，無相亦無。有謂無謂，亦復如是。……越乎有謂无謂而至絕對無言之玄冥。玄冥即遊也。……遊亦即獨化也，故皆獨化於玄冥之中。（1989: 205）

兩者相比，則渾化的做法可以越過「以詭辭化沾滯」的玄談手法，直接開出遊於絕對之無的意境。渾化非郭象之詞，謂主觀的觀想，故意對世間的差異、對立漠然不見，做到無彼此之別、無然可之差、無是非之辨，而渾然、怡然、泊然（參見郭慶藩對「一成純」的解釋，1961: 102 注 7）。如果這真是莊子達到玄冥之無的捷徑，與做成遊、獨化的工夫，則不論是抽象言之的迹冥相融或分解言之的圓極中道，都只是建設理論的基礎而已，終究而言理論皆是滯辭，需要越過之、渾化之，以抵達終究的無言。按此說法，主體性和玄冥原為分開的兩事物，玄冥是主體達到的理解或修成的境界，所以才說玄冥即遊、遊即獨化，以及獨化於玄冥之中，完整的說法應該是渾化一切後的主體可以遊、獨化於玄冥之中。可是玄冥之無並不即是主體性的內涵，傅偉勳不同於牟宗三之處正在於此。對傅偉勳來說，道和主體性是原本一如的，不是分開的兩事物，所以絕言亡慮的圓融中道既是弔詭的說道，也是弔詭的說主體性。弔詭說法是必要的，不能視為滯辭，逕自獨化而越過之。最後，主體性必然是玄冥，此事實不會依修養之有無而改變。

程兆熊稍後也將莊子與中國大乘佛學結合起來[76]，認為「至人無己」是智者大師所說的從假入空，成一切智、得真體、具慧眼，「神人無功」是從空入假，成道種智、得俗體、具法眼，「聖人無名」是雙遮兩邊，成一切種智、得中道體、具佛眼（1985: 316-317）。他對四門示相也用同一三智三眼開一心三觀來詮釋，說第一示寂而不動、淵默無感，是慧眼、得真體，第二示動而不寂、垂跡應感，是法眼、得俗體，第三示動靜不二、亦感亦寂，是佛眼、得中道體，第四示無動無靜、非感非寂，亦是佛眼（1985: 407-410）。壺子四門示相是四個步驟，智者大師一心三觀是三個法門，一四一三，若有不合，所以他將四門示相的後二門歸為同一佛眼。他晚年又提出另一種佛道對觀的辦法，先將《老子》第一章分析為四層：

一、有。

二、無。

三、玄。這是即有即無。

四、玄之又玄。這是非有非無，或即「虛玄」。

莊子的四門示相也作類似的分析：

一、生—死（地文）。

二、死—生（天壤）。

三、即死即生—即生即死（太冲莫勝）。

四、非死非生—非生非死（未出吾宗）。

接著舉出臨濟宗義玄禪師的四料簡，以印證老莊：

一、奪人不奪境（杜德機）。

二、奪境不奪人（善者機）。

三、人境俱奪（衡氣機）。

四、人境俱不奪（虛而委蛇……）。

又舉出曹洞宗洞山良價禪師的五位君臣：

一、正中偏。

二、偏中正。

三、正中來。

四、偏中至。

五、兼中到[77]。第四與第五「合而言之，實俱在於未始出吾宗中，即正偏為一而又非一，或正反合，而又非合」（1985: 24-26）。

程兆熊善用禪門教法來闡揚老莊，不過他所闡揚的《老子》第一章與《莊子》四門示相算是容易聯想的。楊文會對孔子論王駘的最後一段，以曹洞宗的四賓主來詮釋，那便不是容易聯想得到的了。

賓主分指用與體，故賓中賓是用中之用，賓中主是用中之體，主中賓是體中之用，主中主是體中之體。

下面是他對該段的全部注文：

仲尼曰：「人莫鑑於流水〔流動之水，不能鑑物〕而鑑於止水〔止水澄清，方能鑑之〕，唯止能止眾止〔就俗諦言之，「一家仁，一國興仁；一家讓，一國興讓」。就真諦言之，一人發真歸元，十方虛空盡皆消殞。均同此義〕。

「〔以下文勢，分賓主四科〕受命於地，唯松柏獨也在，冬夏青青〔引植物為喻，謂之賓中賓〕。

「受命於天，唯舜獨也正，幸能正生，以正眾生〔引古聖作證，謂之賓中主〕。

「夫保始之徵〔徵證心元，妄想不起〕，不懼之實〔一切無畏，魔不能撓〕，勇士一人，雄入於九軍，將求名而能自要者，而猶若是〔「保始」二語，既為王駘寫影，而忽插入勇士一喻，所以謂之主中賓〕。

「而況官天地〔官者主宰也，即先天而天忽違者也〕，府萬物〔府者囊括也，心月孤懸，光吞萬象〕，直寓六骸〔應身入世，直寄寓耳。六骸者，頭身二手二足也〕，象耳目〔在目為見，在耳為聞，人所共知。而勝義根，非人所知也〕，一知之所知〔證無分別心，而有分別用〕，而心未嘗死者乎〔本自無生，何死之有。《金剛經》「應無所住而生其心」，亦同此義。此段方是主中主，二十七字，作一句讀〕！

「彼且擇日而登假〔言其不久當入涅槃〕，人則從是也〔人之從遊者，以其妙用無形，隨根普益耳〕，彼且何肯以物為事乎〔王駘自他兩忘，不住有為，不住無為，何嘗有教人之意存乎其心耶〕！」

（2000: 305）

最早將佛學的邏輯組合用於研究莊子的是成玄英的「四句」，他對堯往見四子的「四子」注曰：

> 而四子者，四德也：一本，二迹，三非本非迹，四非非本迹也。（郭慶藩 1961: 34 注 8）

本和迹可換言為有和無，這一二三四項也就是成玄英常說的「四句」。後二句的句構是「非P」和「非非P」，通於他常說的「百非」。對他而言，道是對四句、百非的否定或離棄，故屢屢言「絕四句，離百非」。他對女偊的師承、最遠的祖師「參寥」和「疑始」的名字，解釋也用上「四句」。「參寥」是：

> 參，三也。寥，絕也。一者絕有，二者絕無，三者非有非無，故謂之三絕也。（郭慶藩 1961: 257 注 8）

「參寥」之師「疑始」是：

> 始，本也。夫道，超此四句，離彼百非，名言道斷，心知處滅，雖復三絕（指「參寥」的境界），未窮其妙。而三絕之外，道之根本，所謂重玄之域、眾妙之門，意亦難得而差言之矣。是以不本而本，本無所本，疑名為本，亦無的可本，故謂之疑始也。（郭慶藩 1961: 257-258 注 9）

成玄英的重玄學是吸收中觀學、中國大乘佛學後的新道家，解道時受佛學的影響最為顯著。道是否定再否定之後的脫離而去，不再言之，不再思之。以道為本的真諦是不本而本的弔詭語，本無所本，無的可本。

莊子與中觀、中國大乘佛學對絕對實在、現象界、與人之主體性的相互關係，從以上的各家說法可以看到基本相同的結構，至於若三、若四、若五的法門數量不同，是各家在分合時有精粗不同之做法，只要不執著於數量上的等量對觀，則佛道之間的互相印證很有益於吾人透視佛道的詭辭與矛盾語而掌握其精髓。

康德的先驗自我

傅偉勳說「超形上學」或「不二法門」是老莊道家與大乘佛學的共慧，其他學派並沒有這種想法。不過我想本型解說在西洋哲學中宜有呼應，最相近的是康德哲學。

前面（第九型第二節）敘述了康德在《純粹理性批判》的〈先驗分析論〉區別了實徵自我與先驗自我。由於經驗與知識必須有先驗自我才可能得到，所以我們無法反過來去感受和認知先驗自我。到了該書的〈先驗辯證論〉，康德就提出了先驗自我不能成為經驗、知識對象的理由。Robert C. Solomon 解釋說：

> 康德是在先驗辯證論中攻擊笛卡兒將自我當成實體、「做思考之物」的想法，並堅持認為我們無由得知人類生存適然狀態背後的自我，同時先驗自我無由成為任何可能經驗的

對象。我們甚至不能知道它是「某物」。這導致一些饒有理趣的糾葛。我們已經點明了康德很誠實的對自我保持曖昧，這態度導致「誰有一個自我」和「可以有多少個自我」這類問題沒有一定的答案。但由於這些是落入範疇內的問題，關於自我本身就沒有合適的回答。於是我們對「誰有自我」的問題只能回答「每個人」，而無法回答似乎很明顯的話——每個人都有一個自我。（1988: 35）

關於量、質、關係、樣態的先驗範疇是先驗自我一定會給予的，所以無法撇開這些而直視先驗自我的真相究竟如何。

劉咸炘接受康德對物自身（含自我自身）不可知的哲學，並認為莊子先已有見於此，他評唯心論與唯物論之爭說：

凡西人紛爭之論皆由其好趨極端，舉一廢百，心物之爭皆由必求物之本體與心之自覺之所以然，此宇宙論、認識所以紛紛。實則吾人固不能自知能知之源，亦不能知所知背後之本體，西人之必求此，乃其愚耳。自康德樹立先天之覺，而認識論遂終，雖論者嘖嘖不以為然，而終無能進而說先天之覺之之（疑衍一之字）源者，然則唯心、唯物更何為乎？莊子曰：「如求得其情與不得，無損乎其真。」旨哉斯言。（2010: 830）

劉咸炘所理解的莊子之「真」，是自然、是現象，他反對視自然、現象為非真，而欲尋求至現象的背後（2007: 231；見第五型）。

傳偉勳的超形上學弔詭可以作如此觀。形上學層次的種種對立觀念，都是人心運思所必須的，若依康德，更是人心本有而強加到思維內的。所以人無法剝除形上學概念而達知自我的真相。

再放到更寬的說，人與人爭辯彼是，乃因人必須有觀點（如劉紀璐），或因人必須分割世界才能認識世界（如方克濤），準用康德的哲學，這種特性可能已經內建於自我之中，所以自我再返觀其自身也不能不採取觀點或予以分類，而永遠無法看清它自己。

莊子又說人之知只能至於物，不能至於道：「言之所盡，知之所至，極物而已。」（〈則陽〉郭914王1036）這也很像康德以為人不能得知物自身。上面已詳細解釋了莊子認為道不可知的主張，此處便不再重提。

一條狗追逐著自己的尾巴

看過了中觀佛學與康德哲學如何論證主體性的謎底永遠解不開，我們還可以看一個較為簡易的說法，這是來自於德國哲學教授 Friedhelm Moser 的哲學普及讀物《給非哲學家的小哲學》（*Kleine Philosophie für Nichtphilosophen*, 2000）[78]，他的理由是自我觀察時，觀察不到不觀察自己的自己：

心理學和哲學上的自我探究，其實很類似，當人不停息地思索：自己到底是誰？往往得不到任何的答案。結果確實如此，進行自我探索的人，對自我探索的需求愈是增加，他的自我就反而會愈形萎縮；就如同孤芳自賞的人，他愈是在意自己，就愈會毀了他自己。過度的心理分析，反而讓心靈解體。當人們將內在的生命弄亂時，便再也找不到「自我」了，只有當人們能夠在世界上創建出一些事物，他才能從中找到「自我」。一個自我若只能看到它自己，那麼它最終將會毀滅掉自己。即便是哲學家，如果他不當心點兒，也會不小心地陷入這個惡性循環中。哲學家最主要的研究興趣，在於知覺與思想的條件與界限，這是所有進一步研究的基礎。知覺與思想並不存在於真空中，它們是人類知性的功能。哲學家是在人進行知覺與思想活動的當下，仔細地觀察人。且因為他深信，他這時僅能看到一個特定的人物腦部活動所隱藏的資訊，因而自然而然地，這個人便成為他偏愛的研究對象。費希特即建議：「要覺察到你自己！」「收回你環顧四周的目光，看著自己的內心世界：這正是哲學教導其學徒的第一個要求。」史雷格（Friedrich Schlegel）也同樣建議說：「哲學上，所有文獻資料的研究結果都顯示，自我審視是研究哲學最可靠的出發點。」

一個畫家面對鏡子繪一幅自畫像，這幅畫像上的他，僅僅表現出他作畫時，帶著驚覺和監視目光的樣貌。唯心主義一派的哲學家，自己探索自我，也僅在自己探索的情形下探索自我，以內省的方式檢視內省。一個現象可以用來闡述這個方法：一條狗追逐著自己的尾巴；這情景即顯著地表達出哲學的意象。（2000: 14-15; 2005: 15-16）[79]

這個論證是針對困在身體內的意識來說的，由於一個人的意識受到天然的限隔，所以一個人若要瞭解什麼是人、什麼是自我，去研究別人遠遠不如內省自己，可是意識的內省狀態不同於它不涉入內省的狀態，故內省自己不能得到自我的真相。

向外觀察也有同樣的問題。在極小尺度的量子層次，量子的特性會因觀測而改變，所以我們無從得知完全自在的量子是什麼狀態（自在的量子狀態該是什麼，與觀測活動對量子狀態做何改變，有哥本哈根詮釋、多世界詮釋、隱藏變數詮釋、模態詮釋、退相干詮釋等）。放而至於宇宙，有些物理學家相信人本原理（anthropic principle，也譯為人擇原理），認為正是人類（能觀測宇宙的一種生物）的存在，我們這個宇宙的種種特性才得以解釋，或可以說，我們這個宇宙的特性與觀測它的智能可相匹配（Hawking 2001: 85-99）。依人本原理，則我們這個宇宙不可以未曾發生而不存在，此外也可能有人所不能認識的平行宇宙或多重宇宙之存在。這樣的話，自我的向外觀察也不能觀測到獨立於它的自然。

莊子是古人，他大概不覺得看穿別人有什麼困難，也大概不覺得自我觀察是自我的某種特別態，不過，往內層層剖析是否最後能令自我的真相水落石出，或令主體性的真義無所遁形，則又難說。〈齊物論〉南郭子綦只留下「怒者其誰邪」這麼一問，這是他明知答案而有意讓學生自己去參詳，還是他也說不上答案是什麼呢？接著的「大知閑閑」一大段裏，「若有真宰」的「若有」到底是有還是沒有，「其有真君存焉」到底是直述句、肯定有真君存焉，還是疑問句、質疑真君存在，而說到底，則是莊子為什麼要對這兩句寫得猶疑不定呢？在該給答案的關鍵時刻不爽快的直說有或沒有，反而刻意模糊，這便有一條狗追逐自己尾巴的意味。永遠追不到，比喻永遠得不到答案，然而退一步言，「想追」而追不到，也比喻了主體性的一種奇妙動向，那就是對自身的自覺與好奇。

比喻不能取代論證，因此狗追尾巴的景象是否恰當比喻了莊子揭露自我時的困境，仍應取決於自我的真相有沒有答案。關於〈齊物論〉的相關段落，蕭振邦說「大知閑閑，……其所由以生乎」與「若有真宰，……其有真君存焉，……不知其所歸」兩段話，傳達的「正是陳述『去找尋類似答案』與『找不到任何解答』時，引發的種種困頓」（2009: 310），此說甚為平實。然而我們是應該在遇到困頓時停下來，還是應該忍受困頓繼續探求，莊子並沒有明確的指示，或者應該說，他的指示相反：「如求得其情與不得，無益損乎其真」是說有一真宰真君，「已而不知其然，謂之道」卻又是說不必再多求問。大部分學者選擇了繼續求問的路子。

根本癥結

前面將莊學研究上各種主體論的解說分為六類十七型來評介，在評介過程裏，見識到了莊子若干關鍵文句在理解上的巨大分歧，以及與五花八門的理論結合的可能性。《莊子》之書似乎沒有確定的含義，容許四面八方而來的詮釋，這造成了學者意見之多，與定論之難求。

本章對於學界解說分歧的現象想舉出四個根本癥結來試作說明，當然主體論的解說有十七型之多無法完全歸因於這四個癥結，但是這四個癥結應該擔了重大的關係。

莊子到底說什麼？

《莊子》的字詞概念與篇章意旨，比起其他任何中國書籍有更多的不明確性，以致理解與詮釋的歧異最多。就主體論而言，〈齊物論〉的一段話相當關鍵，而文義的不確定性也高，可以拿來做個示例：

非彼無我，非我無所取〔我所取者為彼，故本句是說非我無彼，與上句首尾相接〕。是亦近矣，而不知其所為〔與〕使。若有真宰，而特〔乃〕不得其眹〔兆，跡象〕。可〔所〕行已信〔真實〕，而不見其形〔二句即下句「有情而無形」〕。有情〔真實〕而無形。百骸、九竅、六藏，賅〔兼〕而存焉，吾誰與為親？汝皆說之乎？其〔抑〕有私焉？如是皆有〔①以。②又〕為臣妾乎？其〔而〕臣妾不足以相治乎〔也〕。其〔抑〕遞相為君臣乎？其〔抑〕有真君存焉！如〔而〕求得其情〔實〕與不得，無益損〔二字猶增減〕乎其真。（〈齊物論〉郭 55-56 王 52，作者自語）

這段話涉及身體器官有無主宰的問題，所以不是沒有主題，可是關鍵字眼的指代並不清楚，造成全段的意向也不清楚。

首句的「彼」與「我」相對，然這並不足以確定其指代，蓋與「我」相對者儘有很多，可以是自然、是造物者，也可以是它前一段所述的心理現象，或是一般化的「他者」[80]。

「若有真宰」，可以當成似有而實無，也可以當成雖難捉摸但實有[81]。

「其有真君存焉」，可以理解為百骸、九竅、六藏自生自使，沒有主宰，也可以理解為莊子意謂有主宰[82]。

末句「其真」，可以指百骸、九竅、六藏之真，或物之真，也可以指真君之真[83]。

由以上簡單的說明可見，這段話對於身體器官有無主宰的問題，並沒有清楚的主張，這造成了學者不得不以他們各自對於莊子哲學的認知，來決定這些不明確的地方應該作何理解。這種做法是以全局決定部分，但是對全局的認知並不是對每個部分都有精確理解而後達到的，所以學者對於莊子哲學全局的認知也就各有不同了。

消除嗜欲、情緒和計慮之後是什麼？

中國哲學以引導人生為主要方向（勞思光 2003：19）[84]，所以一定對人的現狀有所不滿，而提出需要改進的地方。身體的嗜欲、心理的情緒、理性的計慮等造成人生的迷惘和社會的不和，是莊子認為不好而應去除的，可是去除之後還剩什麼，卻有若干可能性，可能心還剩下一些部分，也可能是突出與心相對的身，還可能是不限於身心的東西。莊子明裏或暗裏對這些可能性都有提到，以致眾家學者拾取不同說法而發展立論。

有的說剩下的東西還是與心有關，其中有的說心還有感知功能，如虛靈的白幕（第一型），有的說心還有意識，也許是含有概念的意識（第十、十一型），或非自主意識（第十二型）。

有的則說剩下的就是我們的本心本性，這包括了真常心（第七型）、物性（第八型）、和作成意志前的先驗意識（第九型）。

另有的說要離心而就身，其中又分為強調身體各部分協調（第十三型）和不強調此點（第十五型）的兩種見解，與認為身體中有主宰（第十四型）。

還有的說超越人的現況讓人看到更大的視野，例如超越的本體（第三、四型）、氣（第五型）、造化（第六型），有的說是與萬物結合（第二型）。

最後有的說是喪失雄心（第十六型），或說剩下什麼不知道，不必妄作解人（第十七型）。

這裏應該提一下〈齊物論〉的「成心」和〈德充符〉的「常心」二概念。現代學者幾乎都以成心為貶義，成心是一己的封限，生出是非取捨、情緒反應，造成人生的錯亂。可是古人並不都認為成心不好，馬興祥對古代（含少數現代）注疏做了整理，認為可分為四種闡釋。第一種是：「從『成』字立論對『成心』持肯定態度。……把『成』解釋為自然天成，不假湊補，這樣，『成心』即天命之本然，吾人之真宰。」這包括羅勉道、釋性通、陸西星、劉士璉、沈一貫、陳懿典、陸可教、李廷機、高秋月等（林希逸、憨山德清、覺浪道盛、徐廷槐、劉鳳苞、陳壽昌、王先謙、馬其昶、蔣錫昌亦是）。第二種是：「從『成』字入手對『成心』持否定態度。他們把『成』解釋為不變、固執，則『成心』為一己之偏見，以己為是，以人為非。」這包括成玄英、黃洪憲、吳伯與、董懋策、陳治安、胡方、陸樹芝、張之純等。第三種是：「側重從心性情關係入手，……性為心之本，心為性之用，心因物而動為情，未動方為性，……成心使人喪失了自我的生命本色。」這包括朱得之、劉武、程以寧等。第四種以成心為成性，不肯定未成之心，如錢澄之（2000: 20-21）。由以上的考察可知，成心並不是一個自身很明確的概念，因此主體性應該將它包含在內還是排除在外，也沒有必然的定論。

再說常心，雖然不少注家將它注解為心體的某種格或某種態，或注解為「恆性」（如林仲懿），但也有注家只當成做人的態度或作風。如郭象注為「平往」，意為以平淡之姿遇物，不自炫耀而引起眾物歸趨（郭慶藩 1961: 193 注 3）。藏雲山房主人注「常心」為「不與物遷」之意。沈一貫解「常」

為「使之循久不渝，至無奇也」。這些注都不以常心為一心體、或人本有之物。還有的注家認為是常人之心（如羅勉道、釋性通），也就是沒有特別的修養。此外，尚有略而不注者（如王雱）。故主體性是否應該包含常心，也沒有必然的定論。

有沒有外在於人的更高實在？

哲學對於什麼是實在或什麼是更高的實在，有解答的義務。我們閱讀《莊子》的時候，對何為實在的問題也有困惑。

從容易和明顯的開始說起，萬物是不是實在？屬於第四型、主張有一絕對之神的侯外廬，認為形器界對莊子而言並非實在，這是極端的看法。大部分學者認為，縱然萬物都在大化的流變之中，仍然可以視為有限的實在。但是萬物的實在有多重要呢？在第一型主體論解說裏，萬物只是做為人心映照的對象，不能提昇人心，可是在第二型解說裏，要想建立更佳的自我，就需向外與萬物連結，是故這兩型解說對萬物的實在性賦予的不同的價值，前者低而後者高。

在萬物之上或之後，有沒有更重要的事物具有更高的實在性，這是閱讀《莊子》時進一步的疑問，而學者對此有三種立場差異。

第一種立場是完全肯定性的，認為莊子相信有比人和萬物更高的實在，這個實在或是創生的本體，或是有位格的創生者，還是彌漫宇宙貫穿萬物的氣，或即是造化，這些見解導生出我所分出的第二類

（含第三、四、五、六型）解說。也可能是已經內在於我們的本心本性，這些成為第三類（含第七、八、九型）解說。如果以上任何一者可以成立的話，則人的主體必須認取它做為其自身，是理有必然。

莊學研究對於那更高實在不能定於一，是惱人的事，有一法子或可減少焦灼。有個觀點認為，各宗教、哲學、靈修所謂的最高實在乃同一個東西，只是名稱講法不同而已，如周作人說：

> 宗教上的「神人合一」「物我無間」，其特性亦即在此。有很多的例。基督教《約翰福音》說：「世德，我在你中，彼等亦在你中，故我在彼等中。」這個目的物像蕭伯納稱他為「生命之力」亦可，不過宗教上另換一個名稱罷了，像「神」「一」「無限」等。（2009a: 333-334）

莊子對那更高實在提出諸名，且還有更多的可從其思想抽繹出，這個現象如果不能證明他勘破了更高實在容許有諸般呈現，至少也來自於他對更高實在曾有多種體會。再不然我們還可以參考 Aubrey Moore 的見解（見第七型），而認為莊子所理解或體驗的，以今人來看是一種有多重性格的東西，今人覺得各種性格不能相容，必須分離為不同的概念或形態，而莊子則覺得各種性格無妨混處一處。

第二種立場則是否定性的，認為莊子拒斥更高實在，這在第四、五類解說中較為普遍，前文已記敘在案，此處不再覆述，不過這裏值得談一下其中一種較為微妙的理路。這種理路不是正面否定有更高實在，而是採用知識論的進路，堅持人的知識能力受到限制，不能得知有更高實在，來間接的說，對人類而言無所謂更高實在。

不少學者認為莊子的知識論立場是懷疑論，按此見解，不僅不能有外在實存的道，連任何真理或勝義都不能成立。前文介紹的學者中，喬柏客和黃百銳就明確採用此種見解。喬柏客認為莊子主張懷疑論，其懷疑雖不至於否定知識的地步，但足以懷疑一切知識的可靠性（Kjellberg 2007: 282）。黃百銳認為莊子正是由於知識論上的不安全感促使他保持最大好奇心和不斷自我質疑的精神（Wong 2005: 100-101），而後代讀者認為莊子有一套命題或論旨，則是最大的誤解，因為無法交待「一個人怎能得知這套命題或論旨」這樣的質疑（Wong 2005: 102-103）[85]。Deborah H. Soles 與 David E. Soles 做了更精細的區分，認為不論是設想某理由而偏好某觀點（a preferred or preferable perspective，或 a privileged perspective，如它對各觀點採取中立，或能遍容所有觀點），還是設想有某種勝義觀點（或上帝的觀點）可凌駕所有有限觀點，都是莊子所否定的（1998: 156-160）。

至於第三種立場則折衷於前兩種完全肯定與完全否定之間，它認知到莊子的確描述若干更高實在，可是對莊子所言的真實性有所保留。

廖炳惠針對〈逍遙遊〉和〈齊物論〉指出，莊子對人做為「知識主體在認知範疇上的局限」有所體認，也就是當人有「洞見」時必有所「不見」，那麼當莊子企想提出不在「洞見與不見的認知循環」之超越性知識，與屬於「修辭上特殊的無以指涉形式」之至人、神人、真人、無待境界，他如何跨過人所必受的侷限，提出洞見而又警覺洞見有所不見呢？他用了高明的寫作手法，包括錯用文字、直言與假借之轉接、建立意義後再抹除，與倚重寓言、軼聞、對話等非論述形式等，來「掩蓋」他「無法脫離論證的矛盾情境」，達到兩種效果。第一，規避討論到究竟義，莊子的文章「一方面似要述說真理，一方面文字思想卻將真理壓抑下來」、「在在都暗示出文字現存的不穩定性，而且又瓦解了文字所似乎到達或導出的『自足』〔詹康按：「自足」為郭象對逍遙之解釋〕」、「一再的消除現存、真理、自足性，文字變得一再逃避自己所要達到的」。第二，以洸洋自恣的文字「添補哲學、文學與現實的鴻溝」、「彌補不見、矛盾」。莊子總是這樣子談論超越性知識和人格，而其真實性不論對他自己或對他人則存而不論（1985: 70-74）。

劉紀璐的內在實存論主張知識來自於個別能知主體的觀點，所以不能有普遍而絕對的知識，也不能確知更高實在的有無。唯有用隱喻、寓言、諧擬、故事等，給讀者一個心理圖象，現示修養的目標為何（說見第十六型）。

傅雲博（Daniel A. Fried）指出內篇很少討論最高真理，唯有〈大宗師〉篇「夫道，有情有信」一段討論到道的本質（2012: 428），可是同篇另一段話卻打破人說任何話的穩定性：「夫知有所待而後當，其所待者特未定也。庸詎知吾所謂天之非人乎？所謂人之非天乎？且有真人而後有真知。」因此人以道為實體，它可能是虛無；以道為虛無，它可能實際上是實體（2012: 429）。再者，〈齊物論〉篇「言非吹也」至「道惡乎隱而有真偽？言惡乎隱而有是非？道惡乎往而不存？言惡乎存而不可？」這段話中的道，無法決定它是教、是本體論的概念、還是別的東西（2012: 430）。傅雲博對內篇的結論是：「問題由莊子提出而沒得到回答，是他界定道的取徑中最顯著的一面。他比手畫腳的採取一條路，通向一個真正存在的道，然後又採取另一條路，通向一個虛無的道，不過他終究懸擱了他的信心，怕自己沒有能力判斷這個議題。」（2012: 430）到了外雜篇，這種議而不決的情形更加明朗。〈在宥〉

篇廣成子向黃帝講的至道是陰陽宇宙論的，〈天地〉篇「泰初有无」一段（道字未出現）隱喻沒有獨立於物質和概念界以外的本體論之道，〈知北遊〉篇「光曜問乎无有」的寓言指出問問題是虛妄的（2012: 431-432）。傅雲博對莊子及其後學的結論是：「《莊子》真的充分瞭解存有學的議題，包括莊子本人和他的後學皆然。他們單純是想不出要如何看待這個議題，於是把互相矛盾的可能答案包括進來，也把一個對矛盾的批判包括進來。所有可能答案都提出來——先前較猶豫，後來較充分——而一個也沒選。這本駁雜之書的眾位作者知道這個問題，提出了一些答案，可是以整本書而言，沒有提出最後答案。」（2012: 433）

我在討論第十六型時指出，最高實在不能成為知識，只能以文學來想像，在西洋哲學中與叔本華最為接近。

牟宗三的「玄談」說也屬於此種立場，他解讀〈齊物論〉時一再強調不能用科學或邏輯來理解其中重要的話，那些話擺明了是玄談，玄談是指點式的語言，指點你一種「通過高度修養而達到的一個心靈境界」（2002a: 6），你能不能懂要看你有沒有穎悟（如 2002e: 5; 2002h: 4）。「莊子不能當專業哲學家看，莊子是 thinker。」（2002f: 5）

精神境界有很高、應世用物的便利有很大嗎？

莊子既有逍遙於無何有鄉之遊與藐姑射山神人之說，又有安時處順、養生盡年的現實世界目標，於精神境界上，到底是無所繫戀的自在解脫，還是小心克制以取悅世俗，於應世用物之上，到底是神乎其技的迎刃而解，還是屈服無奈以苟免求生，這些或高或低的境界和或巨或微的便利，並陳於書中，今人出於思想的邏輯性，必須在兩種相反的說法中間有所選擇[86]。

本書所區分的六類十七型莊學主體論解說裏，第一、二、三、五類（除去第二型中的主觀想像說）與第四類之第十、十二型較偏向對莊子朝神通廣大的方向來詮釋，筆下的莊子境界極高渺、功效極宏大、應變之神極不可測。而第十型與第五、六類的解說則偏向朝腳踏實地的方向，針對實際生活問題逐一解決，解決前費工夫準備或醞釀，解決後下個問題又是全新的挑戰。

態度最卑微的是黃百銳，他說世界的創造遠在人類出現以前，所以人類應對世界的奧秘抱持卑微的姿態，雖然我們應當努力開拓新視角來發現新意義，但這只是思想不斷的轉移，而不是獲得全知或絕對正確的知識，因此探求新意義、以今非昨的作為也是永無止境的（Wong 2005: 102; 2009: 582-583）。

主張第六類的學者應會覺得他們只是說出自我的真相，而這個真相並沒有絕佳的優點或用世的便利。

有核、無核的實存可變換主體論

第三序研究

前章的四個莊學根本難決問題注定了詮釋莊子主體論時的歧異多元景貌，諸型解說都各有對它們有利的章句，各有說理擅場的地方，各有外來理論的參照和加持，可是也各自遭到來自不同方面的反對意見，無一能讓所有學者接受。現在如此，未來也是如此。所以我們應該開始思索如何另闢蹊徑，做出能令各方學者接受的定論。

所謂新途徑，理應避免既有研究途徑的問題，既有研究途徑的問題癥結在我看來，就是想在前述四個莊學根本難決問題上強作解人，以為若不能將莊子所說的意義、所主的立場確定下來，則一切研究都不能談。可是我們已經看到，試將莊子的意義立場確定下來，只會導致研究意見的裂解和永無止境的諍辯。所以，我提議的新途徑，是保留莊子文義的模糊，對消除嗜欲情緒計慮後的身心狀態、更高實在、精神境界和應世便利等問題都不主一見，如此來探討莊子所可能主張的主體論。

這個提議乍看是為自己出難題，因為當這些問題和特色無一確定時，怎能知道莊子確定主張什麼呢？這需要繞個彎想，也就是說不確定的地方反而是機會，是這些機會孕育出了十七型主體論解說（未來可能還有新型解說），所以要是能對諸型解說提出某種統合之道或共同的基盤，那麼這便會是莊子的主體論，或者雖不中，亦不遠矣。

我所提的新途徑與現在未來諸型主體論解說的關係，可以從兩方面來說。就它是對諸型解說再加以解說來說，由於現有十七型解說已是對莊子的第二序研究，我的新途徑將是第三序的。這表示，這個新途徑不向《莊子》檢求證據、詮釋章句，如果這麼做，它就成了第二序解說，與現有的十七型在立足點上平等，只會落入孰優孰劣的諍辯迴圈中。它是第三序的，因此它架在第二序研究之上，超出第二序的諍辯，這是因為它完全沒有如何確定莊子文義的包袱。雖然我在本書許多型說過自己的心得，下文也還不免涉入些許《莊子》的章句詮釋，但本章堅定的定位於第三序研究，請讀者以此定位來閱讀、衡量。

我在本章最後，以〈齊物論〉篇「真君」章解釋了我下面將提出來的主體論解說，但由於該章也可以解出其他形態的主體性，所以我將提出的主體論解說成立與否，並不繫於我能否解釋「真君」章。

從第二個方面來說，由於新途徑尋求現在未來諸型解說能成立與並立的基礎，所以它是後設的研究。後設思考是對知識形式、用言的反省，不是針對生活提供方案，不適於平常人在生活上採用，甚至也不需要平常人知道，他們對後設無知一樣可以生活得很好。

以上兩方面的說明有其弔詭或紊亂感。首先，我好像在提議，第三序研究反而比第二序更接近第一序，這如果成立的話是非常弔詭的。再者，我也好像主張，莊子對主體理論之後設層面的重視不亞於主體論本身，這對喜歡莊子的讀者來講，會拉遠莊子與他們的距離。如果下文所說的能夠成立，這兩個紊亂的弔詭也可以不必再作解釋。

我為這十七型解說提出的後設主體論解說，稱為實存的可變換主體論，又分為有核與無核的兩種可能。在鋪陳我自己的解說以前，我想先對《莊子》全書的駁雜性質提出我的另類觀點，做為我想提出之解說的基礎。

莊子的百寶箱

就像莊子說的，人要做是非判斷，並且堅持自己的是非系統。一家之言的哲學是人類智慧所能構築的最終極是非系統，所以理想的哲學學說應該邏輯一貫、內部一致，沒有照應不周的漏洞，更沒有自相衝突的矛盾。這種理想的哲學學說，通常是命題式的（propositional）。好像一個鐘錶、一輛汽車、一個人體，內部的零件有千百種不同，但能完美的組合到一塊兒，讓那個整體能達成它所設計的功用或目的。

世界上的個體，不管是有生命或無生命，都是這樣緊密結合的。可是由數個個體結合而成的隊伍，關係就做不到那麼緊密了。譬如一家航空公司擁有數種大小不同的客機和貨機，各有不同的運輸任務，它的機隊有彈性，只要能為公司賺錢，機隊的組成可以調整。又譬如一個工具箱，裏面有鎚子、起子、鉗子、鑿子、鋸子、鈑手、電鑽等工具，修理東西時視工作的性質而輪番使用，不是每樣都使用得到，但是少了幾樣，工具箱還是工具箱，只是我們覺得它不全了，沒那麼方便好用。

有些人類知識的內部構成狀況，較像個體組成隊伍，而不像零件組成個體。令人驚奇的是，我們以為最應該系統一致和緊密相連的地方，卻是數個個體鬆散的湊在一塊兒。我指的是數學和物理學。數學包含了幾大領域：關於數量的、關於結構的（如代數）、關於空間的（如幾何）、關於變化的（如微積分、函數）、離散數學、和應用數學（如統計學）。雖然都是數字之間的加減乘除，但這些數學領域發展出各自的技巧、公式、原理、概念，有些可以互通但大多很難。它們有各自應用的地盤，一個物理學問題如果用微積分可以三十分鐘算好，不用微積分可能要一個月，誤用幾何的話算到地老天荒也沒結果。

再說物理學，大家從前以為宇宙一定要受統一的規律所支配，物理學家現在沒有那種信心了，像霍金（Stephen Hawking）這種頂尖物理學家，會承認：「沒有單一理論可以完整代表對所有物理現象的觀察。」（Hawking & Mlodinow 2011: 8）「似乎沒有一項數學模型或理論可以全方位地描述宇宙。」（同上書：62）因此他鼓吹M理論。M理論不是一般所謂的理論，而是「由許多不同理論構成的一個大家族，其中每一項理論只能夠對某個範圍觀察到的物理現象做良好的描述」（同上書：8），「在M理論的理論網絡中，每項理論各自善於描述某個範圍的現象，……但是這個理論網絡中沒有一個理論可以完全描述宇宙各個方面，包括自然界的所有作用力、承受這些作用力的粒子，以及這一切交互作用所處的時空架構」（同上書：62-63）。M理論就像是精挑細選最好用的工具，集中放到工具箱，上工時就把合適的工具拿出來。

數學家解決不同數學問題，動用不同計算方法，我們不會說他就不是數學家。物理學家解決不同物理問題，動用不同物理理論，我們也不會說他就不是物理學家。那麼，哲學家解決形上學、宇宙哲學、倫理學的不同問題，提出不同的論證與答案，何辱哲學家名之有呢？畢竟數學和物理學這種最「嚴格」的學科都拿不出統一的體系，哲學在本質上最歡迎多重角度的思考與自我懷疑，為什麼不准一個哲學家包辦呢？如果是出於「哲學應該是嚴密思考」這種定義，而認為沒有統一體系的人不算哲學家，那倒不要緊，因為我們學牟宗三，說莊子不是專業哲學家而是 thinker 就得了。不管我們是否把他歸類為哲學家，他的書都會萬代流傳。他豈會在乎今人應對哲學下什麼定義嗎！

但是現代的研究風氣卻不是平心觀照他所曾提出過的一切解答方式，而是忍心裁剪，為他詮釋出一個體系完整的哲學。這種做法又與古今懷疑《莊子》篇章真偽的興趣相結合，將《莊子》全書的分歧與矛盾，解釋為莊子與後學、外道分別的著作，故《莊子》一書是沒有統一規劃的雜集。學者發展出一些思想與文字的鑑定法，於是《莊子》篇章之辨，儼然有思想發展之公理與語言之科學分析可據矣。那些思想發展的公理，質諸中外思想史，實屬誣罔無知可笑。選定一些字詞計算次數，除了標舉各段落的文字特徵，怎能必知不是出於一手？思想立場的矛盾，人皆犯之，思想精密的人或者犯得較輕，但若有人以某種理由而故意為之，則又何說？鐵鎚將釘子敲進去，拔釘器將釘子撬出來，鋸子將木料鋸斷，強力膠將木料黏起來，粗砂紙將表面磨粗，細砂紙將表面磨平，彼此目的相反，使用它們的工匠卻不可說為矛盾。莊子為能解釋宇宙與人生，採取有如M理論的家族形態，將數種能局部有效描述的理論集結起來，又為能治癒世人的偏頗，開闢人生的坦途，所以配帶齊全的工具箱，既挖又補，且割且接。唯其心思之細，志願之大，觀照之全，臨事之慎，才會徹底體認沒有一個理論能全盤描述宇宙，沒有一成不變的哲學能解決人的全部問題。這裏應該計較的反而是，工具箱裏的器械要愈多樣才效能愈大，太少就如手殘腳缺，成不了事[87]。

藝術創作裏同一個人而有不同的風格手法，是稀鬆平常的事。鋼琴家與指揮家巴倫波英（Daniel Barenboim）曾以他鑽研、演出馬勒（Gustav Mahler）交響曲的經驗來現身說法，馬勒的九首交響曲像是不同的人寫的：

> 關於馬勒的交響曲，我覺得最奇妙的是——這也即是我和布列茲（Pierre Boulez）為什麼決定要一鼓作氣演出他的全集——馬勒好像為每一首交響曲找到不同的語法。很少有作曲家這麼做，貝多芬就這麼做。如果你對音樂不太熟，而聽到貝多芬的第五號交響曲，然後再聽「田園」交響曲，你會覺得是由另一個作曲家作的，你對布拉姆斯不能這樣說，你對布魯克納不能這樣說，你對舒曼不能這樣說，但你絕對能對馬勒這樣說。當然，他的全集有早期的交響曲，即第一至四號；有第五、六、七、八號；然後有晚期交響曲。可是基本上，在每首交響曲中，甚至從第二號到第三號、從第三號到第四號，都像是一個不同的創造者、不同的作曲家。而這就是最有意思之處。而當我們第一次演出他的全集，像這樣一鼓作氣的完整演出——兩年以前——是很有意思的經驗：這是對我們、兩個指揮者來說，因為我們聽了彼此的演奏會，所以我們按先後次序將全集身體力行出來。

（Barenboim 2009）

很多大藝術家都如馬勒一般，在創作生涯中不斷改變語法和風格，這出自於創作才華的內在動力，在很多藝術家身上都可以看到。

最偉大的推理小說家克莉斯蒂（Agatha Christie）在她十年出版十本推理小說後，用 Mary Westmacott 為筆名出版了廣義的情愛小說《Giant's Bread》（一九三〇年），一九四八年出版第四部《The Rose and the Yew Tree》，然後一九四九年《週日時報》公布了 Mary Westmacott 就是克莉斯蒂，此後她還繼續出版兩本（至一九五六年）。熱衷克莉斯蒂的百萬讀者既不能從小說性質聯想、也未曾從文筆嗅出 Mary Westmacott 就是克莉斯蒂，這個秘密成功瞞住讀者十九年（她女兒說是十五年），說明大作家能在兩種以上的形式之間遊走，而且還能拿手，讓人看不出一點交集。

白先勇三十歲前寫的短篇小說已穿越多種風格，語言屢屢變易，歐陽子評論指出白先勇的才華不能為任何派別、風格所拘：

> 一般的作家，或因經驗不足，或因文才有限，即使在文壇上成功成名，他們畢生所能寫出的好作品，常常只是同一類、同一色調的。因此，對一般作家，我們常常可以輕易而明白地分類，說他們是「寫實派」、「超寫實派」、「心理派」、「社會派」、「新派」、「舊派」……等等。
>
> 但是，我們卻無法將白先勇的作品，納入任何一個單一的派別裡。白先勇才氣縱橫，

> 不甘受拘；他嘗試過各種不同樣式的小說，處理過各種不同類似的題材。而難得的是，他不僅嘗試寫，而且寫出來的作品，差不多都非常成功。
>
> 白先勇講述故事的方式很多，他的小說情節，有從人物對話中引出的〈我們看菊花去〉，有以傳統直敘法講述的〈玉卿嫂〉，有以簡單的倒敘法（flashback）敘說的〈寂寞的十七歲〉，有用複雜的「意識流」（stream of consciousness）表白的〈香港——一九六〇〉，更有用「直敘」與「意識流」兩法交插並用以顯示給讀者的〈遊園驚夢〉。
>
> 白先勇小說裡的文字，很顯露他的才華。他的白話，恐怕中國作家沒有兩三個能和他比的。他的人物對話，一如日常講話，非常自然。除此之外，他也能用色調濃厚、一如油畫的文字，〈香港——一九六〇〉便是好例子。而在〈玉卿嫂〉裡，他採用廣西桂林地區的口語，使該篇小說染上很濃的地方色彩。他的頭幾篇小說，即他在台灣時寫的作品，文字比較簡易樸素，從第五篇〈上摩天樓去〉起，他開始非常注重文字的效果，常藉著文句適當的選擇與排列，配合各種恰當象徵（symbolism）的運用，而將各種各樣的「印象」（impressions）很有效地傳達給了讀者。（2000: 3-4）

若將作者名字抹去，不知者或將以為《寂寞的十七歲》為多位作家的選集，這恰是《莊子》一書在今所受的冤屈。歐陽子評白先勇另一短篇小說集《臺北人》亦有同樣論點，並提出主題命意受益於多重寫法而增加了廣度與深度：

白先勇的《臺北人》，是一本深具複雜性的作品。此書由十四個短篇小說構成，寫作技巧各篇不同，長短也相異，每篇都能獨立存在，而稱得上是一流的短篇小說。但這十四篇聚合在一起，串聯成一體，則效果遽然增加：不但小說之幅面變廣，使我們看到社會之「眾生相」，更重要的，由於主題命意之一再重複，與互相陪襯輔佐，使我們能更進一步深入瞭解作品之含義，並使我們得以一窺隱藏在作品內的作者之人生觀與宇宙觀。（1971: 1）

莊子也對人生與宇宙的某些主題做多重的探究，交織出富麗的思想與錦鏽的文章，然而今人偏要拆掉縱橫交叉的參照關係，力求各得其所，則亦識其一不識其二，貴其個別部分而輕其整體大全了。

沒有人有理由假定莊子做不到很多大藝術家做得到的事，然而現在的情況卻是不及莊子才華十分之一的人仗著思想分析法和文字分析法，能斷言三十三篇中哪些不是莊子所作。辨偽科學成為流行時尚，學者和讀者皆覺得順理成章，淺矣哉。滿口誇讚莊子有無限的創造心靈，而歸之名、不歸之實，可乎？

此事不能只譏評今世，其實郭象早已如此，造成了後代人只有三十三篇《莊子》可讀的重大後果。日本鐮倉時代高山寺藏《莊子》殘抄本的〈天下〉篇末郭象跋語自述其刪定之旨說：

夫學者尚以成性易知為德，不以政（「攻」誤）異端為貴也。然莊子閎才命世，誠多英文偉詞，正言若反，故一曲之士不能暢其弘旨，而妄竄奇說，若〈閼亦（「奕」誤）〉、〈意

> 循（「脩」誤）〉之首，〈尾（「危」誤）言〉、〈游易（「鳧」誤）〉、〈子胥〉之篇，凡諸巧雜，若此之數，十分有三。或牽之令近，或迂之令誕，或似《山海經》，或似（補「占」字）夢書，或出《淮南》，或辯形名。而參之高韻，龍蛇並御，且辭氣鄙背，竟無深澳，而徒難知，以因（「困」誤）後蒙。令沈滯失乎（「平」誤）流，豈所求莊子之意哉？故皆略而不存。令（「今」誤）唯哉（「裁」誤）取其長，達致全乎大體者焉為三十三篇者。（轉引自崔大華 1992: 46，校補注文依本書體例修改）

針對郭象之說，可以問：憑什麼以為莊子寫不出牽之令近、迂之令誕的文字？寫不出似《山海經》、占夢書的文章？寫不出辯形名的論文？寫不出摻雜高韻和鄙背、有時不深奧而又有時難知的言論？然而郭象本出而諸《莊子》版本皆不傳，司馬遷說莊子著書十餘萬言，今之《莊子》僅六萬五千多字（郭象云去掉十分之三，則刪定前應有九萬三千字，少於史遷所云字數，其書自西漢至東晉或已散失部分歟），後人無緣再見足本《莊子》，這是莊學的最大浩劫。至於今日，則見到最遭人廢棄輕視的〈說劍〉篇由於類似《戰國策》縱橫家言，所以現在極少有人據以研究（研究的有 Graziani 2009a: 463 f. 13; 2009b; 2014），但是不許莊子騁其文學奇才，寫一篇肖擬縱橫家風格的作品，是按哪條道理呢？吾不知矣。

如果不說天才而提一般原則，既然一個人可以就同一課題作一種以上的主張，便沒必要將一本書的多種主張看成多位作者各只作一種主張。如特就《莊子》一書來說，前面看到種種對莊子主體論的解說很多都依據相同的段落，這使得剖分篇章歸諸不同作者的研究法完全不適用。總之，不同主張暨不同解說並存的狀況，可以作有意義的解釋，不必當成研究啟動前需先搬走的石頭[88]。若仍以此處舉藝術家、文學家比於莊子為不倫，則還是囿於哲學與藝術涇渭分明的近代成見，我後面會引用羅蒂的批判，指出哲學和文學分家之不當，兩者自始至終都相輔相成。

無核的實存可變換主體論

一個人終其一生，隨著不同年齡階段的成長，或身歷重大事件，他的根本信仰、基本認同可能會發生重大轉變，或說是我們的自我起了變化。不論是身心成熟而必然發生、莫知所由來的靈光乍現，或在百死千難中親切體貼出來，一旦轉變了，就會對新的自我信心十足，並且再也無法合理化昨日迷途之我。我們的自我在事實上是「可變換的」（switchable），這和「變換中的」（switching）不同，因為有的人也可以一輩子不變換，我們也不能天天都在變換。而從每個人置身於命運操弄的無常人世，需要某種精神向度以凌駕失意和挫折來講，一個人所展現的更高自我是「實存的」（existential），這個詞對實存主義哲學家是為自己做抉擇、不盲從附和的意思，而我的用法並不著重自覺與抉擇的含義，而是在生活中裝備好自己以穿越外界和內心的障礙。

別的哲學家提出一種更高自我的構想，莊子則提出許多種。在他看來，人有身心但飽受身心運作的困擾，所以建立良好的身心機制就是他送給人類的大禮，而慷慨的他送的可不只一個。其中有只感知而不對感知內容加工，有選擇某些意識予以強化，有發揮非自主意識，及有推源到意識的先驗層次。又有與萬物互動或結合，與超越的道、有位格的造物者、氣、形上的造化本體結合的機制，或以瞭解命限為機制。有鞏固真常心性、任自然之物性，又有捨棄心識而建立全身的機制，或建立一身的主宰，或建立身心各部分平等協調的機制。最後，還有身心機制來自莫名主體性的看法。這些大禮都是莊子提出或讀者閱讀他而得出的構想，從身心沒有定性、能容許不同機制安排的角度來說，莊子提出的是實存可變換的主體論。

若要問，莊子何處曾提出這一實存可變換主體論，這個質問沒有辦法給予直接了當的解答，舉出某些句子或段落來看到他說「我主張如此一種主體論」。但是間接的推論可以很有力。首先，拿《莊子》全書來說，書中提供建構不同類型更高自我的種種線索，便可以看成是莊子以寫作來實踐這一主張。所以他雖未明說，但是他留給後世的整本著作以其全體體現了這一主張。故若一定要說證據，則首要的證據倒還不在某一段落，而是整本書。我在上節提出的看法是莊子有個百寶箱，應機施法，隨方敷教。在開箱挑選寶貝以前，先應看到這箱子是口百寶箱，先把整體給定位清楚。

關於莊子主張可變換的理論（不限於主體論），除了以全書為證據，個別文句的證據並非全不存在，不過不是直接的，需要推論。莊子說：「彼是莫得其偶，謂之道樞。樞始得其環中，以應无窮。」（〈齊物論〉郭 66 王 58）這段話似是肯定變化中有不變，以這個不變之立足點做為我們的主體。但是這段話並不如此單純，因為惠施已說過：「我知天之中央，燕之北、越之南是也。」（〈天下〉郭 1102 王 1350）對無限延伸的空間而言，沒有固定的中心點，任何點都可以充做中心點。所以道之樞、環之中，並無定點可言，這個理論像是說了等於未說。為了讓理論能夠成立，只有在具體情境中，依該情境的外緣邊界而劃定一個圓，將所有構成因素完整納入，你才能訂出此時的圓心。因此悅家丹（Dan Lusthaus）指出，道樞是觀看事物對立的觀點，所以應該有很多個；門的開闔之間，沒有哪個位置是中立線，一切都依特定的實存性視域（specific existential horizon）而定（2003: 174）。人面對他的實存狀況，才能測定道之樞、環之中的座落位置，而每個實存狀況的道樞、環中位置會不同，所以十七型主體觀是依特定的實存性視域而決定其去取。它們不是裝備上的唯一，乃是因為實存視域並非一成不變。修道者採用其中任何一型，都需自我質疑，才能適時改採他型主體觀。猶如昭氏鼓琴有成與虧，所以必須換用不同的琴譜與彈奏方式，在不同套路的成虧之間變換（參考李杜 1978: 155-156）。

立陶宛學者 Agnieška Juzefovič 對莊子的主體論也有相似的看法：「莊子思想把『自我』當成不確定和脈絡性的；因此，它可以依照情境倏然轉化，取得截然不同的特色。」（2010: 50）

此一實存可變換主體論的特色，可通過與羅蒂（Richard Rorty）的主體論比較而知。羅蒂是從戴維森（Donald Davidson）得到啟發，戴維森認為佛洛伊德說某人無意識的相信某事時，必須意味這件事與其他許多信念同其為真且一致，換言之，無意識中的信念是成組成套的（1991: 147）。羅蒂承繼戴維森之說，並對無意識的正解與錯解區分如下：

> 唯有清楚區分「無意識」的兩種意義，我所提議的佛洛伊德之看法才像真實的：一、它代表一個或多個清楚連貫的信念與欲望系統，和正常成年人有意識的信念與欲望系統一

> 樣的複雜、深奧、內在一致。二、它代表一堆密密麻麻混雜不清的本能性能量，對此「性慾（libido）的倉庫」而言，一致不一致是不相干的。第二意義的無意識只是「激情」（the passions）的另一名字，是靈魂的低下部分、壞和錯的自我。（1991: 149）

既然在意識以外又多了一套無意識的信念與欲望體系，所以人就擁有兩個自我：

> 戴維森將這些整體式的構思用起來如下。他將我們做為人（不是明示的，但若我對他讀得對，是暗示的）視同為我們做為一套融貫而像是真實的信念和欲望。然後他指出，說一個人有時做不理性的行為，這麼說的力量是人有時展現的行為不能由單一一套信念和欲望來解釋。最後他的結論是，將自我「分割」成意識和無意識的用意，是後者可以視為代替組，與我們熟悉並視為意識的那套不一致，但內部足夠融貫到可以算是一個人。這個策略打開一種可能性，即同一人體可以當兩個或更多人的主人。這幾個人互相有因果關係，也與身體有因果關係，因為身體行動是由他們中的這位或那位的信念和欲望所促成的，不過他們正常來說沒有對話關係。這是說，人的無意識信念不是他的有意識信念想改變之理由，但可以造成後者的改變，就如它們可以造成身體一些部分（如視網膜、手指尖、腦下垂體、生殖腺）的改變。（1991: 147）

羅蒂提出的多重自我學說與莊子的實存可變換主體論，有相當的相通性，但也有重要的不同，釐清兩者的差異有助於說明莊子學說的特色。

首先，羅蒂的多重自我是由意識和無意識所分別組成，無意識的前身是意識，因受到壓抑而成為不自覺，實質上與意識一樣都是信念和欲望系統。羅蒂或又將兩者稱為智能（intellect, 1991: 149），又說無意識「能沈思實在界本身」，故是理性的（1991: 149），或比喻為人或靈魂。身體受意識所改變，不構成自我的另一代替組。莊子的多重自我之來源比羅蒂廣泛許多，還有前於意識的感知、意識的先驗層、身體等。

第二，羅蒂的自我學說來自對佛洛伊德的詮釋，故諸自我間的輪換是進行式（即 switching），作夢、說溜嘴、胡謅笑話、發明隱喻等，都是無意識的暫時出頭（1991: 149）。莊子的多重自我觀只是可變換（switchable），尚非已在變換，也未必會變換。

第三，羅蒂反對從柏拉圖以降的自我學說，後者將自我（或靈魂）分出高下的部分，並主張自我知識即在於認識到自我的高尚部分，追求自我的淨化。羅蒂認為佛洛伊德的偉大貢獻在於取消自我內在的高下層級，平等對待意識和無意識，承認它們各自可為真實自我的候選者（1991: 152）。從前被貶低的激情，現在可以和從前被抬舉的良知平起平坐，二者都被改頭換面，成為信念和欲望系統（1991: 151）。新的自我知識應該是讓意識認識無意識，讓兩者開始有對話關係，雖然前者必然覺得後者莫名其妙、顛倒瘋狂，但也會驚奇發現後者也有對的時候：

> 我們可將佛洛伊德看成是在說，當我們很想要抱怨，哎呀，我們的胸膛裏住了兩個靈魂的時刻，我們把其中一個當做或多或少清醒的人類靈魂，而另一個是或多或少瘋狂的，

> 而非一個是人類靈魂、另一個是獸類靈魂。在後一柏拉圖式的模型中，自我知識是自我淨化：去認出我們的真實、人類自我，並驅逐、限制、或忽視動物自我。而在前一模型中，自我知識是去熟悉一個或多個瘋狂的近乎是人之物（quasi people），傾聽他們對事物為何的瘋狂說法，看他們為什麼採取那些瘋狂觀點，和向他們學到東西。說「本我從前在哪裏，自我以後就在哪裏」（"Where id was, there will ego be."）不是意味：「我從前受本能驅動，以後要變得自律，只受理性的激勵。」其意反而是像：「從前我想不通為什麼我的所作所為那麼奇怪，故而好奇我是否受惡魔附身或受禽獸控制。可是現在我能看出我的行動是理性、有意義的，不過也許是出自錯誤的前提。我甚至會發現那些前提並不錯誤，我的無意識比我懂得還要好。」（1991: 150）

自我增大來自於將柏拉圖以降所排除的部分重新納為自己的一部分，然後以它們的想法和視野增益自己：

> 想淨化自己的欲望是想變瘦、剝掉任何意外之物、想達成一個目標、增加強度、變得更簡單和更透明的人之欲望。想增大自己的欲望是想擁抱多而又多的可能性、經常學習、無限好奇、結束時已經想遍過去與未來所有可能性的欲望。（1991: 154）

羅蒂又說兩者的對比，乃是前者是禁慾的生活，後者是美感的生活（1991: 154）。

羅蒂提出有真實自我與無真實自我的理論對立即是追求自我淨化和追求自我增大的對立，這一平行聯繫在莊子哲學正好不然。莊子的起點是現實的人有身心問題，需有工夫論來達到較好的自我狀態，故其自我觀是主張有真實自我的。而由於莊子可容許的真實自我不只一個，所以自我經歷變換的人，有增大自我的效果。是故，主張有真實自我的理論形態，可以兼容自我淨化和自我增大這兩種追求，在這點上，由於羅蒂採取哥白尼以降的機械觀脈絡來論述宇宙和個人，所以他不能對現實自我和理想自我有所區分，他要達到的自我知識也並非傳統意義之工夫論。

第四，羅蒂反對人有真實自我或人類共有的本質，連帶也反對抽象的道德原則，諸如無上命令或「對人類快樂極大化」，都不是人的道德反省中會出現的。人在真實情境中與他人互動時想到的，是自己應該做什麼樣的人，而各大宗教、民族歷史、社會習俗有種種好與壞的典範提供給人參考，有豐富的道德語彙提供給人來為自己創造品格（character, 1991: 154-155）。羅蒂之論，涉及當代倫理學中道義論、目的論、與德行論的諍辯，而他顯然偏向德行論。莊子也有道德關懷，但他生在古代，當代倫理學的立場諍辯不能套用於他。他筆下的人物有不同形態的良好品格，但他可能不會如羅蒂完全否定抽象道德原則，而是認為抽象原則不違反與時俱變的原則即可。

第五，羅蒂的自我在一生的時間變換，唯有以敘事（narrative）的方式才能將一生中曾出現的各種自我整合為一個故事（story），人做決定或嘗試新事物時，思考的是他既已成就的自我形象（self-image）是什麼，將就著據此以修正自己的行為（1991: 161-162）。個人的生命敘事是民族、時代的大敘事中的一小段插曲（episode, 1991: 163），這影響了羅蒂自己，他欲將近代興起的機械性世界觀進行到底，清除現代人思想中殘留的亞里斯多德成分（例如 1991: 160, 162）。羅蒂這些關於敘事的說法都是為了取代真實自我而提出的，莊子既然維持現實自我與真實自我的區別，他對敘事的需求應該不迫切，但也很難說他會排斥這種做法。Lee Yearley（1983）和 Mark A. Berkson（2005: 306）強調莊子的理想自我活在當下（moment）的自適或逍遙，而每個當下連綿不斷，合起來正是一部敘事。

到此我還沒觸及「無核」的意思，這留到下一節再立刻上場。

有核的實存可變換主體論

關於可變換主體論，可以進一步思考的是：需不需要有一個能變換主體的主體？這句話由於「主體」字眼重覆兩次，造成迴圈以致文義不明，我的意思是：如果主體是可以換的，那麼從強的意義來說，是不是有一個東西在主持這些變換，而從弱的意義來說，是不是有一個東西讓這些變換有所依附？這個在變動之下不動的最底層，並將歷次變換的主體連貫起來的，我稱之為「核」，而有的哲學家稱為「串線」[89]。

這個進一步思考是有意義的，不過答案則可否兩存。我們見到有些理論形態是拒絕有核的，例如非常強調人在社會中的角色之理論就是，根據麥金泰爾（Alasdair MacIntyre）對荷馬時代社會的解釋是：

> 但是將「人」用做為功能性概念遠在亞里斯多德之前就已有之，最初也並不始於亞里斯

多德具有形而上色彩的生物學。這種用法根植於解釋古典傳統的理論家所講述的社會生活形式，因為根據那個傳統，做人就是扮演一套角色，其中每個角色都有其自身的要點和目的：家庭成員、國民、士兵、哲學家、上帝的僕人等等。唯有把人想成先於這全部角色、並和這全部角色分離的個體時，「人」才不再做為功能性概念。（2007: 58-59）

若人就是角色，而不是先有人再有角色，那麼人便是他言行的全部，麥金泰爾說：「在英雄社會裏，一個人就是他的所作所為。」並引用另一位學者 Hermann Fränkel 之言曰：

一個人和他的行動是同一的，並且讓他自己完全和恰當的包含到他的行動裏；他沒有深藏不露的內層。……在〔史詩的〕事實報導裏關於人所說所做的、人所是的一切，都講出來了，這是因為他們不過是他們所說所做和所遭受的經歷而已。（2007: 122）

這種對荷馬以角色為自我的詮釋，尚欠缺角色轉換即是自我轉換這層意思，這可能是由於荷馬時代希臘人沒有太多更換角色之事實的緣故。同一詮釋理路而更加完整的是羅思文（Henry Rosemont, Jr.）對孔子自我觀的解說：

如果我能請教孔子的幽魂「我是誰」，我相信他的回答大概會是這樣：既然你是 Henry Rosemont, Jr.，你顯然是老亨利和 Sally Rosemont 的兒子。因此你首先是、最重要的是、最基本的是一個兒子；你和父母親的關係從出生開始，對你的生命有重大影響，對他們也是，而這個關係在他們死亡後只消減一點。

當然現在，我除了是兒子，還是很多其他東西。我是我太太的丈夫、兒女的父親、他們的兒女的祖父；我是哥哥、我朋友的朋友、我鄰居的鄰居；我學生的老師、我老師的學生、我同事的同事。

……對早期儒家而言，不能有個獨處的我來接受抽象的考慮；我是與具體他人有關係下的角色之總體。此外，這些角色是互相連接的，這是由於我與某些人的關係直接影響到我與其他人的關係，以致說我「扮演」或「履行」這些角色，會引起誤解；相反的，對孔子而言，我「就是」我的各個角色。這些角色集合起來看，為我們每個人編織出個人身分的獨特形態，以致如果我有些角色改變了，別的也必然會改變，徹底把我改成不同的個人。婚姻把我改成不同的人，當了爸爸和以後當了爺爺也是；離婚一樣也會把我改成不同的人。（1991: 71-72）

羅思文明言角色可變、沒有與角色分離的自我，這就是無核的可變換主體論[90]。

羅蒂順應機械式宇宙觀的興起和佛洛伊德的創見，反對人有本質本性（1991: 148），反對有道德的自我（1991: 157），以他所說每人有兩套以上的信念和欲望系統且互相平等、輪流作主，以及追求自我的增大、用敘事體來刻劃一生，他也屬於無核的實存可變換主體論。同屬於實踐主義陣營的郝大維（David L. Hall）在一篇談論老莊道家的文章中，提出「我有」和「我是」的分辨。他說人就是一些自我，而不是他們擁有一些自我（1994: 232）。如以習慣為例，一個人就是他的習慣，而非他「有」

那些習慣，除掉那些習慣還可剩下個人（Hall & Ames 2003: 135）。故我們在前面看到，他與安樂哲援引柏格森、懷海德、Charles Hartshorne，形容自我的一生是一串沒有串線的串珠，他們對莊學的解說可以發展為無核的可變換主體論。與郝、安同屬一型的 Nathaniel F. Barrett 主張人可以為「流」和「技藝高超」自由選擇詮釋架構，而如果詮釋架構有變動，則自我理解就有變動，這也將是可變換主體論。

接下來該考慮有核的觀點。如果有核，這個內核對實存主體的發用決不能有一絲的干擾，這表示這個內核必須有若無、實若虛，微弱到幾乎沒有實質內涵。另外，這個內核應該不用我們另外發明，而可以從現有十七型莊學主體論解說中找到。幸運的是，十七型中確實有一種可以擔當此處的大任，此即最後一型疑問的自我。

疑問的自我就其義理核心而言，是說主體是不管怎麼探究都不可知的，我們離我們主體最近的時候，就是對它好奇、想知道它是什麼的時候，再近則不可能。雖然不能知道我們主體的真相，這並無損於它是我們應對進退的主使者，而當我們做實存主義式的決定，真誠決定自己要當什麼樣的人，我們便為自己決定了一個主體。不同的實存式決定會讓我們具有不同的實存性主體，但這些都不是那絕對主體[91]，那絕對主體不會干擾我們做實存式決定，也不會干擾實存性主體的運作。

只能存疑的真實主體與有形可見的實存性主體之關係還有更深一層，關於這層意義，我們需要重述傅偉勳對老莊與大乘佛學的慧見。傅偉勳認為從各種對立的「二」見可以想見一個破除「二」之後的「不二」中道，再從「不二」的觀點重新理解各種的「二」為巧立而不真實的。所以「二」與「不二」之間既是敵對，卻也互惠（這又是一個弔詭）。互惠在於：一方面，「不二」是無法直接表述、思考的，唯一的表述法是通過各種「二」的同時並存或同時否定，產生弔詭以供思考；另一方面，無法直接表述和思考的「不二」造成人在思考、行動時必須落入「二」的某一邊，惟有通過不斷換邊來表示他對「不二」已有了悟。林鎮國對於傅偉勳由「二」至「不二」再返至「二」的推進過程有很敏銳的闡發：

> 佛道傳統反而接近尼采的睿見——尼采在徹底揭露形上學的虛飾性格，勇於正視人間的虛妄、詐偽、遷滅之後，宣稱我們可以「玩」（play）形上學！可以「有」形上學！而於佛家與道家，在超形上學的洞察之下，有何不可保有形上學（本體論、神學、科技）之為俗諦呢？（1990: 473）

如果以「揭露形上學的虛飾性格」為破除，以「可以『玩』形上學」為建立，則老莊與大乘佛學對一切可能的形上學命題既有破也有立，而又由於破與立是敵對的，故同時做兩者也就是同時遣去兩者（雙遣）。於是林鎮國接著詮釋傅偉勳的超形上學為「解—建—構」：

> 在形上學與反形上學的正反對立中，超形上學是不滯兩邊的辯證性中道——既不站在特定的形上學立場，也不站在特定的反形上學立場，當然更不是所謂超越兩者之上的第三立場。若借用德希達（Jacques Derrida）的觀念來說，超形上學既雙遣破（destruction）與立（construction），又不離破與立，而可稱之為「解—建—構」（de-con-struction）。於佛道哲學，則莊子與龍樹可稱之哲學史上最為傑出的超形上學家。（1990: 473）

「解─建─構」並非超形上學對形上學先解構後建構，「二」與「不二」也並非從俗諦至第一義諦再返歸俗諦，這些乃是為了我們理解所作的分解式說法，實際上一切是同時進行與同時影響的。

成玄英早已講出了從「不二」可以有（或「玩」）「二」，他對這兩者理解為體用關係。〈齊物論〉從「有有」說到「有未始有夫『未始有无』」，接著說：「俄而有无矣，而未知有无之果孰有孰无也。」（郭79王70，作者自語）成玄英疏云：

> 前從有無之迹入非非有無之本，今從非非有無之體出有無之用。而言「俄」者，明即體即用，俄爾之間，蓋非賒（長，遠）遠也。夫玄道窈冥，真宗微妙。故俄而用，則非有無而有無；用而體，則有無非有無也。是以有無不定，體用無恆，誰能決定無耶？誰能決定有耶？此又就有無之用，明非有非無之體者也。（郭慶藩 1961: 80-81 注 10）

他的意思是，體或本是「非非有無」（對有無的雙重否定），而單講「有」或單講「無」則是用或跡。既是體用關係，因此不斷由體生用，也由用顯體。用出於體，卻有「二」之不同，故可以就「二」而明體之「不二」。所以成玄英已闡發了既解構又建構的關係。

將「解─建─構」用到莊學主體論並全盤考慮十七型解說，會是這樣：前十六型解說雖然不是一對一的完美對立，但是彼此之間的對立仍是很尖銳。第二、三類是有形上意義的解說，與第一、四、五、六類有形上學與反形上學的對抗張力。第一類的重心在外部的萬物，第二類宗於既內在又超越的本體，第三至六類重心在己，三者之間互相對立。第三類主於本心本性，第四類主於意識，與第五類主於身體，三者互相對立。最後，各類之內含有二至四型解說，內部彼此也是對立。

莊子提出或讀者閱讀他而得出的構想有這麼多的對立，其作用可從兩方面說。消極的來說，莊子加上讀者的接力闡發，瓦解了十六型解說中有任何一型是最終答案的可能。可是從積極的角度來說，通過對立類型的並建，指向了一個若不是通過它們的對立並建就不可能指向的理念，這個理念就成為超越對立的核。這個核無法思議，只能說它就是它自己，但這麼說尚有毛病，因為「是」（存在）和「生成」相對（being vs. becoming），所以我們除了說它是它自己，也要說它變成它自己，如此的再度訴諸矛盾語來指向它。這個不可得而思議的核一旦落到思議的層次，出於論理一致的要求，必須化為十六型主體解說，所以核之超越十六型主體解說不但不會收拾掉那十六型，反而會讓出舞臺給那十六型上場。

核與十六型主體解說的關係就如第一義諦與俗諦的關係，而前十六型是俗諦也是極貼切的說法，因為它們對照了現實不良的人生，是人應該嚮往和自我轉化的。

這個核既不可得而思議，也不是可得而實存的選擇它的，所以行動者（agent）可以不需要知道它存在，如或知道，對他的行動也無所影響。這個核是哲學家莊子才會想到的理論項目，此外，有些自覺性高的人在偶然機會下也可能觸及，像是南郭子綦的學生觀察他說：「今之隱机者，非昔之隱机者也。」（〈齊物論〉郭 43 王 40）呂惠卿曰：「蓋昔之隱几者，我之應物之時也，應物則我存。今之隱几者，我之遺物之時也，遺物則我喪。」（2009: 17-18）又，南郭子綦解釋地籟「是惟無作」與「萬竅怒號」，陳景元曰：「『是為無作』，猶人坐忘時也。『萬竅怒號』，猶人應用時也。」（褚伯秀

《南華真經義海纂微》卷二引，1988: 189下欄）二子以應物與遺物對舉，遠佳於諸說。一般對「今者吾喪我」的後一「我」字，解為有成心的我，或有我執的我，抑或是身體形骸（如徐復觀），是修道者需去之、喪之者。這種解法很不妥，因為南郭子綦是個得道者，他如果「今天的此刻」才喪去他的偏執我，那表示他平日都與接為構，日以心鬭，這還算是得道者嗎？應該是他已養成了理想的實存主體，每日起居已平順無阻力，而「今天的此刻」他發覺他可以呆坐著，甚至連旁侍的弟子都不必理會，所以他的實存性主體不應機而起，「吾喪我」，身不動如槁木，心不動如死灰，這說明了與所喪的「吾」相對的「我」是沒有實存性的。「吾」與「我」構成兩層自我，後者是應物的實存性自我，前者高於後者，卻不應物，這便是主體的核。

南郭子綦的兩層自我可以用來說明其他案例。昭氏不鼓琴則無成與虧，是說他自行動領域縮手，無所造作，故無成虧，而不鼓琴的他暫時與他的專長分離，我們還能認出他的特色嗎？如果採取無核的解說，則琴藝就是這個人，除去琴藝就沒了這個人。但如果琴藝不完全包括這個人，那麼要怎麼說這個人是誰？有核的解說會說，這個人是無法說的。

我在討論第十七型時曾指出它與康德先驗自我的相似處，在本書結束之際，我想就第十七型做為另十六型之核的意義，與康德再作比較。且讓我們再通過羅蒂的眼光看西洋哲學中自我觀的演變。古代哲學要求淨化自我，到了近代，人類的自然觀開始變革，於是笛卡兒願意按照伽利略的想法，把自然事物化解成微粒的旋渦，但他主張心靈除外。笛卡兒認為不受機械論規範的領域，後來的萊布尼茲稱之為形上學。康德願意讓出心靈，對心靈和物質等量齊觀，按休姆的意見把所謂的實徵自我化解成心靈原子的結合，但他說那個自我不是真實自我，真實自我是道德自我，不能由科學加以研究。所以不受機械論規範的領域，對康德是道德哲學；「新科學」說這個世界沒有道德教訓，而真實自我的世界是除了道德訓令沒有別的。所以康德哲學「以不同而更徹底的策略」保存了淨化自我的召喚。羅蒂認為康德造成的局面是文學對自我觀的重要性開始提昇：

> 康德如此倡議的結果是把道德哲學的語彙變得貧乏，把增加我們道德反省所需語彙的工作給了小說家、詩人、劇作家。十九世紀小說最能填補道德哲學留下的真空，而道德哲學有一半退入觀念論形上學，另一半邁入政治。（作者自注：後一現象的典型例子是像邊沁和馬克思，像他們的哲學家對公共領域的福祉有很大貢獻，但當起個人道德品格發展的顧問卻是無用的。）(1991: 155-156)

羅蒂對於康德的道德哲學與後世文學的地盤重劃關係，對於我們把握莊子哲學的特性很有啟發。

莊子寫的絕大部分是文學，即使哲學理念也包裝到文學形式中。文學以美感、意境、妙趣、瑰奇取勝，邏輯推論置於次要。文學形式讓莊子可以描寫各式各樣的智慧導師、看待人生問題的角度和解決的辦法，以羅蒂重視的道德語彙而言，莊子提供得很豐碩，這與羅蒂批評康德貧乏相比，很有對照的意義。這是由於康德的先驗自我和莊子只能疑問的自我核心相似，先驗自我屬於本體界，對建設現象界中多彩多姿的人生無能為力，莊子的疑問性自我核心亦應如此，然而莊子卻自行把實際人生的樣式用文學手法鮮活顯現，虛構人物典型來指點我們在真實世界的生存姿態。

人生處境有萬千不同，所以最好的面對方式和解決出路也不一樣。如果把良好的心態身段作風化歸到自我構成這一點上，那麼莊子和解莊者提出的自我觀有十六型：一、放空自己，充分感受環境變化中的力量，像一粒原子受其他原子碰撞似的讓自己飄浮。二、厭倦世俗不齊、自我與宇宙的裂解，嚮往整全和諧。三、通過宇宙本根而挺立自我。四、一神論宗教提供一種準宗教信仰。五、由氣的聚散，解釋生老病死，克服死亡恐懼與悲哀。六、安於造化的安排，進而模仿造化。七、自證不遷化的真常心性，為平時受到客觀因果制約的自己開拓一種藝術觀察的角度。八、依物性的自然、或德性、或才性而生活，不要徒傷腦筋，妄運智能。九、為平時受到客觀因果制約的自己，揭露超越於客觀經驗世界的自由。十、不要放空自己的意識，反而要強化某些好用、有效的意識。十一、同時保持不用世的觀點和用世的觀點，後者有時而窮，便再改採別的觀點，如此日新又新。十二、用心思考有時管用，有時不管用，這時就暫時忘掉眼前的事務，等待靈感自行浮現。十三、這個世界和我們自身內部一樣，都是各唱各的調，需要慢慢從斷裂、分歧中理出頭緒。十四、身體筆直，以自然無為的身體姿態保身全生。十五、身體比心靈更聰明，身體的深層感覺比心靈更正確。十六、安分認命，或承認人類有認知、行動的盲點，或快樂接受個人的盲點。

各型解說大都伴有人物特色、情境脈絡、現實需求、用途效驗，所以故事中的人物角色都有合於自身條件情境的最佳出路。就以身分的多樣來看，有聖王、國君、貴族、高官、平民、刑餘之徒；有專精於技藝的，有老師和學生，有反對文明的老農；有老的，也有還不需擔心年老的；有天神、地祇、仙人、術士、鬼魅。這些人的境遇、困惑又有許多差別。莊子盡心盡力的將真實世界收容到他的筆墨天地裏，然後給我們看，不管什麼狀況他都有辦法解決，如果不能解決，也有出路可以逃避。

羅蒂批評康德將人生豐富性拱手讓給文學創作，認為要完全拒斥真實自我與非真實自我的分別，才可得到不斷增加色彩的人生。也就是說，真實自我的理論發展到康德的極端，就無法與文學的道德教訓相輔相成（柏拉圖主義、基督教尚不至於如此）。莊子卻走出了互補的路，他的主體內核尚且連道德律令也沒有，與康德先驗自我同其不可知，可是他用文學為這個內核敷飾上各種人生道路，這些人生道路因與現實人類身心疾病相比而顯出可貴。這是由內核、實存性理想自我、非理想自我的三部分構成的理論形態，同時肯定自我的淨化與增大：淨化來自於從非理想自我進步到理想自我，增大來自於實存的理想自我之變換，而變換的經驗可以產生對自我有無內核感到好奇。

真君章解（附「哀莫大於心死」章）

〈齊物論〉篇「真君」章是莊子論主體性最重要的一章，也是研究他的主體理論一定要解釋的一章，而其概念的指代不明，句法的肯定疑問語氣不定，致使此章沒有唯一的讀法。我提出有核、無核的實存可變換主體論，雖是立足於第二序研究而做的第三序研究，然其主張莊子的主體論如彼，本身亦沾上第二序的屬性矣，故也有第一序原文的立足依據。以下便由真君章解出有核、無核的實存可變換主體論，另外，〈田子方〉「哀莫大於心死」章的關鍵文句與真君章相仿，所以解釋完真君章後會連帶解釋「哀莫大於心死」章。

一、真君章解

下面的章句分析包含了數種自我概念：一、應境的自我，與不應境的自我。二、應境的自我應該再區分為實存性的與非實存性的，可是莊子並不像存在主義，著力批判非實存性的自我，所以下文的應境自我，都可理解為實存性的自我。三、實存性的應境自我中，可再區別為衝撞世界的態度，與隨順世界的態度，前者以儒墨為假想對象，後者則是莊子的立場。儒墨的自我理論不見得只有實存性的層面，也可能像莊子有一樣，有不應境的一面，但是此處的解讀不牽涉到這個問題。四、天然或天性的自我。

非（借為違：《說文》：「違，離也。」）**彼無我，非我**（釋性通曰：非我之天機取而發聲，則不知有天籟）**無所取**（①王叔岷曰：所取者彼也，「非我無所取」，猶言「非彼無我」耳。②釋性通曰：此一取字，便是「咸其自取」之取字）。

這是首二句，若依王叔岷注，我所取為彼，故二句即離彼無我、離我無彼的循環說法。但是第二句的重心應在我，強調我之能取，故不當以「所取」指彼。「取」是〈齊物論〉前幾章的關鍵概念，天籟是「咸其自取」，心之變化「莫知其所萌」故應以心之偶然狀態為足而不求其根源（參王叔岷 1988: 52 註 15），聖人「知代（知化）而心自取」，這些話規定了自我有「取彼」的自發能力。

「彼」是虛詞，不確定何所指（本書前章有略說），這裏我們可以以彼為境，「我」則為應境的自我。我與境起則並起，滅則並滅，境與我不能說先後。有境便有我所取的對象，我能取的能力若無彼境則無用武之地。喪此應境的自我，則亦無所取境而喪之。

是亦近矣，而不知其所為〔與〕**使**〔王叔岷曰：不知誰主使此對待也〕。**若有真宰，而特**〔乃〕**不得其眹**〔兆，跡象〕。**可**〔所〕**行已信**〔真實〕**，而不見其形**〔二句即下句「有情而無形」〕。**有情**〔真實〕**而無形**。

應境的自我與境，與二者既相對也相待的關係，近乎全體了，然尚有一物不在其內，即主使二者之者。似有真宰，因無形無跡，故不能為我們所知，但其所行，皆有真實。

此真宰有多種解法（下真君同），凡無對、絕待者，皆可榮膺此任，大多數人主張可名為大者，像是道、形上本體、元氣、無限心、先驗精神主體、智的直覺、生生、造化、自然無為的境界等，這些解釋將個性很強的理論置入此文，不一定必要。由於此文連同其前章討論身心物的構成與互動，此處僅需要一個屬己、可名為小者便可通讀，那麼只要自我在應境之餘，還有不應境的相態即可。應境時是顯性，不應境時是隱性，也即上文所稱的核。自我選擇應境時，便「行」、「使」出彼與我之對待與對立；而當它不應境、不為我們作主來做抉擇時，我們便無緣見其面目，在認知上，其存在乃似有若無。設其為有，則為（顯性）自我有（隱性）核；當其為無，則為（顯性）自我無核。

真宰與下文的真君，一般咸認為是同一事物，而有人認為名義有不同。王雱認為宰有為而君無為：「真宰者，有為也。真君者，無為也。」（1988: 160）章炳麟以二者皆相當於佛學的第八識，真宰相當於阿陀那（ādāna）之梵名，義為執持，謂能執持善惡業力及有情身體，令之不壞，而真君相當於菴摩羅（amala）之梵名，義為清淨（1986: 71）。兩人見解非常接近，蓋執持偏向有為，清淨則屬無為。莊子說真宰「行」、「使」出了自我與境的對待與對立，的確含了有為的意蘊。自我兼具隱顯二性，稱為真宰，而單指其隱性時，則為真君。

百骸、九竅、六藏，賅〔兼〕**而存焉，吾誰與為親？汝皆說之乎？其**〔抑〕**有私焉！如是皆有**〔①以。②又〕**為臣妾乎？其**〔而〕**臣妾不足以相治乎**〔也〕。

這一小段的註釋和標點是遵從王叔岷的詮解，但事實上重覆出現的語氣助詞「乎」與「焉」很難判定是疑問還是驚嘆語氣。除了乎可與也同義，焉可作矣（王叔岷 1988: 67 註 5）、作乎（王叔岷 1988: 648 註 9, 785 註 18）。王叔岷的標點將這一小段做成自問而自答之，所以「吾誰與為親？汝皆說之乎？」後自答以「其〔抑〕有私焉」，表示要兼愛自己的器官是做不到的。「如是皆有〔①以。②又〕為臣妾乎？」後自答以「其〔而〕臣妾不足以相治乎〔也〕」，表示不能以器官為臣妾。

其〔抑〕**遞相為君臣乎？其**〔抑〕**有真君存焉！如**〔而〕**求得其情**〔實〕**與不得，無益損**〔二字猶增減〕**乎其真。**

再依王叔岷的標點，這是第三番自問自答，並由君臣一語而躍入肯定有真君。「其〔抑〕有真君存焉」或讀為疑問句，然下二句云，不管能否求得真君的情實，都無法增減於其真，則真君應是肯定為有㊾。

一受其成形，不亡〔疑「匕」譌。匕通化。不化，猶云弗變〕**以待盡。與物相刃相靡**〔①順。林雲銘曰：與物相逆相順。②磨。阮毓崧曰：相刃相摩，即與物奮鬥之意〕**，其行盡**〔通「進」〕**如馳，而莫之能止，不亦悲乎！終身役役**〔役借為敻，《說文》：「敻，營求也。」〕**而不見其成功，薾**〔司馬本作薾，借為闌：《說文》：「闌，智少力劣也。」段注引此句為例〕**然疲役**〔同上文「役役」〕**而不知其所歸，可不哀邪！人謂之不死，奚益！**

「成形」是受生、有身體，可是與物相刃相靡、行進如馳、終身營求、智少力劣的卻不能說是身體，而應是自我，所以本段的主題是自我，而莊子想發表的是他「外化而內不化」的人生哲學，以批判「內化而外不化」（見第十六型）。

外化是言行要適時變化，而當變化深入到言行模式上，就造成主體性的變化。終身不外化是一輩子只是一種自我形態，這處於人生的順境時沒話說，遇上逆境就辛苦了。這時還要堅持他們一向的自我形態，衝撞世界，沖決宇宙，那麼莊子覺得那種不斷衝鋒、不知應該停下來的人生很可憐。他們是「內化」，意為心計終身膠著於一成不變的目標，一輩子營求而不見其成功，智少力劣，不知最後的終局為何，就算獲得大家稱讚他們是頑強的鬭士，或堅持到底的理想主義者，那又有什麼幫助！莊子反對「內化而外不化」，自我必須在實存的處境中做較好的調適，為自己找到可以保身、全生、養親、盡年的出路，並設法將心識從營謀策劃的反覆活動中解救出來，這就是說，最好能選擇莊子所推薦的那些實存性自我，而不要採取諸如儒家、墨家的實存性自我。

其形化，其心與之然（郭象曰：言其心形並馳，困而不反），**可不謂大哀乎**？

這裏仍在討論活人，故「形化」不是死亡之意，而是借指外化。前一小段詬詆外不化，本段則呵叱外化。莊子本來贊成言行模式宜順應事變而時時改易，毋拘恆常，但是他此刻卻改口說這是大哀，是由於這裏對外化加了一個狀況，即「外化而心隨之化」，也就是「外化也內化」。呂惠卿已指出「其心與之然」這句話是說內化：「內化則『其形化，其心與之然』是也。」（2009: 415）

當外化深入到言行模式上，便有改變主體形態的效果。前文（第十六型和本章）說到適時變換主體形態可以化除環境變化時的調適問題，降低心理負擔，有助於心情平定，所以心意對於外界事物可以超然的疏離，這就是「外化而內不化」。對照而言，「外化也內化」的情形是應世的主體形態順時而變，但是心識並不獲得解脫，仍然無比認真的在每種主體形態下繼續發揮它營謀策劃的長才，永遠求取成功。的確，「外化也內化」比上段批評的「內化而外不化」有更好的世俗成功機會，但是與物相刃相靡、行盡如馳而莫之能止、終身役役、苶然疲役的程度也將愈為慘烈，故上段說可哀，本段加重程度，說是大哀。

人之生也，固若是芒（通盲：茫然無所見）**乎？其**（抑）**我獨芒，而人亦有不芒者乎？**

　　這一小段所言，依「我」的指代不同，可有兩讀。若以「我」為作者莊子自己，則讀為：大家生下來都那麼盲然，無所見於以上的道理乎？此莊子做為智者之言也。抑或我獨為盲然無所見，而人亦有不盲者乎？此為莊子不能肯定是否有人更有高見，出於謙抑之言也。他人高見未出之前，莊子暫以其所見者為奉行的道理，既以可轉換的實存性自我處於流變之世，又不失君宰之真。

　　若以「我」為作者莊子所設的一個普通人，則讀作：大家生下來都那麼盲然，無所見於任何道理乎？抑或我獨為盲然無所見，而人亦有不盲者，發現了好的道理乎？此不盲之高人即莊子說他自己，既然他已發現了好的道理，那麼「我」還要茫然度日嗎？還不快點惕然省悟，變化自我，並庇藏君宰之真。

夫隨其成心而師之，誰獨且（二字複語，義與「尚」同）**無師乎！奚必知代**（知化）**而心自取者有之**（林希逸曰：知代，古賢者之稱也。代，變化也，言其知變化之理也。心自取者，言其心有所見也。○憨山德清曰：此句謂何必聖人有之。蓋知代者，乃聖人知形骸為假借，故忘形而自取於心者也。○蔣錫昌曰：此種自然變化相代之理，惟聖人可以全知而心自得之）？**愚者與有焉！**

莊子提出成心這個詞卻沒有界定，因此注解者對成心的理解，差距很大，我在前章引述了馬興祥對古代（含少數現代）注疏的整理研究，讀者可以覆按，這裏我們該來思考一番。

首先可以思考的是本段與前段的關連問題。莊子的前一段話說，人之生也，都是這樣盲然無所見嗎，還是只有我盲然無所見，而有人並不盲呢？順此文意和口氣，他接下來是應該對人盲然的原因提出解釋，還是應該對人的盲然提出解決的辦法？這兩個讀法著實不容易分出優劣，不過從作文的角度來看，莊子問大家都盲然還是有人例外的時候，他只是提出疑問，並沒有隱含答案為「是」，所以他應該做完自問自答，補出答案為「是」，然後才接著解釋盲然的原因在於成心。如果沒有完成自問自答，便提出成心做為盲然的原因，文句連接上有缺口。第二個讀法便顯得較好，莊子問大家都盲然還是有人例外以後，對自己的疑問提出自我解套，說其實大家都可以不用盲然，因為每人都有一個自然天成的老師，只要請教自己的老師就行了。這樣讀，文句連貫，而且論證繼續進行。

第二個值得思考的是「師」字。如果把成心視為偏執成見，則「師」字在這裏的用法是反諷的。這是說，莊子表面上說「誰沒老師呢」，實際上他的意思是「絕對不可以成心為老師」。我們知道，對於將字詞解釋為說反話，必須特別謹慎，除非對語句的脈絡、思想有很肯定的把握，否則解釋為說反話，其任意性太大。當我們再考慮到，莊子的文學技巧雖然豐富，但是說反話似非他慣用技法，那麼此處的「師」字是反話的機會實在不高。

我們不先求成心的正解，而從文句銜接和「師」字這兩方面，推斷莊子關於成心的兩句話是正面的鼓勵，不是對不良事實的批評，那麼成心的大概意義就可得而確定了。馬興祥綜合古代注疏，說「成」是「自然天成、不假湊補」，說得很不錯。用自我理論的術語來說，成心是天然的自我，或天性的自我（天然、天性在英文為同一字 natural）。

下一句「知代而心自取者」是聖人，「知代」的「代」是變化，但是不應如若干注解注為自然變化或生死變化，而應與前文一致，指外化、外部言行靈活順應事變之興代。「心自取」有幾層次的意義：心貞定不移，自持而不取於外（內不化）；自取於成心（憨山德清注）；心能自行見得「外化」的應世原則（從林希逸、蔣錫昌注變化而來）；主體性搭配「外化」也做實存性更迭。聖人除了依情勢而對自我形態做實存性的變化，還能想見無盡轉換的可能性，當自我應世順利、還不需要變化時，可以恬適玩賞其他的自我形態。聖人應物順化而不動感情，內察自有的天然自成之心而以之為本，變換實存性自我而不滯一態，並嬉遊於各種主體性形態合構的叢集。

莊子說，大家都有自然天成的成心可以為師，何必只有聖人才有此心呢，愚者也一塊兒都有啊。莊子提出成心，是為盲然無所見的人，指點一個人人自有的、入手做工夫的起點。外化是要隨順俗情物勢，不與物相刃相靡，這聽起來像是做個世俗稱頌的鄉愿，但莊子的意思其實是審時度勢而採取最省力又不傷己的做法，而這些做法又來自於深耕某種理解或機制，像是將外物加入到他們的自我中，結合更大的實體或力量，發揚本心本性，強化意識，強化身體，或接納客觀的限制等。這些都不會自動發生，也不會唾手可得，需要人對他們現有的自我感到不滿，進而養成理想的自我。對於不能理解這些複雜自我觀的愚者，莊子相信所有人都不至於完全無救，每個人若能滌淨俗慮，拋卻物念，解除後天習染的枷鎖，默察自己賦生而來的身心屬性為何，這就是第一步的入手工夫，然後從這裏出發，依憑本然而自然的心意所指引，就可以進步到莊子所建議的各種理想性自我。這就是每個人都有成心可以為師的道理。

我這裏描述的修養過程，是從不知外化、與物相刃相靡，進步到反求每人自然天成的心性，再進步到能外化，也即基於各種理想性自我的輪替而有迴異的知識理解與行動取向。莊子對這種進程曾有解說，他說君子和小人都不好，君子傾全力追求名聲，小人則傾全力追求財利，不論追求名聲或財利都會變易情與性。所以應該放棄名聲與財利，而返歸於自己的「天」，這個「天」也稱為「天之理」，照應於前說的情與性，也應就是天生自成的心。可是莊子並不停在這裏，他繼續提出天極、圓機，要求人要「與時消息」和「與道徘徊〔轉變〕」，這表示為了斷除追逐名利的欲念而需要回歸天然的心性，可是天然的心性是單一的，不足以做為應世的機制，好的機制是能變換自我：

> 曰〔以下无約之言〕：『小人殉財，君子殉名〔〈駢拇〉：「小人則以身殉利，士則以身殉名。」〈刻意〉：「眾人重利，廉士重名。」〕，其所以變其情、易其性，則異矣；乃〔若〕至於棄其所為而殉其所不為，則一也。』故曰：无為小人，反殉〔殉與徇通，殉、從互文，順也〕而〔汝〕天〔自然〕；无為君子，從天〔自然〕之理。若〔或〕枉若〔或〕直，相〔隨順〕而〔汝〕天極；面觀四方，與時消息。若〔或〕是若〔或〕非，執而〔汝〕圓機〔成玄英曰：圓機，猶環中也。執

於環中之道以應是非）；獨成而〔汝〕意，與道徘徊〔轉變〕。无轉〔讀為專：一〕而〔汝〕行，无成而〔汝〕義，將失而〔汝〕所為。无赴〔趨〕而〔汝〕富，无徇而〔汝〕成〔成功〕，將棄而〔汝〕天〔自然〕。（〈盜跖〉郭 1005-1006 王 1198-1199，滿苟得語子張）

很多先秦諸子主張人是自利的，關於莊子為什麼認為人天然的情、性、成心並不逐名求利，〈盜跖〉篇下一章「无足」與「知和」的對話，討論了此一問題。該章鋪陳了富人有六患，為亂苦疾辱憂畏，這自當是與物相刃相靡的後果，人謂之不死奚益。主張每人都有一個「度」為自己提供適中的標準，不足乃求，有餘故辭，不應貪求無厭。這個「度」好比「鷦鷯〔小鳥〕巢於深林，不過一枝；偃鼠飲河，不過滿腹」（〈逍遙遊〉郭 24 王 22，許由語堯），著眼於生存的最低需求：

知者之為，故〔固〕動以〔為〕百姓，不違其度〔法度〕，是以足而不爭，无以〔所〕為故不求。不足故求之，爭四處〔四方〕而不自以為貪；有餘故辭之，棄天下而不自以為廉。廉貪之實，非以〔因〕迫外〔外物〕也，反監〔照〕之〔於〕度〔成玄英曰：夫廉貪實性，非過迫於外物也，而反照於內心，各稟度量不同也〕。勢為天子，而不以貴驕人；富有天下，而不以財戲人。計其患，慮其反〔變〕，以為害於性〔生。下文「不以美害生」〕，故辭而不受也，非以要名譽也。……平為福，有餘為害者，物莫不然，而財其甚者也。（〈盜跖〉郭 1011-1012 王 1207-1208，知和語无足）

這個「度」是每個生物所自知之一己的生活所需，就其從天然的角度劃分充足與貪求的界線來說，「度」

是一種天倪，而就生物天然能知的能力來說，就是成心。

未成乎心而有是非，是今日適越而昔至也。

這兩句話依對成心的理解正反不同，而有兩種讀法。如以成心不好，則讀為：是非之辯生於人有成心，若未形成成心而有是非之辯，就好比今日適越而昔至，沒這種事。但如以成心為好，則讀為：未形成成心，而又做是非之辯，則其辯就像今日適越而昔至，都在亂說。第二讀較合理，請見下段的分析。

是以無有為有。無有為有，雖有（為）**神禹，且不能知，吾獨且**（複語，與將同義）**奈何哉！**

莊子將「今日適越而昔至」兩句話，平行類比於「以無有為有」。我們可以思考前兩種讀法，做一取捨。第一種讀法以為，莊子提出成心做為是非之辯的成因，並為了強調此點，而提出「今日適越而昔至」的類比，意指如果以為沒有成心還能說是道非，此想法乃是荒謬的。此種讀法的重心在成心之完全不可取，「神禹也弄不清楚」的修辭是極度誇大成心所製造是非之辯的混亂。

第二種讀法則以為，是非之辯要分為好的與不好的，這視其是否基於成心而定。不好的是非之辯就像今日適越而昔至，也像以無有為有，乃是胡說，可是全天下都是這種胡說，無數小錯集結成一個大錯，就算神禹再世，也理不清層層糾纏、錯上加錯的論述。第二讀的重心在分辨正確與錯誤的是非論述，搬出神禹來，加重了錯誤的嚴重性，以對比於正確的論述。

純以「神禹」的修辭來看，第一讀是一切是非論述就算你是神禹也弄不清，唯有一切掃除之才能免除禍患，然後不分愚智，一概純樸渾噩的度日，看似符合「齊論」之旨。不過莊子並不單單伸張「齊論」，而是主張一與不一的兩行，所以這一讀未能與莊子哲學完全相應。第二讀是錯誤的是非論述就算你是神禹也弄不清，而正確的是非論述則一般人皆能聽懂與認同。此時智能是有用的，且預設了人同有一種根本性質或知見，所以面對正確的論述不起爭議，這樣讀可以承繼前文。

以上關於成心的三個小段落經過分析後，成心應該是自然天成、能識別自然分際與限度的智能，而不是妄生成見以纏束自我的智能。吳怡也曾從三方面來論證成心是憨山德清所說的「現成本有之真心」：第一，從文勢上來看，從提出真宰、真君到「大哀」，文章層層深入的發展很明顯，若「成心」語氣一轉而為「成見」，便會使前文剛點出的真心突然又失落了。第二，從文字上來看，莊子書中很多成字都有「精神修養上的很高境界」。第三，從文義上來看，如果成心是成見，則：「『奚必知代而心自取者有之？愚者與有焉』，便成廢話。……『夫成乎心而有是非』，『有是非』就是有成見，怎麼又說『未成乎心』呢？顯然這是語義上的矛盾不通。」吳怡認為成有完整、純粹之義：「所謂『完整』是不為物相刃相靡，而被割裂破碎。所謂『自成』是自我完成，不逐物而逝。這個『成心』不只智者有，愚者有，任何人都有，正是所謂『如求得其情與不得，無益損乎其真』。」（2000: 73-75）以上從文勢和文義這兩個角度的分析，和我此處做的一樣，但文字較為曉暢，可做補充。

本書前面提到，是非是人天生並一定要使用的能力（見第九型），人要活著就不能不採取不一的觀點與判斷是非（見第十一型），所以莊子思考的不是完全去是非，完全去是非並不實際，有害於人的生存。他思考的是如何將彼是之辯定於合理的限度內，以自然而客觀的標準（天倪）仲裁爭端，或以更積極的智慧拉近對立雙方的距離，創造新的共識。〈齊物論〉在此提出自然天成、不假湊補的成心，也是此思考方向下的產物，成心既是每人本有的良師，且人人的成心相同，沒有你的、我的之異，當然具有減少是非爭端、化解歧見的功能，只是莊子對於成心如何降低是非之混亂，說得太過簡短。我們看至德之世，人類很少或竟無爭端，可是人類也按照某種方式生活，並非無所不可，這就為後世提供了典範，讓我們有以趨向和努力、復歸和還原、解蔽和開顯、遣思和混冥。

二、哀莫大於心死章解

〈田子方〉「哀莫大於心死」章（郭 706-709 王 774）是顏回極力倣法孔子，不料孔子自責哀莫大於心死，要顏回忘了他的近死之心勿學，重新開始。一解除舊的自我，主體性所憑恃而存的自我內核就開始起作用，再生一新的自我。

顏淵問於仲尼曰：「夫子步亦步，夫子趨亦趨，夫子馳亦馳，夫子奔逸（借為駃，《說文》：「駃，馬有疾足也。」）**絕塵，而回瞠**（直視）**若乎**（加「其」）**後**（加「耳」）**矣！」夫子曰：「回，何謂邪？」**

顏淵步、趨、馳、奔駃等語是以馬為喻，形容走得慢時他跟得上，跑得快便跟不上。

曰：「夫子步，亦步也（加「者」）**，夫子言，亦言也。夫子趨，亦趨也**（加「者」）**，夫子辯，亦辯也。夫子馳，亦馳也**（加「者」）**，夫子言道，回亦言道也。及奔逸絕塵而回瞠若乎後**（加「也」）**者，夫子不言而信，不比**（親）**而周**（合）**，无器**（爵位）**而民滔**（同「蹈」）**乎前**（陸西星曰：此夫子之神化也）**，而**（則）**不知所以然而已矣。」**

步是比喻說話，趨是比喻辯論，馳是比喻講道，這些顏回都可以模仿得來。奔駃（疾奔）則是比喻孔子對旁人的神化作用，顏淵不但模仿不來，且還參不透那種神化作用的「所以然」。

前人註解認為孔子下起的答語是解釋他的神化作用是怎麼做到的，但我認為孔子並不以他人事的成功為滿足，他回答顏淵問題的目的是要說他不值得別人學習。

仲尼曰：「惡（阮毓崧曰：孟子曰：「惡！是何言也！」王引之謂「惡」乃不然之詞，非歎詞也，此惡字亦然）**！可不察與**（陸西星曰：察，謂密察此心之存否）**！夫哀莫大於心死，而人**（馬敘倫曰：人讀為身。身本孕之初文，古無身體之身，人即身也）**死亦**（則）**次之**（沈一貫曰：心是活物，為本為樞，而至神至化。若沉淪幽滯，有一息不運動，便是強魂死魄，可哀甚於形死）。

以下都是孔子的話，他不立即解開顏淵的疑惑，而是提出心死和身死皆為可悲的命題。心死需要解釋，但身死更需要解釋。身死不該是生命死亡之意，莊子一向鼓吹死無足悲，他不可能在這裏自毀立場，讓孔子承認生命死亡仍是可悲的事一樁。這裏的思想應該和〈齊物論〉真君章互參，前文指出真君章說的「形化」不是身死而是借指外化（言行模式的變換），所以此處的身死也應從這個意義來看，以言行模式之僵固不化為身死，靈活轉換為身不死。真君章還提出了兩種悲哀，「外不化」是第一種，「外化而心隨之化」稱為大哀，與此處劃分兩種可哀的程度，也極相仿。以彼處解此處，則心死謂侷限於當下主體性所擬構的物我關係而不能自拔，致力於勝物或得物。

與心死一語有關的還有〈齊物論〉另一段話，說心靈能力日漸衰滅，溺於所為而不再能回頭（回到它不溺於所為的狀態，也就是超離於物的狀態），枯靜得如閉合起來般，這就是頻近死亡而無法復生的心：

其殺（借為瘵ㄕㄨㄞ：衰，減。馬敘倫）若秋冬，以言其日消也；其溺之（於）所為，之（則）不可使復之也；其厭（①讀為壓ㄧㄢˇ：閉藏。②借為弇ㄧㄢˇ：合也，蓋也。二義相似）也如緘（緘封），以言其老洫（借為侐ㄒㄩˋ：靜。老侐：枯靜）也；近死之心，莫使復陽（陽謂生也）也。（〈齊物論〉郭 51 王 48-49，作者自語）

所以心死是沈溺於應物與勝物的活動，堅持不改，在勝負之間逐漸消耗自己，沈一貫說心是活物，不可沉淪幽滯，大體正確。孔子到後面要以這個命題批評他自己和顏淵。

「日出東方而入於西極，萬物莫不比方（馬敘倫曰：比方即比傍），**有目**（馬敘倫曰：目當依〈天地篇〉作首）**有趾者**（羣動之物），**待是**（指日）**而後成功。是出則存，是入則亡**（日出而作，日入而息）。**萬物亦然，有待也而死，有待也而生**（呂惠卿曰：日出東方而入於西極，……而日未始有存亡也。萬物亦然，有待也而死，有待也而生，而所待者未嘗有死生也）。

既然提出心死與身死的命題，餘下的任務就要解釋如何令身心不死。孔子以能知覺運動的生物都視太陽之出沒而作息，來譬喻萬物的生死都有待於另一物，也即陸西星說的「所待以生之物」。但是要記得，現在生死的意思是變化與否，主題是自我而非生命。日出而作，日入而息，就有開放與變動。身和心所代表的主體性能否變化，是依「所待者」而定。「所待者」有使主體性起變化的能力，若失去它，主體性就僵固而不變。

「吾一受其成形，而不化（不化：無所遷變）**以待盡**（詹康按：吾所待者授吾以形，吾之形無所遷變，以待於盡。

此即〈知北遊〉「外不化」，謂言行模式之不變〕。**效**〔借為交，《說文》：交，交也〕**物而動，日夜无隙，而不知其所終，薰然**〔薰通熏：動。成玄英曰：薰然，自動之貌〕**其成形**〔胡文英曰：此四句，是反言心死者〕。**知命不能規**〔測度〕**乎其前**〔始〕**，丘以是日徂**〔胡文英曰：置其在天者，盡其在我者。○陳壽昌曰：知命之不可知，未由規畫於未來。故日無一息之停，吾之與日俱徂者，亦不暫停。未嘗以天定勝人，自委於命也。此蓋曲示所以奔逸絕塵之故〕。**吾終身與汝交一臂**〔三字：相守〕**而失之，可不哀與**〔陸西星曰：此哀莫大于心死，而身死亦次之者也。○沈一貫曰：此吾汝終身交臂守之，而不能舍者也。豈非精明瑩徹，真淨靈妙，卓然而獨存，無所隱覆，無所擁閼，無所乖戾，無所倚著，超越萬有，而與太陽同運！倘使之死，可不哀邪。○程以寧曰：失之，失其真宰也〕？

孔子將主題轉向他自己，解釋他一生言語行事之所以然，並自劾為悲哀之例。

前幾句話與〈齊物論〉真君章相重，請覆按前釋。孔子說他受形而生之後，採取「外不化」的行徑，終身守之，以待生命之盡。交物而動，永不暫息，並不顧念做了會有什麼結果（只問耕耘不問收穫），它自動的成形（本句殆謂僵固的心、「吾」）。知道命運是不可測度其開始的，於是他孔丘就不顧念命運，日復一日的往前走、辛勤做了。這些堅持到底、無畏命運的話是用來解釋他的成功，〈德充符〉說魯國景仰他的人佔了一半，這就是顏淵未參透而想要老師傳授的秘訣。

但是孔子實未當那種成就為成功，他開始批評自己。不論是得到眾人信從的他，還是想要徹底研究他的顏淵，兩人都未把握住那應把握住的東西，殊可悲哀。這悲哀兼含外不化、主體性僵固不變的「身死」，與內化、念念於勝物的「心死」。孔子既然自劾他言行模式之不變，故他世俗的成就無足為顏淵所欣羨，學生尤不應該步上他的後塵，繼續犯錯，斷送自我形態之變化性。今後之計，乃是翻然悔悟，開始把握那應把握勿失的東西，也就是主體性所待而能變化者。

「女殆著〔見〕**乎吾所以著**〔見〕**也**〔沈一貫曰：汝求吾奔逸絕塵之處，不但知吾之所著，而殆知吾之所以著也〕**，彼已盡**〔竭盡無遺〕**矣，而女求之以為有，是**〔猶〕**求馬於唐肆也**〔唐肆：①《爾雅・釋宮》：廟中路謂之唐。○羅勉道曰：蓋賣馬之肆，庭中有路，以便馬之出入也。○方以智曰：唐塘蕩皆通，今吳人呼堤路為塘。○宣穎曰：唐，中路。肆，市肆也。②唐叚借為漮：空。程以寧曰：肆為市馬之處，唐為無壁之屋，以便馬出入〕〔林雲銘曰：上面回借馬為喻，此即答以求馬，是呼應巧處〕。

我們已經明瞭到孔子的行徑是外不化，而外不化的主體狀態稱為身死，該攤一把同情之淚，所以孔子不值得研究與傚法。他便要打消顏淵想研究他的想法，說他的言、辯、言道、不言不比等等，都展現於顏淵眼前，顏淵也已誌之記之，真是吾無隱乎爾了，如果顏淵還以為有什麼奧秘是他還不知道的，那孔子這兒是沒有的了，請顏淵到馬市去看吧。往馬市求馬的話，是從顏淵一開始用馬之步、趨、馳、奔軼形容孔子而接來的，孔子幽默的說，我這匹馬你已經看光了，嫌不夠最好去馬市，那兒馬最多。

許多註者將這段話解釋成顏淵執孔子顯著之陳跡，無法求得孔子所以奔逸絕塵的原因，「盡」為逝、無，唐肆為無壁之亭或空市，無馬可求，比喻顏淵求之而不得其故。註者將步、趨、馳分做一邊，奔逸絕塵做另一邊，不合乎故事的意思。步、趨、馳、奔軼四者都是顏淵觀察到的孔子言行，他接下來應當從跡訪本，這是順理成章的程序。是以註者闡釋孔子之答語為心性之靈妙，彷彿顏淵連答案的方向都決想不出，只能瞠若乎後，像蠢學生，頗為無謂。孔子實在是堵塞顏淵的願望，好揭示主體性理論的更深層面。

「吾服〔①思。②行。③佩服〕**女也**〔者〕**甚忘，女服吾也**〔者〕**亦甚忘**〔劉辰翁曰：「吾服汝也甚忘」，謂坐忘也。則「汝服吾也」，亦以此。○沈一貫曰：吾與汝師友相服膺者，惟此忘耳〕。**雖然，女奚患焉！雖忘乎故吾，吾**〔疑應作「猶」〕**有不忘者存**〔林希逸曰：此兩箇吾字，就顏子身上自說，又與上面「吾服汝、汝服吾」吾字不同。○沈一貫曰：雖忘故吾，而有不可忘之吾存焉。妙用時遷，而本體常住。譬太陽之代謝，而光景常新也。○程以寧曰：蓋「故吾」為成形之吾，不變不化者也，不可不忘〕。**」**

最後便要講到交臂把守、勿許失去的那主體性所待以變化者。

孔子重提他「忘」的教育，與他們師徒間以達到「忘」而互相讚許的做法，言下之意是現在兩人應把孔子大為成功的主體性忘掉，理由是它源自於、也加強了不會變化的近死之心，無足可貴。可是顏淵或許要對這個建議有所猶豫，因為忘掉孔子一向以來的存心，則孔子的主體性就沒了。孔子說別擔心，雖然忘掉舊的我，仍有一個忘不掉之物會存在。

最後出場的這個忘不掉之物有兩種解釋，一種是以新吾代舊吾，眼前永遠都有一個吾，毋須去記或忘，另一種是從體用關係來講舊吾新吾都是本體之發用。後一解釋較佳，孔子採用了主體與「所待者」的二層結構，所以舊吾新吾等各個「吾」是實存境地變換的自我，它們之間的變換需要來自一個機制，這個變換機制就含在前文所稱的核中。

孔子要「忘」的教育，卻又說可變性自我的內核是不忘者，這產生了語病，即可變性自我的內核究竟是能予以忘掉的，還是想忘也忘不掉的呢？實際上這兩種情形都成立，因為從用而言，忘了就致主體性喪失可變性，身心近於死，所以實在不宜將它忘了，可是從體而言，則本體常存，無所謂忘與不忘，意識到它與未意識到它均不影響它的存在。

回到孔子「忘」的教育之初衷，是要忘掉故吾，其立即效用是讓人拋棄現行的自我。人一旦沒了自我，就無法說明自己，面向世界，他們勢需要再形成新的自我，而此時既是改絃更張，那麼新我大可不必沿用舊我。這也就是說，忘掉故吾之舉會啟用長期休眠的自我內核，由它來組成新我。人對這個轉換有多少理解都沒關係，他們完全清楚也罷，完全無知也罷，新我都會產生出來，就位視事。自我內核完成其任務後，就回歸蟄伏，等到下一次需要變更自我時為止。前文曾說自我是顯性，核是隱性，當自我可以暫時不應境時，它由顯性暫歸隱性，而當自我需要更易時，核便從隱性暫成顯性，主持自我的更換。

卷尾語

本書從莊學研究入手來探索莊子，自謂眾擎易舉、眾志成城，或能更加接近莊子思想的全幅真貌，然未知此是顧盼自雄之賣嘴浮誇否。莊書難解，莊生已言之矣。

他說過個故事，有個粉刷牆壁屋頂的工人，鼻頭沾上一塊蠅翼大小的白土塗料，叫木匠削掉它。木匠揮動砍刀，劃過空中，勢急刀利，簌簌成風。閉眼辨聲，將白土削乾淨，而鼻子絲毫未傷，粉刷工人站著由他削，毫不驚懼失色。粉刷工人死後，雖然木匠還有這不失毫釐的本事，卻沒了鎮定適當的配合者，表演不出來了。莊子比喻他和惠施的關係就像那木匠和粉刷工人，一個攻勢凌厲而不濫批評，一個威武不屈而虛心受教，正是「好漢遇好漢」，所以兩人輪番攻防，傾全力辯論而互正疵謬，雙雙受惠，惠施死後就沒有配合得這麼完美的人，他沒有可以講話的人了：

莊子送葬，過惠子之墓，顧謂從者曰：「郢人（郢借為巎：塗。服虔：古之善塗墍者。成玄英：泥畫之人。○墍：塗抹屋頂）堊（白色的土）慢（塗）其鼻端若蠅翼，使匠石（木匠，名石，出現於〈人間世〉）斲之。匠石運斤（一種砍樹用的器具）成風，聽而斲之（郭象曰：瞑目恣手），盡堊（疑「堊盡」乙）而鼻不傷，郢人立不失容。宋元君（錢穆疑為宋王偃之子，受禪為王）聞之，召匠石曰：

『嘗試〔複語，嘗亦試也〕為寡人為之。』匠石曰：『臣則〔誠，肯定、確定語氣的副詞，見翟思成 2002: 143；蕭旭 2007: 267〕嘗〔借為尚〕能斲之。雖然，臣之質〔對〕死久矣。』自夫子〔指惠施〕之死也，吾无以〔與〕為質〔對〕矣，吾无與言之〔者〕矣！」（〈徐无鬼〉郭 843 王 948）

這是斧正（斧政、斧削）和郢正（郢政）之詞的由來。莊子嘆惠施死後無人能懂其談鋒，糾其過失，吾人豈得媲美惠施，自詡能懂莊子乎？莊子又何能輕易首肯我們能理解其言，令他重生棋逢敵手之樂乎？正是林雲銘引申指出的，莊子之世無人可知莊子，包含了後世也無可知者：

> 以惠子之輩，猶痛惜之，則莊子之言，舉世無一知之可見矣。然吾以為千載而下，亦無一知之者，不獨當年而然也。（《莊子因》，2011: 268）

下面抄錄周作人談「莊子送葬」章的短文二篇，也一反通常論調，直謂讀莊子是「啞子吃黃連」、「感了一場沒趣」，的是正悟。則吾輩凡人縱然智不足以齊乎莊生，然在舊說已經無可進步之際努力創闢它徑，研析新義，便盡了分內的能力了。

談斧政

周作人

（民國二十五年十一月十五日）

《莊子》外篇〈徐无鬼〉中有一節云：

〔錄〈徐无鬼〉「莊子送葬」章文，略。〕

這一節故事在中國向來極有名，不過似乎只取其上半，凡有文字送給人看，常題其上云「敬求斧政」，或者再轉一個彎云「郢政」，意思是說他的詩文的鼻子上沾著一點蒼蠅翅膀似的石灰，請你拿起斧子一下子砍了下來。但是他卻忘記了這砍斧頭是極不容易的事。當年匠石大約試了也不止一回吧，可是他要那立不失容的郢人這才能砍，吾鄉徐笠山（徐廷槐）的《南華簡鈔》中注云「須得不怖不動之質乃可施手」，是也。郢人既死，匠石就只好敬謝不敏。假如隨便去斲，百分之百是要失敗，給人說手段不好還是小事，砍壞了人家鼻子卻不是玩耍，人家即使不要索賠，自己看了過去也實在不好看也。所以拿了一篇文章到處找別人斧政，未免強人所難能，而自己以郢（脫「人」）自居，則又很有點自信太過。

但是莊子話頭一轉又說到思想言語上來，意思更是利害了，大有令人讀了有啞子吃黃連之概（「慨」誤）。照他說來，我們讀莊子想要懂得他，那是老實不必，誰敢說比得上惠子呢？同時假如想要說話，自己稍有一點意見，略異於制藝或戲文的格調的（制藝格調，也稱為賦得的文學，此指無定見、無研究，只講體面話者，所謂土洋黨八股，參見《周作人散文全集》第六冊頁 82, 192-193, 767, 第七冊頁 379-381〈遵命文學〉、第八冊頁 578-579。戲文與制藝的關係來自於中國文字的音樂性，見第五冊頁 657-661〈論八股文〉、第六冊頁 78-81, 537-538, 第七冊頁 254, 392），也就得打算一下，究竟質（對手，下文以惠子為莊子的對手）是什麼樣，並不是曾有而已死了（莊子原文中，郢人曾有而已死了），乃是現在有沒有的問題。孔子曰：「可與言而不與之言，失人；不可與言而與之言，失言。」失人之過吾知免夫，若失言則往往然也（可與言者為對手，不失人，是逢對手而奉為對手。不可與言者非對手，失言，則以非對手為說話對象）。

本來像莊子的那樣微妙的話自然除了惠子不大找得到對手，我們這種凡人似乎該不成問題了（我們凡人說的話不像莊子那樣微妙，要找到對手似乎該不成問題了）。然而不然，不論新舊中外哪一路的思想，總須帶點八股調、唱戲腔才有人要聽，像聽話匣子（留聲機）一般，可是我就不會如此，那麼雖是凡人（「我」雖是凡人）也就很多失言的機會（周作人批評中國人有服從和模仿的奴隸根性，而他自己說話為文不如此，故他的對象為非其人、非對手）。不過不相干，反正凡人（「我」是凡人）沒有多大關係，我只要不失人便已很好了，豈敢擺漆園叟的架子乎（今之人雖如上述，萬一有例外，人中有對手，周作人便能「不失人」，若擺漆園叟的架子，鄙視今之人，則嫌無對手，便不說話作文了）。

周作人

（民國二十九年八月二十五日）

郢人

《莊子》卷八雜篇〈徐无鬼〉中有一則云：

（錄〈徐无鬼〉「莊子送葬」章文，略。）

鄙人向來甚喜此文，不獨「若蠅翼」與「運斤成風」，形容盡致，此處亦是二難並，好漢遇好漢，正如金聖歎喜歡說的話，所謂好看煞人，末了則是莊子的牢騷，冰冷的一句話，使後世講《南華經》的人們與宋元君同樣的感了一場沒趣。郭子玄注云：「非夫不動之質、忘言之對，則雖至言妙斲而無所用之。」然而後人很喜歡引用這個典故，卻又都弄的有點纏夾。《訂訛雜錄》卷八「郢削」條下引《莊子》文至「立不失容」，論曰：「徵此則堊鼻者郢人也，斲削者匠石也。今人曰郢削郢正郢斤，是以匠石之斲屬之郢人，大非。」胡氏（胡鳴玉）語固不錯，但可笑處不僅在此，即使以斧削屬之匠石，而車載斗量的作者悉以郢人自居，恐匠石亦不敢輕易動手，蓋人人都會得以石灰塗鼻子尖上，而難於能夠立不失容也。我輩凡夫豈敢隨便削人，亦並不好妄求人去削，還是自己用點心，誠實勤懇的寫文章，庶幾可以無大過失，亦已足矣。

《莊子》篇章在本書的頁碼

《虛己以遊世：《莊子》哲學研究》（2006）作者韓林合說他的初稿比付梓本多十五萬字，以他的解釋框架前後一貫的處理了〈說劍〉篇以外的所有《莊子》內容。以《莊子》一書眾說錯綜、矛盾叢生的情形，要以一個解釋框架一貫處理之，非常不易。若傅偉勳「整全的多層遠近觀」的詮釋理論，對付駁雜的《莊子》，亦何難之有。我以十七型主體論解說皆可成立，如欲將《莊子》全文盡數派給這十七型，想來事亦無難，唯本書無必要盡釋《莊子》全書而已。今將所解釋到的《莊子》原文在本書中的頁碼列出於後，以便讀者索查焉。

篇	章	本書頁碼
逍遙遊	北冥有魚	168
	湯之問棘也是已	
	故夫知效一官	166, 184
	堯讓天下於許由	531
	肩吾問於連叔	130, 185
	宋人資章甫而適越	182
	惠子謂莊子曰：魏王貽我大瓠之種	299
	惠子謂莊子曰：吾有大樹	265

篇	章	本書頁碼
齊物論	南郭子綦隱几而坐	168, 267-272, 317, 318, 367, 518
	大知閑閑，小知閒閒	536
	非彼无我，非我无所取	395, 485, 523-527
	夫隨其成心而師之，誰獨且无師乎	488, 527-534
	夫言非吹也，言者有言	
	物无非彼，物无非是	457, 506
	以指喻指之非指	64, 65, 67, 82, 298, 331
	古之人，其知有所至矣	63, 451, 519
	今且有言於此，不知其與是類乎	407, 517
	天下莫大於秋豪之末，而大山為小	65, 69, 330
	夫道未始有封	63, 418, 470

篇	章	本書頁碼
	齧缺問乎王倪	185, 326
	瞿鵲子問乎長梧子	423, 424, 425, 427-444
	罔兩問景	5, 443
	昔者莊周夢為胡蝶	443
養生主	吾生也有涯，而知也无涯	47
	庖丁為文惠君解牛	349, 372
	公文軒見右師	
	澤雉十步一啄	
	老聃死，秦失弔之	454-459
	指窮於為薪	
人間世	顏回見仲尼請行	179, 320, 457
	葉公子高將使於齊	381
	顏闔將傅衛靈公大子	
	匠石之齊，至於曲轅，見櫟社樹	265
	南伯子綦遊乎商之丘，見大木焉有異	265, 367

篇	章	本書頁碼
	支離疏者	367
	孔子適楚，楚狂接輿遊其門	
	山木自寇也，膏火自煎也	
德充符	魯有兀者王駘	28, 66, 113, 130, 284, 320, 326, 488
	申徒嘉，兀者也	381
	魯有兀者叔山无趾	66, 437
	魯哀公問於仲尼	118, 278, 284, 381, 391
	闉跂支離无脤說衛靈公	367
	故聖人有所遊	
	惠子謂莊子曰：人故无情乎	100, 393
大宗師	知天之所為，知人之所為者	126
	且有真人而後有真知	
	古之真人，其寢不夢	179
	古之真人，不知說生	
	故聖人之用兵也	281, 452

篇	章	本書頁碼
	古之真人，其狀義而不朋	
	以刑為體，以禮為翼	332
	死生，命也	102, 118, 213
	夫道，有情有信，无為无形	99, 166, 214
	南伯子葵問乎女偊	222-225, 276, 285, 407, 457
	子祀、子輿、子犁、子來四人相與語	76, 143, 146, 171,172, 176
	子桑戶、孟子反、子琴張三人相與友	101, 116, 144, 178, 184, 319, 333, 337
	顏回問仲尼曰：孟孫才	444-450
	意而子見許由	108, 144, 423, 424
	顏回曰：回益矣	78, 319
	子輿與子桑友	
應帝王	齧缺問於王倪	230, 417
	肩吾見狂接輿	

篇	章	本書頁碼
	天根遊於殷陽	144, 179
	陽子居見老聃	
	鄭有神巫曰季咸	113, 226-231
	无為名尸	27, 130
	南海之帝為儵	
駢拇	駢拇枝指，出乎性哉	
	彼正正者，不失其性命之情	265
	夫小惑易方，大惑易性	
	且夫屬其性乎仁義者	
馬蹄篇		
胠篋篇		
在宥	聞在宥天下	
	崔瞿問於老聃	
	黃帝立為天子十九年	165, 169, 321
	雲將東遊	80, 109, 167, 319, 321
	世俗之人，皆喜人之同乎己	81, 102
	賤而不可不任者，物也	

篇	章	本書頁碼
天地	天地雖大，其化均也	
	夫子曰：夫道，覆載萬物者也	98
	夫子曰：夫道，淵乎其居也	128
	黃帝遊乎赤水之北	417
	堯之師曰許由	395
	堯觀乎華	
	堯治天下	
	泰初有无	82, 132, 263
	夫子問於老聃曰：有人治道若相放	67, 469
	將閭葂見季徹	423
	子貢南遊於楚，反於晉，過漢陰	263, 319, 337
	諄芒將東之大壑	470
	門无鬼與赤張滿稽	263, 317
	孝子不諛其親	
	百年之木	

篇	章	本書頁碼
天道	天道運而无所積	28, 49, 108, 114, 334
	夫帝王之德	115, 124
	本在於上，末在於下	
	是故古之明大道者	
	昔者舜問於堯	48, 281
	孔子西藏書於周室	264
	士成綺見老子而問	
	老子曰：夫道，於大不終	98
	世之所貴道者，書也	372, 426
天運	天其運乎	
	商太宰蕩問仁於莊子	263
	北門成問於黃帝	
	孔子西遊於衛，顏淵問師金	
	孔子行年五十有一而不聞道	
	孔子見老聃而語仁義	264
	孔子見老聃歸	185, 320

篇	章	本書頁碼
	孔子謂老聃曰：丘治詩書	120, 169
刻意篇		
繕性	繕性於俗	263
	古之人在混芒之中	
	由是觀之，世喪道矣，道喪世矣	
秋水	秋水時至	
	北海若曰：井蛙不可以語於海者	166, 167
	河伯曰：然則吾大天地	117
	河伯曰：世之議者皆曰	85, 414
	河伯曰：若物之外	66
	昔者堯舜讓而帝	265, 452
	河伯曰：然則我何為乎	64, 67, 124, 219
	河伯曰：然則何貴於道邪	394
	曰：何謂天？何謂人？	
	夔憐蚿	

篇	章	本書頁碼
	孔子遊於匡	
	公孫龍問於魏牟	78
	莊子釣於濮水	
	惠子相梁	
	莊子與惠子遊於濠梁之上	
至樂	天下有至樂无有哉	
	今俗之所為與其所樂	124
	莊子妻死，惠子弔之	171, 339
	支離叔與滑介叔觀於冥伯之丘	118, 177
	莊子之楚，見空髑髏	146
	顏淵東之齊，孔子有憂色	283, 327
	列子行，食於道從	451
	種有幾，得水則為鼃	121
達生	達生之情者	100, 126, 393
	子列子問關尹	180, 184, 334
	仲尼適楚，出於林中，見痀僂者承蜩	317, 372

篇	章	本書頁碼
	顏淵問仲尼曰：吾嘗濟乎觴深之淵	372
	田開之見周威公	318
	仲尼曰：无入而藏	
	祝宗人玄端以臨牢筴	
	桓公田於澤	
	紀渻子為王養鬭雞	321
	孔子觀於呂梁	372
	梓慶削木為鐻	180, 182, 265, 318, 372
	東野稷以御見莊公	
	工倕旋而蓋規矩	372, 394
	有孫休者	277, 319
山木	莊子行於山中，見大木	103, 147, 265, 340, 394
	市南宜僚見魯侯	319
	北宮奢為衛靈公賦斂以為鐘	372

篇	章	本書頁碼
	孔子圍於陳、蔡之間	368
	孔子問子桑雽	
	莊子衣大布而補之	
	孔子窮於陳、蔡之間	117
	莊周遊乎雕陵之樊	
	陽子之宋	
田子方	田子方侍坐於魏文侯	320
	溫伯雪子適齊	
	顏淵問於仲尼	534-540
	孔子見老聃	113, 116, 118, 164, 280, 317, 318, 320, 424
	莊子見魯哀公	
	百里奚爵祿不入於心	117
	宋元君將畫圖	
	文王觀於臧	
	列御寇為伯昏无人射	321
	肩吾問於孫叔敖	

篇	章	本書頁碼
	楚王與凡君坐	
知北遊	知北遊於玄水之上	65, 109, 118, 164, 170, 415
	天地有大美而不言	49, 110
	齧缺問道乎被衣	317, 416
	舜問乎丞	166, 177, 417
	孔子問於老聃	98, 424, 425, 469
	中國有人焉	114, 174
	東郭子問於莊子	68, 103
	婀荷甘與神農同學於老龍吉	407, 417
	於是泰清問乎无窮	103, 404, 408, 457
	光曜問乎无有	406
	大馬之捶鉤者	373
	冉求問於仲尼	76, 103, 220
	顏淵問乎仲尼	392, 405, 418

篇	章	本書頁碼
	柏矩學於老聃	
	蘧伯玉行年六十而六十化	48, 106, 111, 296, 408, 419
	仲尼問於大史大弢、伯常騫、狶韋	
	少知問於太公調（一）	76, 169, 410
	少知問於太公調（二）	166
	少知問於太公調（三）	116, 120, 169
	少知問於太公調（四）	219, 404, 411-413
外物	外物不可必	300
	莊周家貧	
	任公子為大鉤巨緇	
	儒以詩禮發冢	
	老萊子之弟子出薪，遇仲尼	321
	宋元君夜半而夢人被髮闚阿門	
	惠子謂莊子	131

篇	章	本書頁碼
	莊子曰：人有能遊	282, 300, 393
	目徹為明	
	靜然可以補病	
	荃者所以在魚	425
寓言	寓言十九	119, 271, 328, 405, 425
	莊子謂惠子曰：孔子行年六十	285, 296
	曾子再仕而心再化	
	顏成子游謂東郭子綦	128, 176, 226
	眾罔兩問於景	
	陽子居南之沛	
讓王篇		
盜跖	孔子與柳下季為友	
	子張問於滿苟得	300, 530
	无足問於知和	531
說劍篇		181
漁父	孔子遊乎緇帷之林	

篇	章	本書頁碼
	子貢還，報孔子	
	孔子愀然而歎	277
	顏淵還車	98
列御寇	列御寇之齊	279
	鄭人緩也呻吟裘氏之地	145, 266
	聖人安其所安	
	莊子曰：知道易，勿言難	422
	朱泙漫學屠龍於支離益	
	聖人以必不必，故无兵	299
	小夫之知	101, 457
	宋人有曹商者	
	魯哀公問於顏闔	
	施於人而不忘，非天布也	
	孔子曰：凡人心險於山川	
	正考父一命而傴	
	賊莫大乎德有心而心有眼	
	窮有八極	
	人有見宋王者	

篇	章	本書頁碼
	或聘於莊子	
	莊子將死	
	以不平平，其平也不平	
天下	天下之治方術者多矣	115
	不侈於後世（評墨翟、禽滑釐）	
	不累於俗（評宋鈃、尹文）	
	公而不黨（評彭蒙、田駢、慎到）	
	以本為精（評關尹、老聃）	28
	寂漠无形（評莊周）	145, 394
	惠施多方（評惠施）	76, 506
佚文		104, 116, 174, 223

註 釋

❶ 近年有好幾本關於西洋哲學中主體自我論的歷史研究，如 Taylor（1989）、Martin & Barresi（2006）、Sorabji（2006）等三本涵蓋從古希臘至當代，Mitchell（2001）、Hall（2004）、Seigel（2005）和 Atkins（2005）的原文選讀涵蓋笛卡兒至二十世紀，Solomon（1988）涵蓋十九與二十世紀，Mansfield（2000）和 Pippin（2005）涵蓋二十世紀。研究單一人物的書籍和論文則不勝枚舉。

❷ 賀來對於當代西洋哲學對浪漫主義時期主體性概念的批評，介紹如下：

「主體性」在哲學史上是一個十分重大的課題。西方近代哲學從笛卡爾始，到康德奠定了宏偉的「主體性哲學」的大廈，在哲學發展過程中產生了極其深遠的影響。然而，在現當代西方哲學中，「主體性哲學」及其「主體性」觀念卻遭到了多方面的反省和批判，例如：(1)通過心理學的批判，揭示主體性觀念的虛假性（以弗洛伊德為代表）；(2)通過對主體性觀念所包括的「人類中心主體傾向」的揭示，批判其對人與自然關係、人與人關係所帶來的負面效用（如霍克海姆、阿多諾、海德格爾、哈貝馬斯等）；(3)通過對主體性的語言哲學批判，揭示主體的非中心與非自足性（如維特根斯坦、伽達默爾、福柯、德里達等）。可以說，對「主體性」的反思和批判，已成為現當代哲學的重大主題之一。（2013: 6）

賀來也提到了中國大陸哲學界因追隨西方哲學潮流，主體性概念在一九八〇年代曾對思想有鉅大影響，現在的評價則有天翻地覆的變化：

> 在20世紀80年代乃至90年代，「主體性」觀念在中國當代哲學的進程中產生了十分特殊的作用，對於推動思想解放、觀念變革居功至偉。但在現當代哲學、包括當代中國哲學中，對「主體性」的批判、反思乃至解構之聲，已成為一個不可忽視的理論現象，他們立足於各不相同的立場，對「主體性」原則的理論前提、基本原則和理論成果等進行了多方面的批評，與此伴隨的，「主體性」被宣告是完全過時的觀念，「主體性的終結」成了頗有影響的理論話語。（2013: 1）
>
> 在當代西方哲學中，「主體性」成為了激烈批判和否定的對象，受此影響，近年來國內學術界對「主體性」的「反思批判」遠遠多於正面的「理解」和「闡發」，這與20世紀80年代國內哲學界把「主體」和「主體性」視為哲學的核心範疇，並掀起聲勢浩大的、範圍幾乎波及整個人文社會科學的關於「主體性」的大討論，可謂形成了鮮明的對比。（2013: 260）

❸ Sousa（2002）對英美哲學界關於主體論的主張，區分為十二種：一、主體是有觀點的（perspective）。二、主體能作選擇和作為（此義為agency）。三、主體的行動、心靈特質屬於他本人，不屬於任

何人。四、主體的心靈狀態只有他本人能知曉，別人不能。五、主體對他本人的心靈狀態有權利，排除他人。六、主體擁有體內感覺（proprioceptive sense）。七、主體不是獨一無二的、只認可自己的（此義為 ipseity）。八、主體有自己的情調和色彩。九、主體在主體際之間。十、主體是像佛洛伊德說的投射作用（projection），即自己的意識所不能接受的衝動、思想、行動，由潛意識將它們抹黑到別人身上。換言之，主體能將自己所有而別人所無的狀態調換。十一、主體對模稜兩可的事物只能有一種看法，例如看鴨兔圖每次都要決定是鴨還是兔。十二、主體擁有感質（quale）所構成的經驗，感質是不能化約的，也不能從第三人角度敘述。

❹ 最近臺灣有兩本書，主題一中一西，正好體現了自我觀在政治哲學史研究的核心地位：楊貞德《轉向自我：近代中國政治思想上的個人》（臺北：中央研究院中國文哲研究所，2009），與曾國祥《主體危機與理性批判：自由主義的保守詮釋》（臺北：巨流，2010）。

❺ 對新儒家主體論的分析與批評，可參見馮耀明二〇〇三年書第二章「當代新儒家的『主體』概念」。

❻ 如安樂哲（Roger T. Ames）、羅思文（Henry Rosemont, Jr.）、南樂山（Robert Cummings Neville）、黃百銳（David Wong）等人，具體書目從略。

❼ 白宛仙（2004: 3-7）敘述了牟宗三、唐君毅、徐復觀、勞思光、吳汝鈞、蒙培元、陳鼓應、葉海煙、王邦雄、吳怡、李日章、沈清松、鄭世根、陳榮華等學者對莊學主體論的重視，整理工作在我之前。

❽ 這種消除「能所」對待、以達絕對無待的思想，在佛學中很常見，也早已有人取來解說莊子，如

章炳麟說：

天倪者，郭云：「自然之分。」諸有情數，始以尋思，終以引生如實智。悉依此量，可以自內證知。如飲井者知其鹹淡，非騁辯詭辭所能變。然則是異不是，然異不然，造次〔倉促〕而決，豈勞唇舌而煩平定哉。然諸自證，亦有真俗之殊。五感所得，言不可破其閒。能覺所覺，猶是更互相待。青黃甘苦諸相，果如是青黃甘苦否？〈大宗師〉篇云：「夫知有所待而後當，其所待者特未定也。」此徒俗中自證，未為真自證者。其真自證，乃以不知知之，如彼《起信論》說：「若心起見，則有不見之相。心性離見，即是徧照法界義故。」〈大宗師〉篇云：「有真人而後有真知。」此為離絕相見對待之境，乃是真自證爾。初依天倪為量，終後乃至離念境界。所證得者，即亦〔二字疑乙〕最勝天倪也。（1986: 106-107）

❾ 輯錄到的臺港學者有徐復觀、程兆熊、牟宗三、勞思光、吳怡、傅偉勳、吳汝鈞、陳鼓應、王煜、王邦雄、曾春海、傅佩榮、沈清松、楊儒賓、高柏園、王志楣、賴錫三、伍至學、蔡璧名、何乏筆、蕭裕民、鄭世根（韓國人），大陸學者有夏甄陶、蒙培元，大陸年輕學者未記錄，外國學者的中譯著作中含有「主體」的有福永光司、畢來德。

❿ 典型的例子是袁保新（1991）研究老子形上思想時，回顧胡適、馮友蘭、徐復觀、勞思光、方東美、唐君毅、牟宗三等七位大學者的說法。

⓫ 本書創作的緣起，肇因於二〇〇六年將一篇研究《莊子》外篇的論文投稿給某知名漢學期刊。我

在文中簡短說到內篇主張以氣為人的主體，但是由於論文並非研究內篇，所以只是點到為止。兩篇審查意見書對這點都不表同意，一篇說：

說「內篇對人的哲學理解應屬氣主體」，沒有任何證明。是否更好說「內篇是以在人內的道作為人的主體」。

另一篇說：

歷代注家常以真宰、靈府為本心，「以其心得其常心」的「常心」一般也認為具有極高的地位……。作者說：內篇對人的哲學理解屬氣主體。作者此一說法雖然特別，但未嘗不能說。問題是「氣本體」所帶來的問題，恐怕比解決者還多，作者依然是一語帶過。

這裏拿自己灰頭土臉的事蹟出來獻醜，是為了說明莊學主體論是現今學術審查制度下必須裁決的事，而難為的是，掌理學術權力的兩位專家，彼此的見解卻相齟齬，即使順從其中一位，也無法令另一位滿意。這活生生是〈齊物論〉我、若、第三人永遠無法得出結論的翻版。

那次滑鐵盧的經驗使我開始對莊學主體論認真起來，廣泛閱讀之後，發現學者的歧異比原來以為的還要複雜許多。於是決定將一般的做法反過來，先談學者對莊學主體論的解說是什麼，然後省察這些二手詮釋穩不穩固，最後才考慮有沒有較佳的解說。研讀的過程讓我受惠很大，由於視野的打開，我改變了從前信仰氣主體的立場，在懷疑和反思之後，我想我新的認同對象不但有《莊子》章句的基礎，且還能與其他第二序解說相調和，就好比不管是三加四、四加三、二加五、五加二，狙公皆能同意、接受，這也最符合莊子任物自然的意旨。

至於我從評論之間所締造的和諧能否令各方專家滿意，弭息關於莊學主體論的戰火，則有待學者專家不吝賜正。

⑫ 例如廖炳惠評拉崗談莊子說「這種類比或借用流於膚淺」（1985: 87），勞悅強對孔維雅（Livia Kohn）研究中國古代思想的 selfhood 觀念評說：「有時候，她的說法或有燕書郢說之功，……。」（2001: 382 註 11；孔維雅對莊子主體論的解說會在本書第二型中介紹）。畢來德（Jean François Billeter）對美國的莊子研究說：「有的文章值得參考，有的則不與〔予誤〕置評，但總的來說，經常只是使用《莊子》中幾個孤立的語句或片斷來引證自己的觀點，難免有斷章取義之嫌，並且對西方哲學的理解似乎過於片面和淺薄。」（2009b: 510）

⑬ 鄧育仁以近百年英美哲學為例，提出相同的情形：

> 1879 年，傅雷格（Gottlob Frege）首度提出他劃時代的新邏輯系統；1905 年，羅素（Bertrand Russell）在英國首屈一指的哲學學術期刊《心靈》（Mind），發表了他運用新邏輯來分析日常語言而確立英美哲學分析典範的論文。……自此，邏輯分析、語言哲學，以及相應的科學哲學的研究，成了英美哲學發展的主要動力。約略自 1970 年左右起，直到現在，認知科學的發展所引起的哲學問題，以及心靈哲學的發展，逐漸改寫英美哲學的主要走向。……在邏輯分析與語言哲學發展的高峰時期，英美哲學菁英大抵對好的哲學問題和解決方案有共通的認定與看法，或至少對所走的研

究方向有相當穩定的自信。現在則會比較有所保留，也願意以更開放多元的態度，容許、參考或接納不同的研究方略和方式。（2008: 81-82）

此外，漢寶德對於藝術發出相同的論調：「在某一文化、某一時代裡，其藝術常常有一定的共同語言，共通的價值判斷標準，使藝術品可以流傳在社會上，為大眾所欣賞。」不過漢寶德又指出這種共同語言和標準在二十世紀前半期和後半期逐步瓦解：「西方藝術到了二十世紀有了根本的改變，就是把共同語言的內涵逐漸改變為藝術家個人的語言，也就是強調了個性的發揮。藝術品開始很難被社會大眾所了解了。但是在二十世紀中葉以前，尚有一個原則是共通的，那就是美感。」「藝術的觀念到了上世紀末，如脫韁之馬可以隨便奔跑，不再有什麼文化的、傳統的限制，共同語言就徹底解解，連美感都在被清算之列了。」（2012）哲學按照勞思光的意思，還猶如藝術在十九世紀以前那樣，有共同的語言和共通的標準，不過，實情可能比這個看法要複雜一點，如鄧育仁說明一九七〇年以後英美哲學的開放性即是。

⓮

二〇一一年一月，我對來我任教大學系所交換的上海復旦大學哲學學院碩士生陳榕坤，推薦臺灣重要的莊子研究。陳榕坤讀第一本書便發現其中「具有西方味道的詞語實在太多」，造成理解上的障礙，以下是應我請求而列出的一些例子：「自我同一」、「人之意向性」、「自體」、「存有論」、「非定位、非對象性」、「身心連續體」、「主體結構」、「直覺形式」、「流動的背景之下之暫時形構模態」、「宇宙人」、「身心結構」、「同質性的展現」、「前意識」、「走出自己，與非己互滲互入」。陳榕坤又說到自己閱讀時的反應：「當他使用諸如『自我同一』這類詞語的時候，我的感覺是：仔細想想彷彿明白他要表達什麼，但繼而會懷疑自己所明白的是否就是他想要表達的。……不知道他用『自我同一』真的是在嚴格意義上引進的一個西方詞彙，還是他自己創造的一個模糊概念，只要瞭解大概的意思就好呢？」陳榕坤所言，對我這個看到莊子研究中層出不窮的西洋術語和理論已經見怪不怪的人來說，乍然喚起了初入哲學門牆的回憶，反省自己現在，其實是見怪不怪鈍化了對他人使用詞語的模糊不安感。很感謝陳榕坤的提醒，讓我鞭策自己，儘量寫出只具哲學基本訓練的人便可讀下去的文章。

⓯ 例如〈齊物論〉「是非之塗」的塗作徒，〈養生主〉「恢恢乎其於遊刃必有餘地矣」的刃作刀，〈人間世〉「頤隱於臍」的頤作顧，〈大宗師〉「夫造化者必以為不祥之人」的化作物，「丘也請從而後也」的請作謂，〈應帝王〉「齧缺問於王倪」的問下衍道字，〈秋水〉「儵魚出游從容」的從作愛，〈達生〉「吾子與祝腎遊」和〈山木〉「辭其交遊」的遊作游，〈讓王〉「上漏下濕」的上作下。第二次印刷已更正。

⓰ 寧波廣播電視大學蔣門馬講師彙校《莊子》唐宋十四種古本，其工作已初步完成，部分上網，希望其全部成果能早日問世。

⓱ 張起鈞有段批評宋明理學家的話，闡釋的正是我此處的論點：

所謂「理物」是指對外象的綜合功能，用西哲術語，應該是認識論的問題，但其實不限於認識論。宇宙萬象，儘管是「有物有則」，但呈現在我們面前都是紛至沓來，茫然無緒。假如僅憑感官應接，勢必渾噩一片，無分無辨，不僅抓不住要領，甚且會是不知不識，這時唯賴心官發揮功能，將這面對的現象加以綜合，貫以條理，然後我們才能把這外象如網在綱一樣的收攝在心中，既能統持其形象，還可認識其性質與意義。這就是心的「理物」功能了，「理物」的功能絕不是如鏡之消極反映，顯然的還有其積極的綜合作用，而會把外象規律化、完美化。（1988: 157-158）

⓲ 莊子書中具名提出討論堅白問題的學者，有惠施（〈齊物論〉與〈德充符〉）、墨者（〈駢拇〉與〈天下〉）和公孫龍（〈秋水〉）。

⓳ 王叔岷舉出《淮南子・齊俗》：「公孫龍折辯抗辭，別同異，離堅白。」據此主張《莊子・秋水》述公孫龍之學為「合同異，離堅白」中「合」字當從《淮南子》改作「別」（1988: 621-622 注 2）。但是莊子說公孫龍「合同異」，在他的論述中有作用，故以不改為是。再者，〈知北遊〉篇有「同合而論」，亦可旁證〈秋水〉篇未誤。

⓴ 「而」作虛詞有「之」義，猶口語「的」，見裴學海 2004: 533-536、王叔岷 1990: 309。《公孫龍子・指物論》：「天下而物。」陳癸淼註曰：「而：猶之也。古書『而』『之』互文之例甚多。」（陳癸淼 1986: 52 註 2）

㉑ 二〇〇九年底，畢來德（Jean François Billeter）到中央研究院中國文哲研究所演講，曾有此論。

㉒ 〈應帝王〉四門示相的第四門有「示之以未始出吾宗」，參考《淮南子》，則〈應帝王〉之文也應作混冥解。

㉓ 參考錢穆說：「若謂心能化育萬物，求之中國古代思想，固無此義。」（1998: 264）

㉔ 關於古代天文學的天門，「成康之治」（網路註冊名）有極專業的研究（2011）。

㉕ 他將「大宗師」的篇名譯為 The teacher who is the ultimate ancestor，不知「宗師」為一詞。

㉖ 王叔岷對「命」字，引《廣雅・釋詁三》：「命，名也。」再引《釋名・釋言語》：「名，明也。」輾轉相訓「命」為「明」，效力較弱。《故訓匯纂》對「命」收有「覩」的解釋，與「明」的異文（宗福邦等 2003: 341 第 142 條、第 164 條），可補充其訓解。

㉗ 關於一個事物可以舉出相反的特色、或詮釋出相反的意義，楊文會曾以莊子的思想做過展示，莊子說古書是糟（酒滓）魄（他本作粕）（〈天道〉）也可以反其意而說古書是英華：

> 此章為執著文字者下鍼砭，今進一解，為掃除文字者下鍼砭。古聖遺言，如標月指。執指固不能見月，去指又何能見月！莊子恐人認指為月，不求見月，故作此論。令全書文字，如神龍變化，若有若無，猶釋典中之有《金剛經》，能令一代時教飛空絕迹也。
>
> 達摩西來，不立文字，直指人心，見性成佛。當時利根上智，得其旨趣者，固不乏人，而數百年後，依草附木之流，正眼未開，輒以宗師自命，邪正不分，淺深莫辨，反不若研求教典之為得也。
>
> 蓋書之可貴者，能傳先聖之道，至於千百世，令後人一展卷間，如覲明師，如得益友。若廢棄書籍，師心自用，不至逃坑落塹不止也。
>
> 下文輪扁答桓公之言曰：「君之所讀，古人之糟粕。」試反之曰：「予所讀者，

古人之英華。」有何不可！（2000: 310-311）

劉咸炘也曾以唯心論與唯物論之爭展示事物具有二極性，故以心之詞釋之、以物之詞釋之均可：

> 二元論者，固論理之所不容，苟進而求之，則將不復立二元，而仍歸於一元。蓋所謂心與物者，特相沿區別之詞，自吾中國聖哲之論觀之，宇宙中止此諸件，即虛即實，二者固不相離，以物之語釋之可，以心之語釋之亦無不可。而所謂心之語、物之語者，亦不過人所造示別之名詞，豈此宇宙諸件所本有之標幟乎！換而用之，朝三暮四，不過如各方稱謂之殊耳。（2010: 826）

㉘ 徐復觀（1969: 372-374）的解說受到學者的重視與引用。間或有譏評本段者，如錢穆說：「此等語，糅雜儒、道，牽強裝點，而實無甚深義旨，故乃陷於模糊惝恍，不可捉摸。使誠有志於修性育德者，真於何處下手乎？此文淺薄，治莊、老者，果於此等處求從入之途，必將茫然不得其所入，又將漫然無所歸。」（1998: 363）

㉙ 此處依多數人句讀，呂惠卿（2009: 239）、陸西星、宣穎、姚鼐、劉鳳苞、吳汝倫、王先謙、馬其昶、阮毓崧、劉文典、傅偉勳以「泰初有无无」為句。

㉚ 牟宗三對老莊的「無」，解釋為「非『限定之有』」（1989: 179），與其相對的一切事物皆是限定之有，「天地亦有限定之形物也」（1989: 143）。「泰初有无」這段話如採取牟宗三的詮釋，則存有本體落在無。

㉛ 我曾解釋過這段話（詹康 2010: 8-9），藉此機會再作修正如上。

32. 郭沫若〈周彝中之傳統思想考〉立「人受生於天曰命」乙條，下列三個春秋時器：蔡姞𣪘、齊子仲姜鎛（今通行名為[黍+侖]鎛）、洹子孟姜壺（1954: 3 背面）。按：祈求眉壽、永命無疆、萬年無疆之語，春秋時代金文中習見。

33. 這個統計不含「鼓莢播精」這一用例。書中有幾次精粗之精，本應不計在內，但有些「至精」又很難清楚判為精粗之精而不算，所以統統都算。

34. 這個統計排除了以下情形：一、複合詞：精神、神明、神氣、神人、神禹、鬼神、神丘、神巫、神農、神聖、神龜、神奇、神者。二、形容詞：「至人神矣」、「若神」、「尸居而龍見，淵默而雷聲，神動而天隨」、「神而不可不為者，天也」、「深之又深而能物焉；神之又神而能精焉」、「莫神於天」、「天地至神」、「油然不形而神」、「欲靜則平氣，欲神則順心」。三、動詞：「神鬼神帝」、「以之神（借為伸）其交」。

35. 錢夫人梅樂安對他記述說：「他常安慰地說自己是遊牧民族，隨處為家，出入不同文化。……他需要接觸洋人，也需要接觸中國人，兩者不可或缺。有時候他也需要躲起來，躲得沒人找得到，每年夏天他就躲回芝加哥，躲回他喜愛的西方，躲得沒人找得到。」（1998: 162）這段話除了講到他的遊牧，也講到他的言和默。

36. 這通乎萬物異形相化的道理，見第三型。

37. 錢穆說：「常字，古經籍亦不多見。後世重視此常字，實承老子。」（1998: 自序 8）

38. 時間是幻而非實有，見章炳麟 1986: 68 之論證。詳細的介紹與說明，見何成軒《章炳麟的哲學思想》（1987）「以『原型觀念』為基礎的時空觀、規律觀與因果論」乙節（頁182-200）。

39 者訓為則，在《莊子》中見王叔岷 1988: 473-474 註 8, 1248-1249 註 18, 1273 註 12，詳見裴學海 2004: 760-762、徐仁甫 1981: 446-447、王叔岷 1990: 444-445、應守巖 1996 年文、蕭旭 2007: 339-340。

此處可略談「者」訓為「則」的問題。從語法來研究古代虛詞的，大致認為「者」不能解為「則」，如中國社會科學院語言研究所古漢語研究室編《古代漢語虛詞詞典》（1999年）認為「則」基本上是連詞，而「者」基本上是助詞，兩者不重疊。解惠全等《古書虛詞通解》批評裴學海訓「者」為「則」的地方應解釋為代詞「的人（事、物）」或虛化為語氣詞「的話」（2008: 1125）。但是王海棻等《古漢語虛詞詞典》有一條解釋：「用於假設複句或因果複句的前一分句之末，表示提頓，等待下句對結果或原因的敘述。」（1996: 470）這在意義上是「則」，不過句中位置（複句的前一分句之末）不允許譯為「則」。至於從訓詁來研究古代虛詞的，則繼踵裴學海，皆發現「者」有「則」義。裴學海（與徐仁甫）固然有舉證浮濫的毛病，然諸人的例句裏不乏「者」唯有訓為「則」才恰當者，還有很多例句裏「者」解為連詞「則」比解為「的人（事物）」或「的話」更加通順與有力。再就莊子此處文義而論，若「者」字與其前的「殺生」、「生生」組成名詞性結構「……的物」，句義雖可通，而論證則不通，正文接下來對此將有說明，所以「者」訓為「則」在這裏才正確。

除「則」之外，裴學海對者、都、堵還有「此」的義項（2004: 763-764），廖海廷更論證云，《釋詁》說「肆」義為「今」，今有「此」義（1991: 260），由肆轉為此、為斯、為且、為茲，轉正齒為是、為時、為之，轉時為者（之也切），都、堵从者聲，由者轉入聲為若，由之轉為以，以已同聲，以上這些字都有「此」義（1991: 261）。若然，則莊子二句蓋言「殺生此不死，生生此不生」，「此」謂真常，亦通。不過，廖海廷的方法是將一些訓解上有「此」義的字，以聲同、聲轉的原理解釋它們為何都有「此」義，並不是說一切與「肆」同聲、聲近的字都有「此」義。他對都、堵二字的例句乃是襲用裴學海的，並無另外發現。者（與都、堵）是否可訓為此，頗為可疑。王叔岷《古籍虛字廣義》、蕭旭《古書虛詞旁釋》「者」不立「此」的義項，這表示他們未發現先秦兩漢古書中「者」可訓為「此」者。

㊵ 我對這兩句話的理解受到黃鶴昇的啟發，他的譯解為：「殺掉這個生命說他死了並未見得就是死了，養生這個生命說他生著並未見得就是生著。」（2012: 251）

㊶ 王叔岷注曰：「唯其不將、不迎，所以無不將、無不迎。」（1988: 239 註 15）其說本於「無為而無不為」，未曾想到無不將與無不迎是並列的兩個分句，關係是「……與……」或「既……又……」，成為矛盾命題。

㊷ 王叔岷註「其為物」的「為」做「於」，如依此註，則這段文章說明這不死不活的自我與世間萬物的應對關係，文詞註解與正文所採用者將有不同。以下先寫出原文與註解，然後予以釋義：

其為〔於〕**物，无不**〔馬其昶曰：無，語辭。「無不」，不也〕**將**〔送〕**也，无不迎也；无不毀也，无不成也**〔楊文會曰：一入一切，一攝一切，一壞一切壞，一成一切成〕。**其名為攖寧**〔寧：安定。攖：①馬敘倫：借為㥍，《說文》：「㥍，安止也。」②讀為縈：有所繫著。郭象曰：夫與物冥者，物縈亦縈，而未始不寧也〉。攖寧也者，攖而後成〔定〕者也。（〈大宗師〉郭 252-253 王 237，女偊語南伯子葵〔「綦」誤〕）

此文依「无不」的兩讀而有兩層意義。馬其昶的注解以「无」為語辭，「无不」只是「不」，按此注解，則自我於物不送不迎不毀不成，一切不為，說的是真常之體自存獨立，不涉於境，接下來的攖寧則用馬敘倫的注解，二字皆安止、安定之意，形容真常之體安定不化。而如果「无不」就是「无不」，則是自我於物無不送無不迎、無不毀無不成（既送且迎、既毀且成），這個費解的說法在說真常之用。費解是因為送與迎矛盾、毀與成矛盾，一般事物不得有矛盾的做法，可是真常獨為例外，它不可說是什麼，因此它什麼矛盾的做法都做得出來。真常的用，不是它自己要用，而是應物而起用，迎是物要它迎，送是物要它送，毀與成亦然，皆不得已而後作。所以攖寧如郭象所注，是物有繫著時真常亦仿效而有繫著，雖有繫著，卻並非它自己起意要繫著，所以它並不真有牽纏罣礙，實為安定。藉由「无不」的兩種讀法，真常之體與用都包括在這一小段話內。

不過，「其為物」的「為」解做「於」，不若解做「是」或「做為」易捷。

㊸ 牟宗三和劉笑敢所反對的自然主義，就不是勞思光所說的意思，而是自然科學或自然界。牟宗三說：

此並非唯物論，亦非順科學而來之自然主義。是以乃須先知此「自然」是一境界，由渾化一切依待對待而至者。此自然方是真正之自然，自己如此。絕對無待、圓滿具足、獨立而自化、逍遙而自在，是自然義。當體自足、如是如是，是自然義。唯物論中之物，自然主義中之自然，以及「自然界」中之自然現象，實皆是「他然」者。此其一。皆著於對象而為言，心思轉於對象上而客觀地肯定之，墮於「對象之平鋪」而注意其機械運動與因果鍊子。此其二。於對象施以積極之經驗分解。此其三。……而道家之自然……卻是從主體上提昇上來，而自渾化一切依待對待之鍊索而言「自然」。故此自然是一虛靈之境界。……故從客觀方面說，是一觀照之境界，根本不著於對象上，亦不落於對象上施以積極之分解，故個個圓滿具足，獨體而化。（1989: 195）

牟宗三對道家的「自然」另作界定為個人主觀的觀想萬物為各自自然圓足獨化的，不顧萬物之間客觀交綜的因果關係，這種一廂情願的觀想當然更不能解除勞思光所說的自然主義之弔詭所施的魔咒。

劉笑敢是針對老子的「自然」提出新解，所以他的解釋並不一定能擴及於莊子，「古代《老子》之自然，《莊子》所講之自然，《淮南子》所講之自然都不大相同」（2006: 47）。他的辨法是將老子的「自然」限於就人文世界而言，與物理自然、生物界的自然狀態有所區隔（2006: 48）。他進而對老子的「自然」提出四個性質：自發性、原初性、延續性、可預見性（2006: 292）。自發性是指動力出自內在，原初性是就行為主體的原初特點來判斷是否有一貫性，延續性是指常態而非偶然現象，可預見性是指可以預見未來的發展是平穩而不受干擾的（2006: 293）。因此他提倡老子的「自然」是「狀態價值」：

> 仁是一種道德價值，……；自然則是對一種和諧狀態的描述和嚮往，因此可稱之為狀態價值。仁……；自然最初則是描述性的概念，主要反映一種包括人的行為效果的客觀狀態。當然，自然作為一種價值，必定有某種規範性的意義，但這種規範性並不是直接告訴人們應該如何做，而是告訴人們的行為不應該破壞自然的和諧，應該有利於實現或維持自然的和諧，其規範性意義是比較間接的。（2006: 400）

劉笑敢以老子的「自然」為描述和諧狀態的價值概念，這也無法破解勞思光所說的自然主義之弔詭所施的魔咒。

㊹

劉笑敢依他對老子的「自然」所規定的自發性、原初性、延續性、可預見性，承認自然災害符合第一個標準，但認為不符合其他三個標準（2006: 293）。這其實是體系要多大、觀察時間要多長的問題，如果採取徹底的做法，以全宇宙為體系，以宇宙大爆炸以來做為觀察的時間，則一切都是合乎自然的。因此可以反問，人類以七、八十年短暫的壽命，或以四、五千年有限的文明，足跡現在只遠到月球，憑什麼從自身取出某種衡量標準，從「自然」中分離出「人文自然」，來非議內發還是外來、符合原初還是悖離、延續還是偶發、平穩還是劇烈呢？誠如嚴復所指出，莊子未曾學過天文學與地質學，可是他所想所思與天文學、地質學暗合，遠超出人的視線界域與歷史長度：

> 今科學中有天文地質兩科，少年治之，乃有以實知宇宙之博大而悠久，迴觀大地與夫歷史所著之數千年，真若一吷（ㄒㄩㄝ）（〈則陽〉篇「魏瑩與田侯牟約」章以大人與堯舜等聖人的懸殊，

為嗃與呹之比。嗃為大聲、大呼，呹為小聲，輕輕發出小聲）。莊未嘗治此兩學也，而所言如此，則其心慮之超越常人，真萬萬也。真所謂大人者，非歟！（1999: 334; 1986: 1142-1143）

㊺ 包含〈在宥〉篇第二節「崔瞿問於老聃」以下，以及〈天地〉、〈天道〉、〈天運〉、〈刻意〉、〈繕性〉、〈天下〉六個全篇。

㊻ 古人於墓上植楸，伍子胥將死時囑咐於墓上植檟（《左傳》哀公十一年，楊伯峻 1990: 1665），《說文解字》：「檟，楸也。」屈原《九章・哀郢》：「望長楸而太息〔長歎〕兮，涕淫淫〔流而不止貌〕其若霰〔空中的雨滴遇冷凝成小雪珠，比喻淚珠紛紛下落的樣子〕。」明代汪瑗注：「長楸，所謂故國之喬木，而古人多於墳墓上種之，故後世亦指墳墓為松楸。」（屈原 1996: 492 註 9 轉引）孔尚任《桃花扇》言及明孝陵「成了芻牧之場」，唱詞：「野火頻燒，護墓長楸多半焦。」（1959: 266）

㊼ 此即如《淮南子・齊俗訓》曰：「若風之遇簫，忽然感之，各以清濁應矣。」（張雙棣 2013: 1155）

㊽ 有相分別與無相分別的差別在於名言的有無，動物行為學家 Frans de Waal 對此恰好有絕佳的例子：

我參加過最奇特的一場學術會議，就是以性為討論主題。這場會議由後現代人類學家召開，他們認為真實是由言詞構成的，無法和我們的論述區分開來。我是會議上少數幾名科學家之一，就定義而言，科學家對事實的信任本來就高於言詞；由此可見，這場會議一定不會進行得很順利。會議上的關鍵時刻是一名後現代主義者聲稱，如果有一種人類語言沒有可以表達「高潮」概念的字眼，那麼使用這種語言的人就感受不到性高潮。科學家對這項說法都驚訝不已。世界各地的人都有同樣的生殖器官與生理結構，他們的經驗怎麼可能會有這麼大的不同呢？而且，動物又該怎麼說？這種說法是暗指動物完全沒有感覺可言嗎？我們對於這種特性快感視為語言成就的觀念深感惱怒，就是開始私下互傳紙條，上面寫著各種嘲諷的問題，例如：如果沒有表達「氧氣」這種概念的字眼，人類還能不能呼吸？（2007b: 114-115）

㊾ 參見他說：「楊慈湖……以意為意識，不悟其為意根，則於佛法猶去一間。」（2011: 571）

㊿ 包含〈在宥〉篇第二節「崔瞿問於老聃」以下，以及〈天地〉、〈天道〉、〈天運〉、〈刻意〉、〈繕性〉、〈天下〉六個全篇。

51 例如，人的神經分為中樞神經和自律神經，中樞神經負責認知、思考、情緒、動作等，名義上可以受人控制（實際上不盡然），自律神經負責維持生理功能及其協調，像是心跳、呼吸、血壓、體溫、瞳孔、消化、內分泌等，不是人的意志所能影響的。因此，莊子說身如槁木、心如死灰，如果心對應於中樞神經，則心逼近於死灰的狀態是可能的，可是身體由於有自律神經在幕後不停歇的運作，要逼近槁木的狀態是不可能的。

52 吳怡解釋〈齊物論〉篇「罔兩問景」章，指出「真我←身體←影子←餘影」四者的本末關係是比喻「真心←思想觀念←是非標準←是非爭辯」四者（2000: 114-115）。移到本型解說來講，真我與真心可以主於一，可是真我與真心必須伴有身體，而身體不能主於一，必主於不一。不一就產生了是非標準，然後我們最好將是非爭辯緊緊跟隨於是非標準，僅限於闡明是非標準，不應讓是非爭辯脫韁而去。

53 Don S. Levi 認為莊子有見於爭辯雙方（如儒墨）的立場是相互依賴、愈激發愈強烈的，所以若能拋棄各自的學派立場便可就事論事（2000: 188），也主張跳離現行辯論之用辭，診斷雙方的長處與短處，以為雙方的關懷找到共識（2000: 189, 191-194），或以玩笑態度用於邏輯爭辯，揭露出真正應該爭辯的事項不在此而在彼（2000: 195-198）。Levi 認為所謂的「明」是內在於辯論過程的，需要將爭辯的雙方牽涉進來，辯證的達到更佳的答案，而不是超越辯論過程，由莊子高高在上的給雙方答案（2000: 190-191）。Levi 的見解比我此處提出天倪的自然之分又更加積極了。

54 馮友蘭認為「兩行」和「攖寧」是同樣的意思，他說：

> 「見獨」的人自以為是脫離世界，可是實際上人是不能脫離世界的；對於世界裡邊的事物，特別是社會中的事物，他也不能不應付。不過莊周認為，所以「聖人」，既然在思想上和概念上已經脫離了世界，他對世界中的，特別是社會中的事物，都可以隨隨便便應付過去，任何事變對於他都是無關重要的，他都可以用「滿不在乎」的態度對付它們。這就是所謂「攖寧」。這就是說，他雖然也跟事物相接觸（攖），可是他的內心，總還是靜的（寧）。這也就是《齊物論》所說的「兩行」。（1992: 132-133）

55 莊子還有若干天、人並論的說法，並不以兩者為平衡並行，而是崇天抑人，與此處所述的天、人意義不同，需要另外看待，例如：一、〈大宗師〉：「是之謂不以心捐道，不以人助天，是之謂真人。」（郭 229 王 209，作者自語）二、〈山木〉：「有人，天也；有天，亦天也。人之不能有天，性也。」（郭 694 王 755，仲尼語弟子顏回）三、〈徐无鬼〉：「古之真人，以天待人，不以人入天。」（郭 866 王 981，作者自語）

56 史華慈比較中國的宗教、祖先崇拜與其他古代文明的神話，指出後者的神祇行事不合常規、不可預測，而中國的神祇和祖先神靈則按角色來扮演，履行他們的功能（Schwartz 1985: 24-25）。以此看來，莊子提出「乘道德而浮遊」的「不可得而累」之模式，是打破中國文明的早期定向，提出相反的方向。

57 孫偉（2010: 130）提出了與我此處相近的解說，但也有不同。

58 不知這是否等於「無意識」。我到本書末章會提出羅蒂（Richard Rorty）對無意識的說法，與莊子比較。

59 這幾個詞除了冥冥是疊字詞以外，都是聯綿詞，在詞族上分屬三族。據蘭佳麗的聯綿詞族研究，玄冥、混冥、涬冥、混芒屬於「鴻蒙」詞族（2012: 241）、芒芴屬於「惚恍」詞族（2012: 231，她未列此詞）、窈冥屬於「窅眇」詞族（2012: 259）。

60 傅雲博（Daniel A. Fried）對此解釋說：「光曜就和我們一樣，是對寓言（allegories）傷透腦筋的讀者，懂得為抽象事物取名不只不會保證其存在，還遮蔽了其是否存在的問題，不讓人完全檢驗：唯一可能答案是无有既不在那裏，也非不在那裏。」（2012: 432）這是真常的解釋（見本書第七型第二節），可惜傅雲博是誤打誤撞說對的，他並不懂，所以他對〈則陽〉篇「道物之極，言默不足以載：非言非默，議有所極」無法理解，只好四兩撥千金說：「這條終極忠告也許不是很有幫助：非言非默——也許哲學應該要用哼的？」（2012: 433）

61 本書涵蓋的學者中重視「道物之極」這句話的有林鎮國、錢新祖、傅雲博（Daniel A. Fried），這句話提出一種比道還高的境界或事物，各家注疏對於它能否經由言默以傳達有各種看法，此處略作討論。

我在正文中採取王叔岷的注解，他釋「議有所極」的極為窮，曰：「非言非默不可議，議則有所窮也。」解法不同而意趣相似的有胡文英，曰：「道在非言非默之際，議之寧有定極乎！」（《莊子獨見》）其他注解方式有：

一、以此極與「道物之極」的極同一，接著以為不言與不默之間，自有「道物之極」。如陳景元曰：「道之極也，默不能默；物之極也，言不能言。若離其言言，去其默默，然後冥會忘言之機，目擊眾妙之極。」（褚伯秀《南華真經義海纂微》卷八十六引，1988: 595）陸西星曰：「既不要有言，又不要無言，然則如何而可？在非言非默上，自有極處。」（《南華真經副墨》）林雲銘曰：「若論道物之至極處，既不在有言，又不在無言。於非言非默上，自有極處。非言非默，果是如何景象？當自得之。○大類禪門非空、非非空等語。」（《莊子因》，2011: 294）此解法的問題為，言與默相反，故非言非默，仍是言默。太公調既以言默均不足以載，怎可能在言默之間卻可有此「道物之極」？

二、以此極與「道物之極」的極同一，並釋「非言非默」為一種特殊的言默方式，以言外之意、默外之意明此「道物之極」。如程以寧曰：「故欲窮道物之極，言之不是，默亦不是。吾言而未嘗言，非言也；默而未嘗默，非默也。非言非默，乃為議道之極，而無以加矣。太公調其知道乎。」（《南華真經注疏》）此解似乎可通，但若連繫前文，問題立見。因默已含有不言而辯，言也已含有言而未言，不得認為前文「言而足」「言而不足」的言默是直白的，至後文才採取言而非言、默而非默的技巧。

三、以此極為學說的極致。如林希逸曰：「非言非默之中，自有至極之議。極議，至言也。」（1997: 415）宣穎曰：「離乎言默以求道，此至論也。」（《南華經解》）此解法的問題同第一種，言既與默相反，則離乎言默，仍是言默。太公調既以言默均不足以載，怎可能通過言默而可得至極的學說？

太公調說「言默不足以載」並順著口氣否定言否定默，作結曰議論方式（廣義的，兼含言默）有其困窮，以明此「道物之極」不可得而傳、不可得而受，對它只能無知。前舉林雲銘之注語誠篤可喜，承認「道物之極」的景象他也解釋不上來。

62 齧缺是莊子創造的人物，此人不見於其他先秦書籍。齧有缺的意思，《淮南子・人間訓》：「劍之折必有齧。」許慎注：「齧，缺。」（張雙棣 2013: 1941, 1943 註 14）《孟子・盡心下》趙岐注：「鈕擘齧處深矣。」焦循正義引《淮南子・人間訓》釋齧字，並易其字為缺齾（焦循 1987: 984）。馬敘倫認為齧有缺義是因為：「齧借為齾，音同疑紐，《說文》曰：『齾，缺齒也。』」（1996: 卷二，頁 17）由此可知，齧缺這個名字是缺的疊義，缺的本義是「器破」（《說文解字》），泛指破損、殘破（陳濤 2002: 302, 546），莊子命名的用意應是表示道的破損，修道則復全之。王雱曰：「齧缺者，道之不全也。王倪者，道之端也。」（1988: 164）是矣。

(63) 此種腦疾名為 athymhormic syndrome，athymhormic 此字由三部分組成：a 是缺少，thumos 是意氣、情感、感受，horme 是衝動、驅力、胃口、傾向。此疾病又名為 psychic akinesia（精神運動不能症）和 PAP syndrome（法文 perte d'auto-activation psychique，英譯為 loss of psychic autoactivation）。患者不會自己產生想法，對事件（包括對他們發生的事）冷漠不動感情，不主動向人開口，雖然肢體機能正常卻不主動做任何動作。別人問他們時會回答，問他們從前的事時會回憶，要他們做事時也能做到，複雜的工作不是問題，但是得不斷要求他們至做完為止。如果不理他們，他們可以整天坐在同一位置，不動也不吭聲，心裏一片空白。此症的病灶不一，包含基底神經節（basal ganglia）局部病變（「局部」又有好幾處，如紋狀體 corpus striatum）、基底神經節接環路上的中繼核團「蒼白球」（globus pallidus）病變等。致病原因尚不明瞭。

基底神經節的功能是控制自願性機能運動、過程學習（procedural learning）、例行行為或習慣（如磨牙）、眼球運動、認知、情感等。當人決定做什麼，它負責選用一套機能運動系統，並抑制其他機能運動系統，以執行人要做的行為。換言之，它是各種機能運動系統之間的轉轍器。它的損傷會造成許多性質各異的疾病，包括強迫症（obsessive-compulsive disorder, OCD）、注意力不足過動症（attention deficit disorder 或 attention deficit hyperactive disorder, ADHD）、妥瑞症候羣（Tourette's syndrome）、巴金森氏症（Parkinson's disease）、亨丁頓舞蹈症（Huntington's disease），和此處所說的 athymhormic syndrome。

64 Alan Levinovitz 指出「尷尬的教師」是莊子寫作時的重要設計（2012: 482-483）。

如果不瞭解「尷尬的教師」之寫作設計來自於不可講又需講的困境，而從其他角度加以解釋，雖然可以頭頭是道，妙義紛呈，但於莊子實不印合。例如宋剛說：

> 「妄聽」，便是一種新的對待語言的態度。它帶著一分靈動的警覺，著力培養一種第二注意力，關注言說中那些含蓄、邊緣，卻又是關鍵的訊號。（2012: 38）

從莊子數段關於妄言、妄聽的故事（見本節），很難看到言說中有什麼含蓄、邊緣，卻又關鍵的訊號。

65 蘭佳麗（2012: 99-100）列出與「孟浪」同為一聯綿詞族的有莫絡、滅裂、亡慮（無慮）、茫浪、謬浪、末浪、沬落、鹵莽等，這些詞都與粗疏、大略、草率、不用心的意義有關。惜其對「孟浪」雖引證成玄英「率略」和劉逵「不委細」二解卻捨而不從，自師其心，義解作「荒誕不經貌」。

66 章炳麟放過長梧子批評孔子「何足以知之」的話，將長梧子「旁日月」至「以是相蘊」等語視為重覆孔子的意思，而我認為長梧子自覺到他與孔子是站在不同的立足點來談同一主題。對於長梧子「妄言」，章炳麟從「離言自證」來理解，這是對的：

> 此本妙道之行，而長梧子方復以為早計者，此理本在忘言之域，非及思議之閒，不悟其因而求其果，終入佝瞀（愚昧）之塗，故嘗為妄言，令隨順得入也。（1986: 105）

67 呂惠卿的注文顯示他理解弔詭和諔詭為近義詞，其釋弔詭云：「弔言其弔當，而理之不可移也。

詭言其詭異，而俗之所驚也。」（2009: 48-49）釋諔詭云：「諔蓋言之淑，詭則言之異。」（2009: 100）「諔蓋言之淑，而詭則言之異。」（2009: 604）雖是小道，然而不及者多矣。

68 子訓之，在此可作語助詞，也可作指事詞，見解惠全等 2008: 1194-1195。注者率皆以「子」為叔山无趾對老聃稱「子」，今不從。

為訓乎，見王叔岷 1988: 283 註 6, 994 註 28，更見王叔岷 1990: 72-73、解惠全等 2008: 728。王叔岷 1990 年書以此句為證，但 1988 年《莊子校詮》未注出。

69 呂惠卿（2009: 99-101）對本章以孔子之教有可言者與不可言者來作注（後者他牽就於《論語》，以為是性與天道），與他注〈齊物論〉「瞿鵲子問乎長梧子」章一致，此思想非常好。因此他認為叔山无趾與孔子是同等級人物，兩人雖都有言，但對那不可言者已莫逆於心，這種解法本來我也可以接受。但是他說老聃的一條、一貫只能解開人之刑，不能解開天之刑，因此「無趾非不知仲尼」，我覺得解釋不了本章的豐富含義。對於諔詭幻怪，他說孔子所教的「信言庸行……於至人觀之，猶不免為諔詭幻怪之名」，則分明曲為之說。所以我不從呂注，而將叔山无趾和長梧子當做同等級人物，以孔子高過他們。

70 注者對「忘年」多釋為玄同生死，對「忘義」多釋為貫通是非，也常將「忘年」扣合前文「參萬歲而一成純」，將「忘義」扣合「萬物盡然，而以是相蘊」。如依此理路，我可以將「忘年忘義」一句闡釋為：依恃自然之分來觀看時間，可以公正看出一代又一代的勝與劣，超乎萬歲「一成純」之纏縛不解；以之鑒別事物，又可以公正分辨每件事物的然與不然，超乎「萬物盡然」之自是、

「以是相蘊」之雜陳。生死亦自然之分，該來則來，故不憂於心而忘其天年；將自然之分儘量倍增，則事物自有其宜，將愈加顯著，故己可忘義。不過這樣的闡釋雖有義理，卻未照應到本章的主題，本章的主題是評估孔子的聖人論，而此處長梧子嘗試對孔子提出一個最後的辦法，也就是用天倪來裁決。長梧子覺得天倪可以跨過生死的大別，故可忘年；可以不走入辯論無法得到真理的死胡同，故我與若可以忘義。

71 章炳麟將「物」通假為「歾」，義為終，理由是天、人相對為文，所以始、物也應相對為文，王叔岷從之（1988: 1007 註 8）。我不從這一解釋，因為「未始有物」是莊子的重要思想，而且「未始有物」和「未始有始」都在〈齊物論〉中出現，此處並列，不得以無理視之，而思將物改讀為終，以與始成對。

莊子是有「未始有終」的意思，但他的實際講法是「未始有極」，見於「萬化而未始有極也」（二次，〈大宗師〉郭 244 王 223，作者自語；〈田子方〉郭 714 王 783，老聃語孔子）。「未始有極」偏向於客觀義，客觀認知到「化」未曾有極限、終點，而「以為未始有物」則偏向主觀義，即客觀雖認知有物而在主觀上觀想事物未曾存在，這是兩種說法的大別。此文「夫聖人未始有天，未始有人，未始有始，未始有物」，是敘述聖人的知解如此，非對宇宙做事實陳述。

72 樓宇烈的〈「莫若以明」釋：讀〈齊物論〉雜記一則〉，原發表於一九八二年中國哲學編輯部編輯之《中國哲學》第七輯（北京：三聯），此書在臺灣較不易見，後來收入他的論文集《溫故知新：中國哲學研究論文集》（北京：中華，2004），所以我據後一版本摘述。

73 傅偉勳在高中時讀到西田幾多郎和牟宗三的著作，而下決心終身探求哲學（1986: 2-3）。他自述其哲學探索說：「牟先生與西田幾多郎這兩位分別代表中日兩國哲學水準的哲學界老前輩，對我個人哲學探求的方向影響至深。如何徹底消化這兩位的哲學著作，又如何批判地超越他們獨創性的哲學理路，一直成為我哲學探求歷程上的一大課題。」（1986: 3）他另也受到馮友蘭對禪宗研究之影響：「然而馮氏對禪佛教下一極有慧識的評語，謂：『但如果擔水砍柴，就是妙道，何以修道底人，仍須出家？何以「事君事父」不是妙道？這又須下一轉語。宋明道學的使命，就在再下這一轉語。』（頁一六三）馮氏此語對我個人的治學影響甚鉅。」（1988: 142）

74 牟宗三此處的「般若」指中觀學派，由下面的話可知：「然佛教畢竟尚有其不同於道家者，則除般若一系外，復有『涅槃佛性』一系也。」（1989: 195）

75 梁啟超在其《老子哲學》（1920 年）已提出老子以兩邊的詭辭來言道（1989: 7, 8, 12）。

76 牟宗三《才性與玄理》第六章〈向、郭之注莊〉最早發表於一九六一年，程兆熊《莊子別講》出版於一九六七年，《老子通講》出版於一九八五年。

77 第四門原誤為「兼中到」，今予改正。第五門原作「兼中至」，今將「至」改作「到」。程兆熊原稱為「五位精神」，改為「五位君臣」。

78 中文譯名為《寫給非哲學家的 21 封信》，黃秀如譯，大田出版於二〇〇五年。

79 譯文基於二〇〇五年中譯本，並經政治大學哲學系林遠澤副教授修改。

80 前三種見解見於崔大華 2012: 50-51 所輯錄，第三種的現代主張者有陳榮捷、陳鼓應（見陳鼓應

1983: 46-47 注 1）、Palmer 1996: 10, Höchsmann & Yang 2007: 90，最後一種見解見於 Fung 1964: 46, Graham 1981: 51、王叔岷 1988: 53 注 1、Mair 1994: 13。

81 見於崔大華 2012: 51-52 所輯錄。

82 見於崔大華 2012: 53 所輯錄。

83 第一種見解見於 Fung 1964: 47，後兩種見解見於崔大華 2012: 53 所輯錄。

84 很多人還像勞思光那樣，分判中國哲學以引導人生為主，西洋哲學以瞭解世界為主，這就西洋上古、中古哲學而言已不正確，Pierre Hadot（如 2002 年書）與傅柯（Michel Foucault）身後出版的書籍都有力證明這一點。簡單的說法可見於畢來德（Jean François Billeter）：

> 修養論一詞，指的是自我完善的相關學說，在宋代以來的儒家思想當中占據著重要的地位。這些學說大部分都是建立在對靜坐及觀察相關精神狀態的基礎上。與之相近的還有「工夫論」（功夫論）一說，指的是一系列自我完善的技術與練習，而《莊子》則提供了一些著名的例證。這些練習使人養成的力量，為道家、佛家，以及後世的儒家思想都提供了資源。……
>
> 第一個問題是，中國思想在這一領域是否積累了西方哲學所缺乏的資源。我的臺灣朋友對此深信不疑。對他們來講，各種自我完善學說的豐富性正是中國哲學傳統相對於歐洲傳統主要的一項長處。他們的這種信念是有根據的，但也不完全正確。如果當時時間允許，我會指出，他們賦予中國傳統的這種優勢，在一定程度上，其

實也是因為歐洲思想史上發生的哲學領域與宗教領域的分離。而他們的中西比較卻往往忽略了西方的宗教思想層面。如果在他們的比較當中，納入了基督教文獻悠久的自省、精神修練、冥契體驗等傳統，以及此前的柏拉圖或其他的古典精神資源，更不說在歐洲主流傳統之外的神祕主義學說了。那麼中國傳統的特殊性雖然存在，但就必須相對化了。一旦跳開比較哲學的框架（一般都只是淪於並列兩部哲學史教科書），轉向個別的思想家或是具體的社會現象，區別當然依舊存在，但就已經不再顯得如此根本了。我這裏想到的是法國思想家芬乃倫（Fénelon, 1651-1715）所持的那種溫和而不失深刻的精神修養，其實很像同時代的一些儒家人物，都是朝廷重臣，而在當時的條件下也同樣致力於進步。（2012: 21-22）

85 宋代張耒已提出現代黃百銳提出的意見：

莊周患夫彼是之無窮而物論之不齊也，而托之於天籟，其言曰：「吹萬不同，而使其自已也。」此言自以為至矣，而周固自未離夫萬之一也，曷足以為是非之定哉！雖然，如周者，亦略稅駕〔喻歸宿〕矣。（轉引自王應麟 2008: 1241）

86 大陸學者有共識，強調莊子思想中精神逍遙與生活認命之間有矛盾，如侯外廬等 1957: 327、劉笑敢 1988: 204-207，又如賈順先將「追求精神逍遙之樂與現實人生的矛盾」做為「莊周哲學的矛盾體系」之一（2008: 44-65）。

87 章炳麟已申論，人心趨勢嚮往什麼，都可以在老子思想中找到：

老莊也不是純然排斥禮法，打破政府。老子明明說的「輔萬物之自然而不敢為」，又說：「聖人無常心，以百姓心為心。善者吾善之，不善者吾亦善之，德善。信者吾信之，不信者吾亦信之，德信。聖人在天下，歙歙為天下渾其心，聖人皆孩之。」意中說要應合人情，自己沒有善惡是非的成見。所以老子的話，一方是治天下，一方是無政府。只看當時人情所好，無論是專制、是立憲、是無政府，無不可為。彷彿佛法中有三乘的話，應機說法，老子在政治上也是三乘的話，並不執著一定的方針，強去配合。一方說：「以道蒞天下，其鬼不神。」是打破宗教；一方又說：「人之所教，我亦教之。強梁者不得其死，吾將以為教父。」又是隨順宗教。所以說「不善者吾亦善之，不信者吾亦信之」，並不是權術語，只是隨順人情，使人人各如所願罷了。（章炳麟 2011: 109-110，原作於 1911 年）

他對「古法家」也這麼說：

雖古法家亦言自然。咎繇始作士，自稱「予未有知，思曰：贊贊襄哉」！贊者，佐也。襄者，因也。佐之也者，輔萬物之自然也。因之也者，以百姓心為心也。舉如木禺，動如旋規，謂之未有知。雖時更質文，械器服御異制，飾偽萌生，變詐蜂出，執政者終莫能易咎繇之言矣。（章炳麟 1984: 431）

88 我自己的論文也曾倚賴過將三十三篇劃歸不同學脈的意見，但我在結論處提議那些不同學脈可以從思想立場有分與合的角度來看成為整體（2010: 43-45）。

89 在我的語感裏，「核」與「串線」的不同主要在論述用途上。核是相對於主體可變換的事實來說，說有一個核心去主持或載卸那些主體；或相對於角色的去留來說，說我們有一個內核去決定要不要扮演某些角色。而串線是相對於變換的主體前後相繼的事實來說，說前後的主體都屬於同一個人。

不過，這兩個字詞也可能有含義上的差別。核可以用來指人的本質或本性，串線則不像有這種本質的意義，只是指個人同一性。

對自我核心的簡單說明，可見 McInerney 1996: 132-133。

90 同此見解的還有 Berkson 2005: 319。

黃百銳引述了羅思文此段文章而批評云：「如果我就是所有關係的總合，則站在每個特殊關係上的實體是何人或何物呢？」（Wong 2004: 420）黃百銳認為無核的角色論顯有謬誤，但我覺得問題並不能這麼看。在日常言談的層次，若說角色背後沒有個實體或實體並不是生物人，常人絕對覺得是故作謬論。但是對哲學家而言，如果角色背後的生物人並不配視為主體，則哲學家大可宣言人的主體只是角色，而不及角色背後的人。

91 絕對者，不因人而異、不因脈絡而異，但其實「絕對主體」一語也是方便說。

92 現代學者中認為本句為疑問句的，除了本書前面介紹到的，還有劉笑敢（1988: 213）。

引用書目

一、莊子注譯

方以智 2011 《藥地炮莊》，北京：華夏。

王 雱 1988 《南華真經新傳》，收入《道藏》第十六冊，北京：文物。

王叔岷 1988 《莊子校詮》，臺北：中央研究院歷史語言研究所。

朱得之 1999 《莊子通義》，收入《中華續道藏》初輯第十二冊，臺北：新文豐。

沈一貫 1999 《莊子通》，收入《中華續道藏》初輯第十二冊，臺北：新文豐。

吳 怡 2000 《新譯莊子內篇解義》，臺北：三民。

吳世尚 1999 《莊子解》，收入《中華續道藏》初輯第十四冊，臺北：新文豐。

吳伯與 1999 《南華經因然》，收入《中華續道藏》初輯第十二冊，臺北：新文豐。

呂惠卿 2009 《莊子義集校》，湯君集校，北京：中華。

阮毓崧 1936 《重訂莊子集註》，上海：中華，重印於《無求備齋莊子集成續編》第四十一冊，臺北：藝文印書館，1974年。

林仲懿 1999 《南華本義》，收入《中華續道藏》初輯第十五冊，臺北：新文豐。

林希逸 1997 《莊子鬳齋口義校注》，北京：中華。

林雲銘 2011 《莊子因》，上海：華東師範大學出版社。

周拱辰 1999 《南華真經影史》，收入《中華續道藏》初輯第十六冊，臺北：新文豐。

宣　穎 1999 《南華經解》，收入《中華續道藏》初輯第十五冊，臺北：新文豐。

馬其昶 1999 《莊子故》，即嚴復 1999 所用之評點本。

馬敘倫 1930 《莊子義證》，上海：商務印書館。重印於《民國叢書》第五編第六冊，上海：上海書店，1996 年。

胡文英 1999 《莊子獨見》，收入《中華續道藏》初輯第十五冊，臺北：新文豐。

孫家淦 1999 《南華通》，收入《中華續道藏》初輯第十五冊，臺北：新文豐。

徐廷槐 1999 《南華簡鈔》，收入《中華續道藏》初輯第十五冊，臺北：新文豐。

郭慶藩 1961 《莊子集釋》，北京：中華。

張默生、張翰勳 1993 《莊子新釋》，濟南：齊魯。

黃錦鋐 1974 《新譯莊子讀本》，臺北：三民。

陳冠學 1978 《莊子新注》，高雄：三信。

陳鼓應 1983 《莊子今注今譯》，北京：中華。

陸永品 2006 《莊子通釋》，修訂版，北京：中國社會科學。

陸西星 1999 《南華真經副墨》，收入《中華續道藏》初輯第十一冊，臺北：新文豐。

陸樹芝 2011 《莊子雪》，上海：華東師範大學出版社。

崔大華 2012 《莊子歧解》，北京：中華。

焦　竑 1914 《莊子翼》，收入《金陵叢書（甲集）》，蔣氏慎修書屋刊本。

程以寧 1999 《南華真經注疏》，收入《中華續道藏》初輯第十四冊，臺北：新文豐。

褚伯秀 1988 《南華真經義海纂微》，收入《道藏》第十五冊，北京：文物。

董懋策 1906 《莊子翼評點》，清光緒三十二年會稽董氏取斯家塾刊本。
潘基慶 1999 《南華經集注》，收入《中華續道藏》初輯第十三冊，臺北：新文豐。
劉辰翁 1999 《南華真經點校》，收入《中華續道藏》初輯第十一冊，臺北：新文豐。
劉鳳苞 2013 《南華雪心編》，北京：中華。
憨山德清 1997 《莊子內篇註》，《憨山大師法匯初集》第八冊，香港：香港佛教法喜精舍。
鍾 泰 1988 《莊子發微》，上海：上海古籍。
藏雲山房主人 1999 《南華真經大意解懸參注》，收入《中華續道藏》初輯第十二冊，臺北：新文豐。
關 鋒 1961 《莊子內篇譯解和批判》，北京：中華。
羅勉道 1988 《南華真經循本》，收入《道藏》第十六冊，北京：文物。
嚴 復 1986 《《莊子》評語》，收入《嚴復集》第四冊《按語》，頁1104-1150，北京：中華。
——— 1999 《侯官嚴氏評點莊子》，《嚴復合集》第十八冊，臺北：辜公亮文教基金會。
釋性通 1627 《南華發覆》，陳繼儒明天啟六年（丙寅，1626年）、方應祥七年（丁卯，1627年）序。另有清乾隆十四年（1749年）刊本，收入《無求備齋莊子集成續編》第五函。
Fung, Yu-lan（馮友蘭）, tr. 1964. *Chuang-tzŭ: A New Selected Translation with an Exposition of the Philosophy of Kuo Hsiang*. 2nd ed. New York: Paragon Book Reprint Corp.
Giles, Herbert A.（翟理斯）, tr. 1926. *Chuang Tzŭ: Mystic, Moralist, and Social Reformer*. 2nd ed. Shanghai: Kelly & Walsh.
Graham, Angus C.（葛瑞漢）, tr. 1981. *Chuang-tzŭ: the Seven Inner Chapters and Other Writings from the Book Chuang-tzŭ*. London: George Allen & Unwin.
Höchsmann, Hyun & Yang, Guorong（楊國榮）, tr. 2007. *Zhuangzi*. New York: Pearson.

Legge, James（理雅各）, tr. 1891. *The Texts of Taoism*. Oxford: Oxford University Press.

Lin, Yutang（林語堂）, tr. 1942. "Chuangtse, Mystic and Humorist." In *The Wisdom of China and India*. New York: Random House. 625-691.

Mair, Victor H.（梅維恒）, tr. 1994. *Wandering on the Way: Early Taoist Tales and Parables of Chuang Tzu*. New York: Bentam.

Palmer, Martin, tr. 1996. *The Book of Chuang Tzu*. London: Arkana.

Watson, Burton, tr. 1968. *The Complete Works of Chuang Tzu*. New York: Columbia University Press.

Ziporyn, Brook（任博克）, tr. 2009. *Zhuangzi: the Essential Writings with Selections from Traditional Commentaries*. Indianapolis: Hackett.

本書導論亦見於出版社網站：http://www.hackettpublishing.com/zhuangziphil.

二、中國古籍

《大學》：在朱熹，1986，《四書章句集註》，臺北：大安。

《中庸》：在朱熹，1986，《四書章句集註》，臺北：大安。

《老子》：用劉笑敢《老子古今》，見下。

王　弼　1980　《王弼集校釋》，樓宇烈校釋，北京：中華。

王天海　2005　《荀子校釋》，上海：上海古籍。

王利器　2000　《文子疏義》，北京：中華。

王國維　2011　《人間詞話疏證》，彭玉平疏證，北京：中華。

王應麟 2008 《困學紀聞》，翁元圻等注，上海：上海古籍。
孔尚任 1959 《桃花扇》，王季思、蘇寰中、楊德平注，北京：人民文學。
孔穎達 2000 《禮記正義》，北京：北京大學出版社。
司馬遷 1981 《史記》，臺北：鼎文。
朱　熹 1980 《詩經集傳》，臺北：世界。
李步嘉 1992 《越絕書校釋》，武漢：武漢大學出版社。
屈　原 1996 《屈原集校注》，金開誠、董洪利、高路明注，北京：中華。
屈萬里 1983 《尚書集釋》，臺北：聯經。
班　固 1986 《漢書》，臺北：鼎文。
徐忠良 1997 《新譯鄧析子》，臺北：三民。
許　慎 1988 《說文解字注》，段玉裁注，上海：上海古籍。
郭　璞（注）、邢　昺（疏） 1815 《爾雅注疏》，在《重刊宋本十三經注疏附校勘記》，阮元審定，盧宣旬校，清嘉慶二十年南昌府學刊本，臺北：藝文印書館 1965 年重印。
張　揖 1796 《廣雅疏證》，王念孫疏證，清嘉慶元年刊本。
張　覺 2010 《韓非子校疏》，上海：上海古籍。
張雙棣 2013 《淮南子校釋（增訂本）》，北京：北京大學出版社。
陳奇猷 2002 《呂氏春秋新校釋》，上海：上海古籍。
陳癸淼 1986 《公孫龍子今註今譯》，臺北：臺灣商務印書館。
焦　循 1987 《孟子正義》，北京：中華。
楊　琳 2002 《小爾雅今注》，上海：漢語大詞典出版社。

楊伯峻 1990 《春秋左傳注》，第二版，北京：中華。

鄭 樵 1987 《通志》，臺北：臺灣商務印書館。

錢 穆 1963 《論語新解》，臺北：作者自印。

應 劭 1981 《風俗通義校注》，王利器校注，北京：中華。

瞿曇悉達 2006 《開元占經》，北京：中央編譯。

顧炎武 2006 《日知錄集釋全校本》，黃汝成集釋，上海：上海古籍。

三、莊子研究

四劃

方東美 1984 《中國哲學之精神及其發展》，上冊，孫智燊譯，臺北：成均。

方萬全 2009 〈莊子論技與道〉，《中國哲學與文化》第六輯，劉笑敢編，桂林：廣西師範大學出版社，頁 259-286。

王 煜 1979 《老莊思想論集》，臺北：聯經。

王 博 2004 《莊子哲學》，北京：北京大學出版社。

王志楣 2008 《莊子生命情調的哲學詮釋》，臺北：里仁。

王昌祉 1961 《諸子的我見》，臺中：光啟。

王邦雄 1999 《21 世紀的儒道》，臺北：立緒。

———— 2004 《走在莊子逍遙的路上》，臺北：臺灣商務印書館。

———— 2013 《莊子內七篇、外秋水、雜天下的現代解讀》，臺北：遠流。

王威威 2009 《莊子學派的思想演變與百家爭鳴》，北京：人民。

王葆玹 2012 《黃老與老莊》，北京：中國人民大學出版社。
王鍾陵 1996 〈莫若以明：讀《莊》札記之四〉，《河北師院學報（社會科學版）》1996 年第 2 期：54-62, 101。

五劃

古 棣、周 英 1995 《老子通》，高雄：麗文。
包兆會 2004 《莊子生存論美學研究》，南京：南京大學出版社。
白宛仙 2004 《《莊子》主體觀探究：「復性」與「氣化」為核心的存有論詮釋》，國立中央大學哲學研究所碩士論文。

六劃

池田知久 2009 《道家思想的新研究：以《莊子》為中心》，王啟發、曹峰譯，鄭州：中州古籍。
牟宗三 1975 〈道家的「無」底智慧與境界形態的形上學〉，《鵝湖月刊》第 4 期：5-10。
——— 1983 《中國哲學十九講》，臺北：臺灣學生。
——— 1989 《才性與玄理》，修訂八版，臺北：臺灣學生。
——— 2002a 〈莊子〈齊物論〉講演錄（一）〉，《鵝湖月刊》27, 7: 1-10。
——— 2002b 〈莊子〈齊物論〉講演錄（二）〉，《鵝湖月刊》27, 8: 1-11。
——— 2002c 〈莊子〈齊物論〉講演錄（五）〉，《鵝湖月刊》27, 11: 1-11。
——— 2002d 〈莊子〈齊物論〉講演錄（六）（七）〉，《鵝湖月刊》27, 12: 2-11。
——— 2002e 〈莊子〈齊物論〉講演錄（八）〉，《鵝湖月刊》28, 1: 1-6。
——— 2002f 〈莊子〈齊物論〉講演錄（九）〉，《鵝湖月刊》28, 2: 2-11。
——— 2002g 〈莊子〈齊物論〉講演錄（十）〉，《鵝湖月刊》28, 3: 2-8。

——— 2002h 〈莊子〈齊物論〉講演錄（十一）〉，《鵝湖月刊》28, 4: 2-6。
——— 2002i 〈莊子〈齊物論〉講演錄（十三）〉，《鵝湖月刊》28, 6: 2-9。
——— 2003a 〈莊子〈齊物論〉講演錄（十五）〉，《鵝湖月刊》28, 8: 2-6。
——— 2003b 〈老子《道德經》講演錄（七）〉，《鵝湖月刊》29, 4: 2-9。
朱伯崑 2001 《燕園耕耘錄：朱伯崑學術論集》，臺北：臺灣學生。

七劃

沈清松 1987 〈莊子的人觀〉，《哲學與文化》14, 6: 373-383。
——— 2007 〈中國哲學文本的詮釋與英譯：以〈齊物論〉為例〉，收入《中國哲學與文化》第二輯，劉笑敢編，桂林：廣西師範大學出版社，頁41-74。
宋　剛 2012 〈莊子之怒：試論古代中國一種權力批判〉，《中國文哲研究通訊》22, 4: 23-39。
杜保瑞 1995 《莊周夢蝶》，臺北：書泉。
——— 2007 《莊周夢蝶：莊子哲學》，臺北：五南。
李　杜 1978 《中西哲學思想中的天道與上帝》，臺北：聯經。
李大華 2001 《生命存在與境界超越》，上海：上海文化。
李日章 1977 《中國哲學現代觀》，高雄：三信。
李存山 2001 〈莊子思想中的道、一、氣：比照郭店楚簡《老子》和《太一生水》〉，《中國哲學史》2001年第4期：35-39。
李澤厚 2008 《新版中國古代思想史論》，天津：天津社會科學院出版社。
吳　怡 1973 《逍遙的莊子》，臺北：新天地。

吳　康　1955　《老莊哲學》，臺北：臺灣商務印書館。

吳汝鈞　1998　《老莊哲學的現代析論》，臺北：文津。

八劃

林明照　2010　〈莊子的道論與反身性〉，《哲學與文化》37, 10: 25-45。

林語堂　1974　《無所不談合集》，臺北：臺灣開明。

林鎮國　1978　〈莊子轉俗成真之理論結構〉，《國立臺灣師範大學國文研究所集刊》22: 401-479。

——　1990　〈朝向辯證的開放哲學：從詮釋學觀點讀傅偉勳著《哲學與宗教》〉，收入傅偉勳，《從創造的詮釋學到大乘佛學：「哲學與宗教」四集》，臺北：東大，頁469-484。

邱棨鐊　1999　《莊子哲學體系論》，臺北：文津。

九劃

洪嘉琳　2007　〈論《莊子》之自我觀：以「吾喪我」為探討中心〉，《哲學與文化》34, 5: 157-174。

施友忠　1976　《二度和諧及其他》，臺北：聯經。

馬　耘　2008　〈「心」概念於莊子修養論中之意義與地位〉，《止善》4: 203-224。

馬興祥　2000　〈莊子「師其成心」說發微〉，《保定師專學報》13, 3: 20-22。

胡楚生　1992　《老莊研究》，臺北：臺灣學生。

侯外廬、趙紀彬、杜國庠　1957　《中國思想通史・第一卷：古代思想》，北京：人民。

侯潔之　2008　〈《莊子・齊物論》中籟音的義理蘊涵〉，《中央大學人文學報》36: 257-276。

十劃

高柏園　1992　《莊子內七篇思想研究》，臺北：文津。

唐君毅 1984 《中國哲學原論：原性篇》，臺北：臺灣學生。

—— 1986a 《中國哲學原論：導論篇》，臺北：臺灣學生。

—— 1986b 《中國哲學原論：原道篇弍》，臺北：臺灣學生。

韋政通 1980 《中國思想史》，臺北：大林。

夏可君 2012 〈發現從未寫出之物：誰之莊子？〉，《中國文哲研究通訊》22, 3: 41-57。

夏甄陶 1992 《中國認識論思想史稿（上卷）》，北京：中國人民大學出版社。

孫　偉 2010 《重塑儒家之道：荀子思想再考察》，北京：人民。

時曉麗 2006 《莊子審美生存思想研究》，北京：商務。

奚　密 1982 〈解結構之道：德希達與莊子比較研究〉，《中外文學》11, 6: 4-31。

徐克謙 2005 《莊子哲學新探：道、言、自由與美》，北京：中華。

徐復觀 1967 《中國藝術精神》，二版，臺北：臺灣學生。

—— 1969 《中國人性論史：先秦篇》，臺北：臺灣商務印書館。

十一劃

章炳麟 1984 《章太炎全集》第三冊，上海：上海人民。

—— 1986 《章太炎全集》第六冊，上海：上海人民。

—— 2008 《章太炎學術史論集》，傅傑編，昆明：雲南人民。

—— 2011 《章太炎演講集》，章念馳編，上海：上海人民。

許宗興 2008 《先秦儒道兩家本性論探微》，臺北：文史哲。

郭齊勇 2008 〈《老子》、《莊子》「道」論發微〉，收入氏著，《中國哲學智慧的探索》，北京：中華，頁 151-173。

馮友蘭 1945 《新原道》，上海：商務印書館。

—— 1991 《中國哲學史新編》第二冊，臺北：藍燈。

張和平 2009 〈釋「以明」〉，《北京師範大學學報（社會科學版）》2009 年第 5 期：142-144。

黃漢青 2007 《莊子思想的現代詮釋》，臺北：五南。

黃錦鋐 1991 〈章太炎先生的齊物論釋〉，《國文學報》20: 39-45。

黃鶴昇 2012 《老莊道無哲學探釋》，臺北：秀威。

陳　怡 2009 〈讀莊子《齊物論》的疑惑及其解析〉，《北京大學學報（哲學社會科學版）》46, 1: 28-36。

陳　靜 2004 《自由與秩序的困惑：『淮南子』研究》，昆明：雲南大學出版社。

陳少明 2004 《《齊物論》及其影響》，北京：北京大學出版社。

陳清春 2009 〈「天籟」與「真君」〉，《哲學門》19: 133-141。

陳鼓應 1991 《老莊新論》，香港：中華。

—— 2009a 〈《莊子》內篇的心學（上）：開放的心靈與審美的心境〉，《哲學研究》2009 年第 2 期：25-35, 68。

—— 2009b 〈《莊子》內篇的心學（下）：開放的心靈與審美的心境〉，《哲學研究》2009 年第 3 期：51-59。

—— 2010 〈莊子論人性的真與美〉，《哲學研究》2010 年第 12 期：31-43。

陳榮華 1995 〈從莊子的無主體性思考論中國文化的特性〉，收入《詮釋與創造：傳統中華文化及其未來發展》，沈清松編，臺北：聯經，頁 131-155。

崔大華 1992 《莊學研究：中國哲學一個觀念淵源的歷史考察》，北京：人民。

十二劃

曾春海　2010　《先秦哲學史》，臺北：五南。
勞思光　1984　《新編中國哲學史（一）》，臺北：三民。
——　1996　《思辯錄：思光近作集》，臺北：東大。
勞悅強　2009　〈以明乎，已明乎：釋《莊子》的「明」義〉，《諸子學刊》第三輯「首屆莊子國際學術研討會論文專號」，方勇編，上海：上海古籍，頁175-193。
項退結　1982　《人之哲學》：臺北：中央文物供應社。
程兆熊　1985　《道家思想：老莊大義》，臺北：明文。
傅佩榮　1985　《儒道天論發微》，臺北：臺灣學生。
傅偉勳　1986　《從西方哲學到禪佛教：「哲學與宗教」一集》，臺北：東大。
——　1988　《「文化中國」與中國文化：「哲學與宗教」三集》，臺北：東大。
——　1990　《從創造的詮釋學到大乘佛學：「哲學與宗教」四集》，臺北：東大。
——　1996　《死亡的尊嚴與生命的尊嚴》，五版四印，臺北：正中。

十三劃

福永光司　1969　《莊子》，陳冠學譯，臺北：三民。
——　2007　〈道家的氣論和《淮南子》的氣〉，收入《氣的思想：中國自然觀與人的觀念的發展》第三章第一節，小野澤精一、福永光司、山井涌編，李慶譯，上海：上海人民，頁116-138。
賈順先　2008　《莊子思想新探》，成都：巴蜀書社。
葉海煙　1990　《莊子的生命哲學》，臺北：東大。
葉維廉　1980　〈無言獨化：道家美學論要〉（1979），收入《飲之太和：葉維廉文學論文二集》，臺北：時報，頁 235-261。
—— 1983 〈語言與真實世界：中西美感基礎的生成〉（1982），收入《比較詩學：理論架構的探討》，臺北：東大，頁 87-133。
—— 1988a 〈言無言：道家知識論〉，收入《歷史、傳釋與美學》，臺北：東大，頁 115-154。
—— 1988b 〈秘響旁通：文意的派生與交相引發〉（1984），收入《歷史、傳釋與美學》，臺北：東大，頁 89-113。
楊文會 2000 《楊仁山全集》，合肥：黃山書社。
楊國榮 2007 《以道觀之：莊子哲學思想闡釋》，臺北：水牛。
楊儒賓 1991 《莊周風貌》，臺北：黎明。
—— 2008 〈儒門內的莊子〉，《中國哲學與文化》第四輯，劉笑敢編，桂林：廣西師範大學出版社，頁 112-144。
—— 2012 〈莊子與儒家：回應《莊子四講》〉，《中國文哲研究通訊》22, 3: 137-141。
詹　康 2010 〈《莊子》調和派的道德挑戰與實踐哲學〉，《政治科學論叢》43: 1-52。

十四劃

廖炳惠 1985 〈洞見與不見：晚近文評對莊子的新讀法〉，收入《解構批評論集》，臺北：東大，頁 53-116。
趙雅博 1996 《中國古代思想批判史》，臺中：作者自印。
趙衛民 1998 《莊子的道》，臺北：文史哲。
聞一多 1948 〈莊子〉，收入《聞一多全集》第二冊，上海：開明，頁 275-290。
蒙培元 1990 《中國心性論》，臺北：臺灣學生。
—— 1996 〈自由與自然：莊子的心靈境界說〉，《道家文化研究》第十輯，陳鼓應編，上海：上海古籍，頁

176-192。

十五劃

鄭　開　2009　〈試論《莊子》的「化」〉，《哲學門》18: 1-17。

鄭世根　1993　《莊子氣化論》，臺北：臺灣學生。

蔣門馬　2012　〈王孝魚整理本《莊子集釋》缺陷舉隅〉，《寧波廣播電視大學學報》10, 1: 69-74, 117。

蔣錫昌　1935　《莊子哲學》，上海：商務印書館。重印於《民國叢書》第四輯第六冊，上海：上海書店，1992 年。

蔡仁厚　2009　《中國哲學史》，臺北：臺灣學生。

蔡英文　1982　〈天人之際：傳統思想中的宇宙意識〉，收入《天道與人道》，黃俊傑編，臺北：聯經，頁 285-327。

蔡振豐　1996　〈「離形」與「去知」：「聽之以耳，聽之以心，聽之以氣」的詮解〉，《臺大中文學報》8: 219-236。

蔡璧名　2011　〈「守靜督」與「緣督以為經」：一條體現《老》、《莊》之學的身體技術〉，《臺大中文學報》34: 1-54。

樓宇烈　2004　〈「莫若以明」釋：讀〈齊物論〉雜記一則〉，收入《溫故知新：中國哲學研究論文集》，北京：中華，頁 67-74。原刊於中國哲學編輯部編，《中國哲學》第七輯，北京：三聯，1982。

鄧聯合　2010　《「逍遙遊」釋論：莊子的哲學精神及其多元流變》，北京：北京大學出版社。

劉小楓　2001　《拯救與逍遙》，修訂本，上海：上海三聯。

劉文英　2001　〈道德的精神哲學與現代的潛意識概念〉，收入《跨世紀的中國哲學》，沈清松編，臺北：五南，頁 113-126。

劉光義　1980　《莊子處世的內外觀》，臺北：臺灣學生。

——　1986　《莊學蠡測》，臺北：臺灣學生。

劉若愚 1981 《中國文學理論》，杜國清譯，臺北：聯經。
劉咸炘 2007 《劉咸炘學術論集：子學編》，桂林：廣西師範大學出版社。
——— 2010 《劉咸炘學術論集：哲學編》，桂林：廣西師範大學出版社。
劉笑敢 1988 《莊子哲學及其演變》，北京：中國社會科學。

十六劃

賴錫三 2008 《莊子靈光的當代詮釋》，新竹：國立清華大學出版社。
——— 2012 〈身體、氣化、政治批判：畢來德《莊子四講》與〈莊子九札〉的身體觀與主體論〉，《中國文哲研究通訊》22, 3: 59-102。
錢　穆 1998 《莊老通辨》，《錢賓四先生全集》第七冊，臺北：聯經。
錢新祖 1987a 〈佛道的語言觀與矛盾語（上）〉，《當代》11: 63-70。
——— 1987b 〈佛道的語言觀與矛盾語（下）〉，《當代》12: 101-108。

十七劃

謝文郁 2010 〈中西哲學真理觀比較：孰是孰非？〉，收入《原道》第十六輯，陳明、朱漢民編，北京：首都師範大學出版社，頁227-240。
謝啟武 1989 〈莊子的道德觀與人性觀：聚焦於攘棄仁義這一點〉，《國立臺灣大學哲學論評》12: 107-144。
韓林合 2006 《虛己以遊世：《莊子》哲學研究》，北京：北京大學出版社。
蕭振邦 2009 《深層自然主義：《莊子》思想的現代詮釋》，修訂版，臺北：東方人文學術研究基金會。
蕭振聲 2010 〈莊子論行動：兼論所謂觀點主義〉，《清華中文學報》4: 121-142。
蕭裕民 2013 《《莊子》「心」思想研究：一個「道」「物」兼含與「心」「物」溶融之示例》，臺北：文津。

鍾振宇 2010 《道家與海德格》，臺北：文津。

十九劃

關永中 2006 〈不敖倪於萬物、不譴是非：與莊子懇談見道及其所引致的平齊物議〉，《國立臺灣大學哲學論評》32: 45-73。

羅　光 1996 《中國哲學思想史：先秦篇》，修訂版，臺北：臺灣學生。

廿三劃

龔卓軍 2007 〈庖丁之手：身體思維與感覺邏輯〉，《中國語文論譯叢刊》21: 31-52。

Allinson, Robert E.（愛蓮心）. 2003. “On Chuang Tzu as a Deconstructionist with a Difference.” *Journal of Chinese Philosophy* 30: 487-500.

Barrett, Nathaniel F. 2011. “*Wuwei* and Flow: Comparative Reflections on Spirituality, Transcendence, and Skill in the *Zhuangzi*.” *Philosophy East and West* 61: 679-706.

Berkson, Mark A. 2005. “Conceptions of Self/No-Self and Modes of Connection: Comparative Soteriological Structures in Classical Chinese Thought.” *Journal of Religious Ethics* 33: 293-331.

Berling, Judith. 1985. “Self and Whole in Chuang Tzu.” In *Individualism and Holism: Studies in Confucian and Taoist Values*. Ed. by Donald Munro. Ann Arbor: Center for Chinese Studies, University of Michigan. 101-120.

Billeter, Jean François（畢來德）. 1995. “Seven Dialogues from the *Zhuangzi*.” Trans. by Mark Elvin. *East Asian History* 9: 23-46.

———. 1998. “Stopping, Seeing and Language: An Interpretation of Zhuangzi’s *Qiwulun*.” Trans. by Mark Elvin. *East Asian History* 15/16: 1-32.

———（畢來德）. 2009a. 《莊子四講》，宋剛譯，北京：中華。

———（畢來德）. 2009b. 〈關於西方莊學的幾點反思〉，《諸子學刊》第三輯「首屆莊子國際學術研討會論文專號」，方勇編，上海：上海古籍，頁 507-515。

———（畢來德）. 2012. 〈莊子九札〉，宋剛譯，《中國文哲研究通訊》22, 3: 5-39。

Behuniak, James, Jr.（江文思）. 2010. “John Dewey and the Virtue of Cook Ding’s *Dao*.” *Dao* 9: 161-174.

Burik, Steven. 2009. *The End of Comparative Philosophy and the Task of Comparative Thinking: Heidegger, Derrida, and Daoism*. Albany: State University of New York Press.

Cheng, Kai-yuan（鄭凱元）. 2014. “Self and the Dream of the Butterfly in the *Zhuangzi*.” *Philosophy East and West* 64: 563-597.

Cline, Erin M.（柯愛蓮）. 2008. “Mirrors, Minds, and Metaphors.” *Philosophy East and West* 58: 337-357.

Connolly, Tim. 2011. “Perspectivism as a Way of Knowing in the *Zhuangzi*.” *Dao* 10: 487-505.

Contino, Paul. 2011. “Zhuangzi.” In *Finding Wisdom in East Asian Classics*. Ed. by Wm. Theodore de Bary. New York: Columbia University Press. 80-92.

Coyle, Daniel. 1998. “On the *Zhenren*.” In *Wandering at Ease in the Zhuangzi*. Ed. by Roger T. Ames. Albany: State University of New York Press. 197-210.

Eno, Robert（伊若泊）. 1996. “Cook Ding’s Dao and the Limits of Philosophy.” In *Essays on Skepticism, Relativism, and Ethics in the Zhuangzi*. Ed. by Paul Kjellberg and Philip J. Ivanhoe. Albany: State University of New York Press. 127-151.

Fox, Alan D.（狐安南）. 1996. 〈《莊子》中的經驗形態：感應與反映〉，收入《中國古代思維方式探索》，黃俊傑、楊儒賓編，臺北：正中，頁 183-199。

———. 2003. "Reflex and Reflectivity: *Wuwei* 無為 in the *Zhuangzi.*" In *Hiding the World in the World: Uneven Discourses on the Zhuangzi*. Ed. by Scott Bradley Cook. Albany: State University of New York Press. 207-225.

Fraser, Christ（方克濤）. 2006. "Zhuangzi, Xunzi, and the Paradoxical Nature of Education." *Journal of Chinese Philosophy* 33: 529-542.

Fried, Daniel（傅雲博）. 2012. "What's in a Dao?: Ontology and Semiotics in Laozi and Zhuangzi." *Dao* 11: 419-436.

Goldin, Paul Rakita（金鵬程）. 2003. "A Mind-Body Problem in the *Zhuangzi*?" In *Hiding the World in the World: Uneven Discourses on the Zhuangzi*. Ed. by Scott Bradley Cook. Albany: State University of New York Press. 226-247.

Graham, Angus C.（葛瑞漢）. 1983. "Taoist Spontaneity and the Dichotomy of 'Is' and 'Ought'." In *Experimental Essays on Chuang-tzu*. Ed. by Victor H. Mair. Honolulu: University of Hawaii Press. 3-23.

———. 1989. *Disputers of the Tao: Philosophical Argument in Ancient China*. La Salle, IL: Open Court.

Graziani, Romain（葛浩南）. 2009a. "Optimal States and Self-Defeating Plans: The Problem of Intentionality in Early Chinese Self-Cultivation." *Philosophy East and West* 59: 440-466.

———. 2009b. "Persuasion à la pointe de l'épée: l'imagination thérapeutique en action. Étude du chapitre 30 du Zhuangzi « Shuo Jian »（說劍）." *Études chinoises* 28: 193-229.

———. 2014. "Of Words and Swords: Therapeutic Imagination in Action. A study of Chapter 30 of the *Zhuangzi*, 'Shuo jian'（說劍）." *Philosophy East and West* 64: pages to be determined.

Hall, David L.（郝大維）. 1994. "To Be or Not to Be: The Postmodern Self and the *Wu*-Forms of Taoism." In *Self as Person in Asian Theory and Practice*. Ed. by Roger T. Ames, Wimal Dissanayake & Thomas P. Kasulis. Albany: State University of New York Press. 213-234.

Hall, David L.（郝大維）and Roger T. Ames（安樂哲）. 1998. *Thinking from the Han: Self, Truth, and Transcendence in*

Chinese and Western Culture. Albany: State University of New York Press.

Hansen, Chad（陳漢生）. 1983. "A Tao of Tao in Chuang-tzu." In *Experimental Essays on Chuang-tzu*. Ed. by Victor H. Mair. Honolulu: University of Hawaii Press. 24-55.

———. 1992. *A Daoist Theory of Chinese Thought: A Philosophical Interpretation*. New York: Oxford University Press.

Hao, Changchi（郝長墀）. 2006. "*Wu-Wei* and the Decentering of the Subject in Lao-Zhuang: An Alternative Approach in the Philosophy of Religion." *International Philosophical Quarterly* 46: 445-457.

Heubel, Fabian（何乏筆）. 2012. 〈氣化主體與民主政治：關於《莊子》跨文化潛力的思想實驗〉，《中國文哲研究通訊》22, 4: 41-73.

Higgins, Kathleen Marie. 2005. "Negative Virtues: Zhuangzi's Wuwei." In *Virtue Ethics, Old and New*. Ed. by Stephen M. Gardiner. Cornell: Cornell University Press. 125-141.

Höchsmann, Hyun. 2004. "The Starry Heavens Above: Freedom in Zhuangzi and Kant." *Journal of Chinese Philosophy* 31: 235-252.

Ivanhoe, Philip J.（艾文賀）. 1993. "Zhuangzi on Skepticism, Skill, and the Ineffable *Dao*." *Journal of the American Academy of Religion* 61: 639-654.

Jochim, Chris（周克勤）. 1998. "Just Say No to 'No Self' in *Zhuangzi*." In *Wandering at Ease in the Zhuangzi*. Ed. by Roger T. Ames. Albany: State University of New York Press. 35-74.

Jullien, Francois（弗朗索瓦・于連）. 2004. 《聖人無意：或哲學的他者》，閆素偉譯，北京：商務印書館。

Juzefovič, Agnieška. 2010. "Intersubjektyvumo Problematika Zhuangzi Filosofijoje." *Coactivity / Santalka* 18: 44-50.

Kjellberg, Paul（喬柏客）. 2007. "Dao and Skepticism." *Dao* 6: 281-299.

Kohn, Livia（孔維雅）. 1992. "Selfhood and Spontaneity in Ancient Chinese Thought." In *Selves, People, and Persons:*

What Does It Mean to Be a Self? Edited by Leroy S. Rouner. Notre Dame: University of Notre Dame Press. 123-138.

Kupperman, Joel. 1996. "Spontaneity and Education of the Emotions in the *Zhuangzi*." In *Essays on Skepticism, Relativism and Ethics in the Zhuangzi*. Ed. by Paul Kjellberg and Philip J. Ivanhoe. Albany: State University of New York Press. 183-195.

Levi, Don S. 2000. "Zhuangzi: Philosophical Disputation as Transformative." In his *In Defense of Informal Logic*. Dordrecht & Boston: Kluwer Academic, 185-208.

Levinovitz, Alan. 2012. "The *Zhuangzi* and *You* 游: Defining an Ideal without Contradiction." *Dao* 11: 479-496.

Liu, JeeLoo（劉紀璐）. 2003. "The Daoist Conception of Truth: Lao Zi's Metaphysical Realism vs. Zhuang Zi's Internal Realism." In *Comparative Approaches to Chinese Philosophy*. Ed. by Bo Mou. Aldershot, England: Ashgate. 278-293.

Lusthaus, Dan（悅家丹）. 2003. "Aporetics Ethics in the *Zhuangzi*." In *Hiding the World in the World: Uneven Discourses on the Zhuangzi*. Ed. by Scott Bradley Cook. Albany: State University of New York Press. 163-206.

Machek, David（蒙達文）. 2011. "The Doubleness of Craft: Motifs of Technical Action in Life Praxis according to Aristotle and Zhuangzi." *Dao* 10: 507-526.

McLeod, Alexus. 2012. "In the World of Persons: The Personhood Debate in the *Analects* and *Zhuangzi*." *Dao* 11: 437-457.

Michael, Thomas. 2005. *The Pristine Dao: Metaphysics in Early Daoist Discourse*. Albany: State University of New York Press.

Moeller, Hans-Georg. 2004. *Daoism Explained: From the Dream of the Butterfly to the Fishnet Allegory*. Chicago: Open Court.

Møllgaard, Eske. 2003. “Zhuangzi’s Religious Ethics.” *Journal of the American Academy of Religion* 71, 2: 347-370.

Moore, Aubrey. 1889. “Note on the Philosophy of Chaps. i-vii.” In *Chuang Tzŭ: Mystic, Moralist, and Social Reformer*. Trans. by Herbert A. Giles. London: Bernard Quaritch. (2nd ed. Shanghai: Kelly & Walsh. 1926.) Xviii-xxviii.

Munro, Donald J.（孟旦）. 1969. *The Concept of Man in Early China*. Stanford: Stanford University Press.

Needham, Joseph（李約瑟）. 1956. *Science and Civilisation in China*, Vol. 2 “History of Scientific Thought.” Cambridge: Cambridge University Press.

Obert, Mathias（宋灝）. 2012.〈逆轉與收回：《莊子》作為一種運動試驗場域〉，《中國文哲研究通訊》22, 3: 169-187。

Oshima, Harold H. 1983. “A Metaphorical Analysis of the Concept of the Mind in the *Chuang-tzu*.” In *Experimental Essays on Chuang-tzu*. Ed. by Victor H. Mair. Honolulu: University of Hawaii Press. 63-84.

Pang-White, Ann A.（龐安安）. 2009. “Nature, Interthing Intersubjectivity, and the Environment: A Comparative Analysis of Kang and Daoism.” *Dao* 8: 61-78.

Puett, Michael J.（普鳴）. 2002. *To Become a God: Cosmology, Sacrifice, and Self-Divinization in Early China*. Cambridge, MA: Harvard University Asia Center.

Roth, Harold D.（羅浩）. 2003. “Bimodal Mystical Experience in the “Qiwulun 齊物論” Chapter of the *Zhuangzi* 莊子.” In *Hiding the World in the World: Uneven Discourses on the Zhuangzi*. Ed. by Scott Bradley Cook. Albany: State University of New York Press. 15-32.

Schwartz, Benjamin I.（史華慈）. 1985. *The World of Thought in Ancient China*. Cambridge, MA: Harvard University Press, 1985.

Shang, Ge Ling（商戈令）. 2006. *Liberation as Affirmation: the Religiosity of Zhuangzi and Nietzsche*. Albany: State University of New York Press.

Shen, Shan-hong（沈善宏）. 1988. “The Nature of Consciousness in Chuang Tzu Thought: Its Structure and Implications.” *Chinese American Forum* 4 no. 1: 3-4, 22-23.

Shin, Eun-kyung. 2002. “Taoism and East Asian Literary Theories: Chuang Tzu’s Theory of Selflessness and the Poetics of Self-effacement.” *Korean Studies* 26, 2: 251-269.

Soles, Deborah H. & David E. Soles. 1998. “Fish Traps and Rabbit Snares: Zhuangzi on Judgement, Truth and Knowledge.” *Asian Philosophy* 8: 149-164.

Tsai, Meishi（蔡梅曦）. 1981. “The Taoist Imagination: Chuang Tzu’s Aesthetic Intimations.” *Tamkang Review* 11 no. 3: 225-247.

Wang, Youru（王又如）. 2003. *Linguistic Strategies in Daoist Zhuangzi and Chan Buddhism: The Other Way of Speaking*. London: RoutledgeCurzon.

Wenzel, Christian Helmut（文哲）. 2003. “Ethics and Zhuangzi: Awareness, Freedom, and Autonomy.” *Journal of Chinese Philosophy* 30: 115-126.

Wohlfart, Günter. 2010. “Metacritique of Practical Reason: Back from Kant’s Universalized Egocentrism via Kongzi’s Moral Reciprocity and Mengzi’s Compassion to Huainanzi’s Reciprocal Resonance and Zhuangzi’s Ethos without Ego.” In *Cultivating Personhood: Kant and Asian Philosophy*. Edited by Stephen R. Palmquist. Berlin: Walter de Gruyter GmbH & Co. KG. 53-73.

Wong, David B.（黃百銳）. 2005. “Zhuangzi and the Obsession of Being Right.” *History of Philosophy Quarterly* 22: 91-107.

———. 2009. “Identifying with Nature in Early Daoism.” *Journal of Chinese Philosophy* 36: 568-584.

Wu, Kuang-ming（吳光明）. 2006. “Hermeneutic Explorations in the *Zhuangzi*.” *Journal of Chinese Philosophy* 33,

Supplement 1: 61-79.

Yearley, Lee H. 1983. "The Perfected Person in the Radical Zhuangzi." In *Experimental Essays on Chuang-tzu*. Ed. by Victor H. Mair. Honolulu: University of Hawaii Press. 125-139.

———. 1996. "Zhuangzi's Understanding of Skillfulness and the Ultimate Spiritual State." In *Essays on Skepticism, Relativism and Ethics in the Zhuangzi*. Ed. by Paul Kjellberg and Philip J. Ivanhoe. Albany: State University of New York Press. 152-182.

Ziporyn, Brook（任博克）. 2003. "How Many Are the Ten Thousand Things and I? Relativism, Mysticism, and the Privileging of Oneness in the 'Inner Chapters'." In *Hiding the World in the World: Uneven Discourses on the Zhuangzi*. Ed. by Scott Bradley Cook. Albany: State University of New York Press. 33-63.

四、其他研究與論述

方克立編　1994　《中國哲學大辭典》，北京：中國社會科學。

王汎森　2010　《章太炎的思想：兼論其對儒學傳統的衝擊》，臺北：花木蘭。

王叔岷　1990　《古籍虛字廣義》，臺北：華正。

王海棻、趙長才、黃　珊、吳可穎　1996　《古漢語虛詞詞典》，北京：北京大學出版社。

中國社會科學院語言研究所古漢語研究室編　1999　《古代漢語虛詞詞典》，北京：商務。

成康之治　2011　〈春分點譜寫的萬年天文史：天門、天街、天關與春分點的考古天文學研究〉，網址：http://www.tianya.cn/techforum/content/666/1/15447.shtml，查閱日期：2012年7月26日。

沈清松　1985　《現代哲學論衡》，臺北：黎明。

李慶新 1999 〈從「轉俗成真」到「回真向俗」：章太炎與佛學〉，《章太炎與近代中國學術研討會論文集》，李德超編，臺北：里仁，頁 109-163。
吳祥輝 2007 《驚歎愛爾蘭》，臺北：遠流。
何成軒 1987 《章炳麟的哲學思想》，武漢：湖北人民。
何定照 2009 〈戒嚴禁忌，花了 25 年…才找到「我」〉，《聯合報》2009 年 9 月 13 日第 A8 版。
宗福邦、陳世鐃、蕭海波編 2003 《故訓匯纂》，北京：商務印書館。
周汝昌 2007 《紅樓夢與中華文化》，二版，臺北：東大。
周作人 2009a 〈宗教問題〉（1921 年），收入《周作人散文全集》第二冊，桂林：廣西師範大學出版社，頁 331-335。
—— 2009b 〈談斧政〉（1936 年），收入《周作人散文全集》第七冊，桂林：廣西師範大學出版社，頁 389-390。
—— 2009c 〈郢人〉（1940 年），收入《周作人散文全集》第八冊，桂林：廣西師範大學出版社，頁 318-319。
邱祖胤 2014 〈為小確幸而跑〉，《中國時報》2014 年 3 月 12 日第 A15 版。
俞宣孟 2012 《本體論研究》，第三版，上海：上海人民。
袁保新 1991 《老子哲學之詮釋與重建》，臺北：文津。
徐仁甫 1981 《廣釋詞》，成都：四川人民。
梁啟超 1989 《老子哲學》，收為《飲冰室合集》之《飲冰室專集》第三十五種，北京：中華。
郭沫若 1954 《金文叢考》，《郭沫若全集‧考古編》第五卷，北京：人民。
章詒和 2004 《往事並不如煙》，臺北：時報。
馮耀明 2003 《「超越內在」的迷思：從分析哲學觀點看當代新儒學》，香港：香港中文大學出版社。
張起鈞 1964 《老子哲學》，臺北：正中。
—— 1988 《恕道與大同》，臺北：東大。

黃哲斌 2010 〈想當導演變演員，百變金士傑，榻榻米上的說書人〉，《中國時報》2010 年 10 月 2 日第 A8 版。

陳　濤 2002 《古文誤注匡正》，天津：天津人民。

陳初生 1987 《金文常用字典》，西安：陝西人民。

陳秀娟 2011 〈寫它千遍不厭倦〉，《中國時報》2011 年 11 月 14 日第 E4 版。

梅樂安 1998 〈台北，香港，芝加哥：錢新祖先生行述〉，《臺灣社會研究季刊》29: 153-162。

曾國祥 2010 《主體危機與理性批判：自由主義的保守詮釋》，臺北：巨流。

勞思光 2002 《文化哲學演講錄》，香港：香港中文大學出版社。

—— 2003 《虛境與希望：論當代哲學與文化》，香港：香港中文大學出版社。

勞悅強 2001 〈《論語》中的自我觀念〉，《清華學報》新 31, 4: 375-394。

賀　來 2013 《「主體性」的當代哲學視域》，北京：北京師範大學出版社。

楊貞德 2009 《轉向自我：近代中國政治思想上的個人》，臺北：中央研究院中國文哲研究所。

解惠全、崔永琳、鄭天一 2008 《古書虛詞通解》，北京：中華。

漢寶德 1996 《科學與美感》，臺北：九歌。

—— 2012 〈書．藝與書藝〉，《中國時報》2012 年 7 月 4 日第 E4 版。

廖海廷 1991 《轉語：聲訓詞典》，桂林：廣西人民。

裴學海 2004 《古書虛字集釋》，北京：中華。

翟思成 2002 〈釋「則」〉，《中國青年政治學院院報》21, 4: 142-143。

歐陽子 1971 〈白先勇的小說世界：「臺北人」之主題探討〉，收入白先勇，《臺北人》，臺北：爾雅，頁 1-30。

—— 2000 〈歐陽子序〉，收入白先勇，《寂寞的十七歲》，增訂版，臺北：允晨，頁 3-7。

鄧育仁 2008 〈由問題設定到計畫想定：談哲學學門如何撰寫多年期研究計畫〉，《人文與社會科學簡訊》10, 1:

80-85。
——— 2009 〈哲學這一行〉，《人文與社會科學簡訊》10, 2: 74-76。
劉笑敢 2006 《老子古今》，北京：中國社會科學。
蕭 旭 2007 《古書虛詞旁釋》，揚州：廣陵書社。
應守巖 1996 〈「者」猶「則」說：從《諫逐客書》中的兩個「者」字說起〉，《杭州教育學院學報》，1996 年第三期：26-29。
蘭佳麗 2012 《聯綿詞族叢考》，上海：學林。

Adkins, A.W.H. 1992. "The Homeric World." In *The Self and the Political Order*. Ed. by Tracy B. Strong. 25-46. Oxford: Blackwell. Reprinted from Adkins, *From the Many to the One: A Study of Personality and Views of Human Nature in the Context of Ancient Greek Society, Values and Beliefs*, Ithaca: Cornell University Press, 1970.

Atkins, Kim, ed. 2005. *Self and Subjectivity*. Malden, MA: Blackwell.

Barenboim, Daniel. 2009. "Mahler Interview for Universal Edition."
網址：http://www.danielbarenboim.com/index.php?id=60，查閱日期：2012 年 7 月 30 日。

Buzzati, Dino. 2006. 《魔法外套》，倪安宇譯，重慶：重慶。

Crippen, James. 2007. "Dewey's Conception of Mind in Contemporary Debate." *International Philosophical Quarterly* 47: 443-450.

De Waal, Frans. 2007a. *Chimpanzee Politics: Power and Sex among Apes*. 25th anniversary edition. Baltimore: Johns Hopkins University.

———. 2007b. 《猿形畢露：從猩猩看人類的權力、暴力、愛與性》，陳信宏譯，臺北：麥田。

———. 2009. 《黑猩猩的政治：猿類社會中的權力與性》，趙芊里譯，上海：上海譯文。

Hadot, Pierre. 2002. *What Is Ancient Philosophy?* Trans. by Michael Chase. Cambridge, MA: Harvard University Press.

Hall, David L.（郝大維） and Roger T. Ames（安樂哲）. 1987. *Thinking through Confucius*. Albany: State University of New York Press.

——— and Roger T. Ames. 2003. "A Pragmatist Understanding of Confucian Democracy." In *Confucianism for the Modern World*. Ed. by Daniel A. Bell and Hahm Chaibong. Cambridge: Cambridge University Press. 124-160.

Hall, Donald E. 2004. *Subjectivity*. New York: Routledge.

Hawking, Stephen. 2001. 《胡桃裡的宇宙》，葉李華譯，臺北：大塊。

Hawking, Stephen & Leonard Mlodinow. 2011. 《大設計》，郭兆林、周念縈譯，臺北：大塊。

Holmes, John L. 1992. 《大指揮家列傳：二十世紀大指揮家的藝術、風格與唱片購買指南》，楊忠衡、張強音編譯、註解，臺北：音響論壇雜誌社。

Mansfield, Nick. 2000. *Subjectivity: Theories of the Self from Freud to Haraway*. St. Leonards, Australia: Allen and Unwin.

Martin, Raymond & John Barresi. 2006. *The Rise and Fall of Soul and Self: An Intellectual History of Personal Identity*. New York: Columbia University Press.

MacIntyre, Alasdair. 2007. *After Virtue: A Study in Moral Theory*. 3rd ed. Norte Dame: University of Norte Dame Press.

McInerney, Peter K. 1996. 《哲學概論》，林逢祺譯，臺北：桂冠。

Mitchell, Derek Robert. 2001. *Heidegger's Philosophy and Theories of the Self*. Ashgate, Hants, England: Ashgate.

Moser, Friedhelm. 2000. *Kleine Philosophie für Nichtphilosophen*. München: Verlag C. H. Beck oHG.

———. 2005. 《寫給非哲學家的 21 封信》，黃秀如譯，臺北：大田。

Owen, Stephen（宇文所安）. 2003. 《他山的石頭記：宇文所安自選集》，田曉菲譯，南京：江蘇人民。

Pippin, Robert B. 2005. *The Persistence of Subjectivity: on the Kantian Aftermath*. Cambridge: Cambridge University Press.

Plato. 2010. 《理想國》，顧壽觀譯，吳天岳校注，長沙：嶽麓書社。

Rorty, Richard. 1991. *Essays on Heidegger and Others: Philosophical Papers*, Vol. 2. Cambridge: Cambridge University Press.

Rosemont, Henry, Jr.（羅思文）. 1991. *A Chinese Mirror: Moral Reflections on Political Economy and Society*. La Salle, IL: Open Court.

Rousseau, Jean-Jacques. 2005. 《漫步遐想錄》，徐繼曾譯，北京：北京十月文藝。

Seigel, Jerrold. 2005. *The Idea of the Self: Thought and Experience in Western Europe since the Seventeenth Century*. Cambridge: Cambridge University Press.

Shakespeare, William. 1995a. 《馬克白》，在《莎士比亞全集》第九冊，梁實秋譯，臺北：遠東。

———. 1995b. 《李爾王》，在《莎士比亞全集》第十冊，梁實秋譯，臺北：遠東。

Skinner, Quentin. 1969. "Meaning and Understanding in the History of Ideas." *History and Theory* 8: 3-53.

Solomon, Robert C. 1988. *Continental Philosophy Since 1750: The Rise of Fall of the Self.* Oxford: Oxford University Press.

Sorabji, Richard. 2006. *Self: Ancient and Modern Insights about Individuality, Life, and Death*. Oxford: Oxford University Press.

Sousa, Ronald de. 2002. "Twelve Varieties of Subjectivity: Dividing in Hopes of Conquest." 網址：http://homes.chass.utoronto.ca/~sousa/subjectivity.html，查閱日期：2011 年 8 月 1 日。

Taylor, Charles. 1989. *Sources of the Self: The Making of the Modern Identity*. Cambridge, MA: Harvard University Press.

Wilson, Edward O. 2001. 《Consilience：知識大融通》，梁錦鋆譯，臺北：天下。

Wong, David B.（黃百鋭）. 2004. "Rational and Autonomous Selves." *Journal of Chinese Philosophy* 31: 419-432.

索　引

同筆劃數的字，依「永」字各筆順序排列。

電腦軟體生成索引時以段為單元，將索引功能變數設置於每段首次出現處，故同段跨頁後仍可能與索引條目有關，又跨頁的相鄰兩段會生成兩個頁碼，而非以連接符號將兩個頁碼表示為起止，使用時稍有不便，讀者諒之。

三劃

四劃

八劃

九劃

十劃

十一劃

十二劃

十三劃

十四劃

十五劃

十六劃

十七劃

十八劃

十九劃

二十劃

二十一劃

二十二劃

A

B

C

D

國家圖書館出版品預行編目資料

爭論中的莊子主體論

詹康著. – 初版. – 臺北市：臺灣學生，2014.10
面；公分：

ISBN 978-957-15-1607-3 (平裝)

1. 莊子 2. 研究考訂

121.337　　103002054

爭論中的莊子主體論

著作者：詹　康
出版者：臺灣學生書局有限公司
發行人：楊雲龍
發行所：臺灣學生書局有限公司
臺北市和平東路一段七十五巷十一號
郵政劃撥帳號：00024668
電話：(02)23928185
傳眞：(02)23928105
E-mail：student.book@msa.hinet.net
http：//www.studentbook.com.tw
本書局登記證字號：行政院新聞局局版北市業字第玖捌壹號
印刷所：長欣印刷企業社
新北市中和區中正路九八八巷十七號
電話：(02)22268853

定價：新臺幣七五〇元

二〇一四年十月初版

12160
有著作權・侵害必究
ISBN 978-957-15-1607-3 (平裝)